"博学而笃志，切问而近思。"
（《论语》）

博晓古今，可立一家之说；
学贯中西，或成经国之才。

内容提要

本书介绍文化研究的一般性理论和当代发展趋势。它勾勒了文化研究策源地伯明翰学派的来龙去脉，以及文化研究的基本对象：阶级、种族、性别的研究；阐述了视觉文化、全球化语境下的文学研究和日常生活审美化问题；同时就新闻传媒和文化产业的新近理论，展开了细致分析。作为国内第一部文化研究方面的高等教育本科生教材，本书深入浅出，旨在充分显示文化研究的跨学科性质，一方面可以适应专业课及通识课的教学之需，另一方面也希望为那些对文化研究感兴趣的读者，提供一个入门向导。

普通高等教育"十一五"国家级规划教材
新闻出版总署"十一五"国家重点图书

复旦博学·文/学/系/列·精华版

文化研究概论

陆扬 / 主编

复旦大学出版社
http://www.fudanpress.com.cn

主编简介

陆扬，1953年出生于上海，1990年获复旦大学文学博士学位。现为复旦大学中文系教授，文艺学专业博士生导师，中国作家协会会员，中国文艺理论学会常务理事。曾先后在美国Augustana 学院和法国巴黎高师哲学系做访问学者。著作主要有：《德里达：解构之维》、《精神分析文论》、《中世纪文艺复兴美学》、《欧洲中世纪诗学》、《后现代性的文本阐释》、《文化研究导论》、《死亡美学》等。译著主要有：《论解构：结构主义之后的理论与批评》、《呼啸山庄》、《重构美学》（合译）、《第三空间》（合译）等。

本书撰稿者：

陆　扬（复旦大学中文系教授，写作第一、三、九章）
刘　康（美国杜克大学中国传媒中心教授，写作第二、四章）
何成洲（南京大学外语学院教授，写作第五章）
周　宪（南京大学中文系教授，写作第六章）
王　宁（清华大学外语学院教授，写作第七、八章）
马　凌（复旦大学新闻学院副教授，写作第十、十一章）
朱春阳（复旦大学新闻学院副教授，写作第十二章）
张平功（广东外语外贸大学英语语言文化学院教授，写作第十三章）

目 录

导 言 跨学科的文化研究 …………………………………… 1

第一章 文化研究的来龙去脉 ………………………………… 9
 第一节 利维斯主义 ………………………………………… 9
 第二节 霍加特：识字的用途 …………………………… 14
 第三节 威廉斯：文化是普通平凡的 …………………… 17
 第四节 霍尔：电视话语的制码和解码 ………………… 21
 第五节 伯明翰中心的兴衰 ……………………………… 24
 第六节 从文化主义到霸权理论 ………………………… 28
 第七节 伯明翰学派和法兰克福学派 …………………… 34

第二章 文化研究的方法、现状与中国意识 ………………… 39
 第一节 文化研究的不确定性和开放性 ………………… 39
 第二节 文化研究的学术建制 …………………………… 42
 第三节 文化研究的方法 ………………………………… 44
 第四节 文化研究的社会关怀 …………………………… 46
 第五节 文化研究在西方的基本现状 …………………… 51
 第六节 文化研究的中国意义和中国问题 ……………… 54

第三章 文化与阶级 …………………………………………… 58
 第一节 阶级的阐释轨迹 ………………………………… 58
 第二节 威廉斯的阶级考证 ……………………………… 61
 第三节 汤普森：英国工人阶级的形成 ………………… 64
 第四节 后工业社会和阶级变迁 ………………………… 66

第五节　流动空间和地方空间 ················· 70

第四章　后殖民主义文化理论 ················· 76
　　第一节　后殖民主义的缘起 ··················· 76
　　第二节　赛义德的东方主义 ··················· 80
　　第三节　斯皮沃克与霍米·巴巴 ··············· 82
　　第四节　西方对东方的"文化再现" ··········· 85
　　第五节　后殖民主义中国学批判 ··············· 88
　　第六节　马克思主义的中国化问题 ············· 90

第五章　性别研究 ··························· 96
　　第一节　性别的定义 ························· 96
　　第二节　女性气质 ··························· 98
　　第三节　女权主义 ··························· 101
　　第四节　后女权主义 ························· 107
　　第五节　男性气质 ··························· 110
　　第六节　性别和语言 ························· 113
　　第七节　男性凝视 ··························· 116

第六章　视觉文化 ··························· 120
　　第一节　何谓视觉文化 ······················· 120
　　第二节　视觉权力 ··························· 123
　　第三节　视觉消费 ··························· 129
　　第四节　虚拟现实 ··························· 133
　　第五节　读图时代 ··························· 138
　　第六节　奇观电影 ··························· 143
　　第七节　身体政治 ··························· 148

第七章　全球化与文化研究 ··················· 155
　　第一节　马克思主义创始人论全球化 ··········· 155
　　第二节　全球化对文化的影响 ················· 158

  第三节 从经济走向文化的全球化 …………………… 161
  第四节 全球化语境中的英语普及问题 ………………… 165
  第五节 文化身份研究 …………………………………… 169
  第六节 全球化中的影视研究 …………………………… 172

第八章 文化研究抑或文学研究 ………………………………… 179
  第一节 文化研究对文学研究的冲击 …………………… 179
  第二节 对峙还是共存 …………………………………… 183
  第三节 中国的文化批评 ………………………………… 187
  第四节 流散文学研究 …………………………………… 191
  第五节 文化研究和翻译研究 …………………………… 194
  第六节 全球化语境下的比较文学 ……………………… 198

第九章 日常生活审美化研究 ………………………………… 203
  第一节 什么是日常生活审美化 ………………………… 203
  第二节 日常生活审美化的现代性反思 ………………… 206
  第三节 中国的日常生活审美化争论 …………………… 210
  第四节 游荡城市的记忆 ………………………………… 214
  第五节 两种城市空间 …………………………………… 217
  第六节 建筑与革命 ……………………………………… 220

第十章 传播与文化 …………………………………………… 226
  第一节 符号与信息 ……………………………………… 226
  第二节 媒介与传播 ……………………………………… 229
  第三节 大众传播及其社会效果 ………………………… 232
  第四节 受众研究 ………………………………………… 237
  第五节 传播的经济政治学研究 ………………………… 241
  第六节 传播的文化研究 ………………………………… 246
  第七节 媒介帝国主义 …………………………………… 250

第十一章 新闻传播与民主政治 ……………………………… 254
  第一节 公共舆论和公共领域 …………………………… 254

第二节　新闻传播与政治沟通 …………………………… 258
　　第三节　西方的传播政策 ………………………………… 261
　　第四节　新闻客观性 ……………………………………… 263
　　第五节　网络的民主潜质 ………………………………… 266

第十二章　文化产业与文化事业 ……………………………… 271
　　第一节　文化产业的界定 ………………………………… 272
　　第二节　文化事业的界定 ………………………………… 275
　　第三节　世界文化产业市场格局 ………………………… 277
　　第四节　风险投资基金 …………………………………… 287
　　第五节　文化产业的集群效应 …………………………… 290
　　第六节　"文化例外"原则 ……………………………… 293
　　第七节　文化事业的运行与管理 ………………………… 296
　　第八节　我国文化事业的变革 …………………………… 298

第十三章　青年亚文化研究 …………………………………… 302
　　第一节　什么是"青年亚文化" ………………………… 302
　　第二节　青年亚文化的社会与文化背景 ………………… 305
　　第三节　战后西方青年亚文化 …………………………… 307
　　第四节　伯明翰学派的青年亚文化研究 ………………… 311
　　第五节　当代中国的青年亚文化 ………………………… 316

人名译名表 …………………………………………………… 319

后　记 ………………………………………………………… 328

导言　跨学科的文化研究

"文化研究"作为一门跨学科的"准学科",它是英国伯明翰大学的传统。这个传统主张打破以往高雅文化和大众文化的壁垒两分,将整个社会生活纳入研究视野。它的一个直接结果,是普通人的日常生活进入大雅之堂,担当起颠覆统治意识形态话语的文化批判使命。事实上,在今日全球文化研究方兴未艾、一路走红的现象背后,它针对资本主义制度的批判立场,始终是未有松懈的。特别是当今西方发达国家政治气候普遍右转,保守主义盛行,左翼批判理论在公共领域颇有难以为继之势后,也使更多的学者转移到文化研究麾下,以迂回方式来继续他们的社会批判。这在客观上,也推动了文化研究进一步的跨学科发展趋势。

就美国的情况来看,文化研究主要是在高等教育体制内部发生和发展,今天已稳稳地在各大高校盘营扎寨,游刃有余斡旋在许多相关的交叉学科之间。这一点不同于英国伯明翰文化研究传统发端于成人教育的路线。英国的成人教育和开放大学传统自有它的渊源,这个渊源其他国家未必一样具备。就此而言,中国的成人教育一定程度上相仿美国,迄今不成太大的气候。所以中国的文化研究应当说同美国比较接近,迄今主要是在高校的体制里面展开,思想起来便也情有可原。但即便是在美国,文化研究在高校里的地位其实也头绪复杂,几乎鲜有例外,它大都作为跨学科课程教授,或者成立研究中心和研究所。这一点,和中国目前高校里的文化研究课程开设,同样是相似的。

文化研究的跨学科性质,主要表现在它同文学、社会学、人类学、传播学等等学科,都有着千丝万缕的联系,而且很多学科就是它从中脱胎而出的母体。同时,反过来它一方面在滋养和充实所有那些它受惠不浅的母体学科,一方面又对这些传统学科切切实实构成了莫大的冲击。在这里,我们想主要谈一谈文化研究同文学研究,以及同社会学、人类学和传媒研究的关系。

文学研究在我们的学制体系里,主要是由文艺学承担的。文艺学以广义上的文学理论为其本位,这在这门学科宣告诞生以来,直到进入21世纪,一直没有什么疑问。值得一提的是这门中文系的老牌看家课程,虽然过去一直叫做文艺理论,即便它使用的教材叫做"文学概论"、"文学的基本原理",或是名称叫做"文艺理论",实际上却是清一色的文学理论。但是我们发现文艺学或者说文艺理论中的那个语焉不详的"艺",近年在悄悄退居后台,反之它的文学本位性正在西方现当代学术的蜂拥东渐中与时俱进,日益理直气壮地彰显出来。这一点只消看一看近年出版的有关教材便知分晓,它们大体都叫做文学理论,其中有童庆炳的《文学理论教程》(1998)、南帆的《文学理论新读本》(2002)、王一川的《文学理论》(2003)、董学文的《文学理论学导论》(2004)、陶东风的《文学理论基本问题》(2004)等等,作者都是文艺学圈子里的领军人物。可见,文艺学的内涵就是文学理论,文艺学的实质就是文学研究,这不但是约定俗成的,而且也是天经地义的。

问题出在世纪之交。因为文艺学突然发现它的一部分得力人手移情别恋,移向了文化研究。不仅如此,假如文化研究同文艺学中的"艺"一端同根同种、声气相求倒也罢了,这样文艺学可以假借它学名里面的艺术含义,名正言顺地把它收入麾下。问题是此文化不同于彼文化。彼文化是文学及至艺术的代名词,此文化则说白了就是今天日常生活中的时尚追求,如是它首先是年轻人的文化。它同传统的文学概念既无多相干,同传统的艺术也相去何远。所以有人担忧,文艺学的文学研究传统要不要易弦更张,或者说,文学研究和文化研究是不是一回事情?它们中间有没有边界?两者之间又具有什么特殊的关系?文学研究的边界肯定是存在的,它过去存在,现在存在,将来也将继续存在。而就文学和文化研究的边界来看,没有疑问这个边界应是开放性的、呈交叉状的。这并不是空话。文学曾经是文化的最高理念。英国19世纪诗人及文学批评家马修·阿诺德在其名著《文化与无政府状态》中把文化定义为光明和甜美,以文化为一个民族所思所想的最好的东西。而传承这个最优秀传统的媒介不是别的,据阿诺德和利维斯传统的文化精英主义立场观之,它就是文学。

但今天文学被边缘化已是一个不争的事实。文学其实从来就是在主流话语的边缘上流转生存。从历史上看,除了19世纪的西方各国,包括俄国以及20世纪迄止60年代初叶的中国,文学从来就没有占据过意识形态主导地位。但边缘并不意味没落。文化研究从广泛意义上说,亦不妨说是从文学研究中脱胎而出,比如它可以把文学看成是一种文化形态,而不仅仅是以语言文字为载体的独立的审美客体。同样它可以更多强调创作过程和阅读过程的文化语境,事实上文化研究的一些先驱人物如马修·阿诺德和F·R·利维斯,以及伯明翰当代文化研究中心的第一代传人雷蒙·威廉斯、理查·霍加特等，都也是道地的文学批评家。所以，假如文化研究的兴趣所向仅仅是时尚或者日常生活的枝节，那么多半它会有难以为继之日，届时从文艺学流失出去的文化研究队伍复归文学研究，如是当代中国的特殊语境见证我们的文艺学如何将文化研究收编进来，该也不是天方夜谭吧？

美国文学批评家希利斯·米勒近年多次访问中国，就文学研究面临文化研究冲击的窘迫现状作过讲演，其文化研究反客为主，成为今日学院学术主流的描述，还受到过一些中国学者的质疑。质疑里面或者有一些误会，因为米勒无论如何算不上文化研究的代言人，而毋宁说是一如既往的文学研究的中坚人物。2006年秋天清华大学的一次比较文学和比较文化研讨会上，米勒作的题为《全球化和新电子技术时代文学研究辩》的发言，应能说明很多问题。他为之辩护的是书面文学，即白纸黑字的印刷文学。它在今天的网络时代，已是明日黄花了吗？其实未必尽然。米勒认为当今全球化有三个基本特征：第一是全球化发生在不同的国家和地区，速度和方式也各不相同。第二是全球化是异态纷呈而不是单一的事件。经济全球化和文化全球化就不相同，科学技术的全球化则又是另一种模样，更不用说还有环境恶化的全球化，它的直接结果就是全球气候变暖。第三，这一切全球化形式的公分母是电子通讯技术。就像当初《共产党宣言》精辟地预言资本主义生产方式突飞猛进，旧的制度分崩离析之际，必有一种全新的"世界文学"出现，米勒认为，今天出现的是一种世界范围的新媒体文化：电视、电影、流行音乐、互联网、电子邮件、播客、博客、音像、网络游戏，以及电子邮件传输的数码照片等等。而正是这些新的技术形式，使我们的世界变成了地球村。米勒举例2005年夏游戏《魔兽世界》(World of Warcraft)面世之际，当时就有150万中国玩家订购这个游戏，一年之后，中国玩家的数量翻上一番，达300万。《魔兽世界》的巨大成功，正也可见出人类委实是需要虚构的东西。而比较传统文学，这些新媒体大都具有一些平易近人的特点，比如容易翻译，容易传输，容易适应世界的每一种不同文化。现代印刷文学则更多被圈定在母语上面，受制于本土地方文化的约束。为此米勒甚至戏拟亚里士多德《诗学》中人类天生喜欢模仿的著名论断：人类天生需要虚构，虚构什么也不模仿。这样来看，今天相当一部分文学工作者转向文化研究，来研究新媒体的语境和影响，便也是情有可原。虽然，米勒声明他现在想做辩护的不是图像替代文字的文化研究，而是正在消失的老式印刷书本形式的文学和文学研究。换言之，他要在全球化和数字媒介时代来为文学辩。因为文学可以言新媒体所不能言，为新媒体所不能为。的确，文学中有一种悲天悯人的东西，那是任何技术和技巧的迷恋所不能替代的。文学研究和文化研究由是观之,我们相信它们能够和平共处,相得益彰,而且两者的关系盘根错节,肯定远不止于一个怀旧和时尚的二元对立。

再来看社会学和文化研究的关系,它们是血亲还是仇家?似乎也难一言定夺。显然今天的文化研究对社会学构成了挑战。但事实上许多文化研究学者本人就是社会学家,许多社会学家也同样在从事文化研究。一般来说,在澳大利亚这样一些学科分野比较模糊的国家,文化研究和社会学融合较好。而像美国这样学科分类明晰,文化研究又大都在人文学科里安营扎寨,文化研究和社会学的关系,就比较见出分歧来。社会学其实一向关注文化。文化是社会变革的动因,它可以解释传统的回归,也可以解释社会生活新形式的出现。文化使社会学的研究见出深度,尤其面对社会差异,每每能够以多元视野替补一元理性分析。这样来看,马克思对意识形态和商品拜物教的分析、韦伯对传统价值与新教伦理的比较,以及涂尔干对"失范"和集体表征的研究,都可视为早期社会思想家对社会文化内涵的关注。但是,假如按时下通行的做法,把文化定义为一种符号形式,那么很显然文化分析理所应当有它自己的领域。比较来看,社会学的传统重心则是在科学上面。早在19世纪,作为社会学原型的人口统计学,其奉行的对社会给定事实的量化分析方法,就是典型的科学主义传统。而正是在这一背靠科学的氛围中,社会学确立了它的学科地位,其中文化隶属于社会制度、社会过程、社会集团及其社会实践。个别的文化制品,比较它们的社会生成和接受语境,其本身的意义和形式是无足轻重的。

涂尔干

20世纪60年代之后文化社会学开始兴起,社会学历经了一个"文化转向"。文化转向意味什么?首先,它意味承认大众文化特别是消费文化,与高雅文化一样具有重要意义。其次,它意味社会学的几乎每一个研究领域,无论是性别、种族、科学和国家研究,必须与文化携手,方有可能得以建树其学科地位。最后,它意味社会学的学科边界将是开放性的,特别是文化研究的成果,将被大量吸收进来。由是观之,文化社会学兼收并蓄,将大众文化、高雅文化特别是文化产品,包括它们的价值及其接受,以及知识社会学、文化资本、政治文化等等尽收囊中。但是这一切并不意味可以视而不见文化研究同社会学的差异。近年任教纽约州立大学阿尔巴尼分校的社会学教授斯蒂芬·塞德曼,在他题为《相对的社会学:文化研究的挑战》[①]文章中,就提出文化研究与社会学的差异,至少首先见于符号学转向的问题。

所谓符号学转向,是指文化研究不同于社会学采用的统计学的理性分析方法,而是显示了文本分析,或者更确切地说,是符号分析的方法转向,虽然它同样有意识地对社会的方方面面作出系统分析。如是社会现实将被视为一个符号和意义的领域,而假如认可德里达"文本之外一无所有"的命题,它还满可以被释为一个文本的世界,无论分析的对象是电视、电影、言情小说、时尚,或者各种亚文化现象。反过来社会学力求对社会作系统分析,其方法比较文化研究的多元视野,相对显得单纯。社会学家大都雄心勃勃意在全面理解社会,给社会提供全面整体的系统分析,这与经济学、政治学,甚或哲学和宗教等其他领域术有专攻的特点,都有不同。塞德曼认为文化研究的这一符号学转向,迄今尚未在社会学中发生。今日社会学的主导方法,无论是人口统计学、犯罪学还是组织社会学或种族社会学,基本上还是人文主义的方法,由此来建构特定理想形态的社会;抑或结构主义的方法,以潜在的"社会结构"来说明形形色色的社会现象。如社会阶级、市场、人口、结构布局、网络设置等,都可以最终在社会基础结构中得以定位。说明文化研究历经了符号学转向,社会学则没有历经这一转向,可以从大众传媒的研究上见出一端。社会学的大众传媒研究偏重内容分析,找出分散的价值观念予以量化统计,由此分析传媒对受众的影响。但是文化研究把电影和电视看作符号和意义的内在秩序,致力于探究意义如何约定俗成为惯例所编码。因此意义就是解码的过程。有鉴于不同的受众有不同的解码和阐释习惯,所以意义也就五彩缤纷,显示出多元化的特征。如霍尔就多次强调意义的符号学内涵与其阶级的、政治的内涵,从来就没有一对一的对应关系,两者之间的关系是流动不居的。文化意义固然受制于权力关系,但是具有它们自己的内在秩序,其与社会结构与权力的关系,总是表现为一种相互渗透的经验分析。所以不妨说文化研究的符号学转向开辟了一个社会分析的新领域,传媒、受众、亚文化、意识形态、共识达成、主导、抵制、权力等等,这些社会学通常忽略的话题,都成了热门研究对象。

文化研究的这一符号学转向同法国社会理论有相似之处,特别是波德利亚的早期著作如《生产的镜像》和《符号的政治经济批判》,利奥塔的《后现代状况》,以及福柯的《戒律与惩罚》等。这些著作都与主流马克思

[①] Steven Seidman, "Relativizing Sociology: The Challenge of Cultural Studies", in Elizabeth Long ed., *From Sociology to Cultural Studies*, Oxford: Blackwell Publishers, 1997.

主义和社会学传统分道扬镳,主张战后欧洲历经剧变,社会分析的传统语言如阶级斗争之类,已经不复能够适应新的形势,所以文化研究与法国后现代理论似是异曲同工,充分重视大众传媒、信息技术、文化政治和日常生活商品化等等的新角色,认为它们标志了西方自文艺复兴以来,第二次社会大变革。

事实上今天社会学正在缩小与文化研究的距离,两者的交通也早有渊源。早在1978年,英国社会学学会第一次召开了有关文化研究的讨论会,会上把"文化产品和实践"定位在物质条件和作为意义生产表现的作品之间,这是社会学第一次将文化和"意义生产"联系起来。更往前看,美国社会学发展成为羽翼丰满的独立学科,是以20世纪初叶芝加哥大学社会学系的成立为标记的。由此而来的芝加哥学派,一开始就对文化具有浓厚兴趣。虽然,二战之后欧洲社会学异军突起,谨严科学的方法蔚然成风,但芝加哥学派的传统尤在,这个传统重视日常生活的社会身份建构,重视边缘群体的文化生产,这与文化研究,亦不妨说是殊途同归的。

就文化研究与人类学的关系来看,文化也是人类学的传统研究领域。文化研究将文化定义为普通人的整个日常社会生活,更是受惠于19世纪英国人类学家爱德华·泰勒《文化的起源》给文化所下的著名定义:

> 文化或者文明,从其广泛的民族志意义上言,它是一个错综复杂的总体,包括知识、信仰、艺术、道德、法律、习俗和人作为社会成员所获得的任何其他能力和习惯①。

泰勒给文化所下的这个定义是将文化和文明等而论之,较之先前主要从哲学、艺术和教育的视野来定义文化,把文化看作一个民族最好的思想和艺术遗产,以及个人修身养性的范式,泰勒的定义被认为是一个分水岭。它解构了文化高高在上的优越性,反之给文化提供了一个全方位的说明。文化作如是说明不仅涉及它的性质、范围、内容和意义,而且进化成为人类经验的总和,它不复是某些阶级的专利,相反恩泽广被社会的每一个成员。"错综复杂的总体"意味什么?它意味一个特定社会或社群的一切活动,包括物质的和非物质的一切外在的和内在的活动,而成为信仰、信念、知识、法令、价值,乃至情感和行为模式的总和。这一人类学的文化认知模态,我们发现和文化研究第一代传人雷蒙·威廉斯等人对文

---

① Edward Burnett Tylor, *The Origins of Culture*, New York: Harper and Row, 1958, p. 1.

化的重新定义，读起来已经是十分相似。文化研究将社会生活视为文本，加以条分缕析，这非常相似人类学的研究方法。而这一条分缕析过程中文化研究所通力标举的提倡深入考察对象的"民族志"的方法，则是直接从人类学田野调查传统那里借鉴过来的东西。有人类学家甚至认为文化研究"劫持"了人类学的"文化"。但是文化研究的此"文化"其实并不完全相似于人类学研究的彼"文化"。一般认为，人类学家感兴趣的是农村、社区，如社会底层阶级或移民的居住社区。而文化研究关注的是经验型的文化现象，如足球、百货商场、主题公园、旅游以及如电视、传媒、大众杂志和广告等大众文化形式。这些大众文化在传统的人类学家眼光看起来似还不够真实可信。但是毋庸置疑，今天文化研究热心的课题正在有条不紊进入人类学研究领域，诸如电视、主题公园、消费文化的研究等。毕竟，文化是人类生活中最是举足轻重的组成部分。

关于文化研究与传播学或者说传媒研究的关系，从伯明翰大学当代文化研究中心以斯图亚特·霍尔为代表的第二代传人那里，都可见出一个明显的符号学转向或者说传媒转向。文化研究具有鲜明的社会干预精神，关注当代永远是它的学术所向，如果说这一当代语境曾经是摇滚乐这类青年亚文化，那么今天它理所当然就变成了互联网和新媒体的语境。如霍尔早在他1974年的《失范、政治与传媒》一文中，就围绕传媒，着重分析了"政治失范"的社会生产。霍尔发现传媒在当代社会中大体有一个很有意思的定位，这就是被视为合法的政治异端声音，代表某一种社会抗议，所以是为"失范"。但是霍尔不是简单分析传媒表达的内容，而是采用符号学方法，把传媒看作一个编码的话语系统，由此发现一系列二元对立：多数和少数、规范和失范、道德和颓废、成熟和不成熟等，霍尔认为它们就是彼时英国传媒表征的主体结构所在。当然光有符号学还不够，到头来这些各式各样的政治失范事件，必须回归到社会形态的层面上来加以分析。这样权力、意识形态、冲突这一类批判性概念，终究还是有了用武之地。霍尔的例子可以表明，文化研究和传媒研究的亲缘关系，再怎么强调，是都不为过的。

今天国内高校已经在纷纷开设文化研究的课程。文化研究以全部社会生活的构成为其研究对象，强调在社会生活方方面面的相互关系之中来考察对象，这决定了文化研究很难定于一尊的学科交叉性质，也决定了文化研究旨在更全面理解和把握当代社会的目的性。有鉴于此，本书作为国内第一部面向本科生的教材，在介绍文化研究基本知识的同时，把与这一跨学科、准学科互为交叉的后殖民主义、女权主义、全球化、传播学，以及文化产业等方面的内容，也攀缘着文化研究的脉络，一一叙述下来。得益于中国文化研究这个开创性的事业,本书有幸请到国内外文化研究诸领域的第一流专家为之撰稿,他们学贯中西,博古通今,都是各自领域里的大家。《文化研究概论》值此投石问路之际,能有这样的殊荣,不亦乐乎?

陆　扬

2007年9月于复旦大学

第一章 文化研究的来龙去脉

　　文化传统上是精神生产的同义语,后来被释义成包罗万象的一切社会生活形式及其过程。更为晚近的定义,则把它看作意义的网络,以及意义的生产、流通和消费等。一般认为,我们可以从三个方面来界说文化。这三个方面分别是观念形态、精神产品和生活方式。观念形态包括宗教信仰、价值观念、法律政治等等意识形态的东西。精神产品主要是指文学艺术和一切知识成果,图书馆和博物馆是它们最有代表性的场所。生活方式,则把我们的衣食住行、民情风俗、生老病死以及社会生活的一切方面,莫不囊括其中。这样来看,文化的概念真是大得没有边际,可以说是一个相对于自然的范畴。我们生活其中的这个世界里,凡不属于自然的东西,就属于文化。由此我们的一切知识探索,一定程度上也都可以说是"文化的研究"。

　　这个大得无边无际的"文化的研究",显然不是我们这里的话题。我们这里讨论的"文化研究"(cultural studies),主要是指英国伯明翰的传统。它以1964年"伯明翰大学当代文化研究中心"(CCCS)的成立为标记,中心成立初衷之一是为亚文化族群,特别是工人阶级文化和青年亚文化族群作出辩护,它的研究对象是阶级、文化和传播学,政治上属于"新左派"。20世纪60年代后期风起云涌的社会和政治运动,无疑是给中心提供了大量的批判资源。用中心第二任主任斯图亚特·霍尔的说法,中心是他们这些马克思主义活动家,在资本主义的光天化日世界里对话难以为继之后,退避学院搭建起来的一个避风港。中心是从成人教育起步的,最初是清一色的研究生教学。

　　本章将讨论伯明翰文化研究秉承的英国人文关怀传统,它的代表人物威廉斯、霍加特和霍尔,伯明翰中心的意义,同时就伯明翰和法兰克福学派的文化思想,作出一点比较。

第一节 利维斯主义

　　利维斯主义主要是指英国文学批评家F·R·利维斯的文化思想。它可视为后来伯明翰学派崛起的一个理论基础。F·R·利维斯是著名杂志

《细绎》(Scrutiny)季刊的创始人,20世纪英国著名的文学批评家,他生在剑桥,求学在剑桥大学,而且差不多终身是在这里就职,所以他的文学思想是剑桥派批评的一个重要组成部分。他的著作主要有《大众文明与少数人文化》(1930)、《英国诗歌新方向》(1930)、《再评价:英国诗的传统和发展》(1936)以及论述奥斯汀、乔治·艾略特、亨利·詹姆斯、康拉德和 D·H·劳伦斯五位小说家的《伟大的传统》(1948)等。

F·R·利维斯

F·R·利维斯主张文学要有社会使命感,强调文学必须具有真实的生活价值,能够解决20世纪的社会危机,故此,民族意识、道德主义和历史主义以及一种侧重文学自身美感的有机审美论,成为利维斯文学批评的鲜明特征。但利维斯的文学趣味有它自己的特点,这特点明显见出 T·S·艾略特的影响。如《英国诗歌新方向》中他呼吁以现代诗来摹写现代社会,为此高度评价 T·S·艾略特的《荒原》,认为《荒原》揭示现代世界真相有如但丁《神曲》的地狱篇,写出了希望之泉怎样枯竭又写出了新生。对埃兹拉·庞德的《休·赛尔温·毛伯利》他也赞不绝口,称这部长诗是真实反映了现代世界信仰失落,同艺术家格格不入的可悲状态。《再评价:英国诗的传统和发展》中,F·R·利维斯给予堂恩、玛弗尔一班17世纪玄学派诗人以高度评价,欣赏他们博学、机智又有情感,认为18世纪诗人德莱顿和蒲伯等,就沿承了这个传统。相反他认为19世纪诗人如雪莱纯粹是胡乱煽情,滥用修辞。但是,雪莱的诗缺少社会使命感吗?狄更斯的小说呢?《伟大的传统》将狄更斯排除在英国小说的伟大传统之外,当时就差不多在评论界引起了公愤。F·R·利维斯后来意识到狄更斯是个容不得忽略的人物,1970年同妻子 Q·D·利维斯合作出版了《小说家狄更斯》,称狄更斯是莎士比亚的继承人,他的小说是戏剧诗,不再耿耿于怀狄更斯是以"离奇情节取胜"了。

利维斯的文化思想继承了19世纪英国诗人和批评家马修·阿诺德名著《文化与无政府状态》把文化和文明断然分开的立场。阿诺德可以说是自觉对文化进行理论思考的第一位重要作家。他自幼受良好教育,后来当过辉格党领袖的私人秘书,出任过教育督学,又去欧洲大陆考察过教育制度,三十五岁时,被聘为牛津大学英国诗歌讲座教授,一教就是十年。仅就以上这个简扼的履历来看,他会对文化产生怎样一种精英主义的期望,应当可以想见。《文化与无政府状态》系1869年出版,文化在阿诺德看来,指的是人类的精神生活层面,与文化相对的则是文明。据阿诺德的阐释,文明是指人类的物质生活,它是外在的东西而不似文化内在于人的心灵,它是机械的东西而不似文化展示人类的心路历程。文化和文明的矛盾,由此可见,也就是精神生活和物质生活的矛盾。阿诺德给文化下了这样的定义:文化是甜美,是光明,它是我们思想过和言说过的最好的东西,它从根本上说是非功利的,它是对完善的研究,它内在于人类的心灵,又为整个社群所共享,它是美和人性的一切构造力量的一种和谐。这个定义对后代的影响是巨大的。文化作为精神生活,因此是

马修·阿诺德

通过求知来达成人格的完善,进而论之,社会的完善。所以它富有浓重的理想色彩,或者说还有美学色彩。我们没有忘记席勒正也是设想通过审美教育,来达成人格的完善,进而达成社会的完善。关于文化可以怎样像席勒的审美教育概念一样,启蒙大众修成圆满功德,阿诺德说了这样一段话:

> 它(文化)无意深入到底层阶级上去说教,无意为它自己的这个或那个宗派,用现成的判断和口号来赢得他们的欢心。它旨在消灭阶级;旨在使这世界上所知的、所想到过的最好的东西,普及到四面八方;旨在使所有人等生活在甜美和光明的气氛之中,那里他们可以自由使用观念,就像文化自身使用它们一样,受它们的滋养而不受它们的束缚[①]。

文化是光明和甜美,光明是教育,甜美是艺术,文化因光明而甜美,因甜美而光

---

① Mattew Arnold, *Culture and Anarchy*, London: Cambridge University Press, 1932, p. 71.

明。阿诺德的这些思想体现了很深的人文关怀,这是英国文化研究的传统。

F·R·利维斯的文化理论集中见于他早年的一本小书《大众文明与少数人文化》。我们可以发现,这本书的标题是不折不扣照搬了阿诺德的《文化与无政府状态》。卷首利维斯就引了阿诺德上书中的一段话以作题词:现代社会的整个文明,比起希腊和罗马的文明远要机械和外在得多,而且还在变本加厉这样发展下去。同阿诺德相似,F·R·利维斯也坚信文化总是少数人的专利。但利维斯的时代与阿诺德有所不同,随着工业革命的推进,"大众文明"和它的"大众文化"全面登陆,传统价值分崩瓦解,溃不成军。少数文化精英发现自己处在一个"敌对环境"之中。这是利维斯深感忧虑的。

利维斯开卷就谈到他和阿诺德的不同境遇。他说,阿诺德遇到的困难较他要小,因为今天的文化更是濒临绝望之境。所以今天必须来认真解答阿诺德可以轻描淡写一笔带过的定义和系统陈述问题。比方说,当他认准文化总是由少数人保持的,有人会问他这里的"文化"是什么东西,对此他会让提问题的人去读阿诺德的《文化与无政府状态》,但是,他知道这是不够的。对此利维斯对他的"少数人"概念作了这样的解释:

> 在任何一个时代,明察秋毫的艺术和文学鉴赏常常只能依靠很少的一部分人。除了一目了然和人所周知的案例,只有很少数人能够给出不是人云亦云的第一手的判断。他们今天依然是少数人,虽然人数已相当可观,可以根据真正的个人反应来作出第一手的判断。流行的价值观念就像某种纸币,它的基础是很小数量的黄金①。

不消说,一个社会中为数甚少的文化精英,正好比黄金一样是为普遍价值的根基。关于这个比喻意味着什么,利维斯引述了I·A·理查兹《文学批评原理》中的一段话:批评不是奢华的贸易,善意和理智依然还相当匮缺,而批评家之关心心灵的健康,就像任何一个医生关心身体的健康。他进而提出,只有这少数精英人物能够欣赏但丁、莎士比亚、堂恩、波德莱尔和哈代,以及他们的继承人,而后者是构成了一个特定时代的种族的良心。因为这样一种能力并不仅仅是属于某个孤立的美学王国:它关牵到艺术也关牵到理论,关牵到哲学也关牵到科学。正是有赖于这少数人,过去最优秀的人类经验得以传承,最精致最飘忽易逝的传统得以保存下来,一个时代的更好的

---

① F. R. Leavis, *Mass Civilization and Minority Cultur*, Cambridge: Minority Press, 1930, p. 3.

生活,也由此得到了组构的标准。这少数人故而是社会的中心所在。利维斯说,假如使用一个比喻,少数人的所为就像舍此精神的甄别无以为继的语言,他所说的"文化",指的就是这样一种语言。

我们可以看出,F·R·利维斯是把文化主要定位在优秀的文学传统上面了。能够欣赏这一传统的少数人,因此首先是趣味雅致高远的批评家。他断言但丁和莎士比亚的后代们构成了种族(race)的意识,"种族"一词虽然语焉不详,而且从他同样给出了但丁和波德莱尔的名字来看,很像是泛指欧洲的民族而不单单是指英国。但利维斯的英国意识,从来就是贯穿在他的一切文字之中。他认为英语无所不在的一个特征,就是"高雅"(high-brow)。而少数人赐予社会的原汁原味第一手判断,正也像莎士比亚的情景。不错,有人说莎士比亚并不"高雅",莎士比亚写的是为大众喜闻乐见的戏剧,但是它们同样可以被受过教育的少数人当作诗来欣赏,比如《哈姆雷特》就可以满足多层次的鉴赏需求,从最高的层面一路尽管流行下来。同样的是《失乐园》、《克拉里莎》、《汤姆·琼斯》、《堂璜》和《还乡》。所以真正的文化必然同时会在好几个层面上展开,就像金字塔。当然另一些作品又有不同,如表达了时代的作品如《荒原》、《休·赛尔温·毛伯利》、《尤利西斯》和《到灯塔去》等,还是只有很少数人能读出它们的好处来,而与自认为受过教育的大多数人没有缘分。

那么"大众文明"又是什么?据利维斯言,19 世纪之前,至少是在 17 世纪和 17 世纪之前,英国有一种生机勃勃的共同文化。唯工业革命将一个完整的文化一分为二,一方面是少数人文化,一方面是大众文明。大众文明就是商业化的产物,它是低劣和庸俗的代名词:电影、广播、流行小说、流行出版物、广告等等,被缺欠教育的大众不假思索大量消费。利维斯发现在大众文明的冲击之下,少数人文化面临的危机是前所未有的。少数人被拉下原来高高在上的统治地位,不仅如此,文化精英占据的中心,也被低劣趣味的虚假权威替而代之。"文明"和"文化"如是成为两个截然对立的概念。利维斯说,这不仅是因为权威的力量和感觉如今与文化分道扬镳,而且因为对文明最无私的关切中,很有一些东西是有意无意敌对于文化的。

利维斯特别数落了电影带来的灾难。他说,电影因为它巨大的潜在影响,它的灾难更是非同一般。关于这潜在影响,他在注释中引述了第十四版《大英百科全书》的电影条目:电影因为它固有的性质,是一种娱乐性的传输信息的世界语,至少,所有艺术中的一种审美的世界语。电影不用语词,而用图像手段直接讲述故事,简便快捷而且质朴自然。利维斯叹道,电影如今是提供了文明世界的主流娱乐形式,它们使人在催眠状态之下,向最廉价的情感引诱俯首称臣,这些引诱因为其栩栩如生的真实生活的假象,更显得阴险狡猾。总之,不论是美国的好莱坞电影还是英国的国家广播公司,都一样卷入了标准化和平庸化的过程。它们是被动的消遣,而不是积极的娱乐,尤其令积极运用心智变得难上加难。利维斯认为文化的堕落是工业化的恶果。而工业革命之前的英国,在他看来是一个"有机社会",在那里,高雅和大众的趣味,是有可能完好结合的。

利维斯主义可视为文化研究,特别是文化研究中文化主义传统的一个先声。雷蒙·威廉斯在他1958年出版的《文化与社会》中,表达了他对利维斯的敬意,指出利维斯对20世纪流行报刊、广告、电影等等的批判已为他人接手,并且早已形成了一个传统。威廉斯感佩利维斯对社会现实忧心忡忡,同样对俄国社会主义形式抨击不断,这一切使他四面树敌,但是他依然勇往直前。利维斯的真正成就是他那些极为可贵的教育方案,以及他的一些发人深省的局部判断,但是他的成就与失误并存。以一个有教养的"少数人"阶层与一个被判定是毫无创造力的群氓阶层对立起来,那是种有害的高傲和怀疑主义。以一个含情脉脉的有机的过去与一个分崩离析不知所云的现在对立起来,则可能导致忽视历史而且否定真实。而文化的训练,本质上应该是民主素质的训练。利维斯的神话由是观之,往糟说已导致一种以贵族自居的集权主义,往好说也只是种对当代社会的一切都极不宽容的怀疑主义。威廉斯的结论是,利维斯是无可置疑的杰出的批评家和同样杰出的导师,但是人们更应该明白,利维斯所谓的"少数人文化",其实是流弊无穷的。

第二节 霍加特:识字的用途

霍加特

理查·霍加特是伯明翰当代文化研究中心的主要创办人,也是中心的首任主任。中心的成立,标志着学院建制内有了第一个正式的文化研究机构。霍加特1918年出生在利兹,在利兹大学读书,二战的时候当过兵,后来到莱塞斯特大学和伯明翰大学任教。70年代上半叶并在联合国教科文组织担任要职。他的著述丰厚,主要著作有《识字的用途:工人阶级生活面面观》(1957)、《批评运动》(1964)、《英国气质》(1982)、《日常语言与日常生活》(2003)等。对于文化研究来说，霍加特最重要的著作是他具有浓厚自传色彩的《识字的用途》，这本书和威廉斯的《文化与社会》、《漫长的革命》、E·P·汤普森的《英国工人阶级的兴起》一道，构成了早期文化研究的四本经典著作。

《识字的用途》叙写了作者童年时代的经验和记忆，它生动再现了二战前工人阶级的生活和文化氛围，并且将之比较二战后美国大众文化影响下的英国当代生活与文化氛围。霍加特是个训练有素的文学批评家，受利维斯传统影响，却没有利维斯的保守。但是霍加特有似《文化与社会》中的雷蒙·威廉斯，有心使用利维斯文学批评的文本细致分析方法，却不局限于文学作品。这一方法后来叫做"左派利维斯主义"。它用文学批评的方法，兼以社会学、政治学和文学批评多重视角，把通俗报纸、杂志、流行音乐等大众文化现象当作文本，对其进行细致分析。这也是后来文化研究中流行的民族志(ethnography)的方法。所谓民族志是一种实地调查研究方法，又译人种学，主要来源于人类学研究，它强调进入一个特定对象的文化内部，"自内而外"来展示意义和行为的说明。

《识字的用途》分为两个部分，前一部分描述霍加特青年时代的工人阶级文化，时为 20 世纪 30 年代。后一部分描述此一文化如何面临种种大众娱乐新形式，特别是美国文化的威胁，这时候是 50 年代。霍加特没有像利维斯那样，视工人阶级为统治阶级操纵大众文化之下被动且无助的牺牲品，他以自己的童年和家庭为证，有声有色地回忆了工人阶级生活的往昔时光，讲到昔年热闹非凡的邻里文化，嘈杂一如小型市场，屋子里贴满了花花绿绿的小广告。霍加特对此称之为巴洛克的生活方式，留恋之情是溢于言表的。他这样描述了当年的生活场景：

> 大多数工人阶级的乐趣趋向于一种大众快感，喜欢拥挤和为所欲为。同一时间里谁都在争先取乐，因为每一个小时里，每一只喇叭都在彼此吹奏。就拿特殊的场合来说，像婚礼、看戏、赶集、观光出游等，也都是这样，总有一种格外亮丽的光彩，而且总是要炫耀出来。婚礼多半总惦记着沾上些许上流社会生活方式的华美。大蛋糕当然很"好"，可是精心炮制的白色婚纱，只能是真品的可怜巴巴的仿制品，真家伙可得花上一百个基尼呢①。

霍加特对 F·R·利维斯为之忧心忡忡，认为是抢了传统高雅文学市场的

---

① Richard Hoggart, *The Use of Literacy*, London: Chatto & Windus, 1957, p.146.

报纸、杂志、廉价小丛书,以及大众传媒上登载的各式故事等等,也有判然不同的评价。他认为这些大众文化最强烈的印象,就是它们格外忠实于读者生活的细节,故而是在忠实地记叙普通人日常生活中的喜怒哀乐。且认为这些廉价出版物上的廉价故事,是描写了一个特定的、纯朴的世界,背靠人们信奉已久的传统价值。虽则是幼稚的华美,却富有感情,总之它肯定不是一个腐败的、虚伪的世界。比较战后美国文化长驱直入之后的英国大众文化现状,我们发现霍加特的同情心其实是在先者而不是在后者。他指出新式杂志强调的是金钱权威,热衷表现变态人格,诸如工业巨头的同性恋的妻子、广播和电影明星们的放浪生活等。简言之,美国电视、流行音乐、犯罪小说等是文化赝品,缺乏大众生活文化经验中那种有机的、牢固的根基。

由此来看50年代工人阶级的文化生活,霍加特发现它堕落又光彩夺目,野蛮又魅力非常,道德上则一无是处。不仅如此,事实上它还威胁他年少时代的那一种更要积极生动、更多合作精神,付出多少也得到多少的娱乐传统。对此霍加特举了是时如雨后春笋冒将出来的奶吧(milk bar)的例子,指出它就是现代种种花里胡哨小玩艺儿的大杂烩,在这里审美品位是彻底崩溃。这些"奶吧"说穿了就是快餐式咖啡馆,但是在这里吃一顿饭,不见得就比有餐桌服务的咖啡馆更快一些。霍加特说他特别关注了北方凡一万五千人口以上的小镇,都可见到一家的那种奶吧,它已经成为许多年轻人晚间的出没之地。女孩也有出现,不过顾客大都为男孩,年岁在十五和二十之间,长上装,瘦裤腿,花领带,一副美国式的懒散派头。他们当中大多数人都

小镇上的奶吧

买不起一套加冰淇淋的泡沫牛奶,就坐着喝茶消磨一两个钟点,一边往投币唱机里一个一个塞进硬币。唱机差不多全是美国货,里面的歌听起来比BBC娱乐节目通常播放的音乐,要前卫得多,是为典型的流行音乐,年轻人就神不守舍,迷恋其间。霍加特指出,哪怕比起街角的酒吧,这里也是实足的放浪形骸的颓废之地,在煮沸牛奶的香味里,弥散着萎靡不振的精神,许多顾客,包括他们的衣着、发型、面部表情,全都显示他们是恍恍惚惚沉溺在一个

神话世界里，这个世界就是美国式的生活。对此霍加特同样表示忧虑，深深叹惜年轻人没有志向，没有信仰，也没有人来保护他们。由此可见，霍加特对50年代流行文化的忧虑，主要也是忧虑美国式的大众文化将会侵害年轻人的精神面貌。他认为这是一种漫无目的的享乐主义，它导致的与其说是将趣味低俗化，不如说是将它过分刺激起来，从而麻木它，最终扼杀了它。

一般认为霍加特《识字的用途》是受了利维斯主义的影响，担忧二战后50年代堕落的、花里胡哨的美国式大众文化，正在侵蚀且取代二战前30年代那种健康、淳朴的工人阶级传统大众文化。故此我们看到，利维斯《大众文明与少数人文化》中那个"过去的好文化"和"现代的坏文化"的二元对立，以及因先者为后者所吞噬而来的忧虑和怀旧情绪，大体上是给霍加特沿承下来。利维斯主义倡导教育以提高文化识别力，从而抵制堕落的大众文化无边蔓延的信念，也一样长入了霍加特的思想。但是霍加特和利维斯有一点不同，这一点不同是举足轻重的。这就是霍加特对工人阶级文化的一片热诚。就"过去的好文化"和"现在的坏文化"这个二元对立来看，利维斯将先者定位在17世纪英国的"有机社群"，霍加特则是把"过去的好文化"定位在20世纪30年代的工人阶级文化。20世纪30年代，这正是利维斯写作《大众文明与少数人文化》的年代，正是利维斯愁肠百结，哀叹世风日下的年代。换言之，霍加特追缅的"好文化"，恰恰正是利维斯大事声讨的"坏文化"。仅此而论，霍加特的《识字的用途》，意义就大不同于利维斯主义了。

第三节 威廉斯：文化是普通平凡的

有人说，早期伯明翰文化研究传统，基本上就是雷蒙·威廉斯的思想，这不是夸张。雷蒙·威廉斯是文化研究当仁不让的灵魂人物，对文化研究产生的举足轻重的影响，非一般人可以比肩。阿伦·奥康诺1989年出版的《雷蒙·威廉斯：著述、文化、政治》一书，编订威廉斯著述目录，就达三十九页之巨。威廉斯在文化理论、文化史、电视、出版、电台、广告等等领域，都作出过巨大贡献，而思及他生长在威尔士边境一个普通铁路信号员的家庭，这贡献就尤显得非同寻常。

威廉斯十四岁就参加过工党的活动，十八岁进剑桥大学三一学院学习，是剑桥为数极少的工人阶级出身的学生。1939年他加入英国共产党，1945年主编《政治与文学》杂志时，开始关注文化问题。威廉斯后来的《文化与社会：1780—1950》(1958)、《漫长的革命》(1961)、《电视、科技与文化形式》(1974)以及《文化社会学》(1983)等，都堪称文化研究里程碑式的作品。一

雷蒙·威廉斯

度他成为与卢卡契、萨特并驾齐驱的马克思主义文化批评家。而与大多数文化研究的中坚人物相仿，出于利维斯门下的威廉斯，首先表露的也是对文学的浓厚兴趣，他本人就写过小说和剧本，在剑桥大学，他的教职也是戏剧教授。无论是他早年的《阅读与批评》(1950)、《戏剧：从易卜生到艾略特》(1952)等还是后来的《英国小说：从狄更斯到劳伦斯》(1971)和《马克思主义与文学》等，都可以发现利维斯的影子，然而旨趣终而是与利维斯的精英主义趣味大相径庭。威廉斯对文化研究影响最大的是他的《文化与社会》和《漫长的革命》。这两本书毋庸置疑是早期文化研究的主要理论资源所在。威廉斯的文化思想，其纲领一言以蔽之，那就是：文化是普通平凡的（culture is ordinary）。

《文化与社会》的一个重要内容是旧词新释。导论中威廉斯开篇就说，一些今天举足轻重的语词，是在18世纪末期和19世纪前期开始成为英语常用词的，这些语词普遍历经了变迁，而其变迁的模式可视为一张特殊的地图，其间可以见出更为广阔的生活思想的变迁。威廉斯认为这张地图里有五个关键的语词，它们分别是 industry（工业）、democracy（民主）、class（阶级）、art（艺术）和 culture（文化）。威廉斯指出，culture（文化）一语在工业化时期之前，基本上是指作物的培育，由此引申为心灵的培育，这一用法在18世纪到19世纪初叶自成一统，是为今日意义上的"文化"。对此威廉斯指出文化具有五个层面的意义：第一是心灵的普遍状态或者说习惯，密切相关于人类追求完美的理念。第二是整个社会中知识发展的普遍状态。第三是各种艺术的普遍状态。然后威廉斯本人最看重的是第四种意义，这就是文化是物质、知识与精神所构成的整个生活方式。这一定义事实上也是伯明翰文化主义传统的圭臬所在。但文化据威廉斯言还有第五层意义，这就是它渐而成为一个经常引发敌意，或是令人困惑的字眼。追溯"文化"一语的发展变迁史，威廉斯指出，文化不只是新的生产方式、新的"工业"的反映，它也是新的政治和社会发展的反映，是"民主"的反映，涉及各种新的人际关系和社会关系。故而，承认道德与知识活动游离于实际社会而自成一统，是为文化一语的早期意义，而逐渐用以肯定一种作为整体的生活方式，是为文化一语的当代意义。如是文化终而从意指心灵状态抑或知识、道德、习俗，转而指涉整个日常生活的方式。

《漫长的革命》中，威廉斯进而提出了他的文化唯物主义思想。文化作为日常生活的意义和价值，应无疑问本身就是社会关系的一种总体表述。威廉斯因此列举了三种主要的文化定义：其一是"理想的"文化定义，将文化表述为人类经验的一种状态，追求绝对的普遍价值。其二是"文献的"文化定义，将文化视为知识的和想象类的作品总体，是不嫌其详，用细节记述了人类形形色色的思想和经验。其三是"社会的"文化定义，它将文化描述为一种特定的生活方式，它所表达的意义和价值，不仅见于艺术和知识之中，同样也见于日常生活之中。这对于文化意味着什么呢？威廉斯指出：

> 这样一种分析将包括传统的历史批评，联系特定的传统和社会来分析知识和想象性作品，但是它同样也将包括其他文化定义的追随者们压根就不认为是"文化"的生活方式：生产组织、家庭结构、表达且统治社会关系的制度结构、社会成员的典型交流形式等①。

威廉斯承认这三种文化定义各有其合理之处，但同样承认他更愿意强调第三种视文化为日常生活的定义。因为显而易见，以文化为人类创造性活动的记录，其意义和价值就不仅存在于艺术和知识之中，同样也存在于制度和生活方式、社会形式之中。《漫长的革命》据斯图亚特·霍尔《文化研究与伯明翰中心》的文章称，是战后英国思想生活中一个具有开创性意义的事件。威廉斯坚持文化的理解，必须在物质生产和物质条件的背景中，通过日常生活的表征和实践来进行。对此威廉斯将之命名为"文化唯物主义"，倡导在历史唯物主义的语境中来研究特定的物质文化和文学生产。这意味上层结构的各种活动，并不仅仅是经济基础的反映或者结果，而本身就是物质性而且是生产性的。意识形态不复是一个高高在上的独立的信仰和观念系统，而被视为鲜活生动的总体社会过程的组成部分。以文化唯物主义为意义生产的物质手段及必要条件，那么，文化研究的内容就将包括：（一）艺术和文化生产的机制，即艺术和文化生产的工艺和市场形式。（二）文化生产的形构、培育、运动以及分类。（三）生产的模式，包括物质手段和文化生产的关系，以及产品显示的文化形式。（四）文化的身份认同以及形式，包括文化产品的特性，它们的审美目的，以及生成和传达意义的特定形式。（五）传

---

① Raymond Williams, *The Long Revolution*, London: Chatto & Windus, 1961, pp.57-58.

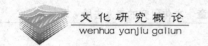

统在时间和空间上的再生产,它必然涉及社会秩序的重组和社会变革。

由此可以来看"文化是普通平凡的"这个伯明翰文化研究传统的基本纲领。这一纲领的阐释集中见于威廉斯1958年的著名文章《文化是普通平常的》之中。此文系作者在完成《文化与社会》后所撰,文中威廉斯告诉读者,他正在撰写另一本书,以图从历史和理论上,来阐释当代日益扩张之文化的性质和条件。他坦陈假如他没有从马克思主义者和利维斯那里习有所得,那么就不会动笔来写这本书;而假如他不能从根本上修正他们以及其他人留下来的一些观念,那么他就无以完成这本书。这本书就是《漫长的革命》。

文化是普通平凡的,这个命题意味着什么呢?威廉斯对此作如是说:

> 文化是普通平常的:这是首要的事实。每一个人类社会有它自己的形态、自己的目的、自己的意义。每一个社会在制度习俗、艺术和知识里表达了这些内容。社会的形成即在于发现共同的意义和方向,其发展则是在经验、接触和发现的压力下,某一种能动的论辩和修正,且将这些压力书写在土地之中。社会是在发展,可是它也是由每一个个人的心灵造就和再造就的①。

雷蒙·威廉斯因此强调文化是有两个方面:一方面是已知的意义和方向,在这方面社会的成员是训练有素的;另一方面则是新的视野和新的意义,那是有待检测的。他认为这就是人类社会和人类心灵的普通过程,由此可以见出一种特定文化的性质:它总是既传统又创新的;既是最普通平凡的共同的意义,又是最优秀的个别的意义。所以我们是在两种意义上使用文化这个语词:一方面它是指某一种生活方式的全部,那是普通意义;另一方面它又是指艺术和求知,那就是特殊的去发现、去创造的过程。他指出,有一些作家偏向这一端或那一端,但是就他本人而言,他是坚持两者兼顾、两者结合。所以,对于每一个社会、每一个个别心灵而言,文化都是普通平凡的。

威廉斯对于文化的上述分析,意味着文化将是普通人的文化而不是少数人的专利。它与利维斯主义的分歧是显而易见的。可以说,正因为威廉斯将文化定义为普通男男女女的日常经验,由此而进入日常生活的文本和实践,终而使他同文学为上的利维斯主义分道扬镳。威廉斯承认利维斯称许多"传统中最精致、最容易毁灭的部分"都包含在文学与语言之中,是言之

---

① Raymond Williams, "Culture is Ordinary", *Ann Gray ed.*, *Studying Culture: An Introductory Reader*, London: Arnold, 2002, p. 6.

成理的。但是可以借鉴其他经验的道路还是很多,不单是文学一端,比如,我们同样可以借鉴历史、建筑、绘画、音乐、哲学、神学、政治和社会理论、物理和自然科学,以及人类学。同样还可以借鉴以其他方式记录下来的经验如习惯、礼仪、风俗和家族回忆等等。威廉斯甚至愿意承认文学具有特殊重要性,承认每部文学作品,都是以不同方式保存下来的共同语言的契合点。故而认可文学是一切人文活动的主体,是保存这些活动并使之进入我们共同生活方式的主体。但问题在于,让文学的批评来独自承担个人和社会经验的全部责任,它承担得起吗?

第四节 霍尔:电视话语的制码和解码

斯图亚特·霍尔是出生在牙买加的非洲黑人后裔,英国战后的第一代移民。他是著名杂志《新左派评论》的第一任主编,1966年加盟伯明翰大学当代文化研究中心,三年后正式接替霍加特,成为中心的第二任主任。在他十数年的主政时期,伯明翰中心的理论基础和广泛影响,用登峰造极一语来形容,也不为过分。在见证了中心的兴盛和"重组"之后,霍尔移师开放大学,他是在开放大学的职位上退休的。霍尔本人的学术名声主要不是建立在他的著作上面,而是见于他发表的一系列文章。这些文章最初大多刊印在中心自己创办的,尚不是正式出版物的杂志上面,以后被收入不同的文集。

同威廉斯、霍加特和汤普森体现人文关怀,后来叫做文化主义的文化研究方法不同,霍尔很大程度上体现了文化研究的结构主义符号学转向。自此以

斯图亚特·霍尔

还,结构主义和流行媒体研究,成为文化研究的主要阵地。阿尔都塞的结构主义意识形态理论,以及葛兰西的霸权理论,最终都是在霍尔的督阵下,确定它们在文化研究中举足轻重的理论地位。由此欧洲大陆理论得以全面登陆英国传统的文化研究。霍尔最有代表性的作品,是他撰于1973年,先是在圈子里内部流传,修改后收入1980年出版的《文化、传媒、语言》一书中题名为《电视话语:制码和解码》的文章。

《电视话语》一文开篇就说,电视生产实践和结构的"对象"是某种"信息"的产品。即是说,它是一种符号载体,或者毋宁说,一种特殊的符号载体,就像交流和语言的任何其他形式一样,是通过代码的运动,在话语的结构链内部组织起来的。霍尔这里所用的是典型的结构主义的话语,即是说,

用索绪尔的语言学和符号学理论来解释电视节目的生产。他指出,这一符号载体的转换自然是需要物质材料的,诸如音像制品、电影、传输和接收设备等等,但是"产品"的接受及其在不同观众群之间的流通,主要是以此一符号形式发生的。霍尔进而提出了电视话语"意义"生产与传播的三个阶段。

  第一阶段是电视话语"意义"的生产,即电视专业工作者对原材料的加工。这也是所谓的"制码"阶段。如何加工即加码,加工成什么样子,比如拍什么题材,怎么拍,镜头比例如何,镜头时间长短,用不用特写等,取决于加工者的知识结构以及生产关系和技术条件等因素。这一阶段占主导地位的是加工者对世界的看法,如世界观、意识形态等。由于代码是解读符号和话语之前预先设定,已经存在于加工者脑海之中,就像作为语言代码的语法,被看作是自觉自然的过程,人们常常没有意识到它的存在。一如人不懂语法照样说话不误。但霍尔说,文化代码虽然很早就被结构入文化社区之中,它却常常想当然被认为是自然的,中立的,约定俗成,没人会怀疑代码系统本身的合理性。故文化研究的任务之一,即在于如何打破代码,将意义释放出来。他指出,毫无疑问字面误解是的确存在的。观众不懂使用的术语,不能跟随争论或展示的逻辑,不熟悉语言,觉得概念太陌生或者太难,被阐述的叙事所欺骗。但更常见的,则是播音员担心观众不懂他们所预期的意思。他们真正要说的,其实是未能将观众把玩于他们"建议"的"支配"代码之中。

  第二阶段是"成品"阶段。霍尔认为,电视作品一旦完成,"意义"被注入电视话语后,占主导地位的便是赋予电视作品意义的语言和话语规则。此时的电视作品变成一个开放的、多义的话语系统。传统电视理论认定电视信息的代码约定俗成,电视图像被认为是直观的、客观的,不可能做假。所以尽管观众不同,不可能有与制码者不同的解读。但问题并非如此简单,霍尔指出:

>   因为图像话语将三维世界转换成二维平面,它自然就不可能成为它所指的对象或概念。电影里狗会叫却不会咬人。现实存在于语言之外,但是它永远须依靠语言并通过语言来作中介,我们的一切所知和所言,必然存在于话语之中并通过话语而得产生。话语"知识"不仅产生于"真实"之清晰的语言表达,而且还是表述了语言对真实的关系和条件。所以没有代码的运作,就没有明白易懂的话语[①]。

[①] Stuart Hall, "The Television Discourse — Encoding and Decoding", S. Hall, D. Hobson, A. Lowe and P. Willis, ed., *Culture, Media, Language*, London, Hutchinson, 1980, p. 131.

由是观之,电视图像越自然,越有伪装性。这是因为图片和形象的意识形态性,比语言更难察觉。霍尔说,这是因为意义并非完全由文化代码预设,意义在系统中是由接受代码决定的。这是说,电视文化提供的产品是"意义"。"意义"可有多种解释,符号的意义跟所给事实不一定符合,观众完全可以解读出不同的意思。各人得到的意义是并不相同的。

第三阶段也是最重要的阶段,是观众的"解码"阶段。这里占据主导地位的,仍然是意识形态问题,如观众的世界观和意识形态立场等。观众面对的不是社会的原始事件,而是加工过的"译本"。观众必须能够"解码",才能获得"译本"的"意义"。换言之,如果观众看不懂,无法获得"意义",那么观众就没有"消费","意义"就没有进入流通领域。而最终是电视"产品"没有被"使用"。用霍尔的话说,如果意义没有在实践中清楚地表达出来,意义就没有效果。不过,如果观众能够解码,能看懂或"消费"电视产品的"意义",其行为本身就构成一种社会实践,一种能够被"制码"成新话语的"原材料"。这样一个过程,通过话语的流通,"生产"成为"再生产",然后又成为"生产"。换言之,意义和信息不是简单被"传递",而是被生产出来的。

有鉴于以上理论,霍尔提出可以设想有三种解码立场:第一种立场与权力密切相联系,是从葛兰西霸权理论中生发下来的"主导—霸权的立场"(dominant-hegemonic position)。它假定观众的解码立场跟电视制作者的"专业制码"立场完全一致,比如电视观众直接从电视新闻或时事节目中读出意义,根据将信息编码的同一代码系统给信息解码,这意味着制码与解码两相和谐,观众"运作于支配代码之内"。这是制码人所期望的"清晰明白"的传播模式。如北爱尔兰政策、智利政变、《工业关系法》的权威阐释等等,就主要是由政治和军事精英们制定,他们通过他们的专业代码,选择播出的场合和样式,挑选职员,组织现场辩论,让观众在无意识中接受意识形态控制。

第二种立场是"协商的代码或立场"(negotiated code or position)。这似乎是大多数观众的解码立场,既不完全同意,又不完全否定。此一立场承认主导意识形态的权威,认可霸权的合法性,但是在涉及具体的层面,它就强调自身的特定情况,制定自己的基本规则,努力使主导意识形态适用于它自身所处的"局部"条件。观众与主导意识形态,因而始终处于一种充满矛盾的商议过程。霍尔称协商代码最简单的例子,就是工人们对《工业关系法》的反应——法案限制罢工,提倡冻结工资——看电视新闻的工人也许会赞同新闻称增加工资会引起通货膨胀,同意"我们都必须少得一些,以抵制通货膨胀",但这并不妨碍他们坚持自己拥有要求增加工资的罢工权利,或者让车间和工会组织出面来反对《工业关系法》。霍尔认为,媒介传播中大多数所谓的"误解",就产生于主导—霸权代码和协商代码直接的冲突分歧,这是精英们感叹"传播失败"的缘由所在。

第三种立场是"对抗代码"(oppositional code)。这是说,观众可能一目了然电视话语要传达什么信息,完全理解话语的字面义和内涵意义,但是却选择以截然相反的立场来解码,每每根据自己的经验和背景,读出针锋相对的新的意思来。比如观众收看限制工资有无必要的电视辩论,每次都将"国家利益"解读成"阶级利益"。这就是观众利用"对抗代码"在为信息解码,"意义的政治策略"即话语的斗争,由此参入其中。不消说,三种解码立场中,对抗代码是最为激进的一种,虽然推翻制码的意识形态谈何容易,但是它的颠覆态势,无论如何是不容低估的。

霍尔主掌伯明翰中心的 70 年代,英国文化研究事实上已经受到此时发展已经相当完备的美国传播研究的冲击,李斯特大学、利兹大学等相继成立了大众传播研究中心。但是,霍尔大量使用列维-施特劳斯、罗兰·巴特、阿尔都塞以及葛兰西等人理论成果下来,另一方面反而是坚固了威廉斯的文化主义传统,而与自美国的社会科学实证研究方法分道扬镳,走向媒体意识形态功能的分析。霍尔的兴趣显然在于大众传媒特别是电视,而不是阿尔都塞认为是维持统治意识形态关键机体的学校和家庭。《文化、传媒与"意识形态"效果》一文中他指出,大众传媒的现代形式最初是出现在 18 世纪,随着文学市场的发展兴起,艺术产品成了商品。到 20 世纪,大众传媒对文化和意识形态领域的殖民是如此成功,它们一举奠立了领导权、霸权和统治。诚然,统治意识形态选定它的意义来编码,仿佛自然而然,就是理性自身,但是观众却可以以反抗霸权的方式来解码,由此遁出统治阶级的大众文化意识形态控制。霍尔讨论电视话语的著名文章《电视话语:制码和解码》,表达的正也是这样的观点。

第五节 伯明翰中心的兴衰

2002 年英国《卫报》刊登了波利·柯提斯题为《伯明翰文化研究系遭关闭》的文章。文章这样描述了这个历史性的事件:

> 今天早上伯明翰大学文化研究与社会学系的学生发现系门口贴了一张计算机打印的字条:"本系撤除。别无他事。"
> 伯明翰大学今天上午证实,全球公认作为文化研究策源地的该系确实是在重组之中。虽然未经证实,该系很可能失去十一个

教职,剩下大约二百一十名学生去向不明,不知9月里会到哪里去读学位。

　　教师们6月20日即被致信告知,该系将"以目前的形式"关闭。

　　社会学将被合并到社会政策和社会工作系,传媒、文化和社会专业,则将并入应用社会研究所。

　　学生们当然是非常伤心的。《卫报》引述了该系一位三年级学生劳拉的悲情。劳拉说,文化研究与社会学系年复年教学上都是名列前茅。须知这是今日世界上的第一个文化研究系,举凡讲述文化研究的著作,哪有不提伯明翰的?这里的课程当然是最优秀的。不过,他们的研究好像不是很强。劳拉没有说错,该系在上一年的教学评估中,得了最高分二十四分。

　　文化研究与社会学系的前身是成立于1964年的伯明翰当代文化研究中心(CCCS)。伯明翰中心在霍尔主持下,很快成为饮誉寰宇的文化研究大本营,甚至有人套用《圣经》里上帝创世的话语,来形容中心的影响,说是:太初有伯明翰,然后有文化研究。可是说来并非不可思议,它的大多数纲领性文件,一开始都是在中心油印的刊物上流传,然后才被收入各种文集。这一出版形式,或许本身可以显示中心从一开始,就怎样艰苦奋斗在学术中心的边缘上面。80年代,中心与社会学专业合并建系,结果是重建了社会学也重建了文化研究的构架。伯明翰校方对新建的系有明确的要求,要求它招收本科生,它的研究方向,自然也得有所改变。同时新一代的教师充实进来,新的领域如技术、公民义务、环境科学等等,纷纷开辟出来。这是标新立异呢,还是与时俱进呢?似乎也难一言定断。但毋庸置疑的是,文化研究的领域拓展下来,已经是今非昔比了。

　　伯明翰中心的文化研究挑战了二战之后英国的主流文化。文化曾经是文学和艺术的一统天下,无论是文本还是行为思想,文化分析几乎是清一色的美学的标准。反之大众文化体现的被认为是商业趣味、低劣趣味,或者说纯粹就是没有趣味,是审美趣味的堕落。但是现在,趣味的天经地义的高雅和风雅,在大众文化面前本身将变得摇摇欲坠了。

　　一般认为,霍加特和威廉斯,以及E·P·汤普森,可视为伯明翰中心的第一代传人。霍加特自不待言,他的《识字的用途》聚焦二战之后的英国平民阶层日常生活,研讨消费文化的社会影响,堪称为一部破冰之作。随着这类研究日渐系统化,人文学科的松散边界和社会科学的森严高墙之间,终于诞生了文化研究这个新兴学科。威廉斯是剑桥出身,教职亦在剑桥,一生当中是不是到过伯明翰,都是颇费猜测的事情。但是威廉斯当仁不让是文化研究的"教父",他与霍尔关系密切,其对文化研究方方面面的深入探讨,亦被伯明翰视为己出。威廉斯的《文化与社会》,被认为是向"文化"、"艺术"、"民主"这些气息奄奄的陈旧概念发起挑战,为其注入新鲜血液,使之表述人类经验的多元异质性。同年他提出的"文化是普通平凡的"思想,后来成为伯明翰中心的标志性纲领。它意味着普通人的日常文化将要替代图书馆和博物馆里的高雅文化,文化将被视为一个意义创造的过程,而文化研究将要着重考究理论与实践之间的关系。其间给不同过程设定边界的权力关系,尤为引人注目。文本的文化、日常生活的文化、大众文化、消费文化、电影、艺术以及身体文化等等,因此纷纷踏入大雅之堂,这在以前是不可想象的。比较来看,汤普森作为历史学家,同伯明翰的联系更要疏远一些。但是汤普森关注底层工人阶级,充分重视其工人阶级研究中的"英国性",与伯明翰中心的学术传统,同样具有一致性。所以不奇怪霍尔后来多次撰文,将霍加特、威廉斯和汤普森一并纳入伯明翰中心的系列,并且得到了学界的普遍认可。

　　霍加特和威廉斯都强调文学、造型艺术和音乐只是文化的一种表现形式。强调文化应当包括更为广泛的社会生活的意义和实践构成,是以语言、日常风俗和行为、宗教和各种意识形态,以及各类文本实践,悉尽成为文化研究的绝好对象。故此《识字的用途》中霍加特将文化的变迁追溯到英国工人阶级。作者结合切身回忆和历史社会学的方法,不仅叙写了工人阶级的音乐和通俗文学,而且栩栩如生地记述了他们的家庭和邻里生活风貌。同样,威廉斯的《文化与社会》将文化的美学内涵申发开来,使之广被社会生活的方方面面。三年后他的《漫长的革命》,更显示了由文学到社会分析的文化转向,视小说和戏剧的起源,为公共文化程度提高的直接产物。这同哈贝马斯的公共领域思想,几无差别。后来斯图亚特·霍尔评价威廉斯此书是将文化的定义从文学整个儿转向了人类学的方向,使文化从静态的结果变成动态的过程,其中社会的历史的因素,变得举足轻重。

　　伯明翰中心的第二代传人又有不同。如果说英国文化研究的第一代人主要是使文化超越美学和文学批评,成为一种社会批判理论,那么无论霍加特和威廉斯本人都还是文学批评出身,首先也还是文学批评家。历史学家E·P·汤普森,年轻时候也有过诗人经历。但到第二代人,无论是霍尔,还是大卫·莫利、多萝西·霍柏森、迪克·海布迪基等,主要都不是文学批评家而是社会学家。在上一代人批判传统的同时,据霍尔《文化研究与中心》一文中的说法,这还是一个"复杂的马克思主义"的传统。之所以名之为"复杂",是因为这个传统主要关心的不是经济和阶级的背景,而是当代社会的构成形态,关心权力和公共生活的文本构成。这是说,文化的意义不是自由漂浮的,而是必然联系权力结构来加分析。这也使文化研究的第二代人对威廉斯和汤普森较少理论色彩的"人文主义马克思主义"多持批判态度。如霍尔等人就明显受惠于法国结构主义,偏重于对文化意义作不带感情色彩的符号学分析。另一方面,文化既然不再囿于文本,而同社会实践和制度结构密切联系起来,从而阶级、性别、种族问题同样成为文化研究的核心问题,阿尔都塞的意识形态理论、葛兰西的霸权理论,甚至福柯的"历史考古学",顺理成章就成为文化研究的理论资源。

伯明翰文化研究与社会学系的撤销,对于文化研究本身,除了一个符号意义上的失落,应是无伤大体的。许多院系已经纷纷开设文化研究课程,所以事先没有得到通知的学生虽是惊诧不解,对于学业倒也无妨,大多数课程可以继续开设下去,所以专业并没有取消,而是重组,这也是校方愿意强调的说法:文化研究和社会学系是经历了重组,因为它没有通过是年的研究考评。

研究考评就是我们所说的科研考评。它或者可以显示科研第一的办学方针,是被贯彻得多么无情无义。伯明翰中心的最终消失与政治其实关系不大,而毋宁说是反映了英国高等教育机制内部的压力。这压力似乎是无所不在的,据称高教劳工部长的迫切使命之一,就是要让英国百分之五十的学生都可以上大学。与此同时,许多奖学金项目纷纷落马,导致学生的债务直线上升。牛津、剑桥这样的老牌名校可以理直气壮,不断拉涨学费,一些财力捉襟见肘的新学校,就只有广开门路,多多吸收来自四面八方的学生。所以科研经费的竞争,说它已经关乎许多学校的生存问题,也不为过。此外教工薪酬和工作条件持续滑坡,高等教育面临的就业危机则反过来与日俱增。这一切不稳定因素,足以显示伯明翰中心的关闭并非空穴来风。不说其他高校类似的科系多有遭此同类命运,莱塞斯特(Leicester)大学关闭了它享有盛誉的大众传播研究中心,一样叫人颇费猜测。这一股流行一时的关闭之风,被认为是标记了英国尝试高校重组的一个开端。重组的目标是提高财务状况良好的研究机构的竞争力,将之推向全球市场,同时使政府对高校事物的参与,可以惠及每一个国民。

但即便如此,关闭事件还是显得突兀。因为如前所述,伯明翰文化研究与社会学系前不久还在政府的教学评估中获得最高分数。社会学的教学计划也经历了评估,从政府公布的数字来看,被认为是在全国范围内提供了最好的本科生教学。照市场逻辑来看,本科生和研究生入学率不断提高,世界各地的访问学者慕名纷至沓来,显然都是成功的标记。问题看来是出在"科研"上面。关闭伯明翰中心的基本理由是它在政府研究性评估中表现不佳。评估本身不消说是多有争议的。以至于有人说,由于一些系所擅长此道,导致评估优秀的单元数量急遽膨胀。此外同行评估,更是成为争议的焦点。评估小组逐系审读每一个教工的成果,根据业绩来分派预算。教学优秀在这里不起作用。伯明翰校方的要求,是各系的考评不得低于 4 分,这是通行全国的优秀基准。而 2001 年伯明翰大学的文化研究与社会学系,恰恰是在这个基准之下,分数是 3a。因此,不乏有人将中心的关闭归结为同道的妒忌。

伯明翰中心的撤除,可以说是正值它全盛时期突然遭此厄运,这是不是意味着文化研究的气数已经耗尽?答案是否定的。在许多人看来,它更像是文化研究另起炉灶的一个新的开端。中心的薪火相传已经完成,仅就伯明翰大学来看,今日许多其他系所的专业和教师,也在潜心从事 CCCS 传统的文化研究。总而言之,"文化研究"我们喜欢它也好,不喜欢它也好,它委实是已经无所不在了。其全球范围内的流行不衰标志着学术热点和专业的重组。这个重组已经不需要伯明翰中心的神话,中心完成了它的历史使命。所以我们现在的问题是,伯明翰中心留下了什么样的遗产,它对于文化研究的发展前景,又意味着什么呢?

第六节 从文化主义到霸权理论

威廉斯、霍加特和汤普森的文化思想,在以霍尔为代表的伯明翰中心第二代传人看来,是典型的马克思主义的人道主义,霍尔谓之"文化主义"(culturalism)。伯明翰中心名义上是坚持了探索特定文化实践如何表达了特定阶级经验的"文化主义"路线,但对于中心第二代人钟情的结构主义,它的关注和热情也并未因此稍减。文化如何在特定的结构形态中获取意义,因此成为文化研究的另一个主流方法。

文化主义强调文化是普通人的文化,这是伯明翰中心标举的传统。汤普森本人反对给他的著作贴上文化主义标签,但是他关切人文活动,关切文化的历史情境,关切工人阶级的经验以及文化的多元性,这一切也都使他的态度和方法成为当仁不让的文化主义模式。虽然后来不少当年曾在中心工作过,日后成长为文化研究巨擘的重要人物,如安吉拉·麦克罗比和约翰·费斯科等,都还明显见出受到法国后现代主义的影响,在理论上认同文化和意识形态的相对独立性,但是在反对经济决定论,倡导大众文化方面,他们同文化主义是一脉相通的。从理论上看,文化主义主要是从两种批判性对话中产生,其一是反对利维斯主义的精英文化路线,其二是不满对马克思主义的机械理解,特别是经济决定论的理解。利维斯倡导教育,这是威廉斯等人深有同感的,但是后者最终是向利维斯主义的许多基本立场,发起了全面挑战,而坚持认为,通过分析一个社会的文化,分析一种文化的文本形式和实践记载,有可能重现该社会的行为和观念模式,而这些模式,是为此一社会中生产和消费了这些文本和实践的男男女女所共享的。

文化主义强调文化的"日常生活性",关注大众积极建构共享意义和实践的能力,还可以见出英国经验主义传统的遗风。但这里的经验是活生生的日常生活的经验,它对文化的定义更多涉及文化广义上的人类学定义,即把文化视为日常生活的过程,而不是仅仅局限于"高雅"艺术。这也是英国人类学家泰勒的遗产。泰勒《原始文化》中将文化与文明并提,称就其广泛的民族学意义上言,是包括知识、信仰、艺术、道德、法律、习俗和一切作为社会成员而获得的能力和习惯在内的复杂整体,一定程度上在消解两者精神和物质层面上的分野,这同样也可视为文化主义的

格罗斯堡

一个特征。这个特征事实上也渗透到文化研究言人人殊的定义中间,如美国学者格罗斯堡等人所编《文化研究》一书里比较具有代表性的定义,它把文化研究看成一个跨学科、超学科,甚而反学科的领域,运作在广义的即人类学意义上的文化研究和狭义人文文化研究之间,故此:

> 它在方法上是典型的阐释型和评估型的,但是不同于传统的人文主义,它反对把文化和高雅文化画等号,而主张文化生产的所有形式都应当根据它们同其他文化实践的关系,以及同社会和历史结构的关系来加以研究。文化研究因此致力于研究一个社会的艺术、信仰、制度,以及交流实践等一切对象①。

但霍尔对威廉斯和汤普森的传统并不全然满意,他认为他们是混淆了

---

① Lawrence Grossberg et al eds. , *Cultural Studies*, New York: Routledge, 1992, p. 4.

文化和其他活动的界限,而把社会整体视作一个表述性的概念,其间一切文化模式万宗归一,被化解成为一个统一单元。虽然,霍尔本人也自诩为文化主义的代表人物之一,但实际上他已经很典型地体现了文化研究不说后来居上,至少也可以同文化主义并驾齐驱的结构主义传统。霍尔对威廉斯和汤普森是有所非议的。如《解构"大众"笔记》一文中,他在比较文化主义和结构主义两种方法的短长得失时指出,威廉斯和汤普森的弱点在于将文化分解还原到社会和历史之中,而结构主义则强调文化是无以还原的,它本身就是一种实践,一种指义活动,而且文化具有它自己的确定性产品,那就是意义。霍尔本人的著名文章《电视话语:制码和解码》,用的就是典型的结构主义方法。他认为文化主义的局限在于经济的因素和文化的因素混沌无分,结果就使得两者之间的种种其他决定性因素,多半也就无从分辨。所以在后来兴起的结构主义立场看来,文化主义的方法虽然就特定历史事件、文本、过程的研究产生了丰富成果,却忽略了从它的分析对象中抽绎出带有普遍性的理论原则来。也许我们可以说,从其源头看,结构主义和文化主义的区别,未始不是大陆理性主义和英美经验主义的一个区别。

  我们可以发现,伯明翰传统的第一代传人大都具有文学的背景。不说汤普森的诗人经历,霍加特和威廉斯当初的专业都是文学批评。文学有悲天悯人的天性,所以他们的文化研究把普天下苍生的喜怒哀乐都纳入关怀的视野,思想起来也该是顺理成章。威廉斯反对用基础/上层建筑的模式来解释各种社会实践和结构之间的关系,但是实际上,文化研究一路通行下来,被认为反而是强化了马克思坚决反对的精神和物质之间的唯心主义两分,虽然,两者的等价实际上是给颠倒了过来。威廉斯认为文化应被视为一种文化和社会过程,难分难解地牵缠着其他社会过程的种种成分。故此,文化批判的首要任务,即是深入调查社会生活的方方面面,勾画出它们的关系模态。但是威廉斯这一将文化界定为全部生活方式的立场,却受到汤普森的强烈反对,原委是威廉斯作如是观是排斥了被统治阶级与统治文化和意识形态的尖锐斗争。故文化的过程,莫若被视为一个人类无穷尽渴望发现新的表达方式、渴望其生活经验具有新的意义的过程,而只要资本主义存在,阶级剥削存在,文化就必然是一个斗争的场所。但是,虽则威廉斯和汤普森一个强调共同文化,一个强调文化内部的斗争,可以看出两人都坚持文化不是一个孤立的现象,它不可能脱离其他社会关系来加阐释。否定经济决定论,并不意味否定经济在社会生活中举足轻重的重要作用,相反文化实践如何为经济关系所形构,将始终是文化研究的一个关键课题。

  结构主义对文化研究的直接影响,除了从索绪尔到列维-施特劳斯和罗兰·巴特的结构主义和符号学思想,主要是指阿尔都塞的意识形态理论。阿尔都塞认为他是秉承了马克思的传统:视文化取决于经济基础,同时视文化的研究为一独立自足的理论探索领域。他因此强调他的意识形态是一种物质存在,强调观念不是凭空产生,也不是自动产生,相反,它们是由物质经验所影响产生,是由学习、家庭、工会这样一些机构所加工形成。但强调意识形态的物质性,并不意味消抹差异,这和威廉斯和汤普森视不同文化意识形态分享着共同物质基础的理论,是有区别的。对于阿尔都塞来说,物质性具有形形色色的不同模态,而他所要致力于说明的,恰恰是意识形态机器不同于其他社会实践的效果和机制。那么,具体来说什么是阿尔都塞的意识形态呢?它和马克思所说的国家意识形态机器,又有什么区别呢?

阿尔都塞把他的意识形态叫做意识形态国家机器。在《列宁与哲学》一书中,阿尔都塞明确表示他所说的意识形态国家机器和马克思主义理论的意识形态国家机器不同。后者包括政府、行政机关、军队、警察、法庭、监狱等等,阿尔都塞将之称为"压制性质的国家机器"。所谓压制,是说这些国家机器最终是依靠暴力实施其功能,即便压制本身可以不直接用暴力形式实行。比较来看,不同于上述"压制性质的国家机器",意识形态国家机器又是什么东西?对此阿尔都塞作了如是说明:

> 我将称意识形态国家机器为一系列现实,它们在独特的、特定的机构形式中,向直接的信奉者呈现自身。我这里根据经验提出一个这些机构的清单,它们无疑是需要细加辨析、验证、校正和重组的。按下一切保留意见不谈,现在我们可以把以下机构看作意识形态国家机器(先后次序没有特别的意义):
> 宗教意识形态国家机器(不同教会的体系);
> 教育意识形态国家机器(不同公立和私立"学校");
> 家庭意识形态国家机器;
> 法律意识形态国家机器;
> 政治意识形态国家机器(政治体系,包括不同的政党);
> 工会意识形态国家机器;
> 传播意识形态国家机器(出版社、广播、电视等等);
> 文化意识形态国家机器(文学、艺术、体育等等)[①]。

[①] Louis Althusser, *Lenin and Philosophy*, New York: Monthly Review Press, 1971, p.143.

阿尔都塞认为,他列举的上述意识形态国家机器之所以和"压制性意识形态国家机器"不同,区别首先在于"压制性意识形态国家机器"只有一种,而除此之外的意识形态国家机器却有许多种,前者是单数,后者是复数。其次在于"压制性意识形态国家机器"整个儿属于"公共"的领地,而他所说的意识形态国家机器,则恰恰相反,是属于私人的领地,他指出,教会、政党、工会、家庭,以及一些学校、大多数报纸和文化事业,是私人性质的。

伯明翰中心并没有全盘接受阿尔都塞的意识形态理论,如对于阿尔都塞的意识形态功能主义描述,就不以为然。认为它既不足以充分解释被统治集团抵制甚或颠覆统治意识形态的努力,也不足以就大众文化内部的矛盾作充分的理论说明。同样中心也很不情愿用哪一种意识形态理论来解释文化,而更愿意强调文化本土的、异态纷呈的散漫性质。这就不是哪一种意识形态理论的严格逻辑,可以游刃有余应付下来的了。但即便如此,阿尔都塞对伯明翰学派的影响是深远的。霍尔曾经在一次访谈中说过,他反对阿尔都塞的一些立场,但是阿尔都塞对他的影响是巨大的,即便阿尔都塞现在已经显得过时,霍尔也始终承认这一点。从总体上看,阿尔都塞对于伯明翰学派的最大影响在于,他使文化研究偏离文化主义的整体描述性方法,而重视差异,把每一种社会实践理解为自身具有相对独立内在法则的复杂单元。

比较来看,文化主义是伯明翰中心文化研究的本土出产,结构主义则是外来输入的欧洲大陆的原创思想。在一些批评者看来,两者都有所局限。比如在结构主义的视野中,文化特别是大众文化经常被视为一种"意识形态机器",其炮制俨如法律的规则,专横统治大众的思想,一如索绪尔所谓专横统治具体言语行为的"语言"总系统。文化主义恰恰相反,经常是不作辨别一味浪漫,赞扬大众文化是真实表达了社会受支配集团或阶级的兴趣和价值观。进一步看,结构主义文化研究集中见于电影、电视和通俗文学,文化主义则趋向于在历史和社会学内部独霸天下,特别是关涉到工人阶级"生活方式"的研究,如体育、青年亚文化一类。这一不能尽如人意的局面,致使文化研究在 20 世纪 70 年代末叶开始,经历了引人注目的"葛兰西转向"。

安东尼奥·葛兰西 1921 年 1 月和陶里亚蒂一起创建意大利共产党,1924 年任该党总书记。1926 年被法西斯政府逮捕,狱中葛兰西写就大量笔记和书简,1937 年因健康极度恶化始获释就医,数日后即与世长辞,留下的三十四本笔记被他的妻妹取出寄往莫斯科,成为今人看到的葛兰西《狱中书简》和《狱中札记》两卷的大部分内容。葛兰西文化理论的核心概念是文化"霸权"(hegemony)概念。它又译"文化支配权"、"文化统治权",充分强调意识形态对经济基础的反作用,有学者认为,假如葛兰西的霸权学说结合更侧重于经济制约因素的经济政治学来解释文化,差不多就是一种最好的理论选择。霍尔在他《文化、传媒与"意识形态"效果》一文中,就提出过葛兰西的霸权概念是文化研究的枢纽所在,是高屋建瓴。葛兰西所说的霸权,是指资本主义社会中,统治阶级通常不是通过直接强迫,而是通过被认可的方式,将意识形态加诸其他阶级。所以霸权即意识形态的领导权,它是通过诸如家庭、教育制度、教会、传媒和其他文化形式,而得以运行的。进而言之,霸权还不是一劳永逸的东西,必须由统治阶级不断来主动争取并且巩固,否则它同样

安东尼奥·葛兰西

也可能丧失。这就意味文化永远是一个流动不居的动态的斗争的领域。葛兰西本人对此阐述得明白:

> 在目前议会政体的正统领地中,霸权的"规范"行为是强制和赞同的两相结合,两者互相平衡,而并不是强制高压之下的赞同。的确,这一努力总是意在保证,强制看起来是立足于大众的赞同之上,是由所谓的公共舆论机关——报纸和团体协会表达出来,而它们在一定程度上,是人为增长的①。

澳大利亚文化研究学者托尼·本内特给他与默塞尔等1986年主编的《大众文化与社会关系》一书写过一篇题为《大众文化与"葛兰西转向"》的序言,比较系统地阐述了霸权理论对大众文化研究产生的影响。以霸权的概念替代统治的概念,本内特指出,并非如一些评论家所言,只是术语的差异。资产阶级霸权的巩固既然不在于消灭工人阶级的文化,而在于联系工人阶级的文化形式,并且在此一形式的表征中来组建资产阶级的文化和意识形态,这样接纳对抗阶级的文化因素下来,一个结果便是"资产阶级文化"将不再是资产阶级的专利,从而破解了文化研究领域结构主义和文化主义视野非此即彼的选择,或者视其为原汁原味的资产阶级意识形态,或者视其为大众真实文化的场所;或者是肆无忌惮的坏蛋,或者是一尘不染的英雄。恰恰

---

① Antonio Gramsci, "Hegemony, Intellectuals and the State", John Storey ed., *Cultural Theory and Popular Culture: A Reader*, London: Prentice Hall, 1994, p.210.

相反,葛兰西的理论牵连到卷入争夺霸权的斗争,这意味文化深深卷入争夺、赢得、丧失和抵制霸权的过程中,它不仅仅是包含了自上而下,同统治阶级步调一致的大众文化,而更像是两者之间的一块谈判场所,其间主导的、从属的和对抗的文化与意识形态价值,是以大众文化形态各异的特定形式,纷纷登场了。

当然另一方面,就像本内特也承认的那样,葛兰西的霸权理论并不是百试不爽的灵丹妙药,可以应对文化分析领域的一切问题。因为事实是电视和电影分析、流行音乐、生活文化以及通俗文学的研究,都有其独特且具体的技术和理论问题,非泛泛的理论说明可以解决的。此外葛兰西强调霸权和强制不是一回事情,可是就看我们今天由经济全球化乃至文化全球化的趋势,其锐利锋芒借助的是霸权策略还是强制手段?看来也是一言难定。但毋庸置疑,葛兰西的文化霸权理论强调文化意识形态不断在冲突中达成妥协的动态过程,而使文化研究在文化主义和结构主义两分天下之后,开辟出一种新的方法视野。以深深卷入争夺、赢得、丧失和抵制霸权的过程为背景,也为我们重构文化研究中当务之急的理论和政治问题,提供了借鉴。

第七节 伯明翰学派和法兰克福学派

无论就当代中国还是全球化的视域来看,文化研究的主要理论资源,是来自伯明翰和法兰克福这两个学派。两者都有鲜明的马克思主义背景,其使命感也非常明显。比如它们都追求社会正义,都毫不掩饰要抵抗、规避、最终颠覆资本主义的文化霸权。尤其是伯明翰的传统,具有很强的实践性,而不仅仅满足于纸上谈兵。文化研究的一个原则,因此便是理论必须付诸实践,而实践必须给予理论概括。的确,比较伯明翰和法兰克福学派这两个传统,很有一些耐人寻味的东西,我们发现两者都充分重视文化在发达资本主义社会里出演的重要角色。两者都自觉采取马克思主义的立场,同时又反对这一立场的经济决定论阐释。而且两者都反对当代资本主义社会中的保守力量。如此等等,不一而足。这一切都使人有理由相信两个传统之间应当有所沟通和论争。但令人多少迷惑的是,后来居上,风头呼啦啦就盖过前者的伯明翰学派,对法兰克福学派为我们耳熟能详的文化批判理论,基本上是置若罔闻。事实上伯明翰学派无论对于法兰克福学派的文化批判,还是本国的阿诺德—利维斯传统的"大众文明"声讨,都不显得特别热心。这是为什么?伯明翰学派对于利维斯主义的态度,我们前面已经有所交代,这里我们就伯明翰和法兰克福这两个文化研究和文化理论的最重要学派,作一比较分析。

法兰克福学派得名于 1923 年在德国成立的法兰克福社会研究所。它的第二任所长马克斯·霍克海默创办了《社会研究杂志》,由此开创了嗣后影响深远的批判理论。1933 年希特勒执政后,社会研究所先后迁到日内瓦、巴黎,最终落户在美国,至 1949 和 1950 年间方迁回故土。法兰克福学派的形成,大致是在"二战"以后社会研究所从美国返回德国之后。这个学派的核心人物,是阿多诺、霍克海默、马尔库塞以及本雅明。而除了本雅明有意识为大众文化辩护,法兰克福学派都对大众文化持坚决批判态度,谓之"文化工业"。这个术语是霍克海默和阿多诺精心选择的,意谓大众文化不是自下而上,自是自发,而是统治阶级同商业利益集团合谋,从上到下炮制出来,麻醉工人阶级大众的。如阿多诺所言:

> 文化工业是把旧的熟悉的东西铸成新的形式。在它的所有分支,它的产品多多少少是根据计划来生产的,全部产品精心裁剪以适合大众消费,且在很大程度上,产品也决定了消费的性质。各个分支结构上是如出一辙,或者至少是彼此协调无间的,全都井然有序,排定在一个几乎是天衣无缝的系统里。当代社会的技术资本以及经济和管理发达资源使它成为可能。文化工业自上而下,有意识将它的消费者整合成一个模式①。

由此可以见出为什么文化工业在阿多诺看来,何以总是脱逃不了"标准化"和"伪个性化"的罪责。而且据阿多诺的解释,工人阶级本来肩负推翻资本主义制度的历史使命,可是给文化工业的糖衣炮弹麻痹下来,乐不思他,终而是把自己的阶级使命抛到了九霄云外。因此我们可以理解阿多诺作为一个马克思主义者,为什么总是对大众文化耿耿于怀,不肯原宥。但从历史上看,法兰克福学派批判理论的诞生有它特定的社会基础。二战期间,迁居美国的法兰克福社会研究所相当时间是扎营在纽约,它的另一些成员则去了洛杉矶,包括好莱坞。战后一方面研究所同它的一些领袖人物如霍克海默和阿多诺等,一起迁回了德国,一方面一些成员留在美国,如马尔库塞。所以不能忽略法兰克福学派对文化工业的批判,纳粹德国的法西斯社会和战后美国的垄断资本主义消费社会,应是两个最为典型的语境。

伯明翰学派同法兰克福学派没有过节。但是两者为什么少有勾通?加

---

① Theodor Adorno, "Culture Industry Reconsidered", J. M. Bernstein ed., *The Culture Industry: Selected Essays on Mass Culture*, London: Routledge, p. 85.

阿多诺

拿大学者沙恩·冈斯特在他 2004 年出版的《文化资本化：文化研究的批判理论》一书中，对文化研究的这两个理论渊源有过比较分析。他认为法兰克福学派的文化思想之所以没有得到伯明翰学派的充分重视，是与文化研究第一代传人威廉斯、汤普森和霍加特的影响有关。伯明翰中心开张之初，目标之一即是改写阿诺德的精英主义文化定义。《文化与无政府状态》中，阿诺德把文化的目标定义为消灭类别，将最好的思想传统发扬光大到世界的每一个角落。而威廉斯针锋相对提出的"文化是普通平凡的"，则可兼容汤普森视文化为斗争的立场，为把文化重新定义为各种不同力量的社会实践，提供了理论资源。文化意味着人们将各抒己见，表达自己的生活经验，而不是如阿诺德定义的那样，把文化看作是一种典范，将种种异质实践包裹起来。换言之，将文化定义在文本上面，纸上谈兵而忽略生动的生活。阿多诺猛烈抨击大众文化，这样来看，与阿诺德认同文化为最优秀思想遗产的定义模式，是不谋而合，也是如出一辙。阿多诺对先锋实验性艺术作品表现出的浓厚兴趣，特别是针对他深恶痛绝的流行音乐，甚至爵士音乐，而通力标举他秉承勋伯格的无调性音乐，因此也满可以是判定为认同资产阶级的美学趣味，认同大写的高雅文化而不是复数的通俗文化。冈斯特这样比较了阿多诺和伯明翰学派的立场：

> 考虑到阿多诺战时流放加利福尼亚的悲悲喜喜，不难把他对商品文化的攻击，归入保守派批判大众社会批判时，所持的精英文化感伤主义一类。但伯明翰学派没有意识到，大众文化的商品化一般来说，比较它的其他罪责诸如标准化、平庸陈腐、缺乏文化传统等，只是一个空洞的能指。而阿多诺则是相反，根本问题就在于商品形式"本身"①。

这可见两个学派在怎样看待大众文化的商品形式上，就有显著分歧。

---

① Shane Gunster, *Capitalizing on Culture: Critical Theory for Cultural Studies*, Toronto: University of Toronto Press, 2004, p. 175.

霍尔在他的《解构"大众"笔记》一文中,有一句名言是"普通人并不是文化白痴"(ordinary people are not cultural dopes)。这个口号和当年雷蒙·威廉斯提出的"文化是普通平凡的",可视为文化研究一先一后、一脉相承的两个标志。比较法兰克福学派,霍尔的这个口号不妨说是针对批判理论中视大众为消极被动受众的思想而来,这也许可以说明伯明翰中心与法兰克福学派这两个最关注文化研究的传统,为什么事实上是少有交往。霍尔本人就认为法兰克福学派批判理论中有明显的精英主义倾向,而视卢卡契、戈尔德曼和法兰克福学派之迅速被法国结构主义替代,为当代英国精神生活中最意味深长的事件。当然,紧随着结构主义而来的是后结构主义,城头变换大王旗,学术风向之更替迅捷,转眼就完成了现代性向后现代的过渡。但说来令人难以置信,伯明翰中心统共发表过一篇专论法兰克福学派的文章,那是1974年斯莱特写的《法兰克福学派的美学理论》,发表在中心的刊物《文化研究工作报告》是年秋季号上。作者以当时走红的一批法国理论家罗兰·巴特、拉康、阿尔都塞等人的思想作背景,翔实介绍了阿多诺的文化工业理论。但斯莱特的结论是阿多诺的著作同批判美学的实践并不相干,理由是阿多诺视大众为听凭操纵的愚氓,派定大众文化就是如是操纵大众的愚民机器。阿多诺的对立面是布莱希特、本雅明的文化观。不消说,作者的立场是在后者而不是前者一边。斯莱特的看法,在伯明翰学派的其他成员中,应当具有相当的普遍性。

伯明翰传统的后起之秀托尼·本内特,在他的两篇文章中也议及过法兰克福学派的文化工业理论,这两篇文章是《传媒理论、社会理论》和《"大众"的政治与大众文化》。本内特承认法兰克福学派将意识形态重新提到马克思主义的日程上来,是一大贡献,但是同样认为,法兰克福学派没有就如何改变现实提出建设性的看法,这就使大众文化的研究,实际上是难以为继,变得毫无意义。在本内特看来,文化工业理论之所以不可取,不仅仅是因为它自身分析方法上的缺陷,更是因为它对

托尼·本内特

大众文化取不可救药的悲观主义态度。盖言之,阿多诺的文化理论肯定是没有受到伯明翰学派的充分重视,往好说,它被认为是体现了种历史的批判价值,往糟说,它就成了反批判的讽刺对象,或者干脆就被忽略不计。本内特甚至把法兰克福学派同文化主义的先声阿诺德—利维斯主义并论,谓研究大众文化同时又对它采取敌对立场,满心想要用"高雅文化"来替而代之,

这一观点不仅是改良主义批评家如 F·R·利维斯所持的立场,而且说来奇怪,它在马克思主义者当中同样风行不衰,特别是在阿多诺、马尔库塞和法兰克福学派其他成员的著作之中。这就是几近讽嘲了。比较来看,本雅明受到的待遇要好一些,其《机械复制时代的艺术》中的观点每被引用,但总体上看,本雅明的文化思想同样没有得到重视。

那么反过来,站在法兰克福学派的立场上,伯明翰学派又有什么局限呢?首先,伯明翰学派对大众文化的商品化性质置若罔闻,这对于阿多诺指责的文化工业产品因伪个性化而意义缺失、因标准化而千篇一律、因陈腐平庸而不见文化传统,能不能足以给出有力的辩答?视商品形式本身为罪魁祸首,这里面究竟又有多少过错?其次,不同于法兰克福学派对大众传媒的敌视态度,伯明翰学派主张大众有可能用自己的方式给"统治话语"解码,大众的反应未必一定是机械的,就像阿多诺和霍克海默判定的那样,但是脱离批判的语境,其风靡一时的抵抗理论的提出,会不会就成为一种王顾左右而言他的策略?再次,判定阿多诺一心想用"高雅"文化来替代"低俗"文化,是不是同样显得牵强,特别是显而易见,在阿多诺看来,两者都是中了资本主义的流毒?故阿多诺的理论目标,是否最终在于揭示资本主义文化的集权主义性质,而不是简单回归一个含情脉脉的过去?是否在于以艺术原本应当具有的样式,来对照今日粗制滥造的商业文化产品?这样来看,伯明翰中心显然是拒绝了阿多诺的上述比较方法,而致力于将文化的确定性落实到每一种文化实践上面。问题是,这样一种看上去是无分差异的立场,是不是同样存在弊病,比如它是不是把工人阶级的文化过分浪漫化了呢?

第二章 文化研究的方法、现状与中国意识

中国目前已经有许多译介文化研究的论著,西方学者写的许多文化研究的概论也有中文译本。这里我们所期望做到的,是列举文化研究提出的问题、观点和方法,来表述我们自己的批评意见。希望读者从我们的描述与批判中,作出各自的选择和判断。因此通过本章的介绍,我们希望在方法、形式与内容上,都能给读者一个接近描述对象的机会,从中国的语境中,进入一个全球视野,思索文化研究的中国意义与中国课题。基于这样的考虑,本章主要讨论文化研究的不确定性、开放性,它的学术建制和方法问题,它所体现的社会关怀和世俗关怀,它在西方的基本现状,以及最后,文化研究的中国意义和中国课题。本章的宗旨在于强调文化研究的批判特征,以及对话的必要。

第一节 文化研究的不确定性和开放性

如前所述,我们在此所指的"文化研究",不是泛指一般对文化现象作分析和研究,如比较文化研究,以及近年盛行的各种跨文化研究、地方文化研究、饮食文化、企业文化研究等等,我们这里特指产生于 20 世纪 60 年代英国人文社会科学领域的伯明翰流派,它在 20 世纪末的英美学术界产生了广泛影响,并逐渐形成了一种新兴的学术领域,开始享有重要的地位,由此在世界许多国家和地区都受到关注。中国学术界从 20 世纪 90 年代以来有关文化研究的论述在不断增多。但由于它所具有的方法和学科的不确定性,迄今仍难以界定文化研究究竟是一门学科,还是一种方法,抑或是一个领域。

文化研究的不确定性体现在学科界定和学术方法两个方面,这是它与一般传统学科和多数新学科的主要区别。传统的人文社会科学学科,如文学、历史、人类学、政治学、经济学等,均强调学科研究对象、范畴、研究方法的严谨和确定性。较新的边缘学科,如文化人类学、人力资源学、经济地理

学等,也力图确立本学科的研究领域与理论框架。文化研究则从一开始就强调其学科疆域和方法的不确定性,并以此为其学术探索的一个前提。如斯图亚特·霍尔认为,"文化研究不是一个事物,从来就不是。"①澳大利亚学者托尼·本内特则指出,"文化研究是一个方便的称谓,指的是一组相当宽泛的不同理论与政治的立场。"②从这两位文化研究的主要人物的话里,可以了解到他们对该学科界定的不确定性立场。但他们的立场并不代表随意性。霍尔就反复重申文化研究是一个严肃的工作,而其严肃性经常是体现在文化研究的"政治"方面。他并借用福柯的理论,称文化研究从福柯的角度而言是一种话语构成,它有多重话语,有多种不同的历史。总之,它始终是一组不稳定的话语构成。不过霍尔同样也借用过美国后殖民主义理论家爱德华·赛义德的说法,强调文化研究的一个主要特点,就是它的世俗性。本内特也强调说,"不论其立场如何不同,文化研究者们都致力于审视文化与权力之间的互动与关联。"③

从霍尔和本内特的观点中可以了解到以下几点:

文化研究在英国的初创者看来,是不稳定的、多样的理论立场的组合。

文化研究是跟法国后结构主义理论家福柯的话语—权力的观点有密切关联。

文化研究具有世俗和政治的关怀,这跟其理论立场的多样性并不矛盾。

文化研究把本学科或领域视为"话语构成"(discursive formation),并开宗明义强调其政治性和后结构主义基本原则,这就使之在学科与方法界定上与其他学科分别开来。一般学科在认识论上均蕴含了西方启蒙运动以来的理性主义和经验主义的基本预设,即学术是对既定研究对象的理性和经验的分析、演绎和归纳推理,从而发现真理,衍生知识,以供实践应用或抽象思辨。这种理性主义与经验主义原则,是现代社会的学术研究和知识体系的认识论基础。发现真理、认识真理,是学术与知识的目标。而文化研究则从后结构主义立场出发,质疑、挑战现代人文与社会科学以及自然科学的认识论基础,强调知识和理性所具有的话语构成性,认识主体的历史性和主体间性。所谓的话语构成,指的是学术和知识体系提出问题、分析问题、解释和解决问题时所凭借的思维、推理、表述方式或范式、模式。后结构主义者认为这些方式、范式、模式的构成,不仅仅是启蒙理性主义者所描述的发现

---

① Stuart Hall, "Introduction", Simon During ed., *The Cultural Studies Reader*, London: Routledge, 1993, p. 3.
② 同上书, p. 4.
③ 同上书, p. 3.

真理认识真理的过程,而且是历史上不同时期不同地点社会关系的复杂互动的结果。学术和知识是社会互动的结果,是社会构成、历史构成。学术和知识因此总是真理与谬误并存,洞见与偏见互映。

在理论基础上强调不确定性,在方法论方面,文化研究也是不确定和开放的,明显具有后结构主义的怀疑和自我反思的特征。文化研究并不排斥现有的学术方法,也不拘泥局限于某一种方法,如实证的、量化的社会学方法,或解释的、文本细读的人文方法。它对各种社会与人文学科的方法采取的是开放、采纳,同时予以质疑和批判的态度,往往把各种社会与人文的方法综合起来,从事某一课题的研究。霍尔称,在英国伯明翰大学当代文化研究中心这个文化研究的滥觞之地,学者们力图使人们"理解当代所发生的事件,提供思考的途径,幸存的策略,以及抵抗的资源"[1]。由此可见,文化研究的不确定性和开放性,有其特定目的,与其产生的语境密切关联。

霍尔所谓的"抵抗"、"幸存"等,蕴含了在政治、社会和文化上跟主流即后工业时代的资本主义相对立的立场。很显然,这是一种左翼立场,它跟英国传统的工人运动、左翼知识分子与西方马克思主义有着不可割裂的历史渊源。不过必须指出,文化研究跟马克思主义的关系是很复杂的。从英国的初创者开始,就对所谓的经典马克思主义(classical Marxism)以及前苏联的"正统马克思主义"(orthodox Marxism)采取若即若离、怀疑批判的立场,尤其是针对经济基础与上层建筑的观念、历史是生产力与生产关系矛盾发展的观念,以及所谓"真实存在的社会主义"(really existing socialism)即前苏联东欧的实践,英国左翼知识界的看法跟法、德等国的西方马克思主义立场基本一致,认为必须全面地重新思考。文化研究发展到今天,在英语国家主要是美国学术界形成了相当规模,在方法论上也愈益趋于复杂,福柯式后结构主义的影响更加突出。尽管如此,马克思主义与左翼立场始终是文化研究的主要理论依据或"主旋律"。在这个主旋律之下,文化研究对于西方五花八门的各种社会科学、人文学科的学术流派和方法采纳了兼容并包、海纳百川的态度,但同时不忘对不同学术方式与流派展开批判。这种批判往往非常犀利,毫不留情,包括自我批判。所以文化研究的开放性是一种批判的开放性。

由上可见,文化研究强调其学术领域的不确定性和开放性,是旨在质疑、批判现代社会与人文学科的基本理论预设和方法,它展现了左翼后结构

---

[1] Lawrence Grossberg, Gary Nelson et al eds., *Cultural Studies*, London: Routledge, 1992, p. 2.

主义的批判、怀疑立场。英国文化研究从其初创之日，就与左翼运动和马克思主义密切关联，而使其学术立场与倾向显露出鲜明的社会与政治关怀，即"世俗"关怀来。在学术方法上，它主张跨学科、多学科兼容并包，同时坚持鲜明的左翼批判立场。必须指出，相对于以量化经验研究为主导的社会科学，尤其是经济学，文化研究在方法论方面显然更加贴近以文本解读和阐释为主导的人文学科。在英美和其他国家从事文化研究的学者，也多半集中在文史哲等人文学科。

第二节 文化研究的学术建制

如前所述，文化研究作为新兴学科的诞生地是英国。从学术建制来讲，1964年英国伯明翰大学成立的当代文化研究中心标志着文化研究的诞生。创立者首任主任霍加特是一个著名的左翼文学批评家，他跟英国马克思主义文化理论家威廉斯一道，开创了英国人文学术界以工人阶级和下层人民的文化为研究主体的先河。作为英国人文学科的学者，霍加特和威廉斯所受到的学术和思想的熏陶，来自于第二次世界大战后影响英国很深的人文主义传统，即F·R·利维斯为代表的"伟大传统"观念。这一人文思潮强调的是西方从古典到近代的经典，以此作为文化的基石。这显然是一种精英主义的观念。霍加特和威廉斯出身于工人阶级家庭，在战后英国工人阶级要求改善经济与社会地位的轰轰烈烈的"新左翼"社会运动的大氛围中成为学者。他们一方面赞同利维斯的看法，认为经典作品千锤百炼，是文化的代表。但是他们另一方面，认为利维斯的贵族精英立场抹杀了文化作为广大群众尤其是下层人民生活方式的意义。所以这两位伯明翰学派的创始人，一开始就特别强调普通人民特别是工人阶级的日常生活。这里面当然具有很强的左翼色彩。

其实文化研究的初创者和当前的实践者们关注的一个主要问题，就是现代学术分工和知识的领域和方法。学科的划分与确立，对此提出了许多挑战、质疑和批判。我们在描述文化研究这一学术领域的历史构成时，也在一定程度上吸取、采纳了文化研究的挑战、质疑、批判的基本方法，列举与文化研究有关的各种主要问题并加以阐发。我们描述和阐发文化研究这一领域的现状、方法和历史时，所关注的是描述对象的语境，以及相关或相反的立场、观点，及其引发的各种理论和实践的问题与可能性。换言之，我们不坚持认为我们对描述对象——文化研究——在作纯客观的、权威性的综合评价，而是充分认识到我们的描述本身的历史局限性和我们对问题的取舍、描述与阐发的角度、观点和立场。因此，我们并不把文化研究视为一个来自西方的、已经成型或正在逐渐成型的学科来加以引进和介绍,而是作为一种重要的新兴思想倾向和学术潮流,来与之进行对话。

文化研究的创始人认为文化研究是话语构成,实际上是在说学术与知识全部都是话语构成。所以不奇怪,文化研究对现代学术的理性主义的确定原则是持怀疑态度的,而更为重视学科的知识结构、机制与不同历史阶段的社会政治的互相联系,即霍尔所述的"世俗性"和"政治方面"。世俗的社会、政治与经济因素对学术和知识的影响是不确定的,即使是现代学术和知识多半以把握、认识事物的"客观规律"为己任,以对事物的定性、定量、定位的确定性研究为宗旨,但学术本身,却无法摆脱不确定因素的根本影响。这是文化研究对学术和知识作为话语构成的基本看法。当然,学术研究均在不同程度上有对自身局限性的自省和自我批判,但是像文化研究(当然也包括后结构主义理论)这样,公然把不确定性放在其学术宗旨的核心,却是绝无仅有的。

在英国,文化研究的创始者们多具有社会学和新闻传播学的背景。在美国,文化研究学者则主要集中在文学、人类学等领域,也有在新闻传播领域从事传媒研究的,但他们跟从事以社会学量化经验研究模式为主的传播学,则泾渭分明。在现代学术的强大机构建制之内,文化研究学者力图另辟蹊径,对学术机构建制有所创新。但毕竟学术建制的庞然大物过于强势,文化研究的不确定性和开放性,以及它对当代资本主义社会所持的鲜明批判立场,最终也必然要纳入现代学术建制的现有体系内。

反顾文化研究学术建制走过的路程,我们看到英国伯明翰大学当代文化研究中心在高峰时代发展成为文化研究与社会学系,但2002年学校主管决定关闭这个系。在一片抗议声中,英国文化研究的创始地和核心终于失去了最重要的学术建制。在美国这个最为崇尚创新和标新立异的国家,至今尚未有一所名牌大学设置文化研究系。美国从事文化研究的学者,在大学任教一般都在现存的系科专业担任教职,不少大学设立了文化研究中心,但以项目性的研究机构为多,不能授予本科学位,基本上不是正式的招收本科和研究生的系科建制。文化研究的研究生,也基本上挂靠在现有专业如文学、电影和传媒等之下。另一方面,2002年在芬兰建立了国际文化研究学会,跟十一个国家地区文化研究学会和二十六个文化研究中心建立了联系。十一个国家地区的文化研究学会多半在欧美国家,此外有日本、中国台湾和土耳其三个非欧美国家和地区。二十六个研究中心包括中国上海大学的当代文化研究中心和中国台湾、中国香港的三所地区性中心。中国香港的香港中文大学有文化与宗教研究系,岭南大学有文化研究系。美国的多

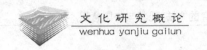

所大学有比较文学和文化研究系,如明尼苏达大学。许多美国大学开设文化研究的硕士和博士研究生专业。总之,文化研究目前在世界各地的大学研究机构受到了广泛关注,但要成为学术建制中的重要的学科,看来还有较长的路要走。

第三节 文化研究的方法

文化研究的方法一言以蔽之,是立足当代的批判的方法。文化研究主要关注的对象是当代社会,尤其是都市社会的热门话题、敏感话题,具有强烈的现实感、时效性。所关注的话题可谓包罗万象,从"宏大叙事"如全球化、现代性、后现代性到细微具体的话题如民俗旅游、时尚杂志、网络流行、嘻哈饶舌,无不纳入文化研究的视野。我们因此可以认为,当代话题乃是文化研究的核心。至于对话题和对象采用何种方法来研究,一般文化研究者并未有严格界定,也不限制研究者的专业知识。

举例说明:一个有关20世纪60年代,尤其是1968年的话题,可以由历史学者来对西欧特别是法国的文化思潮和政治风暴作宏观的描述,也可以由美国黑人文学研究者来分析1968年黑人文化运动的"少数民族身份政治"问题,由此来挖掘民权运动,以及马丁·路德·金政治遗产背后被主流传媒和学术话语所忽略过去的话题。但是从文化研究的立场出发,对1968年的研究,无论是对法国思潮的宏观描述还是对黑人身份政治的背景发掘,基本上都要有一个密切联系当前实际的前提,需要有一定的理论思考与批判。换言之,历史学者如果不动声色地对60年代的事件提供新档案、新资料,作一番考据式的客观综述或细节的详尽解读,而坚持客观目击者或观察者的距离感,则这样的研究大概只能算历史学的研究,而难以纳入文化研究的范畴。虽然一切历史都是当代史的观点早已深入人心,但把研究者的主体批判性,或者说主观色彩,堂皇提到论文或著述的核心位置,应当说是文化研究的一大特征。美国黑人民权运动的话题一提再提,正是因为这个话题的当下性、现实感,与当代美国社会的多民族与族裔的关系,尤其是与黑人的社会、政治与文化地位或身份的话题,有密不可分的联系。文化研究讨论历史话题并不是借古讽今、指桑骂槐式的,在西方崇尚直截了当、有话直说的语境中,历史话题与现实话题的直接关系,是要开宗明义就说清楚的。

文化研究的论述常常与学术研究通常遵循的客观、中立的原则唱反调,采取的是较为激进、批判、立场鲜明的方式。当然,学术研究的基本规则,如表达观点必须靠真凭实据、严谨翔实的材料收集与分析,以及严格的论文写作和引文注释规范等,则是受到严格遵守与尊重的。从事文化研究的学者一般都在某一或数个领域里受过严谨的训练,在撰写文化研究的论述时均能得心应手地运用专业领域的方法,掌握了解专业领域的理论基础,从而才能站在更高的角度,批判、超越本专业的方法与理论。

法兰克福学派批判理论、后结构主义理论等是文化研究的理论基础,从事文化研究者在研究当代话题时,多从理论批判的角度来分析。这一点是文化研究的另一大特征。批判理论、后结构主义理论目前在西方人文学科具有举足轻重的地位,在社会科学领域也有相当大的影响。它们的批判对象主要是当代资本主义社会,其中包括了现代学术和知识体系与建构。从事理论研究者多半关注当代现实话题,不满足纯抽象思辨和经院式的学问,而是通过理论思考的角度来关注当代现实问题。因此,批判理论、后结构主义理论研究者与文化研究者成为天然盟友,两者在研究对象、研究方法上常常很难区分,他们发表研究成果的学术会议和刊物,也趋向于把理论与文化研究相提并论。

但是理论研究跟文化研究毕竟不是一码事。以理论研究见长的西方学者,很多是思考并提出有关"宏大叙事"的话题,相对来说比较抽象,如全球化的认识论模式、后现代社会的本体论问题、当代视觉文化的审美意识、当代知识体系的转型、当代资本主义社会的结构转换等等。当然,许多理论研究者在做理论思考时也都在关注具体现实问题,但是他们的侧重点依然偏重于理论问题。如弗雷德里克·詹姆逊对后现代文化的理论思考,常常与他对电影、建筑以及先锋派艺术的分析相辉映,通过对现实问题的分析批判来更深刻地反思理论问题。赛义德提出了"东方主义"和后殖民主义的理论命题,同时他本人不遗余力地通过政治活动和大众传媒直接参与反殖民主义、"向权力讲述真话"的现实社会活动。英国创建文化研究的一些学者如威廉斯、霍加特、汤普逊、霍尔等,则自始至终保持了英国左翼知识界密切参与左翼社会运动的传统。他们利用学术论坛和平台,积极投入保障社会公正、劳动者、弱势群体权益的社会事业,尤其是对20世纪80年代英国保守党推行的有利于大财团、不利于大多数公众社会保障的撒切尔主义政策,做了不遗余力的尖锐批判。理论批判与文化研究这两翼,相互呼应、相得益彰,在西方社会生活中起了积极的批判、制衡作用,也推动了学术研究和知识体系的不断创新和自我反思。

文化研究的方法说到底是批判的方法,它的批判对象首先是当代资本主义社会,而批判的重点,则是资本主义的文化体系。这跟西方马克思主义对文化的关注是一脉相承的。在西方左翼知识界看来,马克思主义乃是对资本主义作了最深刻、全面批判和分析的理论。而20世纪以来的西方马克思主义思潮,针对19世纪经典马克思主义侧重政治经济学批判而在意识形态和文化方面的局限,提出了修正和补充。西方马克思主义流派繁杂,但共同点是强调文化、思想与意识在现代资本主义社会的作用。英国文化研究所直接吸收的马克思主义思想资源,除法兰克福学派和法国马克思主义哲学家阿尔都塞、意大利马克思主义思想家葛兰西的理论之外,主要是本国雷蒙·威廉斯、理查·霍加特和E·P·汤普森。他们三人都是英国著名的马克思主义学者,其对资本主义文化的理论分析与批判,是从历史出发,从资本主义文化生活的基本层面,以妇女、儿童、家庭、识字率、工人阶级的语言习俗等等具体细节为切入点,做深入、翔实、条分缕析、见微知著的研究,从大量历史档案中发掘重大理论命题。他们重实据,从历史出发,从具体事物分析中开拓研究领域和提出理论命题,为后来的英国文化研究树立了典范。

与他们同时代的西方学者,如法国历史"年鉴学派"的开山宗师布劳代尔、后结构主义思想家福柯,所推崇和身体力行的研究方法,也是从历史档案中、从被主流学术和史籍忽略的大量细节中,如地中海的商贸交易记录、精神病院档案等,以小见大发掘理论命题,开拓思想和学术的广阔空间,对资本主义现代性的文化问题作出了影响深远的批判和反思。他们的研究与威廉斯等人可谓异曲同工。对资本主义现代性的文化批判,从19世纪以来有马克思的政治经济学批判、弗洛伊德的精神分析学批判、尼采的审美与话语批判这三大里程碑。20世纪的法兰克福学派与结构主义、后结构主义、后现代主义理论,均以批判资本主义现代性文化为主旨。在这样一个大的知识和思想的氛围中孕育生成的文化研究,一开始就汲取了各种批判理论的养分,坚持了历史与理论相结合的方法。

第四节 文化研究的社会关怀

文化研究的社会或者说世俗关怀,主要体现在以下几个方面:首先它关注当代的生活方式、大众文化与日常生活。其次它关注大众传媒。再次它关注身份问题,包括性别、种族、族裔问题。最后,它同样关注民族主义、后殖民主义和全球化问题。下面对文化研究的社会关怀和世俗关怀所向分而述之。

首先,关注当代的生活方式、大众文化与日常生活。西方文化研究所关注的当代话题中,大众文化,或者说流行文化、通俗文化,可以说是最重要的话题。在一定意义上讲,大众文化研究就是文化研究的主体,这点在美国尤其突出。美国是现代资本主义大众文化最重要的生产和消费基地,美国好莱坞电影、电视、流行音乐、牛仔服、麦当劳快餐等,成为当代大众文化的代名词。阿多诺等提出的"文化工业"和对资本主义大众文化的批判,就是法兰克福学派代表人物在第二次世界大战期间移居美国后,通过对美国大众文化的观察了解而提出的。二次大战后,美国大众文化的全球扩张与渗透成为美国整体的全球扩张的重要部分。随着60年代信息产业、大众传媒的迅速发展和全球化的进程,作为信息与传媒载体的文化内容的大众文化产品,越来越影响到当代社会的方方面面,在经济、科技、政治、国际关系以及社会各个层面,都凸显出文化的作用。

60年代以来,一方面西方发达资本主义国家进入了富裕社会、消费主义时代。另一方面,西方的以个人为核心的消费主义中产阶级生活方式与价值观向全球传播扩展,对前苏联、东欧国家和其他第三世界国家,起了强大的意识形态渗透与影响作用。在导致20世纪末苏联东欧剧变,以至于后来的西方跟穆斯林世界的冲突中,西方大众文化所传播的价值观扮演了重要的角色。霍尔指出,全球化进程中的现阶段,与早期民族—国家的政治关系、经济体系相比较,最突出的特征就是全球大众文化以视觉形象为主导,以电影、电视、时尚和广告为媒介手段,迅速在全球传播了西方的生活方式,影响和改变了世界各个角落的日常生活[①]。城市与空间的生产、休闲与消费社会的文化经济等话题,受到特别的关注。此外对于大众文化的批判和日常生活的研究,也从早期法兰克福学派的具有精英主义色彩的"文化工业"批判演变成为更强调多元互动的流行文化研究。法国学者米歇尔·德塞都对日常生活的研究,强调的是都市日常生活中的乌托邦成分,认为大众参与创意大众文化的过程也是一个抗拒、解除资本主义压迫人性的方式。跟早年法国马克思主义哲学家列斐伏尔的日常生活研究相比,德塞都更加强调大众的参与和互动性,同时也削弱了对商品拜物教和消费主义意识形态的批判精神。当然,法国后现代主义理论家如德波、鲍德利亚及布尔迪厄等,在研究后现代景观社会、仿真或"拟象"时代以及中产阶级的格调趣味等话题时,都强调了当代大众文化和日常生活与主流价值观文化观的更为错综复杂的关系。但必须指出,他们的分析愈来愈精致复杂,与此同时,批判的锋芒和创新的力度也大为减弱,常常显得苍白无力。

其次,大众传媒的批判研究。文化研究的批判锋芒,很多集中于对大众

[①] Stuart Hall, "The Local and the Global: Globalization and Ethnicity", Anthony King ed., *Culture, Globalization, and World-System*, Minneapolis: University of Minnesota Press, 1997, p. 27.

传播的批判和分析。大众传媒的文化主导作用是文化研究创始者们对当代资本主义文化现状的基本判断。许多英国和美国的文化研究学者如霍尔、格罗斯堡等人的学术背景,即跟传媒研究密切相连。文化研究跟传媒研究(media studies)形成了紧密的同盟。在一定程度上,文化研究包括了传媒研究的主要话题,方法论上两者也基本相同,可以说传媒研究是文化研究的一个部分。传媒研究的主要话题包括:传媒的意识形态研究,传媒受众的接受美学,传媒政治经济学研究(侧重传媒与政治权力和资本的关系),传媒与公共政策、公共领域的关系,传媒与女性、儿童、家庭的关系,传媒与少数民族与族裔、传媒与弱势群体关系等等。传媒研究在方法上基本采纳了文化研究重视内容、文本、历史档案资料,强调意识形态和政治经济学的角度和立场,重视理论和历史批判与分析,大量运用后结构主义、符号学、后现代主义理论。传媒研究的核心理论问题是表征(representation)和话语(discourse)。霍尔运用符号学、结构主义语言学理论分析传媒话语的"编码"和"解码",并主编《表征:文化表象与意指实践》等,为传媒研究确立了批判资本主义传媒话语与权力、表征和符号意指实践中的意识形态分析的主要方向。

　　传媒研究在西方,特别是美国,学术建制上接近文化研究,并没有独立的系科建制,学者一般属于新闻传播学或其他人文、社科的学科。在美国新闻传播专业都有一些学者主要从事传媒研究。虽然都在新闻传播领域里研究相近的课题,但是传媒研究跟传播学是大相径庭的不同方法。传播学是20世纪40年代中期在美国出现的学科,是对新闻、广告、民意测验与市场调查等作出学术分类和研究的学科。这个学科的主要人物如拉扎斯菲尔德、麦克卢汉、施拉姆等,基本上都持主流社会科学观点,对美国新闻传媒业的商业性、技术优先、与选举政治密切关联的几大特点,着重进行分析研究,旨在维护、辩解其合法性和提供实用的运作策略方面的咨询。在方法上,主要采纳社会学、政治学和经济学的方法,大量使用统计、量化和实证研究。而传媒研究则与之针锋相对,主要从文本与符号学分析、批判理论的人文学科角度,对作为资本主义的文化主要载体新闻传媒业,展开全面的批判。近二十年来,传媒研究在西方学术界异军突起,对于基本从属于社会学的传播学和新闻写作(西方大学新闻学的传统学科),起到了很大的冲击和制衡作用。尤其是在对后现代社会的传媒与大众文化的理论批判方面,极富前瞻性和理论创新意识,而这正是传播学所最为缺乏的。传媒研究虽然不提供媒体实践运用的策略咨询,但一些犀利深刻的传媒研究剖析了传媒动态的深层因素,具有传播学无法替代的战略意义。

再次,身份认同问题:性别、种族、族裔。身份认同(identity)是西方社会从 20 世纪 70 年代以来受到越来越多关注的社会问题。主要原因一是西方国家的社会构成日益多元化,如大量移民的迁徙、技术服务业白领超过蓝领体力劳动者、妇女就业率增高等;二是少数民族与族裔社会运动,如美国民权运动、波及西方各国的女权主义运动等,此起彼伏,十分兴盛。西方左翼知识界对此最为敏感,深刻认识到这些新的后工业或后现代社会的运动与变迁,对启蒙现代理性的普遍主义原则的新挑战。批判理论和后结构主义思潮对启蒙理性的工具性、异化、商品拜物教作了无情的批判,但这

电视剧:《同志亦常人》

种批判的视野基本仍局限于西方现代性经验。更大范围的第三世界民族解放运动、非殖民化运动,以及随后的后殖民主义反思,大大扩展了对资本主义现代性的批判视野。包括了对一向受到忽视压制的女性主义问题、性取向、性选择(同性恋、变性、酷儿①)等话题,以及西方社会尤其是美国的少数民族文化认同问题,成为学术关注的热点。文化研究学者当仁不让,站在批判的前沿。

霍尔承认,女性主义问题、种族和族裔问题的介入,对于文化研究具有革命性的影响。他认为这一点表现在把身份认同的个人问题作为政治问题来研究,从而扩展了权力和霸权问题的批判,从个体私人的领域来重新认识这些问题,把性别、种族的认同置放在权力和霸权问题的中心来思考批判②。作为西方社会的重大当代话题,性别、种族族裔和认同政治问题,成为西方文化研究的一项核心主题。美国的黑人文化研究,正式说法是非裔美国文化研究,和女性研究一样,目前正如火如荼,大量文化研究的论文、专

---

① 即英文 Queer,本意指"怪异的、反常的",后指同性恋者。
② Stuart Hall, "Cultural Studies and Its Theoretical Legacies", Simon During ed., *The Cultural Studies Reader*, London: Routledge, 1993, p. 103.

著和文集围绕着美国黑人尤其是黑人女性的文化再现,如影视传媒、文学和历史等展开讨论。这也带动了其他少数民族族裔问题的研究,如美国西部大学特别热门的亚裔美国文化研究、拉丁裔美国文化研究等。可以看出,女性研究、种族族裔研究目前在美国已经成为文化研究的一个主导方向。这些问题当然具有一定的全球意义,女性主义和性别认同、种族族裔的政治文化冲突,在当前的全球化时代日益凸现。西方长久以来推行的普世论往往遮蔽了男性和欧洲白人中心论的偏见,而现代西方的启蒙理性所强调的普世的主体性,对这些偏见缺乏批判意识。就西方文化而论,这种批判意识是很有必要的。然而,如果把这些问题扩展延伸到各个不同社会和国家,作为文化研究的首要问题,则展现出英美学术界的偏见。不同国家有自己特殊的性别、种族和族裔历史与现实,这些问题在不同国家的重要性也有千差万别。英美学者不假思索地把身份认同套用在不同社会和国家,当然是戴着有色眼镜来看他者。如果我们盲目跟从英美学者,不从本国实际出发,任意夸大性别、种族在身份认同中的作用,是不可取的。

最后,民族主义、后殖民主义和全球化。文化研究学者关注的问题多具有强烈的理论色彩,跟后殖民主义批评关系密切。民族主义、后殖民主义与全球化话题是西方学者关心的一系列相关话题。民族主义是现代性的一个重要话题。西方现代性包括了现代民族—国家的确立,民族—国家是建立在对领土、主权和居民的控制管理基础之上的,这里面的居民往往是同一民族或相近的数个民族组成的共同体。他们的语言、文化、宗教等符号象征方面的认同,构成了民族主义的基础,也往往成为现代民族—国家的重要意识形态。西方现代国家依靠民族主义的文化认同,来实现对领土、主权和居民的治理管辖。许多非西方国家在现代化历史进程中经历了西方的殖民主义和帝国主义统治,在非殖民化、民族解放和现代化这三位一体的斗争过程中,也通过民族主义的意识形态来凝聚民心,反抗殖民者统治,从而建立现代的民族—国家。由此可见,民族主义主要是文化层面和意识形态层面上的现代性支柱,具有左翼反抗殖民统治、争取民族解放,和右翼利用民族文化认同的方式实行统治和压迫的两面性,其双刃剑的特点在对内和对外两方面有着不同的表现。

后殖民主义批评的核心是文化,主要批判西方的文化殖民主义对前殖民地国家的统治与影响。民族主义作为源自西方现代性的文化观念,是后殖民主义批评的一个主要对象。后殖民主义理论家斯皮沃克认为,在西方文化的统治下,即使通过民族主义这样双向性的话语,也难以让第三世界"贱民"(subalterns)发出他们自己真正的声音。而霍米·巴巴则认为,通过某种本土民族传统文化和西方文化的混杂(hybridity),就可以达到对西方观念的抵抗和个性化。后殖民主义批评的开风气者赛义德对西方的"东方主义"和文化帝国主义的尖锐批判,则包含了对西方普世主义观念中的民族主义偏见的抨击。在另一方面,全球化与民族主义的关联也主要体现在文化层面。一方面全球化打破了民族—国家的领土疆域对经济、科技和文化传播的限制,一方面在全球化占主导的西方国家,通过推行新的普世主义观念如自由市场、人权高于主权等,来推行其掩盖在普世主义外表后的西方民族主义立场。在西方的文化研究中,许多学者对各种形形色色的民族主义进行批判,但往往对西方普世主义遮掩下的民族主义缺乏批判力度,也往往全盘否定民族主义对非西方国家的积极和建设性意义。

第五节 文化研究在西方的基本现状

20世纪60年代以后,西方进入后工业化信息时代和福利社会。传统的白领、蓝领劳动分工逐渐被技术和服务业工种取代,富裕社会和福利社会的逐步形成,也给民众带来更多闲暇。对文化资本,如教育程度、社会地位等的争夺,也在一定程度上取代了传统对物质资源和资本再分配的阶级矛盾。信息社会是一个大众传媒和大众文化日益占据文化主导地位的社会。早期英国文化研究的观点和立场也因此发生变化,由对工人阶级生活方式和印刷文化的关注,转向对大众传媒和视觉文化的关注。60年代是一个全球文化和社会革命风云突起的时代。在席卷西方的左翼社会运动的强力推动下而兴起的法国的结构主义、后结构主义、符号学、女性主义等理论思潮,从70年代开始在西方产生越来越大的影响。30年代德国的西方马克思主义新学派法兰克福学派,早期从事对西方启蒙理性的反思,二次大战移居美国后,开始对当代资本主义文化工业进行批判。60年代激进社会运动和思潮中,法国结构主义和法兰克福学派崛起,成为西方左翼知识界的主要思想资源。在这样的社会和知识氛围内,英国文化研究从初期的左翼人文关怀进入了新阶段。如前所述,早期初创阶段一般被西方学者称为"文化主义"阶段,后一阶段则称为"结构主义"阶段。其实更明白准确的分野应当是早期以霍加特和威廉斯为代表的左翼人文关怀阶段,和后来以霍尔为代表的理论阶段。

1968年霍尔接任当代文化研究中心主任,从此开始了英国文化研究的全盛时代。霍尔是英属殖民地牙买加中产阶级黑人的后代,后到英国学习,50年代就跟霍加特和威廉斯等英国马克思主义学者创立著名的《新左派评论》(*New Left Review*)。霍尔1990年在美国伊利诺依大学举办的"文化研究：现状与未来"国际研讨会上，提交了题为《文化研究及其理论遗产》的论文，回顾了英国文化研究的理论渊源。他提到结构主义符号学的影响，提到阿尔都塞、葛兰西的影响。这是一个理论的时代。英国文化研究在深厚的社会运动、工人阶级运动的坚实社会实践基础上，结合了法国理论和欧洲左翼与马克思主义理论，如虎添翼，开始了最富创意的时代。其中阿尔都塞的意识形态理论和葛兰西的文化霸权理论，构成了文化研究的两个理论基石。阿尔都塞的理论是霍尔同时代的左翼激进运动和思潮的产物，阿尔都塞把自己的理论称为"理论实践"，认为是同罢工、示威和街头运动同样重要的革命运动。他的这种看法跟英国左翼倒是不谋而合。所以我们今天回顾文化研究的理论渊源时，一定要注意伯明翰学派和法国与欧洲理论之间的相似社会实践背景。

阿尔都塞

阿尔都塞的意识形态理论的核心是把意识形态视为一个表征(representation)体系，它是一个通过语言、音像等符号实践即文化实践而实现的价值观，是主体性建构和社会构成的文化基础。这一理论把结构主义符号学的语言和话语理论跟马克思主义意识形态理论结合起来，有助于理解现代资本主义社会的文化再现实践，从而经由意识形态领域的斗争，而实现社会主义革命，这就是阿尔都塞的理论最终目标。阿尔都塞终其一生在找寻通过文化革命来实现社会主义的道路，他认为列宁、毛泽东和葛兰西是20世纪最伟大的马克思主义革命理论家。葛兰西被西方当代左翼的重新发现，始作俑者就是阿尔都塞。阿尔都塞是法国共产党领袖人物之一，葛兰西是意大利共产党领袖，他们一生在为推翻资本主义、实现社会主义而奋斗，所以阿尔都塞重新发现葛兰西，是合情合理的事。葛兰西的霸权理论强调的是资本主义社会的统治阶级在文化层面通过强迫大众和赢得大众共识的两手来实施其统治。这种两面性霸权理论，是葛兰西对现代资本主义社会的文化"软实力"及其传播方式的深刻把握，所以受到文化研究者们的普遍青睐。

文化霸权理论使文化研究者们深刻领悟资本主义社会文化表征的各种多元、灵活复杂的形式，也开拓了被现代文化所遮蔽的重要领域如女性和少数民族文化领域。20世纪80年代开始，女性主义、少数民族和族裔文化以及后殖民主义批评,越来越成为文化研究者们关注的重要课题,文化研究也越来越朝着国际化的方向发展。1990年在美国伊利诺依大学举办的"文化研究:现状与未来"国际研讨会,有九百多位主要来自欧美国家,但也有来自世界各地的学者参加,这可以说是文化研究由英国传递到美国、扩展到国际知识界的一次盛会。会议出版的论文集《文化研究》由伊利诺依大学的劳伦斯·格罗斯堡和凯瑞·内尔森主编,近八百页的皇皇巨著收录了英国、美国、澳大利亚等英语国家学者的四十篇论文,并为文化研究开列了十六大类重要课题排行榜。列在榜首的几大类别有:文化研究的历史、性别与性、民族认同、殖民主义与后殖民主义、种族与族裔等。这个排行榜很明确地显示了文化研究在美国"本土"的重心所在。

文化研究90年代起开始在美国兴盛,研究学者多半来自文学专业,其他如传媒、人类学、历史、社会学等,都有一批热情投入的学者参与。美国大学的比较文学、英文系和其他语言文学系,以及90年代在许多大学成立的女性研究系、非裔美国研究系和其他美国少数民族文化研究系或专业,都纷纷把文化研究作为重要的新兴学科,在聘用新教授、学术和职称评估等方面,也强调文化研究领域的成果。1986年创立的美国《文化研究》杂志有了很大发展,此外英国、加拿大和澳大利亚等英语国家出版的文化研究学术刊物,以及美国重要人文理论刊物如《社会文本》(*Social Text*)、《疆界2》(*Boundary 2*)、《批评探索》(*Critical Inquiry*)等,都大量发表文化研究的论文。美国最大的语言文学专业协会"现代语文协会"的会刊 PMLA,也开始关注文化研究。各大学出版社出版了越来越多的文化研究学术专著,博士论文也大量选作文化研究的选题。

就美国来看,文化研究具有以下特点:

一是专业化。美国的大学很快就把富于社会批判实践精神的文化研究纳入学术专业化的轨道,使之成为学术领域的新兴学科,在学术建制里予以扶持扩展。这跟美国人文社会科学一向脱离社会实践,是一脉相承的。美国也基本没有左翼社会主义运动的传统。当然相对于其他领域,美国人文学科是具有左翼批判意识的学术最集中的地方。

二是国际化或者说或全球化。美国由于其超级大国的地位,在知识和学术上也是一个生产和传播的中心。80年代美国通过大量的英文译介和学术研究,邀请、聘用欧洲学者,把法国和欧洲大陆的后结构主义理论实行了全球推广。文化研究从90年代起,也经历了一个相似的过程。美国就像一个知识的全球中心市场,把世界各地的知识产品集中到美国来加工,再向全球推销。

三是美国化或日本土化。必须指出,美国学者有意无意地把本土化的说法指向非西方文化,往往一概而论地给美国和西欧的学术思想定性为"西方"或"欧洲中心论"。其实美国学术的美国化或本土化倾向非常明显。就文化研究而论,美国学者关注的核心问题是种族、族裔、混杂文化和身份认同等,以及对各色"民族主义"的批判。这些问题均具有突出的美国特色。进而视之,加拿大和澳大利亚等英语移民国家的文化研究,同样具有此一特点。

美国文化研究的长处和短处都很突出。一方面通过专业化和国际化,文化研究在知识界的地位越来越重要,全球影响也越来越扩展。另一方面,美国的强势文化偏见也以新的激进普世主义,如反欧洲中心论、多元文化论等的面貌在全球传播,各国和地区学术界往往随风而动。当然,像法国和德国等"理论原创国家"受到美国的影响会小一些,但多数英语或非英语国家地区纷纷仿效美国文化研究模式,这个趋势也很明显。

第六节 文化研究的中国意义和中国问题

文化研究在中国受到广泛重视,也引起了学术界的争议,在争议声中也有"文化研究中国学派"的微弱呼声。我们认为,所谓"中国学派"也许是个缺乏根据和不切实际的空想。学术流派一般是跟一个或一批学者有关,如法兰克福学派和经济学上的芝加哥学派、史学的法国年鉴学派等,但很少会跟某个国家联系在一起。不过我们需要关注文化研究的中国意义和中国问题,这是毫无疑义的。文化研究作为研究当代课题、具有强烈社会和世俗关怀和批判意识的学科,无论在思想和知识领域还是在社会实践领域都具有突出的前瞻性和创新特征。这对于中国这个正在发生前所未有的社会转型的国家,普遍意义和特殊意义都同样明显。中国近三十年来的社会转型在文化和意识形态领域里翻天覆地,也异常复杂。中国的改革开放几乎跟全球化同步,中国的转型已经成为全球范围内的社会转型、文化转型的不可分割,而且越来越重要的部分。我们需要新的理论、新的视角、新的学术范式,来思考中国和全球的文化变迁和转型。

学术范式和理论的转型和变迁,也是当代世界深刻转型中的重要组成部分。我们现有的学术范式、理论和建制,已经越来越不适应现实世界飞速和深刻的变化。对于中国来说,这种变化更加令人瞠目结舌,往往无所适从。中国知识和学术界从 80 年代开始,在二十年左右的时间经历了批判、否定、重建和再批判、再反思反反复复的过程,总体的脉络是否定前三十多年受前苏联影响的旧模式,建立仿效欧美的新模式。这种过程极为复杂。在社会科学领域里,紧跟当代西方学术主流的量化和实证模式,争议尚少。

然而在人文领域里,究竟是跟从西方20世纪早期的自由主义和人文主义现代传统,还是汲取20世纪后期的后结构主义激进批判潮流?学术导向的争议跟中国的文化与意识形态状况、学术改革的大范围的种种因素纠缠交错,其结果是一方面中国在学术建制上大量仿效西方的专业化建制,另一方面则在意识形态正统,尤其在文艺学和现当代史学和哲学领域,徘徊在西方自由主义、批判理论等往往完全对立的学术观点和方法之间。传统中国文史哲领域,种种关于国学复兴和新儒学的争论,表面上似乎不涉及重大理论问题,但实际上也深刻反映了中国受前苏联影响的改革开放前的模式,与西方自由主义和西方激进批判理论的争论。

文化研究对知识生产和传播、学术建制与社会政治经济权力关系的高度自省和批判精神,对我们把握中国的知识生产和学术建制的转型是非常有益的。在中国的人文和社会科学界,每每缺少一种历史和现实的自省和批判意识,许多学者往往采取一种真理在握、大权在握的立场,这跟他们与各种社会政治经济权力的密切关系是不可分割的。文化研究则提供了一个不可或缺的批判立场。转型期的中国的确最急迫、最热切地寻求着重建和创新,但缺乏历史感、缺少自省和批判意识的学术大跃进,则很容易导致基础不牢、材料劣质、工艺粗糙、产品低劣的结果。针对社会浮躁、生产方式粗放、产品低端、社会价值观多元混乱的弊端,人文与社会科学需要提出清醒、理性和深刻的分析与批判,而不是做大众传媒和大众文化的附庸和吹鼓手,更不应该替一些强势利益集团大唱赞歌。人文和社会科学的研究本质上应为公共利益、为社会公正和大多数公众的利益服务,揭露、抨击、批判一切侵犯公共利益和非正义的言行。在这个意义上,文化研究所坚持的左翼立场具有普遍意义。

文化研究在英国和欧美兴起的时代,正是全球化迅速发展的时代。文化研究针对当代西方社会的深远变化和知识形态、知识生产的变化,与后结构主义批判理论相互呼应,提出犀利的批判和新的视野,开拓了理论创新、知识创新的新天地。今天中国也非常需要文化研究学者当年的批判锋芒和创新精神,针对中国当代社会转型和知识生产状况,提出中国问题,提出自己的文化创新、知识创新的方案。

关注当代问题首先要有深刻的历史意识、历史视野。中国的文化研究应当把握中国一百多年来现代性经验和现代新文化传统,尤其是1949年新中国成立以来的文化实践,把当代中国的文化放在这个历史纵深的坐标里,来认识当代文化的历史延续和断裂。固然,横向的全球化的坐标现在越来越受重视,尤其是在研究当代传媒、大众文化和视觉文化方面,中国已经明显进入全球化文化网络以内。但是如果不对历史,尤其是近半个多世纪来的文化史有深刻把握,就很难理解中国文化的特殊性,即主流意识形态、商业化的大众传媒与文化、知识精英三者之间极其错综复杂、相互矛盾对立又相互交织互动的关系。半个世纪的社会主义文化霸权建设、意识形态斗争、"文革"的历史进程,至今依然制约着中国文化的动向。前苏联八十多年的文化思想实践并未因为政权变革而烟消云散,诚如在俄罗斯,深刻的文化心理积淀,依然是当代俄国文化的特征。中国没有俄罗斯式的政治激变,文化心理积淀跟主流意识形态建制的关系,应较之俄国更加紧密。

　　西方文化研究所关注的课题,如大众传媒、大众文化和视觉文化、身份认同、性别、族裔和民族主义等问题,有些是在中国同样重要的问题,有些则并不构成核心问题。如果为中国文化研究开列一个研究日程表和课题排行榜,肯定跟美国和西方国家不一样。中国的日程表首先要关注的就是在从激进的革命意识形态,向消费主义大众文化的急速转型过程中的文化矛盾。相对西方文化研究对资本主义文化的批判性、否定性基本导向,中国文化研究既需要对文化商品化、商品拜物教和取消公共关怀倾向作尖锐批判,又应该强调文化创新、理论创新和知识创新。

　　中国社会与人文领域一向是所谓的"理论消费者",很少产生对社会科学有普遍学科范式意义的理论建构。但是随着中国改革开放的深化,中国政治和社会出现了异常复杂的情形。传统的认识和思维模式遇到了越来越大的挑战。中国的社会改革出现了很多经济学的问题,很多是无法、也不能用现成的西方经济学模式来解释的。在政治学、社会学方面,在人文学科方面,出现了无数新问题。面对这些问题,西方理论不是削足适履,就是束手无策。一个新的热门话题是:中国现在是不是正在变成一个理论生产的国家呢?所以现在的问题是,分析中国不能再照搬现成的理论模式,而是要通过对中国的分析和研究,询问能否有理论和学术范式上的创新。目前在社会科学领域尤其是经济学、社会学等,西方主流学术界越来越关注中国的经济、社会与政治的"转型模式"。但是在人文领域,这种探索依然很少。

　　在人文领域要想从理论消费进入理论生产的途径,中国学术界需要把握主动,进行理论创新。首先要对学术引进做新的反思。反思性批判思维的一条主线,是深刻思考当代中国的学术建构与政治、经济、社会的关系,尤其是权力与知识的错综复杂的关系。另一方面,文化研究和区域研究这些来自西方的跨学科研究的范式,也对中国的学术本土化和中国化有所启迪。本土化是要研究本国、本地区的话题,首先是个议程设置的问题。无论是区域研究还是文化研究,所提的研究议程和方案往往带有强烈的西方色彩,出自于西方的"本土问题",到中国来就有一个理论创新、议程重构的需要。

中国现在正处在一个社会转型时期，中国的崛起也已经是不争的事实。中国的文化研究，有没有一个自己的研究日程、纲领和研究方案？这些方案都不是纯学术性的，而是有着很强的现实感。当我们在讲知识的新构成时，无论是跨学科还是新学科，它的现实感在哪里？改革开放近三十年来，中国学术和知识生产基本形成了一个新的知识框架、知识构成，这里面反映出了什么样的社会关系？或者形成了什么样的权力结构？这些无疑都是非常值得我们关注和思考的。

中国的文化研究也需要关注多学科和跨学科合作。文化研究这把大伞下面，好像是各种学科的交汇和集市。但仔细一看，仍大部分局限于文学研究看家本领的文本细读和对宏大叙事的更宏大的理论概括这两点。这两点是基石，不可丢。但是是否也需要借鉴、介入其他学科，如社会科学的实证研究？如果我们的对象是消费文化、影视传媒，其中社会影响力、商业利益、资本运营、公共政策与政治权力的关系、受众的构成、反馈等方面的问题，均意义重大，单凭学者个人的文本解读和个人观点，是远远不能说明问题的。如果用文本细读方式来分析"小众化"、精英色彩强烈的先锋艺术电影，或许可忽略不计本来就为数不多的观众反馈。但是同样来解读大众流行的电视剧，不顾及收视率这个关键因素，则使得文本解读流为各抒己见的个人主观意见，无法真正说明电视剧对不同层次受众产生的广泛社会影响，和折射出的多元社会心态。单纯以文学研究、文本细读方式研究大众文化和传媒，其弊端显而易见。社会科学的田野调查、访谈、问卷、数据分析等方法是不可或缺的。对于主要擅长文本解读的人文学者来讲，熟练运用社会科学的实证方法断非易事。不过通过跨学科团队合作方式，也并不是不可以做到的。

总之，文化研究作为西方人文和社会科学的具有前瞻性、创新意识和强烈社会关怀的新兴领域，在中国有很大发展前景。立足中国本土的历史和社会现实，大力提倡学术创新、知识创新、理论创新，中国的文化研究任重道远。

第三章 文化与阶级

阶级和种族、性别一样,是文化研究的三大母题之一。阶级的概念产生在工业革命时期,它指具有相同社会和经济地位,抑或参与共同经济活动的某一人群。从18世纪政治经济学家 J·S·穆勒等人的理论中看,阶级划分主要是根据经济状态出发,而大体分为地主、资本家和劳工三大阶级。是马克思和恩格斯使阶级理论有了质的飞跃。《共产党宣言》中,两位革命导师指出,资产阶级时代使阶级对立简单化了。整个社会日益分裂为两大敌对的阵营,分裂为两大相互直接对立的阶级:资产阶级和无产阶级。无产阶级生产剩余价值,资产阶级剥夺剩余价值。用恩格斯1888年《共产党宣言》英文版注释中的话说,资产阶级是指占有社会生产资料并使用雇佣劳动的现代资本家阶级。无产阶级是指没有自己的生产资料,因而不得不靠出卖劳动力来维持生活的现代雇用工人阶级。所以阶级斗争势在必然。甚至,"到目前为止的一切社会的历史都是阶级斗争的历史"[①]。马克思主义有充分的理由相信,阶级冲突的结果将是资本主义制度的灭亡,社会主义和共产主义终将胜利。但是今天资本主义并没有如马克思预言的那样,为发达国家的产业工人阶级所埋葬,相反,工人阶级本身的存在形态,愈益变得复杂迷离起来。在今天全球化的后工业社会里,阶级对立消失了吗?或者说,它是以怎样的新的形式表现出来?这是文化研究关注的一个焦点。

第一节 阶级的阐释轨迹

一般认为,马克思主义的阶级观点主要是从政治经济学角度出发,瞩目于分类意义上的阶级划分,因此相对重视中产阶级的兴起,以及它所扮演的社会功能。与此对应的以德国社会学家马克斯·韦伯为代表的阶级分析方法,更关注阶级意识和阶级文化。其分析的中心,亦由生产转向文化,如韦

[①] 马克思、恩格斯:《共产党宣言》,《马克思恩格斯选集》,人民出版社,1976年,第1卷,第250页。

伯的名著《新教伦理与资本主义精神》即明确指出,如果说"资本主义"精神这个术语有什么可理解的意义的话,那么这一术语所适用的任何对象,就都只能是一种历史个体,我们是按照这个个体的文化意蕴,而将它们统一为一个概念整体。按照韦伯的看法,文化就是一个独立的独特的价值体系,是历史运动背后的推动力所在。而正是新教伦理中节俭、禁欲、勤奋这些精神的因素,导致了资产阶级和资本主义的崛起。没有新教意识形态,资本主义就不会有它后来的发展机遇,所以人殊有必要将清教主义伦理琢磨透彻,然后将它转化为经济和社会原则,由此来指导行为。这样来看阶级的产生,文化因素是举足轻重的,经济因素,反而居于次位了。在韦伯看来,阶级就是人以群分的一个分析概念,它是指一群人在收入获得、市场准入、技能和财产方面,具有同样的"生活机遇"。而历史上的阶级斗争,则被认为是债主和欠债人之间的斗争,资本主义社会中雇主和工人之间的冲突,只是一个个案而已。

法国社会学家布尔迪厄提出阶级"习性"(habitus)概念,也使阶级分析中的经济关系愈见淡薄。所谓"习性",布尔迪厄的解释是它主要成型于童年时代,通过家庭及学校的教导,来把一系列的物质条件加以内化,因此便成了自己的人格建构。阶级也有阶级的习性,同样它肯定不是单纯经济关系使然。布尔迪厄的"资本"概念与马克思的有关论述和传统经济学也有所不同,他认为资本有经济资本、文化资本、社会资本三种基本形态。经济资本可以直接转化为金钱,是以财产权形式被制度化的。文化资本在一定条件下可以转换成经济资本,是以教育资格的形式被制度化的。社会资本同样在一定条件下可以转换成经济资本,它是以高贵头衔的形式被制度化的。言及阶级,布尔迪厄指出,凡从事实践的阶级都有一个明确的目的,那就是追求最大的金钱利润,但是另一方面:

> 资产阶级人类世界如果不生产出纯粹的、完美的艺术领域和知识分子领域,不生产出为艺术而艺术的无偿活动和纯理论的话,资产阶级人类世界也就不成其为资产阶级人类世界了,也就不会有复式记录会计学了[①]。

这里可以见出布尔迪厄的鲜明观点:资产阶级如果一味追逐金钱,不去从事文化和艺术的生产,那么它也不成其为"资产阶级"。所以,文化的因素,

---

① 布尔迪厄:《布尔迪厄访谈录》,包亚明译,上海人民出版社,1997年,第191页。

对于阶级的形成,同样是不可或缺的。

早在20世纪20年代起,西方马克思主义者如葛兰西、卢卡契等人和法兰克福学派的成员们,就开始反对阶级分析中的经济决定论,围绕阶级意识而注重心理、哲学、文化和政治的研究。同时针对新兴中产阶级的兴起,以及工党普遍具有的改良性质,西方马克思主义对前苏联的经济主义和实证主义马克思主义表示了强烈不满。葛兰西的霸权理论强调统治阶级要施行和维持对其他阶级的统治,不仅依靠暴力和强制性的国家机器,而且势所必然要通过学校教育、文学艺术、宗教哲学、风俗习惯等手段,来行使对被统治阶级的霸权或者说领导权,而使自己的意识形态成为公众遵守的道德规范。国家在葛兰西看来不仅是强制性的暴力机器,同样也包含了某些市民社会的成分。所谓市民社会,指的是由非强制性、相对自主的非政府组织,如社团、工会、教会、行会和学校等,替统治阶级行使非强制性的"霸权"职能。加上由政府、军队和司法部门构成的强制性的国家机构即政治社会,这就构成一个完整的国家概念。在这里,国家的定义就不仅仅是列宁所说的一定阶级的统治工具了。这一理论的现实意义之一,是告诫西方无产阶级文化和意识形态斗争的重要性。在无产阶级取得政权之前,甚至取得政权之后,达成文化上的领导权,是至为重要的。

斯图亚特·霍尔曾在《今日马克思主义》1979年1月号上撰文,深入分析撒切尔主义何以盛行不衰。文章大量引证葛兰西的理论,探讨英国工人阶级为什么反过来支持保守党政府。霍尔指出,阶级和政党的关系不等于民众和国家的关系。工党为了赢得选取,必须标榜是在最大程度上代表了工人阶级的利益,但是这一阶级—政党的关系,取决于工党和工人阶级的代表即工会的谈判和筹码交换。这是工党阶级基础的实质所在。但是一旦执政,工党发现它必须面对资本主义体统的延续问题,结果是采取中央集权政策,不是偏袒工人阶级,反而是制定约束工资等一系列政策,来开始束缚工人阶级。这样左翼的工党一心要维持现存秩序,撒切尔的右翼保守党则恨不得把现存秩序兜底翻转,予以彻底重构。对于不满现实的工人阶级来说,哪一个政党更受欢迎,也就可想而知了。葛兰西的霸权理论,在霍尔的分析之中,再一次显示了它的雄辩的生命力。

20世纪后半叶激进社会运动兴起,性别、种族、民族性、性取向等社会问题蜂起,阶级矛盾退居幕后,很大程度上被引入以性别研究为标志的女权主义,以及聚焦种族问题的后殖民主义研究之中。白领工人阶层的兴起,则被认为使当代工人阶级本身的存亡,也成了非常现实的问题。但这一切并不意味马克思的阶级斗争理论已经过时。事实上,当今一切阶级问题的争议,都是在马克思开辟的空间里展开的,在这个空间的每一个领域里,我们都能感觉到马克思的身影。

第二节 威廉斯的阶级考证

《文化与社会》中,阶级和工业、民主、艺术和文化一样,是雷蒙·威廉斯称之为举足轻重,并且就语词本身的来龙去脉和演变轨迹细作分析的五个关键词语之一。之后在他的《关键词:文化与社会词汇》一书中,威廉斯再次陈述了他对阶级这个概念的看法。他指出,英文中的"阶级"(class)一语显而易见是一个很难说清楚的语词,一则因为它意义宽泛,二则因为它描述的社会区别,同样是众说纷纭的话题。阶级的拉丁语是 classis,最初是罗马社会中根据财产众寡作出的人群区分。这个词 16 世纪进入英国,先是指教会等阶,后来又指笼统意义上的分类,而主要用作社会阶层的区分,则是 18 世纪的事情了。如 18 世纪小说家笛福,就说过根据工资收入,英国人分成许多阶级,其他国家则不尽然这样的话①。

阶级一词日渐从笼统意义上的一般类分,专指社会分野,威廉斯认为是基于这样的认识:那就是社会地位是形成的,而不是天生的。而个人在身份、财产、地位等等方面的变化,不仅是意味着个人的升迁沉降,而且意味着社会阶层的分化变迁。故此在 18 世纪出现了"下层阶级"、"最下层阶级"、"中产阶级"、"中下层阶级",以及"高等阶级"等一系列说法。到 18 世纪和 19 世纪之交,针对贵族阶层,更出现了"生产阶级"和"有用阶级"这样的语词。"工人阶级"就是从这两个语词中脱胎而出。一开始它像中产阶级一样,是充满自豪的称谓,它赖以自豪的信念是:工人阶级创造了一切财富。

威廉斯也引约翰·穆勒地主、资本家、劳工三大阶级的划分法,指出马克思《资本论》中也沿用了穆勒的这一三大阶级的划分。但是随着马克思对资本主义社会的深入分析,这个阶级三分法最终是被资产阶级和无产阶级的两分法所取代。但威廉斯发现这一两分法同样面临一个难题,那就是阶级如果从经济关系上看,它既可以是一个范畴(category),例如工薪阶层;也可以是一种形构(formation),例如工人阶级。他认为马克思的阶级分析,就更倾向于把阶级看作一种形构,他引了《德意志意识形态》中的观点:分散的个人只有在共同与另一个阶级展开斗争的基础上,才形成阶级,否则他们彼此之间的竞争关系,只会互相产生敌意。另一方面,阶级反过来对个人形成一种独立态势,个人的生存状态、人格发展,莫不受阶级的制约。这可见

---

① *Review*, 14 April, 1705.

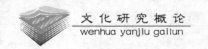

阶级不仅是一种经济状态的描述，同样是一种形构的过程。为说明这一点，威廉斯又引了马克思《路易·波拿巴的雾月十八日》中的话：

> 既然数百万家庭的经济条件使他们的生活方式、利益和教育程度与其他阶级的生活方式、利益和教育程度各不相同并互相敌对，所以他们就形成一个阶级。由于各个小农彼此间只存在有地域的联系，由于他们利益的同一性并不使他们彼此间形成任何的共同关系，形成任何的全国性的联系，形成任何一种政治组织，所以他们就没有形成一个阶级①。

这可见，威廉斯是充分强调马克思主义阶级分析中的"形构"特征的。他认为马克思的阶级描述，是清楚显示了阶级作为经济范畴和政治形构之间的区别。但即便如此，两者其实有时候也是难分难解的。他认为这里的关键，依然是一个主观认定的阶级意识，和一个被认为是客观存在的阶级之间的关系。这关系是游移不定的，许多派生出来的术语，事实上也是重现了这一不确定性。例如，阶级意识毫无疑问只能是属于形构的范畴，同理阶级斗争、阶级冲突、阶级战争、阶级立法、阶级偏见等，也都有赖于形构概念的存在。反过来阶级文化，则是游移在两种意义之间，如工人阶级既可以指阶级形构的意义、价值和机制，又可以指阶级范畴的趣味和生活方式。总而言之，"阶级"一语所蕴含的各式各样的意义，是处在动态之中，且各种意义之间的边界，肯定是模糊不清的。有鉴于此，威廉斯认为"阶级"可以大致表述为以下三个层面的意义：

一、集团（客观的）：见于不同层面上的社会或经济范畴。
二、等级：相对的社会地位；无论是天生的还是达成的。
三、形构：感知的经济关系；社会、政治和文化组织②。

威廉斯这个把阶级看作是动态的、形构的，而不仅仅是客观范畴的观点，可视为文化研究中阶级分析的一个纲领。我们可以发现，它同 E·P·汤普森《英国工人阶级的兴起》中反复强调阶级是一种关系，而不是一样东西，是遥

---

① 《马克思恩格斯选集》，人民出版社，1976 年，第 1 卷，第 693 页。
② Raymond Williams, *Keywords: A Vocabulary of Culture and Society*, New York: Oxford University Press, 1983, p. 69.

相呼应的。

威廉斯本人是工人阶级的知识分子,他提出文化是普通平常的,提出要把制度习俗也列入文化研究的对象之中,从根本意义上说是强调工人阶级也产生了丰富多彩的文化,强调文化并不是文学精英和艺术精英的专利。要之,文学和艺术就失去了它们在传统文化中的特权地位,艺术不过是无数文化实践中的一种,与其他的人类活动没有质的差别。而文学

大众视域中的维纳斯

和艺术在文化中的特殊地位,在威廉斯看来说到底是反民主的资产阶级文化观使然,资产阶级文化看重的是个别的观念、体制、方式、思想习惯和意向,反之工人阶级看重的则是集体的观念、体制、方式、思想习惯和意向。他这样描述工人阶级文化的成就:

> 工人阶级因其地位的缘故,在工业革命以来,并没有生产出哪一种狭义上的文化。我们必须认识到,他们无论是在工会、合作运动,还是政党之中,生产出的文化是集体的民主的机制。工人阶级在其历经的阶段中,首先是社会的(在于它产生的各种机构),而不是个人的(在于特定的知识性或想象性作品)。放到它的语境中来思考,工人阶级文化可被视为一个非常具有创造性的成就①。

可以说,正因为威廉斯将文化定义为普通男男女女,特别是工人阶级的日常经验,由此而进入日常生活的文本和实践,终而使他同文学为上的利维斯主义分道扬镳。威廉斯指出,利维斯的文化观点主要来源于马修·阿诺德,而阿诺德的观点又可上溯到柯勒律治。但在柯勒律治看来

---

① Raymond Williams, *Culture and Society*, Harmondsworth: Penguin, 1963, p. 314.

"少数人"是一个阶级,即受国家资助的知识阶级,其使命是普及一切学科,而到利维斯,"少数人"本质上就成了文学上的少数派,其使命相应成为保持文学传统和最优秀的语言能力。就教育来看,威廉斯承认利维斯为之奠立基础的以文学为中心的英语教育,可以是所有教育的一个中心,但是英语教育并不等于整个教育。同理,无论正规教育多么高尚,也不是过去和现在社会经验的全部。威廉斯的这些思想,对于倡导工人阶级的文化研究,是意义深远的。

第三节 汤普森:英国工人阶级的形成

E·P·汤普森的父亲是作家和诗人,他本人年轻时也曾经是个地道的诗人。但是后来他走的是学术道路,他出身剑桥大学,参加过英国共产党,因不满 1956 年苏联干涉下的匈牙利事件,退党而主张"社会主义的人道主义",以独立的马克思主义者自居。汤普森 1963 年以他的大著《英国工人阶级的形成》,与霍加特和威廉斯一道,成为前期文化研究鼎足而立的代表人物之一。《英国工人阶级的形成》是汤普森的一部划时代的著作,出版之日即告轰动。因为它写的是英国工业革命时期工人阶级的历史,而这段历史显然是已经被遗忘了。《英国工人阶级的形成》提出的一个主要观点是,阶级是一种关系,而不是一样东西。作者开篇就说明,"阶级"应当是一个动态的而不是静态的概念。工人阶级并不像太阳那样,日复日在预定的时间升起。它出现在自身的形成过程之中。要之,阶级就是一个历史现象,它不是一种"结构",更不是一个"范畴"。阶级作为一种历史现象,它把一批各各相异,看来

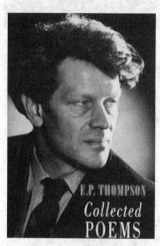

E·P·汤普森的诗集

全不相干的事情结合在一起,既包括在原始的经历之中,又包括在思想觉悟里,总之,它是确确实实发生在人与人的相互关系之中。汤普森这样描述了阶级的产生:

当一批人从共同的经历中得出结论(不管这种经历是从前辈那里得来的还是亲身体验),感到并明确说出他们之间有共同利益,他们的利益与其他人不同(而且常常对立)时,阶级就产生了。阶级经历主要由生产关系所决定,人们在出生时就进入某种生产

关系,或在以后被迫进入。阶级觉悟是把阶级经历用文化的方式
加以处理,它体现在传统习惯、价值体系、思想观念和组织形
式中①。

汤普森对于阶级的这一描述或者说定义,明确将阶级的产生定位在阶级成员的共同利益上面,进而将这共同利益发生的阶级经历定位在生产关系上面,同时用文化意识形态,来解释此种经历的发生,体现了作者鲜明的马克思主义的立场。

适因于此,作者从两个方面重申了他动态形式的阶级阐释立场。首先,他指出把阶级理解为某一种既定的"东西",是对马克思的误读。它既不是马克思的本意,而且也对后来许多"马克思主义"的著作贻害匪浅。这是说,有人认为工人阶级是确实存在的东西,而且其存在几乎可以用数学方法来精确测定,诸如多少人处在怎样的生产关系之中等等。而一旦阶级存在测算出来,作为上层建筑的阶级觉悟,也就顺理成章给推导出来。对于这样一种近乎机械主义的阶级理解,汤普森表示了明确的反对态度,认为是把肤浅的、多有漏洞的阶级概念强加给马克思。其次,他指出有人因此对阶级持虚无主义和取消主义态度,认为阶级从来没有发生过,纯然是概念猜想。由此出现另一种说法,它凭借莫名的转换,把阶级的动态观点变成了静态观点:即承认工人阶级存在,而且不无准确地可以界定为社会结构中的一个部分,但是阶级觉悟被无情否定,判定它是精神不正常的知识分子发明出来的坏东西。对于这两种观点,汤普森的看法是,假如能记住阶级是一种关系,而不是一个东西,那么就不会这样来思考问题了。概言之,阶级是在社会和文化中形成。阶级既形成自经济中,也形成自文化中。而文化的因素,在阶级的说明中,恰恰是久被忽略了。

《英国工人阶级的形成》题为《阶级意识》的第十六章中,汤普森着重分析了工人阶级形成过程中的文化因素。作者指出,19世纪上半叶英国劳工阶层的文化普遍不高,大多数人所受的正规教育没有超出简单读、写、算的范围。但是这并不意味着思想萎缩。事实上这个阶层学习文化的热情是显而易见的。初通阅读的工匠、零售商、职员和小学教师,每以小组形式相聚自学。自学的书籍和教员,则每每是属于改革性质。汤普森举例说,一个读《旧约》学会识字的鞋匠,会苦读《理性时代》;一个受清一色宗教训诫教育的小学教员,会尝试去阅读伏尔泰、吉本和李嘉图;目不识丁的劳工,则每星期

---

① E·P·汤普森:《英国工人阶级的形成》,钱乘旦等译,译林出版社,2001年,第1—2页。

去酒馆听别人宣读科贝特的信件。工人们就这样超越自身的经历，凭借自己含辛茹苦获得的不规范的教育，形成了有组织的社团。汤普森认为，这在工人阶级形成过程中，是最重要的政治现象。汤普森引证了19世纪20年代，以破坏机器的卢德运动为代表的激进时期英国工人阶级的文化状况。他指出，此一时期的工人阶级每三个就有两个多多少少具有些许阅读能力，其自我提高的欲望也为强烈。此一时期如雨后春笋般冒出来的读书会和阅览室，就是绝好的证据。此外第一次世界大战以后伦敦咖啡馆剧增，大都也兼作了阅报室。小城和村落里的读书团体虽然远谈不上正规，却也每在小酒馆、"黑店"和私宅聚会，或者在工场里读期刊并且讨论：

> 这就是在书摊周围、酒馆、工场和咖啡屋里辩论的文化。雪莱在《致英国工人的歌》中所欢呼的那种文化，也是孕育了狄更斯的天才创作的文化。然而，如果我们把这个"读者群"视为一个单一的、无可分类的群体，那就错了。我们也许可以说当时存在着好些个既互相冲突又互相重叠的不同"群体"，同时又是按不同的原则组织起来的①。

汤普森把英国这一时期的此种文化称为"工匠文化"，认为它的特点就是勤勉节制、探究知识、重视合作。之所以命名为工匠文化，作者解释说，比较起来看，"小资产阶级"这个词带有轻蔑意味，不甚恰当；而把它定义为"工人阶级文化"，又为时过早。

汤普森的思想被认为是一种文化马克思主义。《英国工人阶级的形成》中汤普森抽丝剥茧，细致发掘英国工人阶级形成过程中文化内核的努力，后来都给霍尔和他周围的学者移植过去，以此为纲来研究下层阶级消费大众文化的现象。

第四节 后工业社会和阶级变迁

回顾20世纪西方发达国家走过的道路，它经历了从福特主义向后福特主义(Post-Fordist)的转变。所谓福特主义是指二战以后的西方经济，特别是英美的工业经济模式，它实行以福特公司为代表的福特主义生产方式，以市场为导向，以分工和专业化为基础，以较低产品价格作为竞争手段。伴随大规模生产和大规模消费的推广，是广告文化的兴起，中产阶级的价值观念

---

① E·P·汤普森：《英国工人阶级的形成》，钱乘旦等译，译林出版社，2001年，第845页。

成为这个社会的文化导向。根据哈维《后现代状况》一书中的分析,从1972年石油危机开始,福特主义就开始明显见出生产过剩的危机,这并非意味人人都能按需所得,有了充裕的消费品,反之消费者的消费能力已是捉襟见肘。特别是西方国家面临日本和此时崛起的亚洲四小龙的价格竞争,加上石油输出国组织(OPEC)推动世界石油价格一路走高,这都导致后福特主义的兴起。后福特主义在许多方面与福特主义大相径庭,它主要以满足个性化需求为目的,以信息和通信技术为基础,是生产过程和劳动关系都具有相当灵活性的生产模式。后福特主义的一个显著特点就是消费者主权论。在供大于求的过剩经济时代,需求和消费力成为制约经济增长的主要矛盾。它意味大规模生产转化为小规模生产,一元化模式转化为多元化模式,大规模的统一市场转化为竞合型的小规模市场结构。生产形态的转化带来文化模式的转化,由此进入了今天我们称之为"后工业"、"后现代"、"全球化"的新时代。

这个"新时代"又有什么特点?我们发现它把市场和消费分合成了"生活方式"、"壁龛"、"目标消费群"、"市场片段"。"生活方式"与其说是指消费大众的现实生活方式,不如说是通过广告、媒体、组织引导消费大众来加以"生产"的新的时尚。依鲍德利亚《消费社会》中所言,被消费的不复是物质商品,而是符号即身份象征。这可以解释何以服务业在各国GDP中的比重突飞猛进,与日俱增。"服务业"(service)这个词本来就是模棱两可的。许多服务业包含大量物质产品,如麦当劳销售的汉堡以十亿计,旅游业的发展必然需要基础设施建设予以配套。但是另一方面,服务业中的许多消费是由信息、咨询、专家意见和休闲娱乐活动构成的。甚至物质商品,也愈益在增强它们的非物质成分,如商品的华丽包装已经远不止是喧宾夺主、反仆为主、铺张浪费的问题。我们面临的是一个符号和表征的世界:电视、电影、流行杂志不是在反映生活而是在领导生活,在向我们展示生活方式应该是什么模样。视觉形象替代了记忆,电视川流不息在向我们展示变化无定的现实,记忆在它面前已经显得无足轻重。从理论上说每个人都有创办文化企业的自由,但事实是即便具有相当实力背景的企业,今天要想进入文化传播的渠道,也几无可能。

后福特主义畅行其道的结果,是社会的重心由传统的工业制造向筑基在信息技术之上的服务产业转移。知识的生产和规划,由此在后工业社会中占据举足轻重的地位。信息和文化产业替代重工业,成为国民经济的重中之重。与此相应,制造业工人阶级队伍发生分化,白领、职业和服务业人员崛起而组成新的阶级结构,也是势在必然。比较传统阶级的区分是以财产和工种作为标准,新兴阶级的标志是技术和知识。这如美国社会学家丹尼尔·贝尔所言:"正在成形的新社会里,主要阶级首先是一个职业的阶级,它的基础是知识而不是社会。"①

丹尼尔·贝尔

丹尼尔·贝尔的《后工业社会的到来》,对后工业社会中服务业的兴起,作了影响深远的理论说明。作者将工业社会向后工业社会的转化,同一百多年前欧洲社会由农业社会转变成工业社会并提,指出后工业社会的鲜明特征,便是由产品生产转变为服务生产,职业方面专业和技术人员成为主导,知识居于中心地位,信息成为公共物品。特别是如果信息被私有化,那么占有信息的人将拥有无上的权力,反之无缘占有信息的人群,便会被无情地边缘化。在这样的新的语境中,前工业社会和工业社会产业结构中占据主导地位的人与自然的关系,势所必然被人际关系所替代。所以贝尔提出,后工业化社会的中心是服务,它是人的服务,也是职业和技术的服务。因而它的首要目标,也就是处理人和人之间的关系。当然,人和人之间的关系并不是简单的个人之间的关系,而是社群或者说组织之间的关系,这就牵涉到了阶级变迁及其重新界定的问题。

阶级结构的变迁,贝尔主要指的是职业技术阶级的兴起,对此他名之为服务阶级。贝尔指出,在后福特主义流行的后工业社会中,社会各个领域主要是围绕信息技术而运转。这是一个以知识为主的时代,大学、研究机构和其他知识部门将在社会中起决定作用。从业人员主要是专业技术人员和科学家,他们将运用知识来对社会生活各方面作出指导,大多数的劳动力将从商品生产转入服务行业,白领阶层在社会中占主导地位。就美国和英国这两个最典型的后工业国家的情况来看,贝尔发现,到他写作《后工业社会的到来》的1973年,行政管理和职业技术人员的人数与日俱增下来,已经占据整个劳动力的三分之一。服务阶级主要不是直接生产商品,而是出售他们的技术,依靠他们的市场力量。他们通常具有高度的自主性,或者是工程师和专业技术人员,或者是职场的行政管理"专家"。总之他们从原有的生产

---

① Daniel Bell, *The Coming of The Post-Industrial Society*, New York: Basic Books, 1973, p. 374.

结构中分离出来,是知识和技术造就的一种新的社会阶层。虽然他们并不拥有生产资料,但是他们一般会以持股和转让知识产权等等方式,成为生产操作过程的决策者和计划者。随着服务阶级的兴起,贝尔认为新的阶级结构大体是由以下数种阶级组成:职业阶级、技术和半职业阶级、职员和销售阶级、半熟练操作工和手工阶级。我们可以发现,在贝尔描述的这个后工业社会的阶级新结构里,传统工人阶级实际上是缺场了。

1980年,出生在奥地利的法国社会哲学家安德烈·高兹,在他的《告别工人阶级》一书中,也提出了类似的分析。高兹认为马克思曾经寄予厚望的工人阶级的历史使命,已经在资本主义后来的演进过程里趋于破灭,对实现社会主义理想,已经变得没有价值。另一方面,战后产业结构的调整,使传统工人阶级手工劳动的岗位大量流失,许多人成为永久失业者或半失业者,他们取代旧的工人阶级,成为后工业社会中人口的大多数。高兹反过来看好这一既不属于工人,又很难归入哪个阶级的大批量人群,认为他们身上不再带有资本主义生产关系的烙印,所以对于推翻资本主义制度,"阶级"已经变得无能为力,"失业"反而获得积极的反资本主义的政治意义。那些永久失业者、半失业者将和生态主义、女权主义等等"新社会运动"汇合,成为否定资本主义的重要社会力量。高兹的中心论点是,后工业经济的语境中,新的技术改变了社会的雇佣劳动模式,传统的工人阶级身份发生变化,实际上分化成了三个阶级:一是追逐工薪的工人阶级,二是高工资且享有特权的工人"贵族"阶级,三是失业的底层阶级。高兹本人是马克思主义理论家,他感慨西方发达国家以制造业为基础的工人阶级并没有像马克思预言的那样,成为资本主义的掘墓人,由于战后产业结构的调整,其绝对人数大幅度缩减,而分化瓦解成为上面的三种阶级或者说阶层,终究未能完成颠覆资本主义社会的历史使命。这一立足经济基础的告别工人阶级的观点,同法兰克福学派激烈批判资本主义大众文化消磨掉工人阶级历史使命的立场,当是可以互作阐释的。

以底层失业阶级为今日资本主义社会的最悲惨人群,对于文化研究又意味着什么?英国学者E·鲍尔德温等人所著《文化研究导论》中,讨论了这个问题。作者举证马克思对流氓无产者的评论,指出阶级分析久已承认在既定的工人阶级下面,还有一个阶级存在。比如英国,这个阶级经常是由长期失业者、单亲家庭和领养老金的老人组成。在美国,言及底层阶级,人们则经常联想起那些居住在市中心贫民窟的黑人穷人。作者发现对于底层阶级同样有结构主义和文化主义两种分析方法:结构主义通常为学院里的社会学家们所钟,它侧重研究持续不断的工业重建过程及其对工作类型的影响,何以此一阶级受害最甚。文化主义的分析,作者则专指新右派理论家查尔斯·默里道德主义分析视野,聚焦穷人的非婚生育、婚姻破裂、儿童养育不良,以及违法犯罪等一系列问题,认为它们和底层阶级的愁苦境地有直接关系。故此:

> 针对底层阶级的这些问题,提出的解决方法也有所不同。结构主义的解释强调底层阶级的问题植根于特定社会的社会和经济结构。文化主义对底层阶级的说明,则试图改变个人的道德结构和他们的家庭环境。对于底层阶级的这两种理解,其论争是重新启动了文化区分的一个老而又老的话题:穷人是"活该受穷"还是"不该受穷"[①]?

按照这样的两分法文化研究模式,得出的结论只能是文化主义认为底层阶级"活该受穷",结构主义认为底层阶级"不该受穷"。所以后来文化研究有意识用葛兰西的霸权理论来超越文化主义和结构主义的对立模式,思想起来也是情有可原。那么,今天我们怎样来看马克思当年耿耿于怀的工人阶级和资产阶级的对立?很显然,今天资本主义社会并没有灭亡,它通过自身内部的各种调整度过了许多危机,到20世纪末叶,反而借经济全球化把它的势力范围扩展到了全世界。但是另一方面,阶级对立和社会制度的对立其实依然存在,它一方面表现在发达国家和欠发达国家、富国和穷国的矛盾,一方面也表现在资本主义内部资产阶级和被雇用阶级之间的矛盾,不论后者白领和蓝领阶层的比例如何。马克思的阶级分析方法并没有过时,问题是在西方经济历经工业社会向后工业社会的转变,由生产中心向服务中心、消费中心的转变之后,阶级分析如何以新的形式表达出来?这也是文化研究关注的焦点之一。

第五节 流动空间和地方空间

流动空间(space of flows)和地方空间(space of places)是美国社会学家曼纽尔·卡斯特尔在《网络社会的兴起》一书里提出的概念。一定程度上,它们可以印证阶级对立在全球化和后工业社会里,表现出来的新的形式。卡斯特尔可谓当代美国著名的网络空间社会学家,号称新马克思主

[①] Elaine Baldwin et al., *Introducing Cultural Studies*, Pearson Education Asia Limited, 2004, p. 117.

义学派城市社会学的旗手,近年尤其以他的《信息时代:经济、社会与文化》三部曲蜚声。这三部曲是《网络社会的兴起》(1996)、《身份的权力》(1997)和《千年的终结》(1998)。卡斯特尔对于中国读者来说已经不算陌生,他的《网络社会的兴起》已被译成中文,本人也两度来华,和国内学者有过直接的交流。

曼纽尔·卡斯特尔

为说明网络时代新的传播系统如何彻底改变了人类生活的时空观念,卡斯特尔提出了"流动空间"和"地方空间"的概念。他认为网络使地域的概念从文化、历史和地理意义中解脱出来,给重组进类似形象拼贴的功能网络里,故而产生一种"流动空间",替代了传统的"地方空间"。而当过去、现在和将来可以被设定在同一信息里面且彼此互动时,时间的概念便也随之消失在这个新的空间之中。所以"流动空间"和"无时间的时间"又是一对孪生子,共同构成了他所谓的"真实虚拟文化"的基础。卡斯特尔强调他着重分析的是空间和时间的社会意义,它有一个明确的前提,那就是在网络社会里,是空间组织了时间。

"流动空间"又意味着什么?卡斯特尔视空间为社会的表达,认为既然我们的社会在经历结构变化,那么新的空间形式和过程相应出现,也是势在必然的事情。人作为社会实践的主体,理所当然对空间的形式、功能和意义走向起着举足轻重的作用。而我们当前的社会实践,其主导特征在卡斯特尔看来是流动:资本流动、信息流动、技术流动、组织互动的流动,以及形象、声音和符号的流动。流动不光是社会组织中的一个因素,而且是表现了主导着我们经济、政治和符号生活的过程。卡斯特尔进而从三个层次来分析了他的流动空间,把它们称之为流动空间的三个物质支持层面。

首先,流动空间的第一个层面是电子交换的回路组成,它包括各种微电子技术设计、电子通讯、计算机处理、广播系统以及信息的高速传输,它们共同构成了社会网络中那些核心过程的基础。它是物质性的,所以它就像商业社会或工业社会中的"城市"和"区域"一样,是为一种空间形式。在我们今天的网络社会中,没有哪一个区域能够独立存在,因为所有的方位都是由网络中的流动交换界定。方位没有消失,但是方位的逻辑和意义已经被吸纳进了网络。

其次,流动空间的第二个层面是由它的各个终端和网络中心组成。故此流动空间虽然在结构逻辑上讲没有方位,实际上却并不是没有方位。它的基础是电子网络,但是这网络却连接到具有完整社会、文化和物理功能的方方面面。最简单的例子便是全球化经济决策系统,尤其是金融系统网络的流动空间。如今天的"全球化城市",就是信息化全球化经济的生产基地,在我们的社会里担当举足轻重的中心角色,地域社会和经济则对它们表现出明显的依赖性来。但是在那些全球化大都市之外,世界其他地方的区域经济也有它们自己的终端,连接这一全球化网络。这里流动的不光是资本,在财富生产、信息处理以及权力生成等等不同方位,莫不连接着这一张弥天大网。

最后,流动空间的第三个层面,是指占据支配地位的管理精英们的空间组织。卡斯特尔强调他这里用的不是"阶级"这个词。他指出流动空间里社会各个集团的利益分布并不平衡,流动空间不是我们社会里仅有的一种空间逻辑,但是没有疑问它是我们当代社会的主导逻辑。问题是主导不单单是结构使然,它还是由活生生的人来启动、构想、决策和执行下来。所以,在当代社会里占据高位的技术—金融—管理精英们,对于他们的物质和精神利益来说,自然也会有特定的空间要求。由此构成流动空间的第三个层面,在这个空间层面里,流动空间也是精英阶级们的空间。

流动空间的这个"精英"的层面,不妨说正是流动空间最为突出的特征。在卡斯特尔看来,精英在网络社会里之所以占据支配地位,是因为它的组合能力和它分化大众的能力同步增长。大众虽然人数占据绝对优势,其利益所得却占劣势。故精英联合,大众解体,这是当代社会阶级分化的孪生机制。而空间就在这一机制里起到了关键作用。而且,精英是世界性的,大众是地方性的:

> 权力和财富的空间向世界每一个角落散布,大众的生活和经验则植根在本土,在他们的文化里,在他们的历史里。故此,社会组织越是筑基于非历史的流动之上,超越一切特定方位的逻辑,全球权力的逻辑便越是远离特定历史中地方/国家社会的社会和政治控制①。

---

① Manuel Castells, *The Rise of the Network Society*, Oxford: Blackwell Publishers, 2000, p. 446.

卡斯特尔进而指出，精英有意识同大众保持距离，发展出自己的文化代码以主导流动空间，其支配逻辑是采取了两种主要形式。其一是精英组成了他们自己的社会，以地产价格树起一道屏障，把自己圈定起来。他们把自己的社区界定为一种人际网络次文化，其空间边界是至为明显的。比如在他们的小圈子里，重大策略决策每每是在会员制餐厅的商业午餐上作出，或者像往昔的好时光那样，周末去乡村别墅，在打高尔夫球的空隙之间运筹帷幄。不过这类决断还是要诉诸计算机的电子决策过程，由相应的软件自己来应对市场趋势。这可见流动空间的终端包括了居住和休闲的空间，配合总部及其辅助设施的区位，一面是在小圈子里发号施令，一面又伸手可及世界范围的艺术、文化和娱乐空间。既然精英们可以这样营构自己的特权空间，往下不同人等自然也可以如法炮制，层层圈定出不同等级的社会空间来。这样必然造成社会分化。卡斯特尔指出，到社会危机加深，动荡加剧之际，精英便不得不蜷缩在警卫森严的社区里，将之转化为他们的避难空间。这样的例子自20世纪90年代晚期以来，在欧美国家已经屡见不鲜了。

其二，信息社会中精英文化的第二个主要趋势，卡斯特尔认为，是它有意统合世界范围的精英环境，来营造它的生活方式和空间形式，如此就抹除了每一个地域的历史特殊性。故此沿着流动空间的连接线，遍布世界建构起了一个相对封闭的精英空间，诸如国际旅馆，其装饰之千篇一律，从房间设计到毛巾的颜色都几无差别，由此给人宾至如归的感觉，马上感觉到从周围的世界里抽身而出。机场贵宾室，其设计则必须同面对面排排坐的普通候机厅的设计保持距离。即时的动态的个人网络连接必不可少，以使旅客永远不会迷失方向。另外安排旅行和秘书服务，以及相互做东款待的系统也必须建立起来，以使所有国家可以提供相同的招待，维护企业精英集团的贵族气派。不仅如此，精英们此一日益趋同的生活方式，也造就了一种跨越了所有社会和文化边界的国际风格。比如即便旅行之中也按时水疗(spa)，经常慢跑，吃烤鲑鱼和蔬菜色拉强制节食餐。换换口味用日本料理，则要乌冬面和生鱼片。此外如墙壁涂料用"白岩羚羊"色，以使内部空间有温暖舒适的气氛，随身携带笔记本电脑和网络链接，西装革履和运动休闲服交替穿着，单一性别的衣着风格，如此等等。这一切都成为一种国际文化的象征，并不局限于任何一个特定社会，而毋宁说是显示了跨国信息经济里高级管理层成员的身份资格。

那么地方空间呢？卡斯特尔承认流动空间并没有渗透到网络社会里人类经验的全部领域。事实上绝大多数人，不论是在发达国家还是在传统社会，还都生活在地方空间里，其感知到的空间，也是以地域为基础的空间。

所谓地方空间，卡斯特尔的定义是其形式、功能和意义都自我包纳在其物理边界之内的空间。对此他举了一个例子：巴黎的贝勒维拉(Belleville)。

卡斯特尔称他是 1962 年，像历史上许许多多移民一样，从贝勒维拉进入巴黎的。那时候他年方二十，是一个政治流亡者，除了他的革命理想，身无长物。有一个西班牙建筑工人收留了他，此人是一个无政府主义的工会领袖，他向他介绍了这块地方的传统。九年后，卡斯特尔依然走在贝勒维拉街上，身份却已经变成了一个社会学家，是时他和移民劳工委员会一道，在研究对抗都市更新的社会运动。自从初次相逢之后，三十多年过去，卡斯特尔说他和贝勒维拉都大有改变，可是贝勒维拉依然是一个地域，反之他恐怕自己倒更像是一个流民了。来自亚洲和南斯拉夫的新移民加入了旧移民的队伍，贝勒维拉本身经历了好几次都市更新浪潮，在 70 年代达到高峰。历史上它是巴黎一块虽然贫困，但不失和谐的边缘，现在则触目皆是随意雕塑的后现代主义和廉价的现代主义景观。但即便这样，1999 年的贝勒维拉，依然是一个清晰可辨的地域，是为一个多重文化的都市区域。不同的族裔社群在这里大体可以和平共处，年轻的中产家庭也加入这个邻里，这一切都给它灌注了生命力，同时又有意识防止鹊巢鸠占，抹杀了原来的文化。故此，卡斯特尔认为，贝勒维拉是在文化和历史互动中见出空间意义，并且借用普林斯顿大学建筑学院克莉斯汀·波耶 1994 年出版《集体记忆的城市》一书的标题，认为贝勒维拉就是一个集体记忆的城市。但这并不意味贝勒维拉就是失落社区的理想化范本，这类充满怀旧的理想社区，可以说从来就没有存在过。一个地方是好是坏，卡斯特尔认为，取决于对好生活的价值认知。贝勒维拉的居民并不彼此友爱，警察显然也不爱他们。但是这里的居民就跨越历史建构了一个有意味的互动空间，他们在与日常物质环境互动，在家庭和世界之间，构成了一个典型的地方空间。

贝勒维拉一景

贝勒维拉可谓空间分化的一个例证。这里是巴黎最大的华人区，但是华人只是移居贝勒维拉的少数民族之一，人数更众的族裔是阿拉伯人。这里可以怀旧,比如人举步街头,冷不丁就可以看到别有情致的"墙画",墙画是巴黎民间艺术家的"涂鸦",花前月下,美女野兽,无论是题材还是表现手法,都令人刮目相看。但是贝勒维拉也是巴黎的一个藏污纳垢之地,卡斯特尔说警察不会爱上这里的居民,指的无疑就是这里相对要差一些的治安状况,比如这里的年轻女性,一般来说晚上就很少敢于单身出门。对于普罗大众来说,他们显然还是居住在以贝勒维拉为代表的地方空间里,而如卡斯特尔所言,由于发达国家的社会功能和权力是在流动空间中组织起来,其逻辑的结构支配性,正在从根本上改变地方的意义和活力。结果是地方丧失了权力,溃不成军,地方的意义则与知识渐行渐远。这导致两种空间逻辑之间,甚至产生了一种精神分裂症。这应当不是危言耸听,今天流动空间明显是占据了支配地位,居高临下,要把它网络化的非历史逻辑强加到地方上面,而地方的力量事实上已日渐分散,彼此之间的联系亦愈见稀寥,分享文化代码的能力,亦愈益贫弱。这还是当代社会贫富两极分化,而且差距越拉越大的故事。经济全球化并没有能够弥补这一鸿沟,反之推波助澜,愈益拉开两种空间之间的距离。

所以卡斯特尔也感叹,除非有意识努力来在这两种空间形式之间搭建文化、政治,特别是物质上的桥梁,两种空间恐怕永远会失去交合的可能。这对于和谐社会的理念构建来说,无论如何是值得警示的。《信息时代》三部曲的第二部《身份的权力》中,我们也发现卡斯特尔对这个精英空间和普罗空间的二元对立明显表示忧虑:

> 除了一小部分全球政治的精英,遍布世界的大众愤愤不平,恨不复能够像过去那样,控制他们的生活、他们的环境、他们的工作、他们的经济、他们的政府和国家,最终,控制地球的命运。因此,为社会进化的古老法则使然,抵制针对支配而生,无权促生授权,另类设计挑战起全球新秩序的逻辑,我们这个星球上的民众,与日俱增感觉到了混乱和无序[①]。

这可见阶级对立并没有消弭在网络世界里面。由是观之,网络的形象不是解放,恰恰相反,它表现为在遍布全球的工具理性引导下,各种支配力量之间的关系再确认。网络空间如此得心应手演变为精英阶级的权力结构之后,说实话它的推进民主和进步的社会功能,也就非常可疑了。

---

① Manuel Castells, *The Power of Identity*, Malden (Mass) and Oxford: Blackwell Publishers, 1997, p. 69.

第四章 后殖民主义文化理论

后殖民主义文化理论是文化研究的重要组成部分,在一定程度上,它关注的是文化研究的另一个母题:种族。20 世纪 90 年代以来,后殖民主义逐渐成为西方学术界一个越来越重要的文化批评潮流,其影响与日俱增。由于这个理论所涉及的问题具有一种超西方的全球性,因此如何把握其理论实质和它已经产生及将会产生的影响,就成为理论界面对的一个重要问题。鉴于后殖民主义近来已在中国学术界产生了一定的影响,我们有必要了解后殖民主义理论的来龙去脉,它的主要代表和观点,它与中国文化和历史的关系,以及探讨可否用后殖民主义理论看中国和中西方关系等。本章将概括地评述后殖民主义理论的历史演变和主要理论命题。然后,我们要提出这一理论与中国的关系问题,并表达我们的看法。

第一节 后殖民主义的缘起

为了理解后殖民主义理论的全球性影响,首先要对这一批评潮流的崛起语境、历史流变有一个总体把握。但这种总体把握的理论视点、角度与后殖民主义理论的基本视点是有矛盾的。后殖民主义理论一般来说是反对对问题的总体把握的,主张零散地、分解式地看问题,这和当代西方流行的反总体性的倾向是一致的。不过,我们仍主张坚持总体把握,或总体的历史观。这点我们希望在一开始就说清楚。我们的立场、观点,与我们要讨论的理论之间,有很大矛盾,这样也许影响到介绍时的客观性。但人文学科中的客观与主观的问题,是非常复杂的,"客观性"本身正是一个"后学"时代争论不休的大问题。我们并不期望全面和纯客观的描述,我们的观点或者可以构成与后殖民主义理论的某种对话。

后殖民主义理论是非常晦涩艰深的。这不仅仅是因为理论和哲学的论述一般都比较艰深的缘故。后殖民主义理论基本脱胎于后结构主义和后现代主义,而这两种理论的一个主要特点,就是晦涩、艰深、难懂。这是为了体现"后学"理论的一个基本观点,即语言在表达意义时的"不透明性"和含混、歧义性,但其中也不乏故弄玄虚的成分。但我们希望尽可能把问题说清楚,文字表达尽量简明和通俗一些。把本来并不那么复杂艰深的事情,用深奥难懂的语言解释、包装得玄妙莫测,往往不过是在卖弄噱头而已。当代"后学"里面,当然不乏严肃认真的探索和精湛深刻的观点,但文风轻浮、故意卖弄者,亦不在少数。这与当前的学术商品化、市场化风气有关,对此我们应该有清醒的自觉。在以下的论述中,我们不可避免地会遇到不少名词和术语。我们将尽可能简赅地解释这些术语的意思,在能够用常见的词汇就可说明的时候,我们将尽量不用或少用这些术语。同时,用我们自己的语言将这一艰深理论讲述下来。

如果从学术机构化的角度,亦即出版论文集、杂志、会议、进入大学研究生课程等方面来看,后殖民主义文化理论在美国兴起,是比较晚近的事情。不过,我们除了了解从这一学派近年来开始流行到目前的情况,还应回溯更远一些,到20世纪60年代。这样就可以把这个问题讲得比较有意思。60年代正是中国的"文化大革命"的时期。而从世界范围来看,这是一个带有特殊历史特征的时期。这是文化全球大动荡的年代。西方世界危机重重。东西方的地缘政治利益冲突没有解决,美国在越南战争中,陷入重重困境,在国内导致了席卷全国的反战运动。1968年,法国发生了著名的"五月风暴",表现出文化革命式的狂热。与此同时,苏联阵营并没有放弃带有斯大林主义特征的现代化战略。苏联的"社会帝国主义"政策,导致了1968年入侵捷克事件。在中国的"文革"正闹得天翻地覆的时候,西方世界也在开展一场"文化革命",冲击了西方文化的正统和经典,西方的伦理道德、宗教和价值观。其结果,是中产阶级的年轻人的"反文化"、性解放、嬉皮士、摇滚乐、女权主义等的兴起。在美国,这场中产阶级青年的文化反叛,与风起云涌的反越战运动、黑人民权运动相互呼应。西方与中国的"文革"当然有很大的差异,但这个时代的全球文化革命潮流,从世界史的角度看,又有很多有意义的联系性和相关性。60年代也是第三世界国家与民族的解放运动轰轰烈烈的时代。除了革命、解放等社会、政治方面的大潮流,60年代在科学技术上也是一个翻天覆地的革命时代。世界进入以电子、空间和生命科学为主导的现代科技时代,正是从60年代开始。新科技时代对于资本主义的经济和社会制度造成很大的冲击,逐渐引起了社会的结构性和制度性的根本转型。西方经过科技革命而进入信息社会。西欧和日本完成战后重建,新的世界经济秩序形成,此即所谓跨国资本主义时代。后殖民主义理论的直接来源是后结构主义,而后结构主义思潮则是60年代西方社会与文化的动荡变化在知识界的反映。可以说,从60年代开始,西方知识界开始了

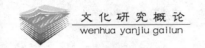

一场"文化反思",其核心问题就是全球的现代化问题。

从后殖民主义的字面来说,略去其复杂历程,它是从殖民主义、新殖民主义到后殖民主义。它直接的理论语境是殖民地与帝国主义的关系。殖民地、帝国主义的问题,是现代化历史过程中的关键问题之一,也是后殖民主义理论探讨的一个更深层次的问题。西方的主流知识界和学术界,一提到现代化,讲的多半是工业化、市场化、经济与科技发展等问题,回避对资本主义、帝国主义和殖民主义的分析与批判。60年代开始的西方知识界的"文化反思",带有强烈的左翼色彩,对资本主义现代化持严厉批判态度。就西方殖民国家和非西方、第三世界的关系而言,60年代也是一个重要转折点。可以这样说,60年代后期是从旧殖民主义到新殖民主义,又转向后殖民主义的历史转型时期。

对殖民主义的分析、批判开始于20世纪初。列宁、卢森堡等提出了帝国主义理论,批评殖民者对殖民地国家的直接的政治和军事控制。列宁关于帝国主义、殖民主义的理论,至今仍是最全面地分析资本主义现代化过程中这一历史阶段的经典理论。当然,列宁的理论是针对旧殖民主义时期的,他并未能预期后来的发展。第二次世界大战结束以后,也就是40年代中后期,亚、非、拉美各大洲的前殖民地国家纷纷独立。这些国家在政治和军事上,取得了国家的主权,开始摆脱殖民主义、帝国主义国家的直接控制。但是在经济和政治上,他们仍然受到殖民国家间接和直接的辖制。冷战开始后,这些国家和地区,形成了所谓的第三世界,人口众多,幅员广大,但经济非常落后,成为冷战两大对峙势力的中间地带。美苏两个超级大国争夺世界霸权,主要区域就是这些第三世界国家。这就是新殖民主义阶段。

如果说,殖民主义或旧殖民主义的标志,是殖民地国家在政治、经济、社会、文化各方面全面受帝国主义宗主国的控制,那么新殖民主义的主要特点,就是第三世界前殖民地国家在政治、经济上仍无法摆脱西方大国的掌握。关于这种不平等关系,非洲裔社会学家阿明提出的"依附"理论,较有概括性。"依附"理论是指在战后发达资本主义国家建立的世界秩序,仍然把第三世界视为半殖民地、准殖民地式的生产资料、劳动力资源,分别纳入自己的势力范围。而后殖民主义理论与列宁的殖民主义理论、阿明等的新殖民主义理论不同的地方,就是突出和强调文化问题。也就是说,后殖民主义的"后",要害是在文化、知识和精神领域里。

除了政治上、经济上受殖民主义宰制,第三世界国家与民族在文化上也被西方殖民主义国家控制着。你可以在国家主权上,赢得某种独立。你也可以在政治和经济上,通过诸如国有化、民族化手段或者干脆"脱钩"

(delinking)，与发达资本主义和帝国主义国家对抗。然而，你在政治、经济和社会领域里所做的一切，都是通过现代的表现与沟通的方式，通过现代的语言，来实行的。问题就在于：所谓的现代的方式、现代的语言，无不是来自西方。你能摆脱西方的语言和文化的影响吗？你的每一个企图摆脱和反抗西方文化和思想的行为，不都是首先受到西方文化和思想的启发吗？请大家回想一下一段曾人人皆知的话：十月革命一声炮响，给我们送来了马克思列宁主义，从此中国革命开始了一个崭新的阶段。对于这句话，我们可以这样问：十月革命不是从西方传来的吗？马克思列宁主义不是来自西方的思想吗？中国革命的一个首要任务，就是反对西方的帝国主义、殖民主义，争取民族解放。而为了实现这个目标，就不得不先向西方寻求思想武器。

后殖民主义理论与批评要问的就是这样的问题。较早提出这个问题的，是阿尔及利亚民族解放运动的核心人物范农。范农认为"民族文化"往往不过是殖民主义文化和种族主义的某种翻版和模仿，关键的问题在于争取民族解放。但范农并未回答民族解放和独立之后，如何建立现代文化的问题。非西方国家要想进入现代世界，要想现代化，就不得不使用来自西方的现代语言、现代文化和现代思想。要反抗西方，就要学西方。这个历史的悖论是无法回避的。这本来并不是什么新鲜的事情和新的问题。后殖民主义的关键在于把所有的与西方、与现代化有关的文化问题，都归结于殖民主义。这显然是一种偏激的看法。不过，后殖民主义理论家所最关心的，并非第三世界国家和民族的文化受西方控制与反控制问题，而是在西方国家内部的文化问题。换句话说，第三世界国家的文化如何发展和变化，对于后殖民主义理论家来说，并不重要。重要的是西方国家内部的文化体制和系统如何对非西方文化实行殖民化。

所以关键在于文化。这里面绕了几个弯子，逻辑上有些复杂混乱。但是出发点是在西方文化。逻辑的第一阶段，西方文化、现代文化（这两者在后殖民主义理论家和西方学术界看来是一回事）影响了非西方文化。第二阶段，非西方文化为了现代化，唯有使用西方文化和语言。第三阶段，西方要理解现代的非西方，除了通过已经西化了的或殖民化了的语言，别无选择，因为非西方国家自身的文化已经被西化和殖民化了。因此，西方文化要找一个与自身不同的非西方他者，找来找去，找到后来，又找回自己的体系里面去了。后殖民主义批评所关注的问题，实际上就是这第三阶段，即所谓的自我与他者的关系。

这里所提出的文化殖民问题，不是什么新鲜事物，在旧殖民主义和新殖民主义两个阶段都存在。但为什么在 20 年代和 40、50 年代没有成为一个理论主题呢？这就要回到政治、经济、文化全球大动荡的 60 年代。在 60 年代的全球性剧变中，西方开始对自身的文化传统进行批判和反思。这个文化反思的滥觞，就是法国的后结构主义思潮。这股思潮延续到了 80 年代，在美国学术界引起了轰动。随后，在美国和西欧国家，产生了后现代主义文化大辩论。这就是所谓的"后学"。"后学"并非倾向性和观点比较一致的思想潮流，而是派别繁多，意见芜杂。但大致上，都具有针对西方文化和传统的自我批判、自我反省的特征，并且都特别关注语言和再现或者说表征（representation）的问题（顺便说明一下，我们倾向于把"后学"的关键词之一的 representation 译成"再现"，而不是现在颇为流行的译法"表征"。后一种译法比较新颖，"再现"则是较为传统的习语）。总之，五花八门的后结构主义、后现代主义理论，所针对的，均是西方文化内部的问题。

第二节　赛义德的东方主义

这样，就涉及了我们前面所说的西方文化内部的自我与他者的关系问题。这是爱德华·赛义德在提出"东方主义"时，要回答的核心问题。西方学术界看重的，是赛义德对西方文化的形而上学传统和西方知识界的权力体系的批判。至于他所关心的非西方国家自身的问题，并未引起美国学术界的多少兴趣。只是到了 80 年代末，随着后殖民主义理论的出现，非西方国家本身的文化问题，才得到一定程度的关注，这主要是由一些印度裔学者，如霍米·巴巴和斯皮沃克等提出来的。但后殖民主义理论家如斯皮沃克等，他们关心的问题实际上跟赛义德无太大区别，说到底，也仍然是西方文化体系内部的语言和再现。第三世界的"他者"也好，"贱民"也好，这些话题的问题构成，仍围绕着后结构主义、后殖民主义理论所设置的逻辑圈子，纠缠不清。但尽管是这样，后结构主义的诸多思潮和流派作为西方文化反思的先锋，提出了一种全新的、与古希腊以来的西方思想不同的思维方式。进而后现代主义，则赋予这种思想以一种西方范围内的社会和历史的普遍意义。从结构主义到后结构主义是一种流派思潮的转变。对西方来讲，从现代到后现代则是从一个时代到另一个时代的转变。但是这两种转变都是西方社会和文化的内部转变。而后

爱德华·赛义德

殖民主义,则把对现代性的反思这个开始于西方的问题变成一个全球性的问题。从方法论的层面上看,后殖民主义是后现代主义在空间上的延展。从问题构成来看,后殖民主义提出了一个比较新的理论题域,那就是东西方或第一世界与第三世界在全球化进程中的关系问题。

不过,后殖民主义批评虽然把非西方国家问题引入了西方主流知识界,但是它的理论定位却值得注意。后殖民主义理论从边缘的角度、他者的角度出发,对西方现代性进行批判和解构,虽然是在批判西方文化中心论,但仍然把西方的现代化及其知识体系视为最基本的思想空间,并未跨越西方中心论。因此,说到底,后殖民主义仍然是西方在后现代主义语境中自我反思的一个组成部分。它的确提出了新的问题,并且指出了新的理论和批评的方向,但它仍然局限于西方学术界和知识界的体系之内,这就是后殖民主义理论的一个根本性的内在矛盾。

赛义德的观点较能说明这个矛盾。赛义德把东方主义界定为西方人的"权力象征",一种"位置上的优越感",一种"地缘政治的观念"。他更进一步具体把东方主义看成一种知识的系统、体系和机制,或者是一个"形象再现体系"。这些都是非常精辟、振聋发聩的看法。西方文化界和知识界并不乏有识之士,经常反省、批判西方人的种族主义偏见和西方文化对非西方世界的歪曲和妖魔化。但这些批判和反省,差不多都是个别的、零散的、非系统的,基本上并未触及西方知识体系最根本的机制上、结构上的东西。作为一个西方的学者、知识分子,你可以认为某个个人的观点和著作,是有种族主义偏见的,但你不会进而从根本上去怀疑、批判以至否定西方的整个知识系统、学术机制。因为现代西方的学术体制,是建立在启蒙时代的理想主义基础和自由人文主义基石之上的,一向推崇的,就是学术的理性、客观、独立、超然和自由探索的精神。而赛义德却敢冒天下之大不韪,向这些学术的"立身、立言"的根本原则,发起了挑战。

赛义德认为,必须透过理性、客观、独立、中立的外衣,看穿西方学术与权力、政治和经济的实际利益的密切关联。他当然是在福柯的"知识与权力网"和葛兰西的"文化霸权"理论基础上,提出这些挑战的。但无论如何,赛义德胆识过人,正气凛然,他不仅顺应了时代潮流,而且启动了一个新的批评方向,开创了一个新的批评风气。但与此同时,赛义德又一再强调,东方主义"与其说与东方有关,倒不如说它与'我们'的世界即西方,更为紧密相连"。在他看来,东方主义完全是西方文化的产物,是西方文化内部、知识体系内部的问题。那么,除了揭露、批判、解构这些西方内部的偏见和谬误之外,我们还可以做些什么呢?如果说东方主义只是西方人自我主观性的透射、权力的反映,并非"有关东方的真正话语",那么什么才是真正的东方?什么才是东方的"真正话语"? 赛义德从来没有回答过这些问题。他把自己的批判和研究,仍然十分明确地定位于西方知识体系的内部。

有意思的是,赛义德本人并不是一个仅仅在学术象牙塔里空谈的学究。作为一个阿拉伯裔知识分子,他积极投入到巴勒斯坦解放运动之中,一度是阿拉法特的亲密战友,巴勒斯坦解放阵线中央执行委员会的一名成员。他坚持主张干预政治、参与社会的"世俗关怀",坚决反对西方自由人文主义所鼓吹的"超越"和"终极关怀",并且身体力行,做一个葛兰西式的"有机知识分子"。然而,赛义德却从来不介入阿拉伯文化内部的事务,也从未用阿拉伯文发表过类似《东方主义》的言论和著作。这里面的原因,当然十分复杂。但这仍不能不是赛义德的理论和实践的一个遗憾,反映出他作为一个拥有美国知识界极高威望和赫赫名声的"学术大腕"人物的矛盾与尴尬。

第三节 斯皮沃克与霍米·巴巴

赛义德之后,后殖民主义经过一批印度裔学者一系列复杂的争论和演变,吸收和融合了其他流派的理论方法,逐渐形成了三种理论风貌:以斯皮沃克为代表的解构主义派,其主要著作有《在其他的世界》(*In Other Worlds*)等;以霍米·巴巴为代表的精神分析派,其代表作有《文化的场所》(*The Location of Culture*)等;以莫汉迪为代表的女权主义派。当然,还有五花八门的许多流派,但主要的,就是这解构、精神分析、女权主义三大家。如果用一句话去概括后殖民主义理论,我们可以说它延续了赛义德所提出的一个理论主题,即西方对东方或第三世界的"文化再现"。

盖娅特里·斯皮沃克

印度裔的斯皮沃克原是美国一所不太有名的大学英文系的教师,后来因翻译并长篇作序德里达的《论文字学》,一举成名,成为美国的主要解构主义阐释家。后来她又涉足女权主义、西方马克思主义,最后成为后殖民主义的掌门人之一,自己也步步跃入美国学术界主流和中心,成为哥伦比亚大学的讲座教授,不折不扣的学术明星。她的个人经历、学术训练和思想演变,也正是"充满了异质性",与她的理论立场一致。"对异质性的解构"原本是解构主义的绝技。斯皮沃克运用起来是得心应手的。她分析种种极其复杂的殖民地国家的文化现象,的确入木三分,鞭辟入里。不过斯皮沃克也像赛义德一样,对于印度今天的文化发展和未来,从不关心,更不用说关怀印度严重的政治、经济和社会问题了。这样反过来看,她对于后结构主义理论家不关心现实政治的指责,也满可以用在她自己身上。当然,斯皮沃克会否定这一点。她会说,她实际上是在关心并且积极参与像美国这样的第一世界大国的文化政治。

斯皮沃克试图去寻找出一种方式或策略,来再现殖民地人民的经验、感受和思想。在此之前,这些本土的、民族的独特文化,被普遍化的殖民话语所压制,从而消失或者变形了。她应用解构主义和西方马克思主义理论,形成自己独特的批评策略,在遗留下来的殖民话语的文本中,寻找某种模糊性,以此来解构殖民话语中的普遍主义。这是一个极复杂的文本读解过程。斯皮沃克对待殖民话语坚持一种解构的立场,并自认为在方法论和批判策略上有重大突破。如她的代表作《贱民能说话吗?》一文之中,就重点讨论方法论和认识论问题。斯皮沃克运用解构主义方法,重读马克思的《路易·波拿巴的雾月十八日》关于"再现"和"代表"的论述。她认为,马克思关于阶级的论述,讨论了政治意义上的"代表",和文化与意识形态意义即修辞上"再现"之间的复杂关系。这两个词在英文里都是 representation,但有不同含义。斯皮沃克的解构式重读,把马克思的论点阐释得更加复杂难懂。但我们仍能从中找到某些线索,来把握她的意思。她一方面批评后结构主义理论家脱离政治实践,从不关心社会实际问题,一方面又借马克思的口,来说明政治代表与文化再现之间的差异、错位,从而论证她的一项基本原则,即"被殖民化的贱民主体不可避免地充满了异质性"。

霍米·巴巴解释他的政治立场,基本上也是如出一辙。巴巴按照弗洛伊德的精神分析学,把殖民话语看成为一种具有双重意义的"模拟"。弗洛伊德的后结构主义传入拉康,强调语言不断地错位、变换和替代它的"指涉物"或"所指",就像人的"意识"不断压抑、转换"潜意识"。通俗一点讲,拉康说的也就是"指鹿为马"的意思。但指鹿为马并非全都是骗子的勾当,我们在日常语言行为里,就常常会作出这样的举动,我们的动机有时根本不是要骗人。很多时候我们的语言行为是下意识的。巴巴认为,殖民地的模拟性话语,就具有这种特点。在模拟殖民者话语的时候,

霍米·巴巴

掺进了异质成分,从而就把原来的殖民者的文化和语言搞混了,并且带有了某种颠覆、反抗的色彩。巴巴似乎是在说,你指鹿为马指多了,鹿也逐渐变得形象模糊起来,成了非鹿非马的四不像了。这四不像就是他所谓的"杂糅",在巴巴看来,又有反抗性,但又不那么立场鲜明,正好是殖民地"模拟"文化或话语的特征。这种不确定、含混、割裂了的话语,听起来颇有点荒诞不经,但的确恰如其分地描述了巴巴等生活在西方的后殖民知识分子的心理上又困惑、又自视甚高的状态。我们如果问他:你模拟来模拟去,一头鹿难道就真的被你变成了一匹马吗?巴巴会告诉你,他所关心的问题,主要是话语陈述的主体性问题,与指涉物无关。换句话说,殖民地的人民每天吃喝拉撒的实在问题,也就是你看到的究竟是马还是鹿的问题,并不在巴巴讨论范围之内。他要讨论的,只是谁在说和用什么语言来说的问题。当然,所指究竟是什么东西,的确不是那么简单的。尤其是把说话人的主体性、社会地位和立场的问题牵涉进来,就更加复杂了。再套用指鹿为马的典故来看,你前面站着一头马,殖民者如果说那是一头鹿,你也许只好跟着说鹿,不能说那是马,即使你有心反抗殖民者。但你模拟他的"鹿"时,有意无意地使你的发音向"马"滑,你的语言就会构筑起一头四不像的形象来。

我们也可以把巴巴的"杂糅"看成是对某些问题的遮蔽。回过头来看,后结构主义和后现代主义思潮,不妨说是具有强烈政治逃避主义色彩的学院性理论话语。60年代西方轰轰烈烈的文化与社会革命失败之后,左翼知识分子纷纷回到学院书斋。当年的政治反叛青年,现在成了文化精英。因此,革命和改变社会的实践也就渐渐演变成了一种纯理论的话语活动。从政治实践上看这是一种退却,但从理论战场上看,也可以看成是一种进取,用法兰克福学派本雅明的话来说,他们是"书斋里的革命家",正进行着理论和话语的革命活动。诚如阿尔都塞之一再强调,理论实践也是一种社会实践。但是,这种话语革命毕竟是以遮蔽和忘却了政治经济问题为代价的。我们认为,后结构主义和后现代主义思潮在两方面遮蔽或转移了问题。

第一是对其一个重要理论来源的掩盖和修正。这个理论来源,就是西方马克思主义。它开始于卢卡契,经过法兰克福学派和阿尔都塞等人的发展,在20世纪60、70年代,形成了西方思想和知识界影响深远的流派。这些理论家在两个层面上批判了资本主义的现代化。一是否定了作为资本主义现代化意识形态的工具理性,同时也批判了自由人文主义的普遍人性论、本质论。第二方面是对斯大林主义的批判。斯大林主义的要害,是从未摆脱资本主义现代化思维方式上的局限。列宁指出了资本主义制度非人道的一面,即对广大第三世界和殖民地国家的侵略和掠夺。而斯大林实际上在很多方面继续了沙皇俄国的殖民主义政策。但是,西方许多后结构主义理论家,却回避了西方马克思主义对资本主义现代化的尖锐批判。福柯把一切归结于话语中的权力问题。利奥塔和波德里亚等人,则只谈所谓修辞、叙事、话语等问题。

第二方面的遮蔽,就是所谓的"后学"理论几乎都不讲西方资本主义社会最根本的问题,亦即商品化的问题。在西方文化批评界,一谈商品化问题,就会有许多帽子:"简单化"、"教条化"、"经济决定论"或"简约化"等等。但资本主义的痼疾和要害,就在于马克思早就批判过的商品拜物教和物化,由此造成的社会不公正和不平等。在今天这个资本主义全球化的时代,商品化的问题,更加突出。特别是资本主义的全球市场化、商品化,已经全面渗透到第三世界和地球的每一个角落,渗透到人类的精神生活、文化生活当中。后殖民主义理论对此基本上是回避和保持沉默。按理说,后殖民主义文化理论对商品化问题应该更为敏感。因为当代社会商品化在文化领域里特别严重,尤其是在第三世界国家、前殖民地国家,艺术、审美的商品化已经成为全球化的代名词。但是,所有这些"后学"都把这么严重的问题转换成语言和心理意识的问题。后殖民主义认为西方的语言、潜意识的问题,无所不在。这实际上是本末倒置,客观上转移了文化批评对当代社会问题关怀的视线。

一个有意思的现象是,在美国的人文学术界,后殖民主义批评家多半是印度裔的学者,印度的文化问题也就受到相当多的注意。与此相反,是西方国家,尤其是美国的大众传媒对印度这样的国家却是忽视得厉害。在美国,普通老百姓一般对今天的印度这个所谓世界上人口最多的"民主制国家",很少有兴趣去认真了解。印度社会的两极分化现象极为严重,宗教派系、种姓等级和不同族裔之间的矛盾与冲突,有增无减。印度人口估计在不远的将来也会赶上中国。这将给印度本来就难以自给自足的经济造成更严重的危机。然而,对于印度社会的现实问题,那些印度裔学者们基本上是置若罔闻。这比较赛义德对阿拉伯解放事业的热情关怀,是可见出明显差异的。

第四节 西方对东方的"文化再现"

就像赛义德批判东方主义那样,后殖民主义理论的批判对象是西方对东方的文化再现过程中包含的"认识论暴力"。西方作为再现的主导者,或者说"东方"这个形象的塑造者,这部影片的编剧、导演、制片人的三位一体,不断地将自己的文化规范和价值观念,强加于作为被再现者的第三世界身上。"东方"不过是影片中的一个角色、一个演员,他/她必须听从编导的摆布。编导的摄影镜头,就像一个观淫癖、色情狂的眼睛,又像一个粗暴的强奸犯的性器,对女性化的"东方"任意施暴,百般蹂躏。这些与性有关的比方和隐喻,正是后殖民主义理论最为津津乐道的,它来自精神分析学和西方文化对视觉、对性的纠缠和情结。这种泛视觉化的、泛性欲化的理论思潮,与弗洛伊德、福柯等的大力鼓动有关,也折射出西方从20世纪60年代性解放到现在商业文化大肆鼓吹感官欲望和性刺激的风气。

按福柯的说法,知识和认识的暴力和受法律认可的暴力如战争和死刑一样,都是在西方文化体系中堂而皇之的行为。它借助了一种普遍化的话语,使强加于人的暴行,摇身一变为合情合理的言谈举止。用德国社会学家韦伯的话来说,是将暴力"理性化"了。对于西方文化的传播者或者说再现者来说,如传教士、历史学家、探险旅行家、外交官等,他们在主观上,也许力图去真实地再现被殖民者的文化景观。但是,由于这些再现者不可避免地带着自己的文化偏见,所以在再现的过程中,又自觉不自觉地歪曲了被再现者的经验和思想。这种西方中心论的偏见,不但根深蒂固,而且以人类普遍性的真理面貌出现:西方是体现人类历史发展规律的唯一代表,西方文化是普遍人性的最完美的体现。在西方的人性与文明的光辉普照下,蒙昧、野蛮的非西方,自然要服膺于西方的普遍人性。而那些有着古老文明的东方古国,在西方的现代文明面前,已经衰落、崩溃,成为僵死的木乃伊。这样,就出现了一种西方眼里的东方。东方唯有被西方征服、被西方殖民、被西方施暴,才有希望被西方拯救和复活。

西方对东方的文化再现、文化霸权和知识暴力,大致上有三个方面。第一是西方如何在认知上再现或者歪曲东方,这包含了一个语言或话语的问题,亦即话语和权力的关系问题。斯皮沃克对这个问题有很多讨论。第二就是潜意识方面和心理上的殖民化。后殖民主义理论的主要代表之一霍米·巴巴,就特别强调心理因素在再现过程中的重要作用,而从心理分析的角度,提出心理和主观意识的"混杂性"。第三就是知识的机构问题,具体说来,像对出版、学术研究、媒体、教育、娱乐等的控制等。这个问题,绝不仅仅是什么心理或语言的问题,而首先是一个政治的问题。赛义德运用福柯的理论,对权力和机构在知识产生过程中的重要作用有过精彩的论述。斯皮沃克也运用了葛兰西的文化霸权理论,对此做过分析、批判。后殖民主义所关心的这三个问题,又体现了它的基本理论来源:后结构主义和解构主义、精神分析理论、西方马克思主义。

我们可以对后殖民批评作一种阿尔都塞所说的"症候式解读"(symptomatic reading),就它所遮蔽的问题来质疑它所强调的策略。也就是说，你没说出来的东西，往往正好是重要的线索，是一种症候。一个人生了病，常常可能讳疾忌医，所以会顾左右而言他。如前所述后殖民主义批评避而不谈资本主义全球化问题，这个出发点与它所强调的策略有不可分割的联系。资本全球化的主要标志就是多元化、分离化和区域化。跨国资本要在不同的地区和文化圈立足，并使其市场本土化，必然需要制造一种多中心的文化多元主义。我们可以看到，后殖民主义批评在西方，扮演的正是这样一个角色。实际上，这些理论为跨国资本所追求的区域化、分离化，提供了某种意识形态合法性，与跨国资本主义的文化想象形成了某种共谋。

后殖民主义的目的是批判和超越西方资本主义现代性。但是由于它把注意力完全集中在文化问题上，因此就掩盖了政治和社会实践层面上的真正的问题。二次大战以后，广大的第三世界国家开展了轰轰烈烈的民族解放运动，在政治和社会改革方面取得了重大的成就，当然也有严重的失误和困难。但后殖民主义理论则基本上忽略、贬低这么一段丰富的历史，把一切都变成了文本读解、文化再现、心理和潜意识冲动等。这不能不说是后殖民主义理论的严重误区。当然像斯皮沃克等，也对资本主义社会的根本矛盾问题提出了批判。她主要从女权主义的角度，抨击资本主义制度对从事家庭劳动的第三世界妇女的多重剥削。不过，斯皮沃克的批判基本上停留在抽象的、纯理论的层面，很少涉及社会实际。

那么，我们已经说了不少后殖民主义理论的内在矛盾和谬误，但是这些理论有没有积极的意义？是否有助于我们重新理解全球化过程？它是否也为我们提供了某种新的思路？

当然，作为一种具有较强社会批判意识的理论思潮，后殖民主义理论在西方是有积极意义的。第一，其主要贡献是试图从殖民地本土经验中寻找批判资本主义的可能性。后殖民主义理论主张从边缘性、非主流的立场出发，批判西方中心论、白人至上的种族主义偏见，批判殖民主义、帝国主义的文化霸权。这些在西方社会都是非常可贵的，也是非常必要和及时的。后殖民主义思潮是当代西方知识界、学术界的"文化反思"潮流中很具震撼性的一股力量。对于近年来西方主流文化中逐渐强大起来的右翼新保守主义、新种族主义倾向，无疑是起到了十分积极的批判和制衡作用的。第二，后殖民主义批判主张一种解构的立场，通过解读文本中模糊和含混不清的部分，来剖析、批判西方资本主义现代化的意识形态，揭露普遍性知识和"真理"所隐藏的西方的偏见。后殖民主义主要依靠和借鉴的是后结构主义、后现代主义理论，但在分析和阐释非西方国家文化的时候，的确拓展、扩大了"后学"的批评视野和理论空间。第三，在如何再现殖民地本土经验的问题上,后殖民主义批评家提出了一些重要的概念,主张非中心、分离性、边缘性的立场,以避免重蹈西方中心论和本质论的覆辙。在后殖民主义批评中,本土性经验常常带有游移不定的特征,介于西方与非西方之间,混杂了各种不同成分。后殖民主义理论这种对世界文化的多元、多极和多样化现象的关注与敏感,也有助于我们今天对这个多元、多极的现实世界的把握。

第五节　后殖民主义中国学批判

后殖民主义在西方的汉学或中国研究中,也扮演着越来越重要的角色。前面我们所讲的西方后殖民主义文化理论,虽然也谈阿拉伯和印度的问题,但听众仍然是西方学者,与印度和阿拉伯国家的学术界和知识分子基本无关。海外汉学界的后殖民主义文化理论,看起来似乎要复杂一些。一方面理论的受众主要是西方人,但另一方面中国人好像也愿意听。近年来从海外流入中国的不少学术观点中,也有一部分与后殖民主义有关。后殖民批评在西方的中国研究中正在制造一种新的话语。这里面最重要的趋向,就是把"西方中心论"的问题和"民族/国家"的问题重新引入关于中国现代化的讨论。按照这种逻辑和观点,就是把自五四以来的新文化运动看成根本上受制于西方殖民话语的运动。中国现代的反帝、反封建的社会革命,也被认为局限于西方的"民族/国家"和"想象的社区"(imagined community)之中。这种观点认为,中国革命的话语结构基本上陷于西方话语的圈套,没有任何突破,也并没有找到真正的本土的经验。中国革命受制于西方的现代化思维模式与话语体系,特别受到西方近现代的激进主义思潮的影响。这也是一个西化和殖民化的过程,给中国的社会发展带来一波又一波的混乱和灾难。

特别值得提出来的,是后殖民主义理论对马克思主义在中国的命运的阐释。马克思主义作为来自西方的一种思想理论,自然也被后殖民主义批评解释成西方对非西方的知识暴力。相对于阿拉伯和印度,这种解释是对后殖民主义基本观点的一个重要修正。必须指出,一般后殖民主义理论家都对马克思主义持基本肯定与赞同的态度,他们的理论与批评均受到马克思主义的深刻影响。当然在印度和阿拉伯国家以及其他第三世界国家,马克思主义革命除了作为民族解放运动的同盟力量,并未成为社会革命的主导,更未变成国家的主流意识形态。这与中国的情况有着根本的区别。在任何关于中国现代化过程的讨论里,都不可避免地要涉及革命与马克思主义的关系这个关键问题。当然,没有学术探讨的多元化,是不可能对于中国革命与马克思主义的关系这样的重大问题提出新的认识的。在今天中国社会面临着前所未有的巨变和转型的历史关头,对于中国革命的历史实践、对于马克思主义的研究与探索,更需要多元和多样化的观点与方法。

后殖民主义是否能提供一种新的角度和方法?我们很难过早下结论。不过,我们仍然可以相当清楚地了解到后殖民主义理论目前在海外汉学界的作用。我们知道,与西方知识界的具有强烈左翼色彩的"文化反思"潮流正好相反,目前只要一涉及中国问题,在海内外都有一种极为强烈的反"左"倾向。这在中国国内,反映了知识界对极"左"势力和泛政治化的"拨乱反正"。"左"在中国多年来实际上代表了正统和主流意识形态,但经常可以说是"形左实右"或"名左实右",因为"右"的一般含义,指的是维护现状的保守力量,"左"则是代表社会批判和社会改革的进步力量。对于中国的反左,我们应该从这样的角度来理解。但到了海外,情况就发生了根本的变化。在海外的冷战意识形态氛围之中,所有谈论中国的"左"与"右"的话语,都与冷战的两极化和二元对立逻辑紧密相连。后殖民主义也就在这样的复杂语境和氛围中,为海外汉学提供了一种新的语言,来批判和彻底否定马克思主义及中国革命。

西方汉学当然是要彻底否定马克思主义与中国革命实践的。西方的现代中国研究本身即为冷战的产物。它同时又是西方国家利益的代言人,基本立场是站在西方统治阶级一边的,其主导思想,是维护西方资产阶级统治集团利益的货真价实的右翼意识形态。冷战意识形态有两个知识预设,一是现代化的知识预设,二是资本主义与社会主义的两极对立。近年来,以大工业化、"工具理性"为基础的现代化知识预设,已经普遍受到西方学术界的批判与反思。而后一个预设,似乎随着前苏联的解体,也逐渐失去了吸引力。因此,作为冷战意识形态产物的西方汉学,就必须寻找新的理论和解释框架。但有意思的是,在利用后殖民主义话语来制造新的解释框架的时候,有一点是根本没有变的,那就是根本否定中国的社会主义革命。

我们应该了解的是:为什么说在中国建立现代民族国家和社会主义革命这些实践是后殖民的?是说像马克思主义这样的话语来自西方的、非本土的,还是说建立民族国家是西方现代性的内容?是否因为中国本土经验中缺乏这些东西,所以中国现代化话语必然具有"后殖民性"?

我们可以从两个方面来讨论这些问题。第一,后殖民主义的中国学认为,中国马克思主义道路仍然跟苏联的马克思主义道路是如出一辙的。中国马克思主义所实践和认同的现代化模式,如大工业等,仍然是以西方现代化为中心的知识模式。这就是一种文化的殖民化。照此看来,代替西方资本主义意识形态对中国的殖民化的,是来自西方的马克思主义思想对中国

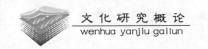

的殖民化。因为我们知道,后殖民主义针对的是西方中心论。马克思主义自然被看成是西方中心论的,所以马克思主义在中国基本上也被视为西方文化霸权的一部分。

第二,后殖民主义中国学认为,中国的社会主义革命仍然受西方的民族/国家概念的支配。这个看法首先由美国学者本内迪克·安德森提出。他的《想象的社区》一书,提出了一个核心观点,认为民族主义和现代的民族/国家的概念,完全产生于西方资本主义的全球扩张。非西方国家本来没有民族和国家的结合。不同的民族和族裔所组成的社群和区域,是跟前现代的自然经济和传统宗法、宗教统治和政治实体联系起来的。只是后来由于西方现代化在全球范围的扩张,把大量非西方地区和民族都殖民化了,瓜分了世界的大部分地区。为了便于统治,西方殖民主义国家把殖民地的原有民族,分别与殖民地区挂钩。并且在文化和意识形态上,制造了虚幻的"想象的社区",把民族和族裔原来较小的社区,转换成现代意义的国家这样的大概念。

安德森的理论依据,是他本人对西太平洋的一些小岛国和一些拉美国家的人类学、民俗学和社会学的考察。就这些地区来讲,他的理论有一定的道理。但后殖民主义的中国学批评也把安德森的这个观点直接套用于中国,认为中国的民族主义和民族解放运动,也跟大部分前殖民地国家和地区一样,在认识论上受到西方的"民族/国家"的虚幻概念的制约。这种观点,实际上是对中国历史的歪曲。我们暂且不说中国这样一个大国,她的国家和民族的概念远远早于现代西方。我们也不必先论证中国并非像印度和埃及那样,曾是一个完全殖民地化了的国家。我们首先应该把中国的民族主义和民族解放运动与中国的现代革命联系起来。在中国,民族主义是与反抗西方帝国主义、殖民主义的革命运动不可分割的。当然,蒋介石所实行的民族主义,与西方资产阶级的意识形态有较多联系。在一定程度上,安德森的理论也许可以解释蒋介石的民族主义立场,但与中国共产党所领导的现代中国革命实践与民族解放运动,却是不相干的。

第六节 马克思主义的中国化问题

但是,我们有必要认真思考后殖民主义中国学所提出的马克思主义在中国的命运和西方文化的关系问题。这个问题实际上从五四以来,中国学术界就一直在争论。它包含了两个方面:一是中国在近现代以来,作为一个经济和社会发展落后的国家,在进行现代化的过程中必然需要学习西方,以实现民族振兴。二是在学习的过程中,中国又感受到西方的强大压力,特别受到西方帝国主义和殖民主义的欺凌和压迫,从而产生摆脱和反抗西方的要求。所以,中国的现代化总是处在这样一种矛盾心态之中。这在接受马克思主义前后都是一样的。在接受了马克思主义之后,中国面临的是一个马克思主义的中国化问题。这表现在中国共产党内部的本土派和受苏联影响的"理论家"们的矛盾。具体表现为中共党内与王明、李立三等教条主义和机会主义的长期斗争。马克思主义中国化的问题,就是在延安整风运动时期,亦即清算王明的亲苏联路线和同教条主义的斗争中,被提上日程的。

同样在马克思主义的革命阵营内,中国在与苏联的关系问题上,就一直存在着既学习又批评的矛盾。中国革命的基本路线,是以中国社会的具体实践为基础的。中国革命的领导从瞿秋白到毛泽东,一向强调本土化、民族化的问题。从某种意义上来讲,他们对于后殖民主义理论家所关心的问题,早就有过深刻的思考。后殖民主义理论的主要来源之一是葛兰西的文化理论。葛兰西强调,要想取得社会主义革命的胜利,就必须用革命的文化霸权或领导权,来取代资产阶级或封建地主及天主教统治阶级的文化霸权。葛兰西主张文化革命,并且提出了他最富原创性的"民族—大众"的文化革命的理论。他的这个理论,跟瞿秋白、毛泽东所构想的民族、大众文化、马克思主义的中国化等中国革命的根本策略,有着惊人的相似。与葛兰西不同的是,瞿秋白、毛泽东把他们的理论构想完完全全地付诸具体的革命实践,而葛兰西因为长期被监禁在意大利法西斯的牢房里,没有机会来实行他的理论。后殖民主义理论如果运用到中国问题上,就无法回避中国革命实践中所实践过的"民族—大众"文化革命及其为我们留下的复杂的遗产。

后殖民主义也许可以激发我们重新思考马克思主义在中国的命运。后殖民主义文化理论强调,马克思主义是来自西方的,是具有西方中心论色彩的现代化的理论。这是不是马克思主义在中国所表现的一个重要方面?我们也许可以认为,马克思主义为中国的知识精英提出了赶上和超过西方发达资本主义国家的一条道路。这自然使他们倾向于把目光瞄向苏联而不是西方。这其中的思路,就是在接受西方进化论历史观的同时,又试图赶上和超过西方。

我们也许可以从三个方面来重新思考马克思主义在中国的历史命运。第一,马克思主义为中国提供了一种现代化意识形态,这是马克思主义在中国的一个主导方面。第二是马克思主义如何与中国固有的文化价值体系互相关联的问题,亦即马克思主义民族化、中国化这个重要问题。中国文化自有其一套不同于西方的价值体系,具有强烈的华夏中心论色彩。而且,中国文化没有经历过全盘的断裂和分离。这样一种文化体系与西方文化接触，自然会出现融会和吸收的问题。马克思主义民族化的过程，的确在中国产生了既不同于苏联、又不同于其他第三世界国家的现代化道路。中国走过的一条十分曲折的现代化道路，为我们提供了现代化不同选择的阐释可能性。不同选择也是指实践层面上的，它既体现在1949年以前的中国革命时期，也体现在1949年之后的建国时期和现代化建设时期。第三方面，也是我们要着重强调的，就是马克思主义是一种批判的理论，一种革命的理论。马克思对资本主义的商品化和市场化给人类造成的危害，作出了迄今为止最深刻的批判。马克思主义提供了一种阶级分析理论和社会革命的理论，这些对现代中国也有极其重要的影响。我们不应该忘记，中国是在什么样的环境下进行现代化的。鸦片战争以来中国与西方帝国主义的关系史，以及19到20世纪以来经过两次世界大战的世界现代史，我们在讨论今天的现代化问题时，也是绝不会忘记的。

我们可以就马克思主义中国化的这三个方面，来看西方汉学的后殖民主义文化理论。很显然，他们只强调了第一个方面，即马克思主义是一种西方中心的发展模式。他们也试图把第二个方面以本土经验的方式加以突出，而第三个方面则恰恰被完全否定了。当然，对于第三个方面，即马克思主义对资本主义的批判，在中国也有十分复杂的情况。马克思主义对资本主义的批判，如果仅仅从道德和伦理的层面来看，似乎也可以说是契合了中国传统的价值观念。如强调平等，追求一种大同的乌托邦理想等。而这些传统的伦理主义，正好是资本主义试图瓦解的东西。资本主义现代化的确对伦理主义造成了巨大的破坏，马克思对资本主义的批判，也确实具有强烈的道德伦理内涵。中国的知识精英在接受马克思主义的时候，主要看中的是超越资本主义、进入社会主义，从而走在人类历史前面去的一种承诺。在这个马克思主义中国化的过程中，有一个历史遗留下来的华夏中心论或"大中华情结"。这是一种情感上的、心理上和潜意识上的文化积淀，它起了很重要的作用。在试图超越资本主义的实践过程中，中国接受了一种与中国传统文化完全不同的哲学，那就是斗争哲学和二元对立哲学。这套哲学在客观效果上，容易造成在现代化过程中出现急躁心理。像"大跃进"、赶英超美、"文革"等等。这些激进的思潮，既是受到斗争哲学的影响，在一定程度上，也延续了中国文化中的大中华情结，期望重现汉唐雄风的辉煌。然而，斗争哲学和二元对立哲学与中国传统文化的矛盾，中国现代化所面临的国际发展环境和条件等产生的矛盾等等，使得中国现代化走上了一条非常曲折艰难的道路。

马克思主义是一种来自西方的现代化理论,的确有强烈的斗争哲学和二元对立哲学的色彩。但马克思主义又是一种争取社会正义、争取经济和政治平等、消除压迫的理想,是对资本主义制度及其意识形态的深刻而理性的批判理论。因此,我们不能把中国革命实践笼统地归结为赶英超美、超过西方、大中华情结等。中国革命更多是对资本主义制度的政治、经济不平等的批判,是对西方的殖民主义、帝国主义侵略与压迫的反抗。中国革命的这一个基本目标,是受到马克思主义的深刻影响的。马克思主义向我们提供了一种普遍性的、历史性的角度,来认识和解决人类社会的具体实际问题。马克思主义所关心的,不仅仅是种族的差异、性别的差异、民族的差异。它首先关心的,是要消除基本的社会和经济的不平等,包括种族、性别、民族的不平等。但是,马克思主义也包含了对封建社会的批判。马克思所提倡的平等观念,是在超越了资本主义的社会主义中,在现代化的基础上,才可以理解的。马克思主义进入中国时,中国仍然处于未现代化的时期。中国知识分子所接受的平等观念,往往与传统的道德观融混在一起。

由此可见,马克思主义发展、传播和中国化的过程,是充满了内在矛盾的。一方面,马克思主义是来自西方的现代化发展理论。另一方面,马克思又是在批判资本主义的基础上试图超越资本主义。这种超越,是采取了一种普遍性、历史主义的策略。马克思的历史观里面,包含了历史主义。所谓历史主义,是指以黑格尔哲学为代表的历史决定论和目的论。这是一种一元的(欧洲中心的)、线性的(历史阶段论的)思想。但马克思主义的历史唯物主义不是黑格尔历史主义。它蕴含着超越黑格尔历史主义的可能性。

马克思主义深刻的矛盾,同时也是马克思主义最有价值的地方,就在于它既是一种线性的、一元的历史决定论和目的论,同时又包含了批判历史决定论的思想方法。在一元决定论、目的论的历史观之中,把握马克思主义的非线性的、多元决定的历史观,理解马克思主义的关于现代化不同选择的"合理内核",是现代马克思主义者们所作的艰苦努力。这种努力既包括了现代的西方马克思主义,也包括了中国的马克思主义理论与实践。中国进入了现代社会,就必然面对现代社会的种种问题。这些问题的来源首先是西方资本主义和帝国主义。中国从1840年以来,一直面对这些问题。而马克思对这些问题作出了最深刻的分析和批判,提供了最有吸引力的解决方案。所以,中国接受马克思主义,完全是出于内在的要求,而绝不是什么后殖民化的过程。相反,中国的实践可以帮助我们理解后殖民主义批评的理论盲区与谬误。

这样来看,西方后殖民主义基本放弃了社会政治层面上的实践,把现实社会中的种种问题转化、约减成纯粹的文化问题,就是后殖民主义文化理论中的一个误区。如其前所见,后殖民主义关心的最根本问题,就是资本主义和殖民主义的文化问题。他们试图从文化批判的角度,来寻找想象新社会结构的可能性。这构成了后殖民批评的乌托邦色彩。后殖民主义的这种乌托邦倾向,与中国的实践有没有某种联系?我们认为,这种联系是实实在在的,也给我们提供了很多经验和教训。这种联系就是中国的"文化大革命"。"文革"对西方帝国主义、殖民主义文化霸权和知识暴力的激烈批判,与西方近来的激进思潮实际上有着很深的渊源。我们在一开始谈起20世纪60年代的影响的时候,就提到了这个"文革"与后结构主义、后现代主义思潮的历史渊源。但是谈到"文革",我们必须很清醒地认识到,后结构主义、后殖民主义批评等,在西方仅限于学院范围,而中国的"文化大革命"则卷入了八亿人口,给中国带来了巨大的灾难性后果。"文革"给我们留下了很多深刻的教训。其中的一个就是:我们在多大程度上,能够依靠文化批判和文化革命,来实现现代化的不同选择?"文革"是中国试图寻找不同选择道路上的一个重大步骤。"文革"同时也是探索这一道路过程中的巨大失败。对于"文革"的深刻反省和批判,是要靠好几代人的努力来做的事情,也是好几代人必须严肃面对的重大历史责任。在思考"文革"教训的同时,是否也为我们思考后殖民主义批评提供了某些契机和思考的角度?

"文革"时期宣传画

后殖民主义的另一个谬误,就是忽略资本主义全球化渗透、资本主义的全球市场体系对第三世界所造成的严重社会和经济问题。这点我们在前面已经谈及,不再赘言。不过,这个失误,也提醒我们注意到新的问题,即发展中国家如何摆脱向先进国家学步的困境。后殖民主义又指出了另一个危险,那就是发展中国家为了避免前一种困境,而拒绝接受西方先进国家的可取之处,将本土经验本质化。后殖民主义理论本身就有助长这种本土文化的本质化的倾向,把本土和民族文化抬高到绝对本体和本质的层面。后殖民主义的这些倾向,有助于提醒我们注意这两种不同的危险。

比如把对先进国家的学习,简单理解成受殖民话语的压迫,就可能导向盲目的关门主义。这点我们应当深有体会。后殖民批评的独特视角,也迫使我们去思考我们的民族文化和在新情境下的文化认同和文化创造等问题。当殖民话语在按照自己的想象来制造第三世界形象,并影响第三世界文化的时候,也必然迫使第三世界文化去摆脱殖民者的文化控制,来进行反制造或自我创造。无论后殖民批评试图强调哪一方面,它都迫使我们去思考这个问题。

在20世纪90年代的中国学术界,已经有一些学者在认真思考后殖民主义理论对中国的意义。他们保持了一种清醒和理性批判的意识,在借鉴某些后殖民主义批评概念的同时,对理论本身也提出了严肃的批评。中国学者对某些为西方跨国公司雇员所提供的文化产品,如向国际文化市场推出的一些电影等,作了非常尖锐的批评。而且,对于中国国内的某种急于与西方全球化制造的文化想象认同的心态,也有清醒的认识。这一点也是中国的学者不同于西方主流的后殖民主义批评和西方汉学的后殖民主义批评的独特之处。这是否会开辟重新认识中国现代性不同选择的思路?另一方面,我们应如何通过思考中国问题,来克服当前各种理论话语的局限,包括西方后殖民主义批评所设置的理论与批评的障碍?这些问题也是中国与世界在全球转型期面临的问题。如果后殖民主义文化理论的视角有助于我们发现问题、认识问题,甚至解决问题,那么它对于今日中国,就具有毋庸置疑的现实意义。

第五章 性别研究

性别研究是文化研究的重要组成部分。它后来居上,很大程度上替代了先时如火如荼的女权主义的研究,或者可以说,它是把女权主义的很大一部分包容了进来。性别是一个批评概念,是在西方第二次女权主义浪潮中出现的一个分析范畴。在这里,性别被用来分析两性之间广泛存在的不平等现象,比如:女性就业歧视、男女同工不同酬、女童辍学等。又比如男性在社会、政治、生活中占主导地位,女性则相应地处于从属地位。性别不平等这样看来,就是在很大程度上反映了现行社会的政治权力关系。所以不奇怪"性别"已经与"阶级"、"种族"一样,成为文化研究中最基本的分析范畴之一,同时也在人文社科领域被广泛运用。本章将探讨性别的定义、女性气质具有哪一些内涵、女权主义的来龙去脉、何谓后女权主义、男性气质指的又是什么、性别和语言的关系,以及最后男性对女性的"凝视"。

第一节 性别的定义

"性别"是当下出现频率较高的词汇之一,几乎在任何场合都会用到它。它既用在我们的日常口语中,又出现在学术讨论中,还时常出现在政府工作报告里。性别无处不在,无所不包,然而它的内涵却捉摸不定,丰富多彩。我们经常谈到性别角色,讨论因性别差异而产生的不同社会分工,担心男女性别比例失调会带来巨大的社会问题,质疑某些观点和行为是不是存在性别偏见,等等。

在英文中有两个不同的单词与"性别"相对应,分别是表示生理性别的"Sex",和表示社会性别的"Gender"。生理性别是指从解剖学角度,即生理的角度体现的两性和两性差异,有时也简称为性。生理性别是先天的,普遍存在的,一般来说也是不可更改的。社会性别指在社会文化中形成的对男女不同的期待、评价,以及男女各自的群体特征、能力特长和行为方式。

理论上讲,性别概念包含两层含义:生理性别和社会性别。实际上,生理性别和社会性别是不能截然分开的。通常来说,社会性别也包含男女生理上的差异。当性别这个名词用于社会学、人类学、文化研究等领域时,其含义就不是简单地指女性或男性及其心理和行为方式,而是包括他们之间的互动关系以及这种关系的社会构成方式。社会性别是社会文化的产物,也随社会文化的变化而变化。

"性别"是一个很难界定的词,有关的定义林林总总。《简明牛津社会学词典》对性别的定义是:"性别不仅是指个体的身份认同和个性,而且包含男性气质和女性气质的文化理想和成见,以及社会体制和机构中男女的劳动分工。"[1]当代著名性别理论家朱迪思·巴特勒在她1990年出版的《性别麻烦:女权主义与身体颠覆》一书中,对性别是这样解释的:"性别是在一定时间内慢慢形成的身份,是在公共空间中通过重复程式化的动作来建构的。它通过身体的程式化动作来发生作用,因而我们可以说身体姿态和动作等构成一个认同性别身份的幻想。"[2]

那么,我们究竟该如何理解性别呢?考虑到性别概念的复杂性,下面将从几个主要方面来归纳它的内涵。

首先,性别身份是一种社会建构。性别指男人和女人的社会属性,男性和女性、男孩和女孩之间的关系,还有男人之间和女人之间的关系。男人和女人的差异,包括真正存在的和想象中的,成为评价他们的依据,进而赋予他们不同的社会角色。他们的生活和体验与不同的社会和文化期待密切相关。性别角色是后天形成的,受到教育和经济等因素的影响。一个人的生理性别不会改变,但是他的性别角色受社会环境的影响会随着时间的变化而变化。性别角色和社会期待经常成为妨碍男女平等的原因,给女性的生活、家庭、社会经济地位、健康等带来负面影响。因此,形成正确的性别概念对于家庭和社会有着莫大的意义,应该从儿童抓起。儿童的性别观念受家庭、学校、社会以及媒体等影响,这些正式和非正式的教育和示范过程要求男性和女性按社会结构的要求来学习和实践自己的角色。一般认为,制度因素和文化因素是造成男性和女性的角色和行为差异的原因,生理差异不是决定性因素。

其次,性别身份规范和制约着人们的行为和选择。它规定在一个给定的环境下对于男性和女性来说什么是可以期待的,什么是允许的,什么是有价值的。在大多数社会里,男人和女人在承担的责任、从事的活动、资源的

---

[1] Gordon Marshall, *The Concise Oxford Dictionary of Sociology*, Oxford: Oxford University Press, 1994, p. 197.

[2] Judith Butler, *Gender Trouble: Feminism and the Subversion of Identity*, New York: Routledge, 1990, p. xxvi.

控制和决策的制定等方面是有差别的,是不平等的。就女性而言,社会期望她们承担抚育孩子、照顾老人、操持家务等角色,从事教师、护士、秘书等类的工作。而实际情况是男性也完全能够做好上述工作,而且女性从事其他类型的工作也完全能称职。其实,在角色选择和职业选择上男女之间并不存在多大的差异,只不过在以男性为中心的社会里妇女经常处于劣势,不得不接受社会现状。

再次,性别角色不是固定不变的。既然性别的角色不完全是由生理性别决定的,后天的学习和环境影响就有着举足轻重的作用。在一个社会的不同历史时期由于政治、宗教和社会文化的改变,性别角色会发生很大的变化。在同样的历史时期,生活在不同社会制度和政治体制下的人对性别角色会有不同的理解。因此,我们可以说性别是一个动态的概念。

围绕性别出现了一系列新的用语,例如"性别角色"、"性别身份"、"性别歧视"、"女性气质"、"男性气质"等等。其中"女性气质"是一个十分关键而富有争议的词语。性别研究应该从理解和认识女性气质入手。

第二节 女性气质

英国著名女作家夏洛蒂·勃朗特笔下的女主人公简·爱说过这样一句话:"女人总体上要表现得十分文静,但是要知道女人和男人的感受是一样的。"[1]毫无疑问,小说作者是借简·爱之口质疑19世纪40年代大众对女性气质的共同期待,并由此挑战当时这种意识形态的社会根源。

弗洛伊德在他的著作《精神分析引论新编》中,有章节专门谈论女性气质。在他看来,女性气质的本质是一个长久以来无法解开的"谜"。人们通常随意地将女性与被动、男性与主动等同起来,但是他认为这种做法似乎没有什么道理。他说:"女性能在许多方面有积极主动的表现,而男性假如没有养成相当程度的消极适应能力是不能够和他的伙伴们和睦相处的。"[2]在他看来传统的男性/女性二分法过于简单化,性别差异往往是错误的想象。女性气质不是产生差异的根源,而是性别差异造成的后果。女性的生理性别与她的表现没有必然的联系,男性有时也会表现得很女人味。不过弗洛伊德谈不上是一个女权主义者,他认为女性气质的问题完全是男人们应该关心的事,与女人自己无关,因为女人自己就是问题所在。弗洛伊德的观点对我们今天理解女性气质有启发意义。

---

[1] Charlotte Brontë, *Jane Eyre*, ed. Richard J. Dunn, New York: Norton, 1987, p. 96.
[2] See David Glover and Cora Kaplan, *Genders*, London: Routledge, p. 2.

那么,女性气质究竟是指什么呢?这是西方女权主义关心的一个重要命题。有关的讨论主要集中在女性气质是天生的还是社会建构的。持女性气质是天生的一派被称作"本质主义",认为女性气质是社会建构的另一派叫做"建构主义"。本质主义一派认为应该肯定和强调女性的一些固有特征,比如:美丽、温柔、会关心和照顾人等等。建构主义一派认为女性的气质是后天形成的,她们反对本质主义的观点,指责本质主义是对女性的贬低和刻板化。她们批评在父权社会中男性气质通常与理性和权力相联系,而女性气质被赋予多变和不确定的特征。建构主义认为性别身份不是绝对的,存在一定的可塑性。建构主义注重对变性人和易装癖的研究,以此证明性别是社会建构的,而非生理决定的。

女性气质概念的内涵是复杂的,甚至是矛盾的。举两个普通的例子,一个是贪图享受、举止轻佻的年轻女性,另一个是勤勤恳恳、乐于奉献的母亲,但她们都可以算是代表了女性的某些特点。各种不同类型、不同年龄、不同种族的女性,都具有女性气质,因此构成女性性别身份的典型特征可以千差万别。女性气质的内部构成是复杂的,而且很难评价。不存在一种类型的女性气质。因此,人们在讨论这个概念时通常用复数的女性气质(femininities)。

20 世纪 90 年代以来随着女权主义政治运动四分五裂,女权主义者中比较盛行一种保守的观点,认为女性的性别差异不仅是自然的,而且是可取的。但是绝大多数女权主义理论对这种观点持怀疑态度,因为在历史上性别差异通常是和贬低女性相关联的。她们倾向于认为性别不应该是一成不变的。有一些激进的女权主义者主张取消性别身份认同,将性别看作是不稳定和可改变的。

性别的不稳定性早在 1929 年弗吉妮亚·伍尔夫创作的《奥兰多》中就有所表现。小说描述了主人公奥兰多在四百多年里令人目眩神迷的离奇经历和体验。奥兰多开始为男子身,曾经受伊丽莎白女王的宠幸,在詹姆斯王时代失宠。他后来醉心文学,隐居乡间。在一次出使土耳其期间他连续数夜昏睡,醒来发现自己竟变成女人身。成为女性后的奥兰多开始感受到作为一个女性在当时的社会里受到的歧视、束缚和压迫。在经历了战争、爱情、生育和新生后,奥兰多在 20 世纪初成长为一名成熟的女性作家。此时的奥兰多在内心深处已是女性与男性的共同体,宽容仁爱,体现了伍尔夫双性同体的两性观。

当代女权主义者不仅坚持性别的可选择性,更强调性别的表演性(performativity)。这方面的理论研究当推朱迪思·巴特勒。在巴特勒看来,性别不是与生俱来的,也不是我们拥有的,而是取决于我们的行为。为了避免身份类型固定化,她认为应该让身份的确切含义永远处于模糊状态,于是提出性别表演的概念。在她的这个理论中,性别表演是没有原型可模仿的,它不是模仿一种真实的生理性别,而是模仿一种理想模式。这一理想模式是自我设计和想象的,并不存在于任何地方,也永远不会固定下来,只是在每一次的性别表演中不断地重复着。性别是一组不断重复的行为,一种看起来自然的存在。这就意味着男人和女人可以跨性别来扮演另一种性别角色。比如,中国的京剧中由男性演员来表演旦角。台下的观众把台上的旦角当作女性来投射欲望,但他们在台下可能过着异性恋的生活。如何优游在男性与女性、社会与伦理的界限之间?这可能是一个有趣的话题。鲁迅在《论照相之类》有一段对京剧中性别男扮女现象的论述:"我们中国人最伟大最永久的艺术是男人扮女人。异性大抵相爱。太监只能使别人放心,绝没有人爱他,因为他是无性的了……然而也就可见虽然最难放心,但是最可贵的就是男人扮女人了,因为从两性看来,都近于异性,男人看见'扮女人',女人看见'男人扮',所以这就永远挂在照相馆的玻璃窗里,挂在国民的心中。"[①]鲁迅讲这段话的意图另当别论,但是它暗示了跨性别表演面临的现实和心理矛盾。20世纪末性别表演论的盛行颠覆了社会性别和生理性别的联系。

与女性气质相关的一个重要概念是母亲身份,它是指女性做母亲的经历和社会对女性做母亲的思想建构。母亲身份是绝大多数女性的人生经历,对她们的生活和观念产生重大影响。与此同时,母亲身份又是父权制界定和控制女性的社会机制。由此可见,母亲身份是一个复杂的建构。而且母亲身份在不同文化背景中的含义又是有差别的,不同的阶级和种族对母亲形象的期待是不一样的。但是母亲具有爱心和关心他人的特点是共同的,这是女性气质的重要标志。

20世纪80年代以后西方女权主义积极开展关于母亲身份的研究,其中一个重点是运用母亲身份来寻求颠覆父权社会等级制的传统。朱莉亚·克里斯蒂娃认为父权的思维方式是线性的和一统的,而母亲的经历是物质的和反对二元对立的,如自然和文化、自我与他者、大脑和身份的二元对立。女权主义质疑父权制下对母亲身份建构的种种神话,认为它们压抑母亲的个性发展,束缚了她们的自由。

在漫长的历史进程中,以母亲身份为重要基础的女性气质观念直接导

---

① 鲁迅:《坟》,人民文学出版社,1980年,第181页。

致女性被牺牲和矮化。围绕性别的区分曾经产生过一整套知识体系,性别角色逐步变得僵化。性别与权力、社会福利、工作机会、价值标准等紧密相连,成为一种禁锢人们思想和行为的社会机制。到了19世纪中后期随着西方工业化进程的加快,以反抗性别不平等的女权主义思潮应运而生。

第三节 女 权 主 义

英文"feminism"在中文里有两个翻译。早期译成"女权主义",强调女性争取平等权利的要求。20世纪80年代一些学者开始用"女性主义"来代替女权主义,目的是淡化西方"激进"女权主义运动的色彩。我们根据语言约定俗成的习惯,且统一称"女权主义"。

"女权主义"一词最早在19世纪90年代出现在法国,后传到欧洲和美国,并逐渐流行开来。五四时期,"女权主义"传入中国。"男女平等"的观念成为新文化运动的旗帜之一,直接促进了中国历史上第一次妇女解放运动。

在欧洲,女权主义的思想源远流长,薄伽丘、蒙田、乔叟等人文主义先驱都曾发出"男女平等"的呼吁。18世纪,随着西方工业革命的成功,市场经济不断发展,思想领域发出民主和人权的呼吁。法国启蒙思想家卢梭在他的《爱弥儿》一书中指出旧教育的失败,提出了建设新教育的系统方案。他在《社会契约论》中提出"天赋人权"的思想,攻击社会的不平等,被称为是"近代女性运动的点火者"。但是他同时提出女子的教育应该以贤妻良母为宗旨。英国女教师、记者兼翻译家玛丽·沃斯通克拉夫特在1792年发表的《为女权辩护》一书中,批判卢梭的女性观,揭露男性的专横和女性所遭受的屈辱,要求给予女性与男性平等的权利,特别是受教育的权利。

沃斯通克拉夫特早在二百多年前就已经说过"女性从儿童时代期起被塑造成女人"①,这是因为,她解释说:"她们所看到和听到的一切都给她们留下印象,引起她们感情的共鸣,塑造她们的观念,所有这些都给她们的思想打下性别的印记。"②沃斯通克拉夫特被认为是早期自由主义女权主义最主要的代表人物。就在《为女权辩护》发表的前后,英国诗人罗伯特·彭斯在他《女性的权利》一诗中写道:

欧洲的眼睛总是盯着大事,

---

①② Mary Wollstonecraft, *A Vindication of the Rights of Woman*, ed. Carol H. Posten, New Work: Norton, 1988, p. 117. 转引自 David Glover and Cora Kaplan, *Genders*. London: Routledge, 2000, p. 10.

>王朝的命运和王位的崩落；
>
>治国的庸医炮制着各自的花样，
>
>连孩童都呀呀着男人的权利；
>
>在这巨大的喧嚣中，让我提一句，
>
>女人的权利，同样值得关注①。

西方启蒙女权主义的另一位代表人物是约翰·斯图尔特·穆勒。在19世纪中叶，穆勒是唯一一位讨论过自由主义女权主义原则的主要政治哲学家。他的名著《女性的屈从地位》在1869年出版时，曾引起许多人的敌意和嘲笑，但是这部著作还是产生了世界性的影响。他在这部著作中阐述了这样一个观点：应当将启蒙主义用于女性。这种启蒙主义认为，一种体制唯一的存在理由在于符合理性。女性的屈从地位是早期历史野蛮时代的产物，是一群人强迫另一群人的结果，远非一种自然的秩序，只是因为人们对此早已习以为常，它才被当作自然的秩序。他当时提出的一个著名论断是："一个性别从属于另一性别是错误的。"他认为，女性的能力看上去确实低于男性，但这是长期的社会压迫和错误教育的结果，是压抑一方激励另一方的结果。

以沃斯通克拉夫特和穆勒等人的女权主义启蒙理论作为代表，第一次女权主义运动浪潮在英国、法国和美国兴起。自19世纪中后期始，英法等国迫于压力相继通过了保护女工的立法，减少劳动时间，改善工作条件，提高工资和保障福利。在英国的一些城市，纷纷成立"妇女参政协会"，1898年统一为"全英妇女选举权协会联合会"。与此同时，女权主义运动在瑞典、挪威、芬兰等北欧国家迅速传播。北欧国家素有男女平等、女性要捍卫自己尊严的思想。挪威戏剧家易卜生(1828—1906)创作了《玩偶之家》(1878)，剧中娜拉反抗丈夫的权威，毅然抛下三个子女离家出走。她说出了一句在当时振聋发聩的话："现在我只信，首先我是一个人，跟你一样的一个人——至少我要学做一个人。"②娜拉的出走很快震动整个欧洲，继而影响了世界各地的妇女运动。在中国，娜拉更是成为妇女解放运动的代名词。

20世纪初，女权主义运动风起云涌。这一时期妇女运动的一个杰出人物是德国人克拉拉·蔡特金，她是国际社会主义妇女运动领袖之一。为了宣传妇女解放，领导妇女为实现男女平等而斗争，蔡特金于1891年

---

① 《罗伯特·彭斯的诗歌》，转引自约翰·麦可因斯：《男性的终结》，周宪、许钧主编，黄菡、周丽华译，江苏人民出版社，2002年，第1页。

② 易卜生：《易卜生文集》，潘家洵译，人民文学出版社，1995年，第5卷，第202页。

创办了《平等报》,介绍妇女的生活,反映了她们的痛苦,宣传进步思想。1907年8月,第一届国际社会主义妇女代表大会在德国的斯图加特召开。会上决定成立国际民主妇女联合会,把《平等报》作为机关报,并选举蔡特金为书记处书记。1910年8月,蔡特金主持召开了第二次国际妇女代表大会,大会建议为纪念1909年3月8日美国芝加哥纺织女工要求"男女平等"的示威游行,将3月8日定为国际劳动妇女节,以团结各国妇女共同战斗。这项建议得到全体与会者的热烈赞同,克拉拉·蔡特金的名字由此而同"三八"国际劳动妇女节紧紧联系在一起。她被誉为"国际妇女运动之母"。在第一次世界大战期间,女性以不同的方式为国服务,有些甚至与男性并肩战斗,赢得了社会的广泛尊敬。不久妇女协会如雨后春笋四处涌现。

第一次女权主义浪潮一直延续到20世纪30年代,女性的选举权通过法律的形式确定下来,就业和受教育状况也得到了改善,西方社会陆续通过了关于妇女财产权、选举权的法案。1920年美国妇女获得选举权,在英国,妇女获得选举权分两个阶段:1919年规定女性获得选举权的年龄为三十岁,十年后规定女性二十一岁就可以获得选举权。以男女在受教育、就业和选举方面的平等权利为核心的女权主义概念的形成,为以后社会性别概念的提出打下了基础。但是这一系列法案并不能保证妇女的完全独立和自由。

第二次世界大战结束后,世界范围内的各种解放运动为女权主义的发展提供了契机,并在60年代形成了女权主义运动的第二次高潮。但是在美国女权主义出现一次短暂的消退期。60年代美国的所谓"快乐的家庭主妇"现象是指妇女退回到家庭,充当小康家庭的贤妻良母。一些工作的女性也大多从事图书管理员、秘书之类的辅助性工作。更为关键的是,当时的社会舆论认为职业女性不符合女人的天性。这时候许多女性内心充满矛盾和痛苦。60年代中期美国黑人民权运动风起云涌,极大地促进了女权主义运动的发展。1966年美国成立了全国女性组织。1974年美国五十八个工会的几千名女性在芝加哥召开会议,成立了第一个全国性的工会组织"工会女性联盟"。有关妇女的刊物大量出现,宣传女权主义思想。在英国,大量妇女协会成立。1969年还成立了"全英男女平等权利委员会"。女权主义运动在其他欧洲国家、亚洲等地区也蓬勃发展。女性在接受教育、工作机会、政治权利等方面取得长足的进步。

在这个阶段还出版了众多的女权主义研究著作,为妇女运动提供了坚实的思想指导和舆论准备。以波伏娃的《第二性》、弗里丹的《女性的奥秘》、米切尔的《妇女:最漫长的革命》以及米利特的《性政治》等著作为代表,社会性别概念被大量地运用到对两性不平等关系的分析中,为第二次女权主义运动高潮的到来推波助澜。而且大量理论著作的出现标志着女权主义建立起了自己的理论体系和分析方法,有了独立的研究对象和研究视角,从而成为一门独立的学科。

　　西方女权主义思潮经过长期的发展,形成了不同的流派。从二次大战到80年代西方女权主义主要包括三个派别,即自由主义女权主义、社会主义女权主义和激进女权主义。下面我们扼要介绍这三个流派的代表人物以及他们的经典著作。

　　首先,自由主义女权主义。它反对强调性别的差异,认为人生来就是平等的,主张消除实现男女平等的障碍。它认为教育机会不均是造成男女差别的一个根本原因。自由主义女权主义在法律和政治领域替女性争取正当的权利,取得了相当大的成功。前面提到的沃斯通克拉夫特和穆勒是自由主义女权主义的先驱。美国女作家贝蒂·弗里丹是当代的杰出代表,在1963年出版了《女性的奥秘》一书。她发现第二次世界大战后十五年间里,美国女性不关心政治,不关心社会发展,女青年毫无事业心。究其原因是因为"二战"以后舆论、教育和广告等鼓动女性回到传统的女性角色中去,规劝她们待在家里操持家务、照顾丈夫、抚养子女。"幸福的家庭主妇"成为美国妇女梦想中的理想形象。弗里丹认为这种现象束缚了女性的自由发展,同时也阻碍了社会的进步,提出女性应该像男性一样追求独立和自由,号召她们战胜各种歧视和偏见,充分发挥自己的才干,坚持从事创造性的工作,使自己获得新生。《女性的奥秘》是女权运动里程碑式的著作,在很大程度上促进了新一代美国妇女的觉醒,推动了六七十年代美国妇女解放运动的发展。弗里丹本人被称为"妇女界的小马丁·路德·金"。

　　其次,社会主义女权主义。它将女性所受到的压迫与资本主义的阶级压迫联系起来,探究造成男女不平等的社会和经济原因。社会主义女权主义者认为在资本主义制度里女性往往在工资收入、工作种类等方面遭遇不平等的对待。女性遭受资本主义体制和父权体制的双重压迫。法国女权主义批评家波伏娃于1949年出版著作《第二性》,该书被认为是存在主义女权主义的代表作,其中不乏社会主义女权主义的思想。她在书中指出:"女人并不是生就的,而宁可说是逐渐形成的。"①"第二性",在她看来,不仅仅指女性在社会地位和公民地位上不如男性,而且含有女性是"次等人"的意思。

---

① 西蒙·德·波伏娃:《第二性》,陶铁柱译,北京:中国书籍出版社,1998年,第251页。

波伏娃提出:"听天由命只能意味着退让和逃避,对女人来说,除了谋求自身解放,别无他途。"①不要幻想男人解放女人,女人的问题要靠自己来解决。波伏娃的女权主义思想对世界范围内的社会主义妇女运动和学术研究,也产生了很大的影响。鉴于她的贡献,巴黎塞纳河上有一条步行桥被命名为"西蒙·德·波伏娃大桥"。

巴黎的西蒙·德·波伏娃大桥

英国的朱丽叶·米切尔1966年在《妇女:最漫长的革命》一文中,将马克思主义理论与女权主义相结合,解释妇女受社会压迫的原因。她把妇女的劳动分为四个部分,即生产、生育(再生产)、性生活和儿童的社会教化。她认为这四个部分又是相互联系的,指出解除妇女的压迫必须从这四种结构上进行革命。《妇女:最漫长的革命》是妇女运动第二次浪潮中的一部纲领性文献。

最后,激进女权主义。激进女权主义者认为,父权制是女性处于从属地位的根本原因,性别压迫是最根本最普遍的形式。她们强调反抗男性对女性的身体统治,主张消除使女性处于屈从地位的生理差异,从而使女性能获得尊重和自主权。如美国女作家凯特·米利特认为,女性受压迫的核心根源是"父权制"。在她的著作《性政治》中,她提出父权制的男女关系是一切

---

① 西蒙·德·波伏娃:《第二性》,陶铁柱译,北京:中国书籍出版社,1998年,第570页。

权力关系的范式。"父权制"确保男人对女人实行统治的各种制度及相应的价值观念。父权制是普遍的、无所不在的,存在于一切社会形态中,并非资本主义社会所特有。妇女的解放并不是国家在法律上承认妇女的权利后就能实现,也不是消灭了资本主义制度就自然完成,而是要在一切领域、一切社会体制中改变男女之间的社会关系和权力结构。她认为要进行一场性革命,目的是"结束男权制,废除大男子主义思想和带有大男子主义思想的地位、角色和气质的传统的社会化方式"①。

凯特·米利特

舒拉米斯·费尔斯通提出妇女是作为一个性阶级而存在的,男性对性生活和生育的控制是妇女受压迫的主要原因。在《性的辩证法》中她提出,基于生物性别的差异,男女在再生产(生育)过程中扮演着非常不同的角色,正是这一点导致了阶级起源的第一次劳动分工,也提供了基于生物特征的等级歧视制度范式。在她看来,阶级首先出现在男女之间;为人津津乐道的"生孩子的快乐"不过是父权制的一个神话。生育和喂养孩子应该由男人和女人共同承担。她把妇女的解放寄希望于再生产技术的革命如现代的人工受孕、试管受精。一旦再生产的生物现实被战胜,生物上的特性在文化上将毫无意义,为维持生物家庭而强制的性别角色和性阶级也将消失,将人类分裂成二元对立的压迫的男性/被压迫的女性、资本家/工人等的一切关系、结构、观念都将被战胜②。

　　女权主义在帮助女性获得平等权利和改变她们的社会经济地位等方面取得很大的成功,但是也面临严重问题。一方面是女权主义的思想庞杂,观点不一致,政治倾向分歧严重;另一方面女性阵营内部互相攻击和指责,派系林立。比如,非白人女性指责大多数白人女权主义者没有认识到她们从种族体制和实践中获得的好处。后殖民主义和跨文化批评将女性这个范畴解构成无数的碎片,不同的女权主义群体之间矛盾重重、壁垒森严。作为一个统一的女权主义不复存在,人们往往使用复数的女权主义(feminisms)。

---

① 凯特·米利特:《性政治》,宋文伟译,江苏人民出版社,2000年,第82页。
② Shulamith Firestone, *The Dialectic of Sex*, New York: William Morrow, 1970, pp. 198–199.

到了20世纪90年代,女权主义开始走下坡路。作为一种文化和社会批评的学科,它在很大程度上已经被性别研究所取代。其中的主要热点话题包括后女权主义、男性气质研究和酷儿理论。

第四节 后女权主义

女权主义向后女权主义过渡的一个标志性事件,是1968年3月8日国际妇女节当天巴黎的精神分析与政治组织(后又命名为"政治与精神分析组织")成员高举"打倒女权主义"的标语,在全市游行。她们的用意是反对"女权主义"的既定含义,并不是否认妇女运动或女性解放的实践。对女权主义的反叛表明女权主义内部在发展演变过程中存在多元化与差异性。

20世纪80年代以来,女权主义受到来自不同方面的质疑和挑战。少数族裔和第三世界妇女运动认为西方女权主义主要为中产阶级白人妇女所控制,不能充分反映全世界广大妇女的心声,形成了第三世界女权主义。同性恋妇女反对异性恋模式对她们的压抑,产生了同性恋女权主义和女性同性恋分离主义。女性环境保护主义者把女性与自然所遭受的压迫联系起来,认为性别压迫的意识形态,同样适用于对于自然的压迫。她们号召结束一切形式的压迫,从而诞生了生态女权主义。女权主义理论的统一性被复杂的多样性所代替。从对传统女权主义的解构和颠覆诞生了多种的后女权主义形态。它们的一些共同点包括反对传统的二元思维结构,抵制包括女权主义在内的各种宏大叙事,彻底清算性别本质主义,等等。后女权主义的出现并不意味着女权主义的终结,而是它的一次裂变和转型。

女权主义向后女权主义的转变借助于三个关键性因素的推动:首先,黑人妇女和其他有色人种女性对白人女权主义的种族主义和种族中心主义的有力批判;其次,性别差异日益被看作是不稳定的和可变的;再次,女权主义接受后结构主义和后现代主义种种思潮的影响①。关于前两点前面已经有所介绍,下面着重谈谈第三点,即后现代主义对于女权主义的"后现代转向"产生的影响。

第一,后现代主义致力于对中心、统一性、本质和基础的消解,将人们从"绝对性"、"基础主义"、"本质主义"的束缚中解放出来。这吸引着女权主义去瓦解男性中心主义,获得消解男性中心思维模式的理论武器,并进而摧毁

---

① Michele Barrette and Ann Philips eds., *Destablizing Theory — Contemporary Feminist Debates*, California: Stanford University Press, 1997, pp. 4-6. 参见李晓光:《从女权主义到后女权主义——西方女权主义/女权主义的理论转型》,《思想战线》,2005年,第2期,第9页。

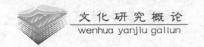

现存的男性中心主义文化霸权。

第二,后现代主义拒斥二元论,消解了中心与边缘的等级关系。女权主义在它的影响下,转向后女权主义,也致力于解构男性/女性这样的二元对立逻辑,争取与男性平等的社会地位。

第三,后现代主义强调"话语"的重要性,认为话语就是权力。后女权主义认识到获得话语权的重要性。克里斯蒂娃认为主体是由话语建构的,没有离开话语和情景的本质或身份。后女权主义觉得自己在父权制中是缺席的和缄默的,从而关注自己的"在场",重视并争取自己的话语权,并借助它来争取自己应得的权利。

第四,后现代主义在对现代主义进行批判与反思的同时,积极寻求重建人与世界、人与人的关系。后女权主义不仅关注自身的解放问题,而且也对如何建构未来社会提出自己的见解。可以看出它已不仅仅局限于从女性自身权益出发进行争取男女平等的社会政治实践,而能够着眼于整个人类的利益和命运来考虑自身的目标。

不过,我们应该注意到后女权主义和后现代主义是两个并行发展的政治文化流派,它们之间存在很大的不同。后女权主义和后现代主义之间一直保持着距离,而且相互批判。"后现代主义认为女权主义理论没有能够摆脱本质主义的影响,而女权主义则认为后现代主义仍是男性主义的,而且在政治上过于天真"①。

后女权主义没有一个完整的定义。"尽管后女权主义已经成为一个热点话题,出现在各种场合,比如书本的封面、电视午夜'脱口秀'(talk-show)和专题文章的标题,但是很少有人对后女权主义下过定义。"②同女权主义一样,后女权主义的概念也是复杂和矛盾的。下面将主要介绍后女权主义在大众文化领域的几种常见表现。

首先,在20世纪80年代后,妇女运动受到的支持开始衰退。有人惊呼:"后女权主义已经悄无声息地来临,没有任何征兆。曾几何时,女权主义独领风骚,不同的政治立场,截然不同的宣传策略。刹那间,一切都结束了。神秘的变化悄然发生。"③但也有人认为女权主义没有完结,还在发展。正如90年代初刊登的一篇文章的标题所说:"女权主义没有死亡,难道不是还

---

① 转引何佩群:《朱迪思·巴特勒后现代女权主义政治学初探》,《学术月刊》,1999年,第6期,第54页。

② Elaine J. Hall and Marnie Salupo Rodriguez, "The Myth of Postfeminism", *Gender & Society*, Vol. 17, No. 6 (2003), p. 878.

③ 同上书,p. 879.

有很长的路要走吗"①。其次,一些妇女坚定地反对女权主义。这其中包括从来没有接触过女权主义运动的年轻女性,先前没有支持过女权主义运动的少数族裔女性和传统女性。现在美国的女权主义运动很难激发起年青一代女性的热情,她们对捍卫女性平等权的宣传不以为然。而对于有色人种女性来说,她们觉得自己的需求和价值观没有得到妇女运动组织的重视。再次,很多女性不承认自己是女权主义者,但是她们赞成同工同酬、妇女经济独立等主张。这种态度被戏称为"不,但是……(no, but...)"女权主义立场。

后女权主义流派众多、观点各异,代表人物的学术背景和政治主张又有很大差异。我们将选取两位代表性人物和她们的著作作扼要介绍,她们是巴特勒和法吕迪。

巴特勒前面提到过,她是美国后现代女权主义思潮的代表人物,发表了多部轰动学术界的论著,比如:《欲望的主体:20世纪法国黑格尔学派的反思》(1987)、《性别麻烦:女权主义与身体颠覆》(1990)、《重要的身体:"性"的推论性限制》(1993)、《激动的语言:表演性的政治学》(1997),等等。巴特勒认为传统女权主义的主要意图是批判父权制,没有脱离男人和女人的二元思维。在她看来,传统女权主义犯了一个错误,就是将女性受压迫的问题普遍化,让人觉得它是发生在每个女人的身上。女权主义关于性别等级和异性恋的话语压制了其他不同的性别体验和身份认同。巴特勒试图颠覆性别角色的稳定性,希望通过摆脱性别身份的束缚从而挑战性压迫,将个体从既有的性政治格局中解放出来。巴特勒的著作已经成为西方同性恋研究的经典文献。

法吕迪在1992年出版了《反挫:谁与女人为敌》。法吕迪认为妇女拒绝女权主义是因为那些抵抗女权主义的人通过各种渠道和手段来诽谤女权主义的目标,歪曲它的宗旨,让妇女对自己是否真的需要平等产生怀疑。各种媒体上发布错误的统计数据和心理研究成果,把造成一系列社会、家庭和心理问题的责任强加在女权主义者头上,认为是她们贪得无厌的要求带来坏的后果。法吕迪同时提出女权主义自身也出了问题,比如:让伪女权主义者充当妇女运动的代言人,女权主义者千篇一律失去了吸引力。这些都导致民众对妇女运动支持的下降。而且由于反女权主义阵营宣称男女平等的时代已经到来,从而让大众觉得妇女运动已经过时了。

后女权主义在众声喧哗中逐渐丧失了它的激进本质,不再像当初女权

---

① Elaine J. Hall and Marnie Salupo Rodriguez, "The Myth of Postfeminism", *Gender & Society*, Vol. 17, No. 6 (2003), p. 879.

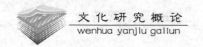

主义那样能激发社会的广泛共鸣。后女权主义关注的问题日趋多元化,包括男性气质在内的男性话题也成为她们讨论的内容。

第五节 男性气质

长期以来,在男权社会里性别差异是社会结构和意识形态的重要基础,男人统治女人被认为是自然而合理的。19世纪中期在欧洲兴起的女权主义运动挑战这种性别观念。女权主义运动不仅对女性的生活产生积极的影响,而且也改变了男性。简言之,"女权主义带来很多变化,包括男性身份认同的不确定性。目前对男性气质的一些解释,都关注男人如何应对身份认同危机和固有权力的丧失"①。

"男性气质"是当今性别研究的一个核心议题。在女权主义批评论述中,"男性气质"曾经备受指责,因为它贬抑女性的思想和体验。但是20世纪90年代男性意识被重新认识,认为它不一定只是与暴力和控制有关,也可以成为挑战和颠覆传统的主体。而且由于女权主义运动的发展,男性意识的焦虑和危机在文学和其他作品中得到表现,也在近来引起性别研究者的关注。

什么是"男性气质"?有人对此作过这样的表述:"男性气质是一种存在状态,它总是不完整的。男性气质既关乎社会现实又关乎心理现实。理想的男性气质拥有各式各样的权力和能力:控制女性的权力,控制其他男性的权力,控制自己身体的能力,以及操纵机器和掌握技术的能力。"②由此可见,男性气质有生理的、社会的和心理的因素,它的建构和表现通常与社会体制、政权形式以及性别关系的总体状况有关。所以我们可以说,男性气质是社会对男性的行为和外表的社会建构。不同的社会制度、历史时期、文化、阶级和种族群体对男性气质有不同的界定。

女权主义认为在大多数情况下,男性气质被看作是优于女性气质的。男性气质赋权男性,使男性处于主宰女性的地位。对女性的性控制是男性气质和身份的核心内容。有些男性学者也指出男性气质中的一些弱点,比如不善于表达感情等。女权主义认为,尽管有些对男性气质的建构也束缚和压抑男性,但是不能否定男性在父权制中是受惠者和压迫者。父权制是为男性的利益服务的。在父权制社会中,男性群体相对于女性群体来说享受种种特权。女权主义认为男人的暴力不能被看作是个人固有的男性性别身份的表现,而是一种文化期待的表征。女权主义者的这些观点后来不断

---

① Gill Allwood, *French Feminisms*, London: UCL Press Limited, p. 12.
② Ibid., p. 4.

受到男性学学者的批评和反驳,直接导致了男性气质研究的兴起和发展。

20世纪70年代以来,"男性气质"的研究者主要是男性。他们关切女权主义对性别关系,尤其是男人的影响。有一种观点认为男人是女权主义的牺牲品。即是说,男性在面对女权主义的要求时感到不安和焦虑,由此对男性身份的本质产生怀疑,进而在身份认同上产生危机感。还有一种观点认为男性气质是男人的负担,也给他们自己带来痛苦。如有人就对男性气质提出了尖锐的批评,认为它压抑了男性的创造力,束缚了他们的自由:"男人们从来没想到去批评男性气质。这是他们的领地,以此来建构自己的身份。然而正是在这个身份之下他们经受了各种各样的痛苦,同时也犯下了骇人的罪行。可是他们从不怀疑它。他们把男性气质看作是自然的法则。他们认同男性气质,觉得那是他们权力的体现。他们没有想到的是它也可能成为他们自己的牢狱。"[1]

男性气质一直是不同学科关注的一个话题,被认为是与生理、心理、环境、宗教等紧密相关。生物学的研究认为生理差异导致男性好斗、有暴力倾向和具有进取心,但是生物决定论的观点一直受质疑,因为并不存在相同的男性气质。所以更多学者倾向于认为男性气质受诸多因素影响,很难确定主导性的决定因素。比如说,宗教就在19世纪以及之前的男性身份建构当中起到了重要的作用。

到了20世纪90年代,男性气质研究日趋深入和完善,一种普遍的看法是男性气质不是与生俱来的,而是一种社会实践的产物。这方面的杰出代表是R·W·康奈尔。他的《男性气质》是这方面的代表性著作,对性别研究产生重大影响。康奈尔认为男性气质的概念是与女性气质相对的,是对后者的回应。女性气质有多种形式,同样男性气质也是多种多样的,因此给男性气质下一个确切的定义是困难的。围绕什么是男性气质,有过不同的解读,康奈尔在书中归纳了四种。

第一是本质主义的定义。它抽取一些男人性格特征来作为男性气质的核心,比如:爱冒险、富有攻击性等等。有人曾把主动性与男性气质相提并论,与被动的女性气质相对。实际情况是,并不存在一个普遍的男性气质特征,本质论者也找不到共同认可的本质。

第二是实证主义的定义。它提出所谓男人气质就是男人实际上是什么,通过描述某种文化中男人生活的模式,来界定典型的男性气质。它采取的方法是先把男人和女人分类,列举他们的语言行为特点,然后对它们进行归纳。

---

[1] Gill Allwood, *French Feminisms*, London: UCL Press Limited, pp. 46–47.

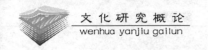

一个极端的做法是设计男性气质/女性气质量表,来统计男女群体之间的差别。这种定义的问题在于它是先假定男女存在某种差异,然后来验证。

第三是规范性的定义。它认为男性气质就是男人应该是什么样子,或者更准确地说是男性行为的社会规范。比如有人说,我们当代文化中的男性标准应当是:不带女人气的人、声名显赫的人、坚毅果断的人和严厉教训对手的人①。但问题在于,有多少人真的能符合这个标准,还颇费猜测,更不用说这个所谓的男性标准,究竟有多少可信度,也还是可以讨论的。

最后,符号学的定义。它通过一个有男女符号差异的系统来界定男性气质,在这个系统里男性和女性的位置是对立的。所谓男性气质就是非女性气质。显然这种简单化的定义方式非常武断,应用范围很有限。

在分析了以往定义方式的不足之后,康奈尔提出男性气质只有放在一个性别关系的系统中,通过关注男性活动的过程和男女之间的互动关系才能够解释。简单地讲,男性气质"既是在性别关系中的位置,又是男性和女性确定这种位置的实践活动,以及这些实践活动在身体的经验、个性和文化中产生的影响"②。在考察了西方现代社会中的主流男性气质模式之后,他将男性气质划分为四种主要类型,它们分别是:支配性、从属性、共谋性和边缘性类型。

"支配性男性气质"(hegemonic masculinity)是当代男性研究中的一个核心概念,支配即霸权,这个概念可以追溯到意大利马克思主义理论家葛兰西。他在20世纪30年代提出所谓霸权或者说支配性,是指一个统治阶层把它的权力磨平棱角,以妥协的外观来取得大众对此种社会秩序的认可。如此借助于教育和其他教化手段,统治阶层就很容易让普通百姓接受由他们来主导的社会生活。康奈尔把上述支配性政治概念运用于性别关系的讨论,尤其是男性气质。所谓"支配性男性气质",是指一种文化所提倡的男性气质模式,这种男性气质模式被认为优于其他类型的男性气质,是那个文化中所有男性应该效仿的对象③。支配性男性气质被认为是男性气质的"理想类型",它与一种文化的具体形态有关。在一个具体的时间和空间中,总有一种男性气质占据主导地位,从而获得支配性的标志,也就是权威性。好莱坞影片"007"系列中的英雄詹姆斯·邦德,是当代西方支配性男性气质的

---

① 参见 R·W·康奈尔:《男性气质》,柳莉等译,北京:社会科学文献出版社,2003年,第95页。
② 同上书,第97页。
③ Michael Mangan, *Staging Masculinities: History, Gender, Performance*, New York: Palgrave MacMillan, p. 13.

一个典型。

与支配性男性气质相对应的是从属性类型。在不同的男性群体之间,存在具体的统治与从属的性别关系。一种典型的例子是男性同性恋。在很长一段时间里,男同性恋处于男性气质等级结构的底层,"同性恋恐惧"成为一种普遍现象。20世纪70年代以来西方同性恋运动声势浩大,为改变同性恋的社会地位作出了一定的贡献。接下来的共谋性男性气质,是指为了自己的利益而认同和支持支配性男性气质。真正实践男性气质的男性毕竟是少数,但是大多数男人从支配性中得到好处。他们一方面谋取父权文化带来的

好莱坞影片"007"系列中的詹姆斯·邦德

利益,一方面有意避开男权推行者承担的风险,这类人的气质就是共谋性男性气质。最后,边缘性男性气质,它涉及阶级和种族对男性气质的影响。比如,在美国白人的男性气质占支配地位,黑人的男人气质具有边缘性。当然有时候阶级属性也起到一定的作用,像美国个别黑人运动员,就有可能成为支配性男性气质的代表。

康奈尔同时指出,这四种男性气质的划分不是固定不变的,而是一种动态的存在。康奈尔的理论对男性气质的研究起到了巨大的推动作用,但是也招致不少批评。有人认为他描述的类型过于简单化和理想化,另一些人发现他的这一套理论并不适用于众多的第三世界国家,那里的文化更加丰富多彩,是这几个男性气质类型所无法覆盖的①。比较来看,中国的男性气质问题无疑是更独具特色和复杂性的,这方面的研究才刚刚起步②。

第六节 性别和语言

很多人都知道欧洲一些语言的词汇和语法有性属的变化。名词有阳性、中性和阴性之分。一般认为阳性名词代表着力量,充满积极的色彩,而

---

① Toby Miller, "Masculinity", in Philomena Essed, David Theo Goldberg & Audrey Kobayashi, *A Companion to Gender Studies*, Blackwell Publishing, 2005, p.117.

② 比如: Kam Louie, *Theorising Chinese Masculinity: Society and Gender in China*, Cambridge, UK: Cambridge University Press, 2002; Song Geng, *The Fragile Scholar: Power and Masculinity in Chinese Culture*, Hong Kong, Hong Kong University Press, 2004.

阴性名词则带有消极和从属的意味。男女在语言方面的差异当然不仅仅限于词汇和语法的使用,而是涉及社会、历史和文化的方方面面。

20世纪初开始对性别和语言之间的关系有了一些零散的研究。语言哲学的代表观点之一认为,社会和历史原因决定了语言中存在着性别差异,男权的社会结构对语言的发展产生影响。1922年,丹麦语言学家乌托·叶斯伯森在其颇具影响的语言学著作《语言:本质、发展和起源》中阐述了语言的发展进程,尤其关注女性语言的特点。比如,他发现女性所使用的语言同男性相比,在词汇上有明显的不同,她们更多地使用委婉语,而少用咒骂语。20世纪60年代以后,随着西方妇女运动的高涨,性别和语言的研究进入了一个新的阶段。在1972年,罗宾·莱柯夫发表了《语言和妇女的地位》一文,引起较大的争论。持批评态度的人认为这个话题没有多少理论价值,仅仅是女权主义者又一次显露自己的机会。赞成的人,大多数是女性,则积极参与到莱柯夫所提出观点的讨论当中。《语言和妇女的地位》这篇文章后来很快扩展成一本专著,1975年出版。真正意义上的性别和语言的研究开始了。

莱柯夫的文章指出女性有一种不同于男性的讲话方式,它既反映又制造了女性从属于男性的社会地位。在莱柯夫看来,女性的语言中有比较多的缓语,比如 sort of, I think,以及非实质性修饰语,比如 really happy, so beautiful。她认为这种话语方式的使用让女性的语言缺少力量,显得无足轻重。正因为如此,它妨碍妇女取得权力和社会地位。拉科夫说,语言从一定意义上讲是一种压迫工具,女性通过它将父权制的意识形态内在化,社会将一整套行为规范强加给她们。从某种意义上说,语言束缚了女人的思想和行动的自由。

莱柯夫的语言和性别理论归纳起来主要有两点:一是她认为男人和女人的表达方式不一样;另一点是认为这种差别是男权社会结构造成的后果,同时又维系着它的存在。在随后若干年中,以上两个观点逐渐发展为两个不同的,甚至相互矛盾的批评范式。那些注重差异的人提出,男性和女性的表达方式不一样,是因为受社会生活和人生经历的影响,他们各自与语言的关系有着根本的不同。语言学家德博拉·坦伦1990年出版的《你怎么就是不明白》,经常被认为是代表了这种差异范式。坦伦认为男孩和女孩生活在不同的亚文化场之中,类似于不同阶级和种族所形成的那些独具特点的亚文化场。其结果是,他们在成长中形成了不同的语言交流方式。关注不平等父权的学者则认为,男性和女性表达方式的差异,是因为男性在社会中处于统治地位,而且他们还试图将这种社会结构延续下去。这方面的研究成果包括戴尔·斯本德1980年出版的畅销学术著作《男人制造语言》,和朱莉亚·宾娜罗普1990年出版的著作《自由表达:摆脱父亲说话的谎言》。

新世纪伊始,语言和性别的研究就已引起广泛关注。剑桥大学出版社2003年出版的《语言和性别》,是一部重要的导读性著作,作者是该领域内著名的专家,分别是斯坦福大学宾娜罗普·艾克特教授和康奈尔大学莎莉·玛克奈尔·格内特教授[1]。该书运用大量的实例,讨论了有关性别和语言运用之间的主要话题,从男女发音的细微差别到交谈方式的各自特点,再到比喻的不同运用,尽收列其中。该书的讨论主要围绕男性和女性在不同情形下运用语言进行的社会实践,而不仅仅涉及语言结构本身,因此对普通读者来说比较容易理解。归纳一下该书的一些主要观点,对我们了解西方当下关于性别和语言的研究,应是不无启示的。

首先,性别与发言权的分配有很大关系。在有些文化里妇女被剥夺了在公开场合讲话的权利,理想的女性是谦卑的和沉默寡言的。今天,已经有不少妇女从事很多有影响的工作,但是参与讨论影响集体利益的仍然主要是男性,在发言权的方面还是存在性别不均衡或者说不平等。

其次,性别与言语行为有关系。男女在礼貌用语的使用上存在较大差异。一般认为女性的语言更加礼貌,她们更加能顾及到对方的反应,更加能体现合作精神,从而有助于问题的解决。女性在交际语的使用上注重留给别人周到和友善的印象,相比之下男性则希望给人的印象是精明能干和勤奋敬业。对男性而言,让他人感到轻松愉快远没有表现出坚毅和称职更重要。

再次,性别与话语的表达方式有关。在交谈的时候,我们要表达观点,建议一些方案,讨论一些想法。在谈话的过程中,我们往往要不断调整自己的角色。女性在谈话中扮演的角色往往是比较温和谦让的。有研究者发现女性在谈话的时候会使用不同的方式来削弱自己所表达的观点。常用的手法有:(1)附着句,例如:这次选举工作一团糟,是不是啊?(2)陈述句用升调,例如:男:晚饭准备好了吗?女:六点钟了吗?(3)多用程度副词,如:你来了,我非常非常高兴。其他的方式还包括用间接表达、委婉语,等等。女性讲话的一个显著特点是她们一般不把话说得太确定,语气比较缓和。一些女权主义者认为女性的这些语言特色是导致她失去获得权力机会的原因,因为她们不能有效地要求他人完成自己计划的事情。有些女权主义者认为女性完全可以通过改变自己的表达方式,多用一些显示权威的口气,来让对方产生敬畏感,重新塑造自己的形象。

---

[1] Penelope Eckert and Sally McConnell-Ginet, *Language and Gender*, Cambridge: Cambridge University Press, 2003.

最后,语言与性别类型化的关系。语言的一个基本用途是它的分类功能,方便沟通我们的社会生活经验,更好地认识和改造世界。性别类型,像男人和女人、女孩和男孩,在我们的社会生活中扮演重要的角色。男性和女性的性别类型划分不仅仅标明各种差异,而且构建了不平等的父权制社会结构。在我们的语言实践和非语言实践中,通常用男性来指代整个人类,而女性总是被忽视和排斥。很多重要的社会类别都和男性与女性有着密切的关系。

总之,性别与语言的关系是一个动态的过程,随时随地在发生变化。而且它们与阶级、种族、民族、年龄等相互关联,构成一个复杂的系统。语言学的性别研究方兴未艾,是一个前景广阔的学术领域。

第七节 男性凝视

女权主义的文本研究,锋芒所向主要是批评作家笔下女性刻画中的男性视角。波伏娃在她的《第二性》中认为,任何男性作家对女性命运的叙述,客观上都不能超越其男性的视角。她引用另一位女权主义者普兰·德·巴雷的话说:"男人写的所有关于女人的书都应加以怀疑,因为他们既是法官又是诉讼当事人。"[①]70年代,女权主义涉足绘画、电影等视觉艺术的分析,发现女性受男性目光的束缚和影响,从而发展出一种新的女权主义"凝视"理论。

女权主义认为女性经常以消极被动的方式迎合男性的目光,将男人的凝视内化为自我的主体意识。女权主义凝视理论从萨特的哲学、拉康的心理学和福柯的社会学理论那里吸取了营养,在20世纪70年代成为女性文化批评的重要组成部分,并很快与后现代和后殖民等理论交叉融合,成为文化研究的一道亮丽风景。"凝视"是携带着权力运作的观看方式。它是视觉中心主义产物,观者被"权力"赋予"看"的特权,通过"看"确立自己的主体地位,被观者在沦为"看"的对象的同时,体会到观者目光带来的权力压力,通过内在观者的价值判断进行自我物化。

萨特在其代表作《存在与虚无》中提出了"他人的注视"的命题,并加以讨论。萨特存在主义的一个基本观点是存在先于本质。这是说,人来到这个世界上,就陷入了存在之中。他人凝视是我们生活中不可回避的。我们在看他人的同时,他人也在看我。他人的注视是塑造我们主体性的决定性力量。用萨特自己的话说就是,"他人的注视和这注视终端的我本身,使我

[①] 西蒙·德·波伏娃:《第二性》,陶铁柱译,北京:中国书籍出版社,1998年,第10页。

有了生命"①。换言之,人是生活在他人的注视之下。这种注视的后果主要是否定性的,因为人在他人目光的注视下,通常会以丧失自我、背叛自我意愿的方式来取悦他人。他人的注视是压力和威胁,是自为的人所体会到的让他背叛自己的一种压力。如萨特所说,"当别人看着我的时候,我感到自己变成了一个被审查的对象"②。当然,我们也并非一味被动地被注视,我们也注视他人,从而在一定程度上把自己从别人的支配中解放出来。这样来看,注视就隐含一种权力斗争。不仅如此,他人的注视通过一种内化的方式对我们的主体构建产生影响,从而我们由"自为的人"异化成"为他的存在"。

拉康从心理学角度提出的镜像凝视理论同样证明,他者的注视对自我意识建构具有决定作用。1949 年,他在国际心理学大会上发表了《在精神分析经验中显露的助成"我"的功能形成的镜子阶段》一文。该文中,他从婴儿在六到十八个月之间喜欢照镜子游戏这个现象出发,提出了人的自我意识产生于镜像阶段的著名论断。拉康发现婴儿借助照镜子,辨别自己和他人的差异,从而开始认识什么是"我"。通过一次次地凝视自己在镜子中的形象,他确定镜子中的那个人就是自己,并初步形成自我主体的认同。到了60 年代,拉康在他的研讨班上进一步发挥这一思想,把主体的自我建构和他者的凝视联系在一起。"凝视"不仅是主体对他者的看,而且是作为欲望对象的他者对主体的注视。因此,凝视是主体向他者欲望陷阱的一种迷入,是他者的目光对主体欲望的捕捉。在拉康那里,人始终无法摆脱镜子的魔咒,由镜中的虚像建构起的自我意识是虚假的。拉康关于凝视的理论通常被认为是当代凝视理论的基础。

福柯的全景敞开式监视理论,进一步探讨了凝视与主体建构的关系。福柯对凝视理论的贡献在于他令人信服地解释了在观看的结构里,主体和客体之间的紧密关系。在《规训和惩罚》一书中,福柯描绘了透明全景监狱的设计理念,由此就权力与可见性,控制与屈从的关系展开深入批判。透明全景监狱是一座环形建筑,犯人住在圆周上的单身牢房里,环形的单身牢房围绕一个高耸的中央瞭望塔。每个单身牢房都有两扇采光的窗户,一扇朝外,一扇面对瞭望塔。瞭望塔则开有许多窗户,可以看得见每一个牢房。但这些窗户上都装有百叶窗帘,犯人看不见监狱看守。看守在瞭望塔里面轮

---

① 萨特:《存在与虚无》,陈宣良等译,商务印书馆,1987 年,第 346 页。
② Jean-Paul Sartre, *Being and Nothingness: An Essay on Phenomenological Ontology*, trans. Hazel E. Barnes, New York, 1953, p. 363.

流监视各个牢房的犯人。由于犯人不知道自己何时在被监视,所以感觉到自己的一言一行,任何时候都是在监控之下。福柯说,透明全景监狱的意图是,"通过永恒的可视性让权力自动产生作用"①。"永恒可视性"原则被福柯称为全景敞视主义。福柯自己从来没有把全景敞视主义和男性的凝视联系起来,但是他的理论对于凝视理论是极其重要的,因为它详细地解释了权力和可视性的关系。对福柯而言,外部的凝视是一种控制的力量,它能让被看的对象屈服顺从。福柯还说,凝视一旦被内化,将会产生更大的影响。

萨特的"他人的注视"理论、拉康的镜子学说和福柯的全景敞式监视理论,都与女权主义没有直接关系,也没有直接涉及性别不平等问题。女权主义凝视理论的关键人物是约翰·伯格和劳拉·穆尔维。凝视中的性别意识最初是由约翰·伯格在1972年为BBC撰写的系列文章中提出来的。在《观看的方法》一文中,约翰·伯格认为女性生来就陷入一个事先规定的有限空间之内,她们的一项主要任务就是照看男人。她们的自我意识被一分为二,为自己和为他人。一个成年女人必须不断地观看她自己,她永远摆脱不了自己想象的自我形象。希望被男人喜欢和欣赏的意识取代了她的自我意识。在一个女人的身份建构里有两个重要的组成部分,分别是监视者和被监视者。男人就是那个监视者,女人自己成为被监视者。他说:"男人看着女人,女人看着自己被观看。这不仅决定了绝大多数男人和女人的关系,而且规定了女人和她们自己的关系。"②于是,女人被物化,变成被观看的对象,一个景观。

通常,描写和刻画女人的方式与描写和刻画男人的方式是不一样的,这并不是因为男性本质和女性本质有多大的不同,而是因为"理想"的观众总是男性,女性形象的塑造似乎总是为了取悦于男性。男性的凝视控制和约束女性,为她们规定了什么是可以接受,什么是不可以接受的范围。男性的凝视是活跃的、能动的。它既控制女性,同时又在她们身上投射自己的欲望。凝视包含权力斗争,伯格认为女性处于被动的地位,受男性凝视的统治。不仅如此,伯格认为凝视机制的一个最重要的作用,是女性将男性的观念和社会的意识形态内化,从而束缚她们自我意识的建构。作为一个主导性的和非对称的控制体系,凝视是当代女权主义所说的"性别技术"的根本因素。

约翰·伯格的凝视理论建构在西方裸体绘画研究的基础之上。他的一个重要依据,是发现西方裸体绘画中女人的目光通常是温顺的、充满诱惑

---

① Michael Foucault, *Discipline and Punish: The Birth of The Prison*, trans. Alan Sheridan, New York: Vintage Books, 1995, p.201.
② John Berger, *Ways of Seeing*, London: Penguin Books, 1972, p.47.

的,她们的身体姿势更多的是考虑到男性的观看。伯格从男性凝视理论出发来研究绘画,很快影响到其他文学艺术批评领域。劳拉·穆尔维1975年发表的论文《视觉快感与叙事电影》,是当代电影研究和女权主义理论中最为重要和最具影响力的文章之一。在这篇文章中,穆尔维引用弗洛伊德的心理分析

裸体画与男性的凝视

理论和拉康的精神分析模式,讨论好莱坞电影反映的观众心理和社会性别机制。她认为好莱坞电影的一个特点是把女性的外貌编码成具有强烈视觉冲击力的色情形象,而且这种编码方式在本质上遵循"男性凝视"的原则。穆尔维把观看的快感分为主动的(男性的)和被动的(女性的),认为发挥决定性作用的是男性目光,男性在观看电影的过程中把他的幻想投射到女性形体上①。穆尔维的男性凝视说,对电影、电视剧和文学文本的研究产生深远的影响。

  凝视理论与女权主义的结合释放出巨大的阐释力量,有力地推动了性别研究的发展。同样,其他若干重要的理论和学术都与性别研究密切相关。它们之间的相互碰撞、激荡和交融,将为性别研究以及整个文化研究带来蓬勃生机。

---

① Laura Mulvey, "Visual Pleasure and Narrative Cinema", *Film Theory and Criticism*, 4th ed., Ed. Gerald Mast, Marchall Kohen and Leo Braudy, Oxford: Oxford University Press, 1992, pp. 746 - 757.

第六章 视觉文化

本雅明在《讲故事的人》(1936)一文中慨叹,讲故事这种古老的表达方式如今已是日薄西山,那种延续了千百年的一边纺线织布、一边听故事的情景不再。同一年,他在《机械复制时代的艺术作品》一文中充满激情地预言,电影这一机械复制时代的艺术的出现,将导致传统的大动荡。两年之后,海德格尔提出了"世界图像时代"的说法:

本雅明

从本质上看来,世界图像并非意指一幅关于世界的图像,而是指世界被把握为图像了……世界图像并非从一个以前的中世纪的世界图像演变为一个现代的世界图像;毋宁说,根本上世界成为图像,这样一回事情标志着现代之本质①。

值得注意的是,海德格尔的这一著名陈述有两个要点。第一,所谓"世界图像时代"就是"世界被把握为图像";第二,"世界成为图像",此乃"现代之本质"。那么,世界究竟是怎样"被把握为"或"成为"图像的?它又如何体现为"现代之本质"?这是本章将要讨论的内容。

第一节 何谓视觉文化

今天,当我们重温上述思想家几十年前的论断时,会深切地感受到世界是如何被把握为图像的。因为,一个崭新的视觉文化时代已经到来。我们正处于一个图像生产、流通和消费急剧膨胀的"非常时期",处于一个人类历史上从

---

① 海德格尔:《世界图像时代》,孙周兴编:《海德格尔选集》,上海三联书店,1996年,第899页。

未有过的图像资源富裕乃至"过剩"的时期。生活在现代都市里的居民,眼睛终日受到各种影像的诱惑和刺激,不断地遭遇种种视觉图像的围困和"逼促"。我们的眼球从没有像今天这样忙碌和疲劳。一方面是视觉需求和视觉欲望的不断攀升,想看的欲望从未像今天这样强烈;另一方面,当代文化的高度视觉化和媒介化,又为我们观看提供了更多的可能性和更高质量、更具诱惑力的图像。美术史家休斯说得好:"我们与祖辈不同,是生活在一个人造的世界里。自然已经被文化所取代,这里是指城市及大众宣传工具的拥塞。"①这是一种什么样的拥塞呢?为什么一个人造的世界里充满了大众宣传工具的拥塞呢?伯格的解释是:"在历史上的任何社会形态中,都不曾有过如此集中的形象,如此强烈的视觉信息。"②我们不妨模仿马克思的说法来戏拟当下的文化:"一个幽灵,一个视觉图像的幽灵,在当代社会中徘徊。"

"视觉文化"这个概念,作为一个关键词,已经越来越频繁地出现在各种学术著述和报章杂志中。那么,这个概念究竟意指什么呢?

首先,视觉文化是晚近兴起的一个重要的文化形态或文化发展趋势,它不同于传统文化和前期现代文化,是一种高度视觉化的文化。有的学者干脆说,视觉文化就是后现代文化,就是后现代文化中的日常生活。比如米尔佐夫就认为,由于现代主义重视的文本性在视觉性面前风光不再,所以后现代的视觉化应运而生。在他看来,后现代的日常生活已经被彻底视觉化了,是一个海德格尔所说的"世界图像时代",或法国作家和制片人德波所谓的"景象社会"。换言之,在这一社会中,日常生活的方方面面都被视觉化所制约。这一文化形态截然有别于传统社会和现代性早期以文本、话语和语言为主因的文化形态。米尔佐夫指出:"视觉文化并不依赖于图像本身,而是有赖于一种将存在图像化或视觉化的现代趋势。这种视觉化使得现时代迥异于古代和中世纪。"③

其次,有的学者强调,视觉文化更具体地意指一些与视觉媒介密切相关的领域,它们构成了一个文化场域,比如斯特肯和卡特赖特就认为:"视觉文化这个术语涵盖了许多媒介形式,从美术到大众电影,到广告,到诸如科学、法律和医学领域里的视觉资料等。"④依据这种看法,视觉文化所涉及的范

---

① 休斯:《新艺术的震撼》,上海美术出版社,1989 年,第 285 页。
② John Berger, *Ways of Seeing*, London: Penguin, 1973, p. 135.
③ Nicholas Mirzoeff, *An Introduction to Visual Culture*, London: Routledge, 1999, pp. 6 - 7.
④ Marita Sturken and Lisa Cartwright, *Practices of Looking: An Introduction to Visual Culture*, Oxford: Oxford University Press, 2001, p. 2.

围极其广阔,大凡运用视觉媒介或形式的任何人类活动均属于视觉文化范畴。

第三种看法强调视觉文化的谱系学特征,强调视觉文化有其历史的根源和发展。福柯提出,视觉性是启蒙运动以来西方话语谱系和知识型的一个重要层面,它涉及现代权力和话语的共生关系。在福柯的思考中,空间、全景敞视主义、监视和规训等视觉现象被置于隐蔽复杂的权力关系中加以分析①。艺术史家布列森也认为,所谓的视觉文化就意味着种种不同再现形态的"形象史"②。将视觉文化理解成为一种话语的谱系学,这有助于揭示视觉性在不同文化的历史形态中所扮演的不同作用。在福柯那里,视觉性总是和真理、可见性、光明联系在一起的,因此自启蒙运动以来的现代历史就是一个不断关注可见性的历史,可见性不可避免地转化为权力对人的敞视性的监视。这种研究路径逐渐发展成为关于视觉的社会体制的研究。

第四种关于视觉文化的看法认为,视觉文化既是对一个研究领域或对象的界定,同时又是对一种特定研究的界定。有学者认为,视觉文化其实就是当代兴起的文化研究的一部分,与社会学或社会理论关系密切;也有学者强调视觉文化并不是一个学科,而是带有明显的跨学科性质,所以它与一般的文化研究不一样。伯纳德从威廉斯的"意指系统"概念出发,认为视觉文化这个概念涉及种种体制、对象和实践的结构系统,借此视觉经验和社会秩序完好地确立起来③。值得注意的是,这种关于视觉文化的界定,偏重于对制度、意义生产和理解及其意识形态塑造功能的社会学分析。晚近关于视觉文化研究的理论,更加突出了多学科和跨学科性质,在这方面,W·J·T·米歇尔的看法很有代表性。他认为,所谓视觉文化就是关于"视觉经验的社会建构"的研究。

> 这些研究实践已出现在艺术史、文学和媒介研究、文化研究等学科的交汇之中,它环绕着我所说的"图像的转向"。这一转向贯穿在有关认同构成、性别、他性、幻想、无意识的批判理论、哲学和政治话语之中;它集中于视觉经验的文化建构,这种视觉经验蕴含

---

① 福柯:《尼采,谱系学,历史》,杜小真编:《福柯集》,上海远东出版社,1998年。
② Norman Bryson, et al., *Visual Culture: Images and Representations*, Hanover: Wesleyan University Press, 1994, p. xvi.
③ Malcolm Barnard, *Art, Design and Visual Culture*, London: Macmillan, 1998, pp. 18-19.

在日常生活、媒体、再现和视觉艺术之中。因此,视觉文化是一个研究规划,它要求艺术史家、电影研究者、视觉技术专家、理论家、现象学者、精神分析学者及人类学家之间的对话。简而言之,视觉文化是一个学科间的研究(interdisciplinarity),是跨越学科边界的交汇与对话的场所①。

这种看法强调,视觉本身并不是某一学科独特的研究对象,它跨越现有学科分界形成了一个范围广大的多学科或交叉学科研究。米尔佐夫认为,应该把视觉文化研究规定为一种策略,而不是一个学科。这种策略与文化研究的诸多激进问题(诸如性别、种族、阶级等)密切相关②。

通过以上简单的分析,我们大致可以看出,视觉文化这个概念含义是极其丰富的,同时它的使用有时充满歧义,不同的人在不同的语境中强调它的不同含义。但是,有两个基本含义是应加以强调和区别的。其一,视觉文化概念是指称一个文化领域或研究对象,它不同于词语的或话语的文化,其中视觉性占据主因或显赫地位。换言之,所谓视觉文化就是当代文化发展中的特定现象或文化实践领域。其二,视觉文化也可以用来标示一个研究领域,或是广义的文化研究的一个重要分支,或不同于一般的文化研究而呈现为一个独特的研究领域,它带有明显的跨学科、甚至"去学科"性质,是对不同程度已经制度化了的种种学科的反动。它越出了艺术史、电影研究、符号学、媒体研究甚至文化研究的边界,转而成为一个综合性的、跨学科性的研究。

然而,视觉文化的上述两种基本含义往往容易混淆。既指文化现象,又指文化研究。这里,为了进一步严格地使用这一概念,从而避免概念引起歧义和混乱,我们用视觉文化特指以视觉为主导的当代文化现实,而把对这一现实研究或思考界定为视觉文化研究。

以下我们将把视觉文化研究的问题区分为两大层面,第一个层面是视觉文化的一些基本理论,第二个层面是视觉文化的某些领域的现象分析。

第二节 视觉权力

看是人生存的基本形态之一。人与他的文化和世界的关联,相当程度

---

① W. J. T. Mitchell, "Interdisciplinarity and Visual Culture", *Art Bulletin*, Dec., 1995, p. 540.

② Nicholas Mirzoeff, *An Introduction to Visual Culture*, London: Routledge, 1999, p. 4.

上是通过视觉和观看来实现的。因此,眼睛是人通向世界的桥梁,视线与视像的关系就是人的生存关系。显然,视觉在主体诸多机能中占有相当重要的地位。在各个民族的文化中,视觉的丰富隐喻足以说明它的重要性。光明、慧眼、见识、灵见、想见、盲视、千里眼、火眼金睛、阴影、镜子、再现……不胜枚举。可以肯定,远在发明语言文字之前,人类早就熟练地运用视觉来把握世界了。形象不仅是记录了特定的物象,而且记录了特定时期人们如何看或如何被看。人类文化所创造的形象或图像的历史,也就是人类视觉及其观念发展的历史。

玛雅人的眼睛雕像

马格利特:《眨眼》

然而,对于视觉文化研究来说,重要的是人们实现后面所隐含的复杂的视觉观念。不同的眼光塑造了人们不同的视觉经验,而不同的视觉经验又决定了特定的视觉文化及其对它的理解。视觉文化的核心问题乃是视觉经验的社会建构,这就涉及所谓人们"看之方式"(ways of seeing),亦即人们如何去看并如何理解所看之物的方式。其实,看这种视觉活动并非自然而然,而是蕴含了复杂的社会文化内涵。"我们只会看到我们想看的东西。想看乃是一种选择行为。其结果是把我们所见之物带入了我们的目力所及范围。"①看所以是一种主动自觉的选择行为,因为"我们观看事物的方式深受我们所知或我们所信仰之物的影响"②。这就意味着,人怎么看和看到什么实际上受其社会文化的制约,并不存在纯然透明的、天真的和毫无选择的"白板式的"眼光。

看的行为总是发生在特定的社会情境和语境之中,或者说,看本身就是一种交往性的社会行为。看的形式是多种多样的,其中所包孕的社会文化内涵也是复杂多样的。对种种看的行为和类型做深入细致的归类和分析,便可揭露其中所蕴含的复杂的"社会意义"。设想一个美术馆情境,那里有

---

①② Nicholas Mirzoeff, *An Introduction to Visual Culture*, London: Routledge, 1999, p. 8.

许多不同的眼光相互作用,它们构成了一个含义复杂的"视觉场"。不同的目光和观看围绕着一幅画在一个具体情境中交汇遭遇,其文化意义委实很多。不同文化背景和地位(教育程度差异,艺术修养差异,社会地位差异,阶级差异,种族差异,性别差异等等)的眼光聚会在一起,其中必然渗透着各自不同的想法、体验和互动。在不同历史阶段和不同的文化中,看的行为还有着许多复杂难解的视觉文化意义。比如,不同文明都有自己的视觉禁忌,禁忌不只是对特定视觉行为简单的禁止和排斥,而且蕴含了相当复杂的游戏规则。有研究发现,在肯尼亚的某些部族中,一个人是不能看他继母的;而在尼日利亚,一个人则不能看比他地位高的人;在南美印第安的某些部落中,谈话时一个人不能看着另一个人;而在日本,一个人只能看对方的颈项而不能盯着别人的脸①。在中国传统社会,皇帝驾到众人必须回避,也不能正面凝视皇上。诸如此类的视觉禁忌表明,任何一个社会都存有许多关于视觉的规范,它们制约着人们日常生活中如何合乎规范地使用视觉来交往和传达。视觉不仅与社会地位和社会关系有关,而且与种族、性别、年龄、文化等多方面的差异有关。比如许多文化中都有男女视觉行为的不平等现象,女性多半被当作视觉对象而遭人审视,而男性则往往具有一种审视者的优越地位。女性主义的视觉文化研究者发现,在西方艺术史上,只有百分之五的女性艺术家,但是裸体像的百分之八十五均是女性②。再比如,在许多现代办公空间里,视线的社会关系也是常见的,比如现在流行一种开放式的办公空间,老板坐在一个独立的房间里,可以监视外面员工的举动,而员工则很难发现老板的目光,这种格局很像是边沁的圆形监狱设想。这就存在着不平等的视觉关系。比如老师在课堂上看着学生,观众在影院里观看电影,凡此种种,"凝视绝不只是去看,它意味着一种权力的心理学关系,在这种关系中,凝视者优越于被凝视的对象。"③

这里,我们有必要对视线中的"权力关系"展开一些初步的讨论。

根据福柯的看法,人类文明史实际上是充满了压制和暴力的历史,眼睛作为最重要的权力器官施行着复杂的权力机能。他注意到,这个"权力的眼睛"在 17 到 18 世纪,有一个从对瘟疫控制的监视隔离的封闭性,向全景敞

---

① Michael Argyle, *The Psychology of Interpersonal Behaviour*, Harmondsworth: Penguin, 1983, p. 95.
② 弗瑞阑:《别闹了,这是艺术吗?》,中国台湾左岸文化,2003 年,第 110 页。
③ Jonathan E. Schroeder, "Consuming Representation: A Visual Approach to Consumer Research", In *Representing Consumers: Voices, Views and Visions*, ed. Barbara B. Stern, London: Routledge, 1998, p. 208.

视主义的历史性转变。瘟疫的控制造就了一种"封闭的、被割裂的空间,处处受到监视"①。而由边沁所构想的"全景监狱"则颠倒了黑暗、封闭的地牢原则,"充分的光线使监督者的注视比黑暗更能有效地捕捉囚禁者,因为黑暗说到底是保证被囚禁者。可见性就是一个捕捉器"②。福柯强调,前者是用来对付特定危险情境的,而后者则变成了普遍化的运作模式,两百年来它不断地激励新的灵感和变种,成为一种建筑学上权力的政治技术象征。与传统的偷窥和监视不同,传统的"观看机制是一种暗室,人们进入里面偷偷地观察。现在它变成了一个透明建筑,里面的权力运作可以受到全社会的监视"③。福柯坚信,17—18世纪这两种"规训"导致了"规训的社会"的诞生。不仅在人类历史上的一些极端时期会出现无处不在的权力的眼睛,即使是一些平常时期,在我们的日常生活中亦普遍存在这样的眼光。今天,这种全景敞视主义可以通过各种机器装置更加广泛地加以实现,无论春夏秋冬抑或白昼黑夜,各种电子装置可以不休息地全天候地监视人们,达到了彻底的敞视主义,进入一个"透明的社会"。

福柯把现代社会称之为"规训的社会",他指出了两个重要的现代发展趋向:第一,18世纪以来有一种普遍的对黑暗空间的恐惧,害怕黑暗对真理的遮蔽,因此要消除社会的黑暗区域。我们知道,启蒙就是一种去除黑暗和愚昧的思想文化运动,就是照亮世界。第二,18世纪的建筑规划已经诞生了某种"中心化的观察系统,身体、个人和事物的可见性是他们(指建筑规划者——引者)最经常关注的原则"④。换言之,现代社会不同于古代社会,小到建筑结构,大到城市规划,中心化的观察系统和可见性已成为某种必须考虑的要旨。

但问题是,这些权力的视觉话语是如何运作的呢?福柯注意到,人们谈论问题是依照一系列复杂的规则来进行的,其中最重要的就是一系列非此即彼的二元对立,它们形成了某种排斥,所谓真/伪、善/恶、理性/疯狂、正常/反常、科学/非科学等的区分。有些话语或看之方式是可以被接纳的,有些则必须排斥。真的、善的、理性的、正常的和科学的是被认可和接纳的,而其对立的范畴则是要加以排斥的,这便构成了视觉话语的认知型(或知识型)。霍尔具体解释说:

---

① 福柯:《规训与惩罚》,刘北城、杨远婴译,三联书店,1999年,第221页。
② 同上书,第225页。
③ 同上书,第233页。
④ 包亚明编:《权力的眼睛》,严锋译,上海人民出版社,1997年,第149页。

话语是指涉或建构有关某种实践特定话题之知识的方式：一组（或一种结构）观念、形象和实践，它提供了人们谈论特定话题、社会活动以及社会中制度层面的方式、知识形式，并关联特定话题、社会活动和制度层面来引导人们。正如人所共知的那样，这些话语结构规定了我们对特定主题和社会活动层面的述说，以及我们与特定主题和社会活动层

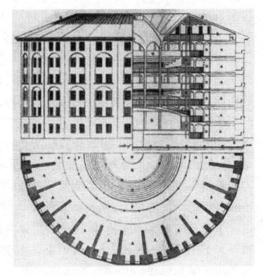

边沁的中心监狱图

面有关的实践，什么是合适的，什么是不合适的；规定了在特定语境中什么知识是有用的、相关的和"真实的"；哪些类型的人或"主体"具体体现出其特征。"话语的"这个概念已成为一个宽泛的术语，用来指涉意义、表征和文化所由构成的任何路径①。

值得注意的是，这些区分往往是以"知识"和"真理"的名义展开的，就是说，我们无论是言谈还是视觉活动都有一种对真理或知识的意志，福柯称之为"求真意志"和"求知意志"。因此，"知识"和"真理"变成了权力的代名词。权力产生知识，知识反过来又加强了权力。正像英语中的"规训"（discipline）这个词的复杂意义所表征的那样，一方面它意指学科和知识，另一方面它又是指训练、纪律、处罚。但我们想特别指出的一个现象是，在一个越加民主化的社会中，在一个表面上看来个人有充分的选择自由的社会中，人们对自己身体的"监视"其实正是一种看不见的"权力的眼光"。因为现代社会创造了许多关于视线的规范，确立了许多审美的、科学的、理性的观看原则，这些原则制约着每个人如何去看，也决定了他看到什么，或者说要看什么，对什么所看之物给予褒贬评价等等。

今天，权力的眼光无处不在，这种敞视主义的全景式的监视已经渗透到

---

① Stuart Hall ed., *Representation: Cultural Representations and Signifying Practices*, London: Sage, 1997, p. 6.

我们日常生活的方方面面：新闻记者对现场当事人，医生对病人，警察对嫌疑犯，人类学家对田野调查的土著居民，老师对学生，家长对孩子，老板对员工，保安人员对商场顾客，银行监视器对客户，等等。由于视觉技术的发展，视线已经从人的肉眼日益转向更加精确、可以记录的视觉技术，从望远镜到监视器，从红外摄像机到数码图像技术等等。从人的眼睛到机器的"眼睛"，产生了一个巨大的飞跃，后者可以不休息和不计报酬，不分白天黑夜，不分场合和方向，按照权力的意旨来监视所有要被监视的人。甚至像信用卡、电话、身份证、驾驶执照等都可以成为看不见的监控人们行为甚至思想的"权力的眼睛"。福柯写道："大革命所要建立的(是)透明度和可视性……当时不断兴起的'看'的统治，代表了一种操作模式，通过这种模式，权力可以通过一个简单的事实来实施，即在一种集体的、匿名的注视中，人们被看见，事物得到了了解。一种权力形式，如果它主要由'看'构成，那么，它就不能容忍黑暗区域的存在。"①

"权力的眼睛"的另一种表现，就是视觉对象或空间布局上的差异性和边缘/中心关系。在博物馆和美术馆里，什么作品被放置在中心位置上，各种展品如何摆放及其构成什么样的关系，是一件富有文化意义乃至政治意味的事。举例来说，一个展示西方现代艺术与非洲原始艺术关系的艺术展，如何处理西方与非西方文化之间复杂关系就是一个问题。有些画展主办者把非洲原始艺术作为陪衬，作为西方现代艺术的灵感来源加以设置，这就明显突出了西方艺术本身的创新性，而将非洲艺术作为一个低级的、缺乏创造性的"他者"打发了。这明显地反映出艺术展的主办者内心根深蒂固的西方文化优越论和西方中心论。同理，在涉及不同民族及其文化历史关系的展览陈设中，如何处理好平等的文化交往关系进而坚持文化多元论，的确是一个需要审慎对待的问题。也许在不经意之间就会传递出某种文化霸权主义或本土文化优越论，进而形成了某种权力/知识共谋关系。现在各家大博物馆越来越多地采用了高技术手段来布展和引导观众，比如借助于录音和耳机来指示观众沿着特定路线和顺序观看各种展品，这就提出了展览主办者意图与观众自由观看之间的复杂关系。依照展览主办者的意图，循着规定好的路线和顺序，有所取舍地观看展品，这实际上在一定程度上剥夺了观众自由观赏的权利，暗中将展览主办者的意图和理解强加给了观众。因此，如何在两者之间保持某种平衡，是展览和展出需要解决的问题之一。诚然，观众观看过程中的理解也是一种复杂的反应过程。福柯一方面指出了权力话

---

① 包亚明编：《权力的眼睛》，严锋译，上海人民出版社，1997年，第157页。

语的运作及其对人们的规训,但另一方面,他也认为,即使是在规训的空间里,也存在着颠覆、抵制和批判权力话语的可能性。霍尔进一步发展了这一理念,他认为意义的传递过程中存在着理解和误解,存在着不同的解码方式及其可能性。尤其是他指出了"对抗性"解码的可能性。这种解码绝不把视觉对象的意义视为"自然的"或"透明的",而是以一种质疑的甚至批判的态度去理解意义,倾向于建构"另类话语",生产出抵抗权力话语的种种可能性。

第三节 视觉消费

本雅明在研究波德莱尔诗歌时发现,19世纪的巴黎已经出现了一种独特的人物——"游荡者"。20世纪这类角色更是在大都市里随处可见。对"游荡者"来说,市场是他们最后的场所,他们从一家商店走进另一家商店,茫然地凝视着各种物品,他们与商品不停地交流沟通着。今天,这样的"游荡者"穿梭于大都市里的巨型百货商场和购物中心,成为消费社会的一道景观。如弗莱德伯格所言,"游荡者"沿着大街漫步欣赏一字排开的商场橱窗,就形成了一种动态的视觉,因为"商场橱窗是这种视觉陶醉的前台,是勾引消费者欲望的场所"[①]。"游荡者"的角色行为揭示了当代社会消费的一个重要层面:视觉消费,或用当下流行的概念来说,就是"注意力经济"或"眼球经济"。正像一些学者所指出的那样,这一经济的特征体现在三个层面上:第一,当代社会的高度视觉化构成了一个"以形象为基础的现实"(the image-based world)。第二,经济活动也越来越偏向于形象的生产、传播与消费,这就导致了一个"以形象为基础的经济"(the image-based economy)的出现。第三,在这种经济形态中,人们的消费行为明显受制于商品形象的控制,这就出现了所谓"视觉导向的消费行为"。

视觉导向在相当程度上揭示了当代消费行为的倾向性,从客观方面来说,各式各样的形象成为消费的对象;从主体方面来看,消费者的消费行为或隐或显地受到各种商品及其形象的操控影响。韦里斯指出:"在发达的消费社会中,消费行为并不需要涉及经济上的交换。我们是用自己的眼睛来消费,每当我们推着购物小车在超市过道里上上下下时,或每当我们看电视,或驾车开过广告林立的高速公路时,就是在接触商品了。"[②]

---

① Anne Friedberg, "Cinema and the Postmodern Condition", in Linda Williams, ed., *Viewing Positions*, New Brunswick: Rutgers University Press, 1995, p. 64.

② See Jonathan E. Schroeder, *Visual Consumption*, London: Routledge, 2002, p. 4.

这说明,在以形象为基础的社会中,消费行为已不再局限于传统的以交换行为展开的直接购物行为中。具体说来,视觉消费至少包含如下含义。

首先,在消费社会中,看的行为本身就构成了消费。不但像影视作品、旅游景观这样的纯粹视觉对象是视觉消费的"产品",而且传统上并不具有被观赏性的许多物品也可以成为视觉消费的对象。消费社会中的几乎所有商品和服务本身都必须在被看见和被展示的情况下才具有消费品的性质和吸引力。具体说来,看与被看的行为都是消费行为的一部分。由于观看物品已经成为建构自我身份认同的路径,所以,商品外观、品牌及其复杂的附加意义,便成为认同和发现自我身份的活动。恰如费斯克所言:看制造意义,因此它成为一种进入社会关系的方式,一种将自己嵌入总的社会秩序的手段,一种控制个人特定社会关系的手段①。而且,视觉消费越来越趋向于物品的符号交换价值及其意义生产交往。消费行为已不限于单纯地对物品的占有,也不仅仅是对其使用价值的实现,比如一件衣服或一部轿车,我们拥有它们并消耗着它们的使用价值;同时,消费也是在实现着这些商品符号性的"展示价值"(本雅明)。用德波的话来说,在"景象社会"中,展示一件商品比拥有一件商品更为重要。传统意义上的那种一人独享或独自占有的消费行为,已经被在符号系统中符号交换或展示价值所取代。因此,视觉消费便成为消费社会中消费行为的重要层面。一件名牌西装的功能远不只是御寒或遮蔽,而是表明其拥有者的趣味、教养、身份乃至社会地位的区隔性符号。因此,这种身份对拥有者和见证者同时具有区隔和身份定位的符号功能。在这个复杂的符号表意过程中,视觉化不但承担了展示功能,而且起到了生产意义和交流意义的重要功能。正像道格拉斯和伊舍伍德所指出的那样:"消费的实质功能在于它有意义。我们要忘记消费的无理性,忘记物品好吃、穿起来漂亮、住起来舒服,忘记物品的实用性;反过来,我们要试着这样想:物品值得思考;同时,我们要把物品视为体现人类创造力的非语言媒介。"②费斯克关于牛仔裤的分析就是一个典型的例证。在消费社会中,牛仔裤含有复杂的文化意义和身份建构功能。首先,牛仔裤被视为非正式的、无阶级的、不分男女的、对城市乡村均可使用的服饰,因此它一方面有否定社会差异的功能,另一方面又是"一种自由的记号,即从社会范畴所强调的行为限制与身份认同的约束中解放出来"③。其次,牛仔裤又具有强健、活

---

① 费斯克:《解读大众文化》,南京大学出版社,2001年,第38页。
② 罗钢、王中忱编:《消费文化读本》,中国社会科学出版社,2003年,第57页。
③ 同上书,第6页。

力的特征,因而承担了美国社会工作伦理特定的阶级含义,穿牛仔裤主要来自两个群体——青年人和蓝领阶层。但是,牛仔裤还有更为复杂的文化意蕴,它在消除社会差别的同时又可被用来传达某种反抗的意义,比如故意将牛仔裤弄破磨旧,意味着对那种整洁完好的牛仔裤规范的颠覆和抵抗。同时,牛仔裤原本来自劳动阶层的意义在种种编码和解码过程中被赋予了新的意义。比如 Levi's 501 牛仔裤的电视广告,就是通过劳苦的牛仔风格的描绘,展现了通过努力和自由获得成功的神话,"该广告打上了精英式资本主义意识形态的明确印迹,告诉我们:一个人能够(也应该)走出艰苦的环境,取得个人的成功和身份"①。更有趣的是,牛仔裤一方面具有削平差异的功能,另一方面又具有区隔身份的功能。比如普通牛仔裤和名牌牛仔裤就代表了两种不同的身份和文化。费斯克因此认为,穿名牌牛仔裤是一种区隔行为,是用一种具有社会定位功能的语音语调,它表征了高消费阶层的文化意义。或许我们可以这样来表达视觉消费行为和商品对自我建构的功能:消费者需要就自己的身份客观化,因此必然要在特定的消费品中寻找对象化的商品;反之,在消费社会中,任何商品又总是以或隐或显的方式传

汉密尔顿:《什么使得今天的家如此不同,如此富有魅力?》

递着特定的趣味、价值和意识形态,因此作为消费品的物本身就具有区隔和表明身份的功能。

其次,视觉消费不仅意指那些对商品或服务本身的视觉关注,而且包含了与之相关的其他视觉关注。这种视觉关注同时也就是一种意义的生产与交往。举广告为例,它的功能其实并不只是简单地推销商品或服务,实质上它是在生产意义和欲望。费斯克就认为,在文化经济中,流通过程并非货币

---

① 罗钢、王中忱编:《消费文化读本》,中国社会科学出版社,2003 年,第 10 页。

的周转，而是意义和快感的传播。消费者就是意义和快感的生产者，商品成为文本，一种具有潜在意义和快感的话语结构①。比如由北京人艺名演员濮存昕所做的"商务通"电视广告，通过一个志得意满的成功白领的各种画面的切换，把一种电子工具与成功中产阶级生活关联起来，因此赋予本身只是一个电子工具的商务通某种独特意义，仿佛成了白领阶层成功的条件。在这则广告中，中产阶级的生活方式和价值观被巧妙地融合在一个电子工具之中，因此而创造了一种定向的联想和令人羡慕的购买欲望，并向观者提供了某种"许诺"，那就是拥有"商务通"，也就拥有成功白领的"幸福"。从这个例子我们可以看到，视觉消费不但在消费着商品本身，而且也通过商品来生产消费欲望。鲍曼强调指出，在消费社会中，起初是被迫的行为后来会变成自觉的上瘾的行为："我们在商店外的购物和在商店里的购物一样多；我们在街道上购买，在家里也购买，在工作或闲暇时、在醒来时或在睡梦中，都在购买。无论我们在做什么，也无论我们把我们的行为称作什么，它都是一种购买，一种像购物那样展现的行为。"②我们有理由认为，视觉消费实际上就是环绕种种商品形象的目光的注视、观看和追踪，而广告也好，橱窗也好，都不过是对欲望的生产和满足，无论是实际的满足抑或是虚幻的满足。

更重要的是，在消费社会中，形象的消费在生产出对形象的欲望的同时，也生产出大量甚至过剩的图像。这一方面表明图像消费本身具有无穷的潜力和市场，具有取之不尽的图像资源；另一方面，这种过剩也就成为视觉文化与消费社会结合的关节点。消费社会源源不断地提供丰富的、更新的图像作为消费品，这就推动了视觉文化的消费运转。桑塔格在分析摄影与消费关系时发现："需要拍摄一切的最后理由就在于消费本身的逻辑。消费就意味着挥霍，意味着耗尽——因此，就意味着补充。由于我们制造影像消费影像，我们就需要更多的影像；越来越多的影像。但是影像并非这世界必须彻底搜索的宝藏，它们恰恰是目光所及之处近在身边的东西。而正像情欲的所有可靠形式一样，它不可能得到满足：首先，由于摄影的可能性是无限的；其次，由于这一方案终究是自我耗尽的。摄影家们殚精竭虑地撑起一个枯竭的现实感的企图导致的就是枯竭。我们对世事无常的压抑感自照相机给予我们将流逝的时光定格的意义之后更显剧烈。我们以更快的速率消费影像。"③

---

① 费斯克：《理解大众文化》，中央编译出版社，2001年，第33页。
② 鲍曼：《流动的现代性》，上海三联书店，2002年，第111—112页。
③ 桑塔格：《论摄影》，湖南美术出版社，1999年，第196页。

最后,视觉消费从根本上说是一个体验性消费,消费过程中商品或服务重要的不只是在生理上和物理上对消费者的满足,更重要的是经由视觉产生的心理满足。因此,视觉消费在相当程度上是一种视觉快感的满足,一种通过视觉产生的自我认同的满足感。从过程上看,这种体验就是对当下流行的所谓格调或品位的塑造和强化。它一方面有赖于某种消费品位的熏陶,而这种品位的训练就是某种眼光的培训。另一方面,正是通过这种眼光的培训,反过来又制约着消费者在广袤无垠的消费品市场上寻找适合于自己的东西,进而获得自我或集体认同感。布尔迪厄说得好:"消费是交往过程的一个阶段,亦即译解、解码活动,这些活动实际上以必须掌握了密码或符码为前提。在某种意义上,人们可以说,看的能力就是一种知识的功能,或是一种概念的功能,亦即一种词语的功能,它可以有效地命名可见之物,也可以说是感知的范式。"①用这种理念来解析视觉消费再恰当不过了。不同的消费者具有不同的消费眼光,而广告的不同定位实际上正是对不同群体眼光及其消费品位的塑造和强化。这就使得消费者获得了特定消费的视觉判断力和选择方向,他们能在琳琅满目的商品海洋中快意地寻找并找到自己所心仪的商品。更重要的是,视觉消费实现了购买具有良好形象的方法,并且使他人相信自己就是那种具有良好形象的人②。至此,我们可以对消费文化这个概念作一点发挥。消费本身是一种文化,但是,引起我们特别关注的现象是,当今许多消费品和服务都被涂抹上具有诱惑性的"文化色彩"。从"小资"到"白领",从"先锋"到"炫酷",种种诉求实际上都在传达某种认同归属和追求优越的心理体验及其满足。于是,拥有某种消费品,或享受某种服务,也就是获得它们所人为设计的那些附加的象征价值。

第四节 虚拟现实

当代视觉文化并不是凭空出现的,它的发展有赖于一定的技术条件。今天,图像生产、制作、传播和接收的各种新技术层出不穷地涌现出来,它深刻地改变了我们的文化形态。其中,一个值得关注的层面是所谓虚拟现实的出现。

所谓虚拟现实(virtual reality)是指由电脑硬件和软件所创造的幻真性的虚拟情境,通过使用各种电子工具(诸如电子手套、头盔、眼镜、耳机等),

---

① Pierre Bourdieu, *Distinction: A Social Critique of The Judgement of Taste*, Cambridge: Harvard University Press, 1984, p.2.
② 鲍曼:《流动的现代性》,上海三联书店,2002年,第114页。

让使用者进入一个幻真世界。这个概念同时也泛指由电脑网络形成的各种文本性的或图像性展示所由构成的世界①。如果我们把虚拟现实的概念拓展到虚拟文化,那就不只限于那些电脑的网络世界,同时还包括好莱坞的科幻影片、环球影城、迪斯尼乐园等现象。巴奥卡认为:"虚拟现实在我们面前展现为一种媒体未来的景观,它改变了我们交流的方式,改变了我们有关交流的思考方式。关于那种我们可望而不可及的媒体有许多说法:电脑模拟、人造现实、虚拟环境、扩展的现实、赛博空间等等。随着技术的未来展现出来,很可能会有更多的术语被创造出来。但是,谜一样的概念虚拟现实始终支配着话语。它通过赋予一个目标——创造虚拟现实——而规定了技术的未来。虚拟现实并不是一种技术,它是一个目的地。"②很显然,虚拟现实是一个完全人造的环境,它的出现使得视觉文化呈现出某种新的面貌。

波德利亚

根据波德利亚的看法,近代以来西方社会和文化已经历了模仿阶段和生产阶段,现在进入了一个崭新的模拟阶段。这一阶段独特的标志是,符号不再表征现实,甚至与现实无关,它们依循自身的逻辑来表征,符号交换是为了符号自身③。在模拟阶段,最突出的媒介形态是电子媒介,电视乃是最主要的信息通道,电脑的出现,互联网的形成,更加激进地改变了艺术与现实的关系,使得模拟和仿像应运而生。于是,虚拟现实便应运而生,一种全新的虚拟文化遂来临。以波德利亚的观点来看,构成虚拟现实最重要的手段乃是模拟和仿像(simulation and simulacrum)。在古典社会的模仿阶段中,一个形象的创造是和特定的原本(模特、风景等)密切相关的,这是一种模仿论;在近代社会生产阶段,先锋派的艺术虽然不再拘泥于特定的原本,但形象的创造仍反映出艺术家的理想和情感;但是到了当今世界的模拟时代,形象由于具有的不断被复制的机能,它不再依循某种原本来复制,这就形成了形象的自我复制——仿像。换言之,在模拟的状态下,形象是为了

---

① http://www.webopedia.com/TERM/V/virtual_reality.html
② Frank Biocca and Mark R. Levy, eds., *Communication in the Age of Virtual Reality*, Hillsdale: Lawrence Erlbaum, 1995, p. 4.
③ Mark Poster, ed., *Jean Baudrillard: Selected Writings*, Stanford: Stanford University Press, 1988, 135 ff.

形象自身并依照形象的逻辑广为复制和传播。传统的生产模式被生产的符号所取代。模拟的结果是仿像形态的出现，仿像就是模拟符号的超现实之产物。"今天，整个系统在不确定性中摇摆，现实的一切均已被符号的超现实性和模拟的超现实性所吸纳了。如今，控制着社会生活的不是现实原则，而是模拟原则。"①

虚拟现实的出现激进地颠覆了一切古典符号学原则。传统社会依据的是"地域在先原则"，即先有特定的"地域"（原本），然后才有相应的"地图"（摹本），恰似古典的模仿理论或镜子说所陈述的原则。当代社会的符号生产原则则完全相反，是先有"地图"（某种人工的模型和范本），然后依样画葫芦地大规模地机械复制，古典的模仿原则在当代虚拟文化中被彻底颠倒了。各种各样的虚拟形象被逼真地炮制出来，各种虚拟的游戏侵入到我们的日常生活中来，互联网、卫星电视、网络通讯将世界融合成一个巨大的虚拟空间。波德利亚甚至提出，海湾战争不过是一个"电视事件"而已，因为早在战争开始前，一切均已在美国国防部的电脑系统上被精确地模拟过了，后来的战争不过是再次模拟而已，它完全是通过电视这样的电子媒介展现在世人面前。有人注意到战争期间美国飞行员的反应，当一位飞行员返航后他兴奋地说，整个轰炸过程"就像是一场电影"，他急不可待地等待第二次轰炸，以便更完美地体现电影的效果②。这足以说明虚拟的电影对真实事件的理解和解释具有导向作用，真实事件有时要依赖于虚拟现实来表述和证实。

波德利亚指出：再现是表征一个人所具有的东西，而模拟则是臆造一个人所没有的东西。前者意味着对真实的再现，后者意味着虚拟不存在的事物；模仿是确证现实原则，因为真假之间的差异很明显，模拟则相反，它"威胁到真与假、真实与想象物之间的区别"③。它依赖的是特殊的仿像。那么，什么是仿像呢？仿像就是没有原本的可以无限复制的形象，它没有再现性符号的特定所指，纯然是一个自我指涉符号的自足世界。典型的仿像就是迪斯尼乐园。在波德利亚看来，迪斯尼乐园是一个由三个层面构成的模拟物。第一个层次是乐园以幻象性游戏的方式，掩盖了现实本身，达到了一种"去现实"效果。第二个层次则是通过某种社会性的"微观世界"达到某种对不在场的现实的遮蔽。最后是第三个层次，这个层次的模拟已经全然脱离了现实，或者说与现实

---

① Mark Poster, ed., *Jean Baudrillard: Selected Writings*, Stanford: Stanford University Press, 1988, p. 120.

② See John Jervis, *Exploring the Modern*, Oxford: Blackwell, 1998, p. 299.

③ Mark Poster ed., *Jean Baudrillard: Selected Writings*, Stanford: Stanford University Press, 1988, pp. 167 – 168.

无关,迪斯尼乐园成为自身符号的模拟。即是说,模拟到了一定程度,符号与现实的关系彻底断裂,它完全是一个自我模拟的自足世界。

>迪斯尼乐园所以在那儿的原因是要掩盖如下事实,此乃这个"真实的"国家,"真实的"美国就是迪斯尼乐园。……迪斯尼乐园展现想象物,是为了使我们确信其余的世界是真实的,而实际上洛杉矶和周围的美国则不再真实,它们是超现实层面和仿拟层面的产物。问题不再是现实(意识形态)的虚假再现,而是遮蔽了现实物不再真实的问题,是拯救现实原则的问题①。

不仅像迪斯尼和环球影城是虚拟性的,甚至像"赌城"拉斯维加斯的城市空间也带有明显虚拟性质,该城的许多大饭店挪移了欧美各地的历史建筑,将埃菲尔铁塔、圣马可广场、自由女神像、帝国大厦等许多标志性的建筑微缩为景观和饭店,甚至在许多饭店门口,以虚拟的火山爆发、海盗船、恺撒大帝再现等表演来招揽游客,完全是一个"虚拟的世界"。晚近中国现代化进程中,各地争相建设各种虚拟性的文化设施,从立体影院到主题公园,从海底世界到民俗村,这些文化设施已经脱离了它各自物质性存在的时间(历史)

好莱坞环球影城的"水上世界"

---

① Mark Poster ed., *Jean Baudrillard: Selected Writings*, Stanford: Stanford University Press, 1988, p. 172.

和空间(地域)环境,构造了一个供人观赏的虚拟和人工环境。

由于我们的日常生活越来越依赖于媒介(报纸、电视、电影、广告、互联网、电脑等),形形色色人为的形象符号成为我们接触世界的重要通道,所以,虚拟性的符号往往比现实本身更为重要。由此便导致了更加严峻的问题:形象和形象所表现的真实或现实世界之间的界限模糊了,甚至完全断裂了。人们生活于一个由仿像所构成的社会,其典型特征就是"假的比真的更真实"。当人们习惯于在这个虚拟的世界里生存之后,反倒对他们真实的生活世界显得不再适应。这种情形在"网虫"的生活中呈现得最为典型,他们终日沉溺于网络的虚拟生活之中得心应手,而一俟进入现实生活,便产生种种不适应和心理障碍。

从图像发展的历程来看,也有一个从写实绘画到摄影照片再到数码图像的发展轨迹,人类文化的视觉技术获得了巨大的飞跃。这个轨迹向我们呈现出不断虚拟化的种种趋向。如前所述,形象与现实脱节,甚至形象超越了现实这样的颠倒关系,这便是虚拟文化的基本特征。19世纪王尔德断言不是艺术模仿生活,而是生活模仿艺术,因为艺术为生活提供了样板和理想。20世纪桑塔格则在摄影的发展中发现,与其说是照片真实地呈现了现实生活中的人或事物,不如说现实生活中的人物或事物更接近照片。"现实看起来却越来越像照相机呈示给我们的那样"[①]。在虚拟文化崛起的今天,这些论断已经成为现实,波德利亚所说的仿像与模拟的统治正是这一状态的写照。

从本雅明所概括的机械复制,到波德利亚所描绘的虚拟现实,既是视觉技术的革新的产物,也是复制手段极度扩张的结果。从化学洗印照片到数字化的照片,图像复制变得越来越简便易行了。假如说照片的复制在传统洗印方法制约下,尚有所限制的话,那么,在当代数字化、网络化和虚拟化的条件下,人们完全可以做到无限复制。这一点只要从网络图片的下载、复制、转播和接收的普遍性和简便性上就可以清楚地看到。当代虚拟文化技术上的保证,不但导致了无限复制成为可能,而且导致了完美复制的出现。所谓完美复制,意指通过现代电脑的储存技术可以在数据不衰减的情况下无限复制,这就真正达到了图像的无差别复制。以至于有些学者认为,在数字化的图像复制中,由于转换为比特,所以图像在复制过程中被"去物质化"了,这与照片复制有根本的不同。更进一步,在电脑网络所形成的巨大网络中,数据的传递快捷方便,不同的终端和节点相连互动,这就使得图像资源无限倍增。今天,只要我们对网络上的各种图像资源稍加检索,就会强烈地感受到这一点。无穷的链接形

[①] 桑塔格:《论摄影》,湖南美术出版社,1999年,第177页。

成了空前巨大的图像数据库,在其中各种图像的流动和传递,具有相当的公共性。这里一个重要形式就是所谓的"超文本"的出现,如库比特所指出的那样:

> 超文本的功能,亦即将文本文件彼此链接起来,与图像文件和声音文件链接起来的一组程序……超文本不仅聚集了不同的文件,而且改变了不同的阅读方式。每种阅读方式都通过典型的产品而与历史和地理相关联,这些产品诸如小说、图书馆、杂志架,由于这些阅读而被联系起来。追踪它们时间上和空间上的分布是理解其逻辑以及间隔性时间和场所的第一步,在这些时间和场所中,当下的坚实性已是可替代的,也是可渗透的。赛博咖啡馆也许成了新公共空间、新民主和新主体性的中心①。

在某种意义上看,哈贝马斯所讨论的启蒙时代的公共领域完全被网络公共领域所取代,一种新的公共性应运而生。换言之,在网络的虚拟世界里,新的游戏规则使得图像文本不再恪守种种所有权的陈规,作者性或作者的权威性在这里被进一步削弱了。如果说本雅明所说的机械复制开始了解构作者权威性和中心化的历程的话,那么,可以毫不夸张地说,在电脑网络所构成的虚拟世界里,图像的所有权和作者/权威性(author/ity)已经变得无足轻重了。正像福柯在解释作者问题时引用贝克特的话所发问的那样:"谁在说话有什么关系? 某人说,谁在说话有什么关系?"②由此我们可以得出一个初步的结论,那就是电脑的出现,数字化和网络化的虚拟现实的出现,一方面使得复制变得更加广泛更为普遍,另一方面又使得原本及其作者的权威性日益衰落。

《时代》杂志封面的数字合成图像"美国人的新面孔"

第五节 读图时代

2004 年,作家林白的小说《一个人的战争》刊行了"新视像读本"。照作

---

① Sean Cubitt, *Digital Aesthetics*, London: Sage, 1998, pp. 4 - 5.
② 福柯:《作者是什么?》,王潮选编:《后现代主义的突破》,敦煌文艺出版社,1996 年,第 273 页。

者的说法:"现在是第八个版本……这一次是诗人叶匡政的设计。他在电话里告诉我每一页都作了设计,封面是上层烫银的,画是李津的。……叶匡政说,李津的画似乎是专门为《一个人的战争》画的;《一个人的战争》也好像是为李津而写作,这话我并不相信。但是看到最后,发现此言实在有几分道理。"①其实,所谓"新视像读本"就是一个图配文的新版本。历史地看,这种图配文的格式其实古已有之,诸如古代"绣像本"小说。问题是,标示为"新视像读本"的印刷物与古代"绣像本"究竟有何不同?对这一问题的思索,不禁使人联想到时下流行的一个关键词——"读图时代"。

"读图"这种说法表面上看有点含混。阅读本义应指读文,而如今则流行"读图"。不说"阅文时代"却说"读图时代",一个"图"字道出了这个时代的问题所在。循此思路来琢磨,所谓"读图时代"大抵是指当下文化的某些转变:第一,当前印刷物的某种出版新动向,亦即图像类读物越来越多,越来越时髦和流行,从各类动漫、摄影、电影、画册图书,到颇有市场已成气候的图文书。第二,当代人的阅读"征候"出现了某种转变,人们更愿意阅读各类图像类读物,因为这类读物对眼球更具吸引力和诱惑力。当然,如果我们从更加广泛的意义上来理解,"读图"的含义可以涵盖一切观看和消费图像的活动。

看来,"读图时代"图文书的真正"卖点"不再是原有的文字著述,而在于那些新奇、精美、富有视觉冲击力的图片。在这类图文书中,图像似乎逐渐占据了主导地位,文字反倒慢慢地沦为辅助性的说明。这种状况不仅反映在图书中,在杂志、报纸、手册、甚至各种教学资料中,图片的数量倍增似乎标示着传统的文字占据主导地位的文化,正在转向图像占据主因的文化。在今天这个视觉文化时代,任何读物,倘使缺少图像,便会失去了对读者的诱惑力和视觉冲击力。这正是"读图时代"的新文化法则,图像对视觉注意力形成了一种独特的"眼球经济"。

从美学角度来说,文字和图像本来各具特色,图像以其直观性和形象性见长,而文字以其抽象性和联想性著称。文字读物可以唤起读者更加丰富的联想和多义性的体验,在解析现象的深刻内涵和思想的深度方面,有着独特的表意功能。印刷物的图像化也就是将文字的深义具体化和直观化,给阅读增添了新的意趣和视觉快感,抽象文字和深义表述和直观形象的图片互为阐发,无疑使得阅读带有游戏性,从文字到图像,再从图像到文字,来回的转换把阅读的抽象理解变成一种感性直观。或者说,形成了一种独特图

---

① 林白:《一个人的战争》,北京十月文艺出版社,2004年,第1页。

像与文字之间的"互文性"。两者之间存在对应、差异、缝隙和距离等种种情况,这就为阅读带来了新的乐趣。正像林白在阅读自己的"新视像读本"时所言:"绝妙之处在于,无论是先看图再看文,还是先看文再看图,都会发现一种有趣的吻合。"①林白的解释点出了文与图之间的"互文性"阐发,这种阐发造成某种"有趣的吻合"。然而,这里我想特别探讨的一个问题是,在表面的阅读快感之下是否隐含着某种阅读的"危机"?

文字面临的窘境还在其他一些层面彰显出来。比如,文学作品不断被影视"殖民化"。影像工业的空前扩张,越来越多的文字资源被开发利用成图像产品,许多古典的和现代的文学名著被搬上银屏,被改编成漫画,这本来无可厚非。但问题在于,大量的甚至粗制滥造的图像化和影视化,这在助长和强化公众以图像媒介来理解文学名著的偏爱的同时,不可避免地冷落了文学文本。因为看电影和电视显然比读小说更轻松、更具快感,因而也就更具吸引力。尤其在一些青少年读者中,"读图"的偏好似乎远胜于读书的乐趣。这种倾向是值得深省的。

从对文字读物的偏爱,到热衷于各种图像读物,这表明读者的眼睛所追寻的东西发生了微妙的变化。面对空前发达的市场化了的影视业,文学在悄悄地改变自己的"生态环境",出现了越来越多的专为影视而生存的作家,他们专为影视而服务的"文学作品",甚至是由影视"定制"的作家及其作品。一方面是由影视业的视觉需要和市场行情来要求文学作品的创作,以适合于影视这样的典型视觉艺术的种种视觉性需要;另一方面,则出现了专为影视写作的文人,他们与其说是在"吃文字饭",不如说是在依附于影视的强势霸权而生存。更有甚者,影视作品成功的巨大诱惑,也改变了作家成名的方式,刺激了他们梦想借影视强势影响来提高自己的文化资本和名望。一些影视界的知名导演选择作家及其作品也为作家们提供了新的非文学的"成功"路径。更有趣的是,文学作品也会随着影视的成功获得更大的市场和读者。这个局面目前还很难清晰判断,究竟是有利于文学自身的发展,给文学带来新的生存空间?还是潜藏着文学越加边缘化的危机,迫使文学"沦为"影视强势文化的"臣仆"?

不仅影视与文学之间存在着图像对语言的"霸权",就是在大众媒体中,视觉媒体对文字媒体也构成了巨大的威胁,诸如电视对报纸的压制和诱惑。布尔迪厄注意到电视对报纸这类传统的文字媒介的有力挑战。他指出,电视在新闻场的经济实力和象征力上渐渐地占据了统治地位,因此报业面临

---

① 林白:《一个人的战争》,北京十月文艺出版社,2004年,第1页。

着新的危机,不少报纸在电视的挤压面前销声匿迹了①。他特别分析了电视与报纸之间的竞争,指出电视新闻对报纸新闻具有某种优势,进而迫使文字记者争相在电视媒体上亮相,以提高自己文字新闻的地位②。这说穿了实际上就是图像与文字之间的紧张关系,是视觉媒体对文字媒体的压制与排挤。电视的魅力、强力和吸引力,说到底就是图像的力量,换言之,图像凌越文字在当代文化中已是一个不争的事实。

以上种种倾向的存在还只是从文化生产的层面上来考虑,如果我们把注意力放到受众接受层面上来,那么,"读图时代"新的接受经济学原理将是"快感+节约原理"。说白了,就是受众在接受活动中,不可避免地趋向于接受那些最符合经济原理而又付出较少但得到较多的媒体或文体。即是说,花最少的精力得到最多的东西,这恰恰就是工具理性的核心。对受众来说,最经济的接受方式只是要求之一,除此而外还需要获得更多的快感或体验。显然,"读图"提供了这样的可能性。换言之,一方面形形色色的"读图"是最经济的接受方式,因为视觉的直观性远比文字的抽象性理解要来得省力;另一方面,"读图"又是一种带有快感和愉悦体验的接收方式,或者说它所提供的快感和愉悦比起文字来更加直接、更加显著。所以,从受众的接受心理和接受偏爱的角度来说,"读图"的流行似乎是不可避免的。

至此,我们想提出的问题是,"读图时代"的来临,是否意味着曾经有过的"文字主因型"文化已经被"图像主因型"文化所代替?是否可以说今天图像比文字更具魔力和吸引力?是否可以断言今天确实存在着某种图像对文字的霸权?巴尔特如下陈述给这些问题提供了肯定的说明:

> 这是一个历史性的转变,形象不再用来阐述词语,如今是词语成为结构上依附于图像的信息。这一转变是有代价的,在传统的阐述模式中,其图像的作用只是附属性的,所以它回到了依据基本信息(本文)来表意,文本的基本信息是作为文本暗示的东西加以理解的,因为确切地说,它需要一种阐释。……过去,图像阐释文本(使其变得更明晰)。今天,文本则充实着图像,因而承载着一种文化、道德和想象的重负。过去是从文本到图像的含义递减,今天存在的却是从文本到图像的含义递增③。

---

① 布尔迪厄:《关于电视》,辽宁教育出版社,2000年,第48页。
② 同上书,第57—58页。
③ Roland Barthes, "The Photographic Message", in Susan Sontag, ed., *A Barthes Reader*, New York: Hill and Wang, 1982, pp. 204–205.

巴尔特所表述的现象可以说是当代视觉文化的一个显著发展趋向,文字和形象,或文本与图像的传统支配关系现在被颠倒了,不再是文字或文本支配图像,而是相反,图像获得了前所未有的"霸权"。其结果是,图像的"霸权"不但对文字或文本构成威胁,而且使之成为依附性和边缘化的媒体。

"读图时代"的图像"霸权"具有显而易见的文化政治意味,它突出地表现为"图像拜物教"的蔓延。马克思在对古典资本主义的分析中指出,资本主义的商品生产使得商品具有某种神秘性,商品交换的物的关系遮蔽了生产者之间的社会关系。商品交换价值的实现使人误以为商品自身具有某种魔力,因而导致了对商品魔力的崇拜。假如说当代社会发展有一个从商品向景象的转变的话,那么,我们有理由认为,传统的"商品拜物教"在"读图时代"已经转变为一种新的"图像拜物教"。

拜物教本是原始社会普遍存在的一种宗教性活动。从概念上说,拜物教就是对物质性的、无生命的对象的崇拜,把它当作具有神奇魔力的东西,当作可以给人带来好运的东西。在当代文化研究中,拜物教的概念被广泛运用于不同领域。在马克思的政治经济学分析中,拜物教既具有意识形态的特征,又有遮蔽性和虚假性[1]。在弗洛伊德的精神分析学说中,这个概念通常被解释为恋物癖,它是由匮乏所引起的某种误置及其所带来的替代性满足。大体上说,拜物教具有如下两个特征:第一,拜物倾向总是将物质性的、无生命的事物神秘化,赋予这样的事物以神奇魔力或魅力。第二,拜物教总是带有某种宗教性的崇拜,它构成了对上述具有神奇魔力事物的膜拜。从商品拜物教到图像拜物教,这些特征不但存在,而且愈加显著。

当"读图时代"中图像从各种媒体中凸现出来,成为这一时代最权威和最强势的媒介时,图像的功能也就被"魅化"了。它可以决定特定商品的市场份额,它可以左右人们对一个品牌的认知和接纳程度,它甚至可以让某些人塑造或确认个体认同,以及民族的、阶级的、种族的和性别的集体认同。它还可以营造一个虚拟现实,可以提供这个时代特有的快乐主义的生活方式及其意识形态,等等。最重要的是,当商品转变为形象时,商品拜物教也就合乎逻辑地转化为图像拜物教,人们在商品上误置的许多神奇魔力,便顺理成章地误置到图像上来;对商品魔力的膜拜也就自然地转向了对图像魔力的崇拜。各类"读图时代"的印刷物之所以流行,正

---

[1] See W. J. T. Michell, *Iconology: Image, Text, Ideology*, Chicago: University of Chicago Press, 1986, p. 185ff.

是把"卖点"维系于图像之上,把吸引眼球作为书籍营销的新策略,这恰好符合"读图时代"的"注意力经济"法则。在商业竞争中,商品自身的品质也许大致相当,但经由广告图像而产生的公众认可程度却完全不同,因此该商品成为现实商品的可能性也就有所差异。这说明商品转变为图像的魔力,图像生产出来特定消费者对商品的特定需求。反过来,从消费者方面看,拥有名牌商品最终不过是一种对商品图像的幻觉,一种在其图像中实现了的符号价值或象征价值(商标、广告、明星生活方式、时尚、社会地位等)。在这个意义上说,图像也许比商品本身的品质或使用价值更为重要,它构成了商品的象征价值。

图像拜物教本质上就是对图像所具有的虚幻魔力的崇拜,这种崇拜乃是夸大了图像功能并把它加以"魅化"的后果。图像对文字的"霸权"说到底正是这种拜物倾向的体现。图像之所以具有这样的魔力,乃是由于图像作为文化"主因"正适合于消费社会的主导倾向。"商品即奇观(形象)"这一表述本身表明了形象具有消费特性,形象作为消费对象不但提供了物质性的商品的使用价值,而且提供了更多的象征价值。在这种价值实现过程中,不可避免地滋生出消费主义的意识形态。对图像的崇拜就是对感性主义和"快乐原则"的崇拜,因此"读图时代"带有与理性主义价值观抵牾、冲突的文化政治意义。

第六节 奇 观 电 影

2003年,张艺谋推出了电影《英雄》。这部电影最终虽然没有问鼎奥斯卡奖,却也获得不俗的业界成绩,票房的业绩也很是骄人。张艺谋在谈到这部影片时说道:

> 过两年以后,说你想起哪一部电影,你肯定把整个电影的故事都忘了。但是你永远记住的,可能就是几秒钟的那个画面。……但是我在想,过几年以后,跟你说《英雄》,你会记住那些颜色,比如说你会记住,在漫天黄叶中,有两个红衣女子在飞舞;在水平如镜的湖面上,有两个男子在以武功交流,在水面上像鸟儿一样的,像蜻蜓一样的。像这些画面,肯定会给观众留下这样的印象。所以这是我觉得自豪的地方①。

---

① 《英雄》DVD,广州音像出版发行。

这段自白道出了张艺谋对电影的理解以及他的追求,在他看来,故事也好,人物也好,性格也好,主题也好,都不如"几秒钟的那个画面"更为重要。这一说法标明了当代电影的某种取向,一种新的电影理念或电影类型——奇观电影。

"奇观电影"的提法源自何人?这里无从考据。但是有一点很清楚,那就是随着电影自身的发展,特别是好莱坞商业性电影的发展,奇观电影现象逐渐凸现出来,它取代了传统的叙事电影。对奇观电影讨论具有重要影响的人物是英国女性主义电影理论家穆尔维,她在20世纪70年代发表的一篇论文(《视觉快感与叙事电影》)中,明确地指出了当代电影中的"奇观"(spectacle)现象。她写道:"作为起点,本文提出电影是怎样反思、揭示,甚至利用社会所承认的对性的差异可作的直截了当的阐释,也就是那种控制着形象、色情的看的方式以及奇观的阐释。"①即是说,穆尔维认为电影中存在着一种独特的"奇观"性,它与性别差异及其呈现密切相关。但是,历史地看,奇观作为一个当代理论概念,也许出自法国哲学家德波关于"器官社会"的分析。穆尔维的奇观电影理论提出了两个重要的问题:第一,女性作为男性观众欲望的对象,在一种不平等关系中被置于被动的、被人观看和被展示的位置上,而男性则是主动的、看的载体。第二,为了最大限度地提供满足观看癖(窥淫癖)和自恋的要求的被看对象——女性身体,电影(也包括其他媒介形式),必然会选择以视觉快感为轴心的方式来安排。这就必然导致排挤或压制一切与视觉快感相抵触或矛盾的叙事性,在奇观电影中,叙事的要求或逻辑被边缘化为外在的、可有可无的因素了。所以穆尔维说:在音乐歌舞中故事空间的流程被打断了,在电影中,色情的注视出现的时刻,动作的流程被冻结了。这里,叙事让位于场面的视觉奇观,叙事的逻辑力量被具有吸引力的视觉场面所取代。虽然穆尔维本意是要强调奇观与叙事的结合,但她实际上触及当代电影的一个重要发展趋向:从叙事电影向奇观电影的"转向"。

穆尔维的理论是70年代提出来的,从那以后,奇观电影的发展倾向越来越明显地呈现出来,并在逐渐占据了电影主流。有学者发现,叙事的特性和结构在当代电影中日趋衰落,叙事的完整性、复杂的线性结构、情节的安排等等已不再重要②。还有学者发现,当代主流电影越来越强调身体的再

---

① 穆尔维:《视觉快感与叙事电影》,张红军编:《电影与新方法》,中国广播电视出版社,1992年,第206页。
② See P. Coates, *The Story of the Lost Reflection*, London: Verso,1985.

第六章 视觉文化

现和表现,尤其是在一些具有色情倾向的影片中,"性场面毫无节制的重复"取代了叙事过程。在这类影片中还存在着一种明显的"对声音的压制",这种现象逐渐扩大到商业片,新的理念是声音在电影中只是服务于并加强身体的某种视觉呈现①。这种倾向最明显地在80年代中后期呈现出来,这一时期那些获得成功的票房收入的巨片是印第安纳·琼斯系列片和《鬼兄》,以及史泰龙或施瓦辛格的影片,情节在其中不过是为了展现一连串奇观事件的借口而已。更有甚者,这种倾向不但体现在商业片中,也逐渐渗入了先锋派影片和艺术片的探索之中②。换言之,奇观作为一种新的电影形态已经占据了几乎所有的电影样式或类型,成为当代电影的"主因"。以至于有的学者相信:"奇观不再成为叙事的附庸。即是说,有一个从现实主义电影向后现代主义电影的转变,在这个转变中,奇观逐渐地开始支配叙事了。"③

所谓奇观,就是非同一般的具有强烈视觉吸引力的影像和画面,或是借助各种高科技电影手段创造出来的奇幻影像和画面及其所产生的独特的视觉效果。近年的好莱坞大片《泰坦尼克号》,就是一个典型。尽管从电影实践来看,奇观各式各样名目繁多,但从总体上看,当代电影的奇观可以归纳为四种主要类型。

第一种电影奇观可称之为动作奇观,亦即种种惊险刺激的人体动作所构成的场面和过程。从西部片中的牛仔动作,到警匪片的枪战和特技,再到科幻片中种种奇特的动作设计,不一而足。晚近中国武术功夫作为一种新的颇有视觉效果的动作奇观被广泛

《泰坦尼克号》

运用,并在好莱坞主流电影中扎根。香港武打影星成龙进入好莱坞主流电影就是一个明证。而李安的《卧虎藏龙》和张艺谋的《英雄》,也都是以动作

---

① See S. Heath, *Questions of Cinema*, London: Macmillan 1981, pp. 185–190.
② Scott Lash, *Sociology of Postmodernism*, London: Routledge, 1990, pp. 188–189.
③ Ibid., p. 188.

奇观见长的影片类型。动作奇观当然是以动作本身的视觉效果为核心,因此在不少主流影片中,动作的夸张性和刺激性远远超出了情节的需要和人物性格塑造的需要,进而使得动作本身成为电影表现的主要目标。只要把传统影片和当下流行的很多动作片和功夫片加以比较,便可注意到动作奇观在电影中的飞速发展,它已经成为当代电影最为显著也最具视觉效果的视觉元素。

第二种奇观可概括为身体奇观,它与动作奇观有关系,但又不完全相同。身体奇观说白了就是调动各种电影手段来展示和再现身体。假如说动作奇观不仅仅是身体动作,还包括种种机械和道具,诸如马、枪械、汽车、火车、飞机、摩托艇等,那么,身体就只局限于人的躯体本身。展示身体在奇观电影中具有不同的含义:从性别的意义上说,女性主义批评家所提出的女性身体作为被看对象就是一种身体奇观的类型。在这样的奇观中,女性成为男性视线的对象,因此如何满足男性观众窥视癖和自恋的要求,便成为女性身体再现的基本要求。穆尔维说得好:"女人作为影像,是为了男人——观看的主动控制者的视线和享受而展示的","电影为女人的被看开辟了通往奇观本身的途径。电影的编码利用作为控制时间维度的电影(剪辑、叙事)和作为控制空间维度的电影(距离的变化、剪辑)之间的张力,创造了一种目光、一个世界和一个对象,因而制造了一个按欲望剪裁的幻觉。"[①]从另一个方面来看,男性的阳刚之气也是一个身体奇观元素,不少影片十分强调展示男性身体的健壮、刚强、力量等,诸如史泰龙和施瓦辛格的影片。也许我们可以反问一下,史泰龙和施瓦辛格在演技和他们颇有阳刚之气的身体之间,哪一个更适合于奇观电影呢?换一种问法:如果他们没有奇观电影所需要的身体,他们可以成为奇观电影的当红影星吗?结论不言而喻。

第三种奇观可谓之速度奇观。它与第一种动作奇观有一定联系。晚近奇观电影为了创造更具视觉刺激性的场面,在动作类型片中发展出一种独特的以速度见长的奇观电影类型。传统叙事电影那种娓娓道来的叙事模式已不再适合于当代观众的视觉要求,"快看"与"看快"构成了速度奇观的典型形态。在这方面,《生死时速》和《007》系列可谓是典范之作。速度作为一种奇观进入电影有其复杂的原因,一是当代生活的节奏早已摆脱了传统的静态形态,正如有些哲学家所说的,当代文化最为突出的现象就是所谓"动

---

① 穆尔维:《视觉快感与叙事电影》,张红军编:《电影与新方法》,中国广播电视出版社,1992年,第215、219—220页。

力学",因此,加快了的生活节奏也驱使人们对视觉提出了速度的要求。其次,传播技术的进步为人们提供了快速观看的种种可能性。魏瑞里奥发现,阅读书籍是一种传统慢速传播或接受的方式,较之于现代图像传播技术而言,阅读已不再具有优势。他认为在卫星电视普及的时代,图像的同时性传播(实况转播),远比文字传输更加便捷和更具吸引力。所以,电视的霸权地位乃是速度的胜利,是实时(real time)对延时(deferred time)的胜利①。其实电影亦复如此,技术的进步使得画面快节奏地表现得以可能。这就为观众在电影中看到那些日常生活中无法瞥见的速度奇观提供了可能。诸如《生死时速》的影片正是速度奇观的产物,也是以速度来创造特殊视觉效果而获得成功影片的范例。速度在这里含有两层意思,一是镜头组接的速度或节奏,二是画面内物体或人体空间移动或运动的速度。速度奇观就是这两种速度的叠加和组合。从电影的接受心理学角度说,当观众习惯于速度奇观所提供的某种视觉范式后,观看速度的要求便自然而然地产生了。所以,在当代主流电影中,那种迟缓的、冗长的、拖沓的叙事节奏显然已不再能满足观众的视觉欲望,快看与看快成为速度奇观的基本要求。

　　第四种奇观可名之为场面奇观。所谓场面奇观指的是各种场景和环境的独特景象,这些场景绝非普通的日常可见的,具有奇特性。自然奇观是一类,这些自然奇观往往是一些人迹罕至而又视觉上很有吸引力和特点的景观,比如冰山雪峰大峡谷、瀑布沙漠壮阔海洋等。《英雄》就集中展示这样具有鲜明奇观特征的自然景观,无论九寨沟,抑或西北沙漠等。奇观的功能诚如桑塔格在分析摄影时所说到的那样:"观看意味着在人们司空见惯、不以为奇的事物中发现美的颖悟力。摄影家们被认为应不止于仅仅看到世界的本来面貌,包括已经被公认为奇观的东西。他们要通过新的视觉决心创造兴趣。"②虚拟景观又是一类,这在许多科幻片中是常见的,经过高技术手段创造出来种种虚拟景观,或是未来世界,诸如《人工智能》,或是外层空间,诸如《星球大战》,或是海底世界,等等。第三类场面奇观是人文景观,著名的历史古迹或世界名城,特别是在一些中外历史巨片中,这样的人文景观构成了独特的视觉元素。场面奇观构成了奇观电影的重要组成部分,它们不但成为影片奇观性不可或缺的部分,而且成为影片的视觉快感的重要资源。值得注意的是,在叙事电影中,由于叙事线索和节奏的需要,场景的表现往往屈从于叙事功能,因此场面表现不具有独立价值。而在奇观电影中,为了

---

① James der Derian ed., *The Virilio Reader*, Oxford: Blackwell, 1998, p.16.
② 桑塔格:《论摄影》,湖南美术出版社,1999年,第105页。

最大限度地达到视觉冲击力,为了加强奇观的视觉效果,往往对场面的强调多有过度之嫌。这些场面有时甚至与故事或人物关系不甚密切,进而获得了相对独立的视觉表现价值。场景奇观自身就是奇观电影的一个独立部分,奇观电影为获取视觉效果不得不强化甚至滥用场面奇观元素。《英雄》中秦宫的宏大场面即是一例。

《英雄》秦宫场面剧照

以上这些奇观因素不但普遍存在于好莱坞的主流影片中,在中国当代电影中亦有值得关注的表现,尤其是在"第五代导演"的作品中。

假如把叙事电影看成是电影的传统形态,而把奇观电影视为当代形态,那么,从叙事电影到奇观电影,这一转变不只是电影范式的变化,同时也是电影观念,甚至是文化逻辑上值得深究的变化。首先,奇观电影的崛起和流行,表明电影本身有一个从话语中心范式向图像中心范式的转变。其次,有一个从电影结构的时间深度模式向空间平面模式的转变。最后,还有一个从理性文化向快感文化的转变。

第七节 身体政治

1993年,法国女艺术家奥兰的一个举动震惊了艺术界,她要通过一系列手术来改变自己的身体,并通过录像和实况转播将美容外科手术变为一种表演。她把这个"作品"命名为《圣奥兰的转世》。她的九次手术最终是要按照美的标准来再造她的身体各个部位,这些标准就是西方历史上形成的种种关于美的典范,包括达·芬奇所塑造的蒙娜丽莎的前额,波蒂切利描绘的维纳斯的下颚,布歇精心刻画的欧罗巴女神的嘴等等。奥兰为何甘愿经受这些皮肉之苦来如此改变自己的身体?她为何选择这些美的典范来重塑?她这么做的意图究竟何在?

奥兰与美的标准

奥兰直言不讳地解释了她那令人费解的举动的真实意图:"我的这个作品并不是反对美容手术,而是反对美的标准。反对那种对女性和男性身体施加越来越多影响的主导意识形态的主宰。"① 换言之,《圣奥兰的转世》旨在通过一系列痛苦的手术,去揭示那些历史上形成的、深刻影响人们的关于身体的种种规范及

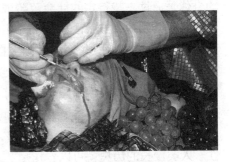

奥兰的美容手术

其背后的意识形态本质。显然,身体在视觉文化转向中已成为了一个政治问题,奥兰要揭露的正是流行的身体标准对女性身体的暴力。

人的身体有别于动物的复杂的社会存在。奥尼尔认为,人存在着两种身体,一个是"生理的身体",另一个是"交往的身体"。前者是一个道德实体,它使人们拥有尊敬、互助和关怀;后者是社会交往和体验的符号,通过它

---

① Orlan, "This is my body, this is my software", http://www.orlan.net//index.html, 2006-03-16.

我们体验到人生的生、死、痛苦、快乐、饥饿、恐惧、美、丑等①。道格拉斯也指出,人的身体具有双重性:一方面是"生理的身体",另一方面又是"社会的身体"。她写道:

> 社会的身体构成了感受生理的身体的方式。身体的生理的经验总是受到社会范畴的更改,正是通过这些社会范畴身体才得以被认知,所以,对身体的生理的经验就含有社会的特定观念。在两种身体经验之间存在着持续不断的多种意义的交换,目的在于彼此加强②。

这种看法有两点值得关注:第一,我们的身体首先是生理的、自然的和物质性的——血肉之躯或肉身。它是一种物质性的生命存在,有其生长和发展的过程和规律。但是,这种自然的、生理的和物质的身体只是我们存在的物质基础,在此基础上,生理的身体才会建构出特定的文化意义。换言之,生理的身体不具有文化的意义,而必须把它建构成为特定文化语境中的符号才具有社会交往的意义,这也是人作为一种社会性的动物的根据所在。第二,生理的身体必然会受到社会的身体的制约或塑造。道格拉斯强调,生理的身体是通过一些特定的社会范畴或观念而被感知和认识的,所以这些社会范畴便会以各种方式改变我们对生理的身体的经验,甚至会逼促我们改变生理的身体的物质形态。简言之,自然的或生理的身体是传达社会意义的载体,个体所处的具体的社会情境会对生理的身体施以压力,以期符合特定的社会情境和规范。哈拉威说得好:"身体不是天生的,它们是被制造出来的……身体就像是符号、语境和时间一样,完全被去自然化了。"③

所谓"去自然化"(denaturalized),道出了社会的或交往的身体的重要性。人类漫长的历史就可以看作是"去自然化"的过程,用福柯的术语来说,人的身体乃是一种特殊的"驯顺的身体"。它既是被改造的对象,又是改造的主体。福柯注意到,自古典时代以来,人体已经被当作权力的对象和目标,通过操纵、改造和规训,使身体服从和配合。比如在军队中,身体的规训几乎成为主要的任务,理想的军人形象作为某种样板被推及一切士兵。这

---

① 参见奥尼尔:《身体形态——现代社会的五种身体》,春风文艺出版社,1999年,第3页以下。

② Marry Douglas, *Natural Symbols*, Harmondsworth: Pelican, 1973, p. 93.

③ Donna Haraway, "The Biopolitics of Postmodern Bodies", in Steven Seidman & Jeffrey C. Alexander eds., *The New Social Theory Reader*, London: Routledge, 2001, p. 280.

种人动作机敏灵巧,昂首挺胸,肩宽臂长,腹部紧缩,大腿粗,小腿细,双脚干瘦。福柯认为,现代社会把这种控制人体的技术制度化了,变成了纪律。"其目的不是增加人体的技能,也不是强化对人体的征服,而是要建立一种关系,要通过这种机制本身来使人体在变得更有用时也变得更顺从,或是因更顺从而变得更有用。"① 这就形成了某种控制人体的权力机制,某种"政治解剖学"或"权力力学"。它不仅规定了身体"做什么",而且规定了"怎么做"。

福柯关于"驯顺的身体"的论述虽然很深刻,但也有明显的局限。第一,福柯过于强调的纪律对身体的规训带有强制性和暴力的特性,但需要强调的是,随着支配人体技术的完善,人们对身体的塑造已不再是被动的、强制性的了,越发地转化为自觉自愿的和快乐的冲动,转化为人们自我的内心欲求。同时,身体规训的策略也变得越来越隐蔽,成为我们的日常生活和集体无意识。第二,在权力与身体的关系上,福柯虽然也谈到反权力话语的可能性,但是他的总体倾向基本上是否定主体性的,否定主体在历史过程中的能动作用。应该说,在现代社会中,身体与权力的关系应该是互动的、辩证的。一方面身体受到来自权力的控制和管理,另一方面身体也可以作为反抗和抵制权力的手段。

在视觉文化中,关注身体的两个最重要的指标是外观与健康。两者构成了身体的内外结构。外观的焦点集于在通常所说的含混的"美",而内在机体则集中于身体各部分的良好运行。以下我们着重讨论身体在社会空间中的审美化问题,主要集中于身体外观的塑造。

人们常说,"爱美之心人皆有之"。对美的形体的渴求仿佛是发自人内心世界的某种本原性的冲动,有人论证这是人的本质力量的一种对象化,有人从进化论角度断言这是进化的产物。但需要指出的一点是,普遍共同的美实际上是不存在的,不同时代、不同文化、甚至不同阶级各有自己的美的理念。把某个阶级或阶层所形成的美的观念普遍化和自然化,实际上掩盖了这一观念的文化霸权性质,掩盖了身体塑造上的权力关系和权力/知识(话语)关系。以福柯的观点来看,身体美的观念与权力/知识密切相关,它成为人们关于身体话语的某种认知型。权力对身体的监视与控制首先就是通过确立美—丑分界标准来运作的。美的形体代表了健康、活力、完善、清洁、理想而转化为一种身体话语的"真理"和"知识";而丑的形体则相反,意味着身体的病态、衰败、残缺、肮脏、缺憾,意味着一种需要加以"排斥"的"非

---

① 福柯:《规训与惩罚》,三联书店,1999年,第156页。

真理"和"无知"。因此,追求美就是认可一种对身体规训的纪律,也就是认可一种身体话语的权力。在权力/知识的运作过程中,一个被权力/知识所控制的对象,同时也是一个传播或再生产出这一权力/知识的主体。也就是说,当一个人接受某种美的观念并竭尽全力地塑造自己的身体的同时,她或他同时也就在利用自己的身体向他人传递和扩大这一关于身体的权力/知识。当代社会流行的种种关于身体审美化的理念和实践,其实蕴含了复杂的政治含义。身体的审美化不只是简单的形体塑造,同时也是一种交往意义的生产。

我们先来看一幅图片。它深刻地反映了不同时代关于女性形体美的不同观念,这些观念具体呈现为不同时代关于女性三围比例的不同标准。在这幅图中有三个女性的形体,最外面的白线是古希腊的米洛的维纳斯的体形,长久以来,这尊雕像一直作为女性古典美的偶像而存在,其三围的比例是 37—26—38 英寸;中间的黑线是现代法国性感影星碧姬·巴铎,其三围比是 36—22—36;最里边的黑线是超级名模翠姬①,其三围比是 30.5—24—33。比较来看,米洛的维纳斯的体形今天看来更像是一个乡村农妇的体形,臃肿、粗笨而肥胖,显然不合当今的时尚潮流。而当代性感影星和超级名模的三围才是这个时代所追求的理想的体形。然而,巴铎与翠姬的体形又有所不同,前者也许代表了现代较为传统的形体美,即强调三围比例较大,有凸显的曲线美,而后者则代表晚近比较时兴的比例较小曲线不明显的形体美,一种"瘦美"或"骨感美"。

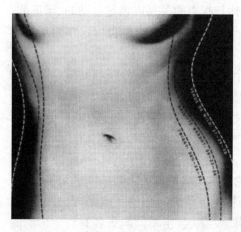
女性三围比例图

历史地看,当代视觉文化与传统文化在身体美的标准范式确立方面,有许多不同。首先,传统社会没有今天如此普遍而广泛的大众传媒,因此身体的标准受制于特定时间和空间,具有明显的地方文化局限性。而当代视觉文化是一个传媒文化,它通过各种传媒把关于身体的标准推演成为一个超越地区局限的跨文化全球普遍范式。其次,传统社会的身体标准及其身体塑造的技术是通过强制性的传统来实施的,具有明显的暴力

---

① 原文是 Twiggy,疑是超级名模翠姬·劳森(Twiggy Lawson)。

性和被动接纳性,比如中国古代社会的裹小脚现象。而当代视觉文化中的身体标准则以"健康"、"美"、"科学"等话语形式出现,因此把身体标准的暴力强制性暗中内化为人们心甘情愿的主动选择。在一种看似温柔而甜蜜的美感体验与满足中,塑造身体的社会"暴力性"被悄悄地掩盖了。再次,由于文化生产和传播的限制,传统社会的身体视觉范式是在封闭的、数量有限的结构中存在的。而当代视觉文化在传媒和形象产业的推波助澜下,生产出数量惊人的各种形体样板。因此,当代身体标准具有一个复杂的参照系和统一标准的多种变形,这就极大地拓展了身体审美标准对个体的影响力。

  大众传媒对人体审美化具有深刻的影响,而这种影响又是通过制造偶像的方式来完成的。即是说,通过生产出特定时代和文化中为公众趋之若鹜的人体偶像,来塑造人们的理想自我形象。这些偶像就是当代社会中人体审美化的视觉理念和视觉范式(认知型)建构的重要力量。它不但告诉公众美的身体是怎样的,而且在灌输给人们一个信息,那就是只要经过努力,美的形体不但是可以得到的,而且会带来许多额外的价值。这样一来,当代视觉文化及其偶像所传递的美的形体标准,就在暗中转化为个体的内心诉求。在当代中国,这类偶像被大量地制造出来,诸如选美小姐、时装模特、演艺明星、体育明星、电视节目主持人、青春偶像、形象大使等多种角色,经由选美或模特大赛、健美比赛、体育运动、广告形象、演艺节目、画册海报、偶像照片等视觉媒介,不断地向大众灌输某种形体美的理念和眼光。除了三围这样总体性的身体指标外,当代大众媒体还以一种分割身体的策略强调身体各个部分的魅力及其崇拜,进而构成了身体的局部标准和审美观念。同时,又把这些局部的美与商品消费密切地联系在一起,完成身体的局部的美化也就完成了特定的消费过程。斯特肯和卡尔赖特指出:"自1970年代以来,广告描绘女性身体越来越强调令人崇拜的各个部分——腿、唇、乳房等等,与身体的其他部分相脱离,与那些她们只是一个部分的人相脱离,这些身体的局部向消费者描绘了某些完美理想。即使在她们直言完美是无法实现时,其广告也是在要求消费者相信可以通过刻苦锻炼、保养和消费来实现。"①眼睛可以通过眼影、睫毛膏等化妆品变得更有魅力,手可以借助戒指、指甲油来充满美感,各种袜子增加了腿部视觉效果,高跟鞋使得身体更加迷人,等等。如此一来,对自我身体局部的修饰和关注,便转化成为一种

---

① Marita Sturken and Lisa Cartwright, *Practices of Looking*, Oxford: Oxford University Press, 2001, pp. 215-216.

网络点击率最高的网球明星莎拉波娃

消费行为,一种对商品的消耗。身体本身也就成为一个消费品,围绕着身体构成了一个巨大的消费网络,越来越多的商品进入身体的消费。

以上分析表明,社会空间中人的、社会的身体不断地改造着自然的身体。这种改造就是当代视觉文化的身体再生产,它不断地生产出关于身体的意义和文化来,进而演化为人们关于身体的种种观念和行为,并激发起他们对于自己身体的自觉反思。身体是我们自己最最直接的存在,也是我们每日遭遇的自我—对象。马克思说道:"正像社会本身创造着作为人的人一样,人也创造着社会。"①这就是说,身体是社会的产物,反过来它又创造着社会。这种辩证关系在晚近关于身体的社会理论中被强调出来,我们对身体的考察不只是关注社会如何生产着身体及其观念,更重要的是还要注意到身体是如何影响了社会生活的实际组织过程②。换言之,身体的塑造同时就是社会的塑造,通过种种关于身体的话语运作,复杂的社会组织过程由此展开。我们有理由得出一个初步的结论,那就是在视觉文化的社会空间里,身体这个领域既是最具个人化的,又是最社会性的;既是自然的、生理的存在,又是政治较量和权力作用的场所;既是肉身的、物质的血脉之躯,又是各种复杂文化意义较量的决斗场。

---

① 马克思:《1844年经济学哲学手稿》,人民出版社,1979年,第75页。
② 特纳:《普通身体社会学概述》,特纳编:《社会理论指南》,上海人民出版社,2003年。

第七章 全球化与文化研究

全球化一直是国际人文社会科学领域内的一个前沿课题,它是文化研究的无法回避的语境,也是文化研究有心深入探讨的现实问题。全球化不仅吸引了经济学家、社会学家和文化研究学者的注意力,同时也引起了专事政治学及国际问题研究学者的注意。由于全球化所产生的辐射性效应如此之广阔,因此它也引起了各相关人文学科研究者的密切关注。就全球化和文化研究的密切关系来看,这里再一次显示了文化研究相通于其他各个学科的"互文性"。毫无疑问,全球化现象最早出现在经济领域内,或者更确切地说,出现在西方资本主义世界。资本主义从萌芽时的原始积累到自身的发展,再到向海外的大规模扩张和殖民,实际上所经历的全过程就是一个全球化的过程。这一过程发展到 20 世纪 80 年代终于达到了高涨期,其标志是:一方面资本主义进入了晚期阶段,各种内外在的矛盾日益突出;另一方面,前苏联及其社会主义阵营解体,世界的多极强力统治终于演变成以美国为首的单极霸权统治,因而全球化现象的出现在不少人看来,实际上预示着某种程度上的美国化。现在的问题是,经济全球化是否必然导致,或者说它是如何导致了文化的全球化?文化的全球化对于文化研究来说,它又意味着什么?这是本章将要讨论的内容。

第一节 马克思主义创始人论全球化

从理论上最早探讨全球化问题的是马克思主义创始人,他们的论述奠定了当今全球化研究的理论基础。时至今日,西方的马克思主义者仍在密切地结合当今世界发生的各种变化,对这一现象进行着深入的研究,并在国际学术界产生了重要的影响。对于建立我们自己的马克思主义的文化研究理论,我们有必要在此充分强调,从事全球化研究,必须从细读马克思主义创始人的原著开始,据此我们才有可能结合当代的具体实践提出自己的创新性见解。当然,我们也不可否认,这个一直在缓慢发展的全球化过程经历了一个多世纪,在经历了复杂多变的历史演变后,现在已经逐渐成为一个有着全球性影响的客观现象：全球化从经济领域波及整个社会科学和人文科学领域，并日益影响着我们的文化研究。既然全球化是来自西方的一个现象，那么我们也完全可以从同样来自西方的马克思主义理论视角对之进行分析批判。对于全球化这一现象，西方马克思主义者是十分重视的，但他们往往只看到全球化可能带来的积极后果，却忽视了其消极的负面影响；或者干脆连其积极的意义也全然予以否定。因此他们对全球化的推进和欢呼也好，或者反对和批判也好，都也是可以理解的。

今天，当我们在一个全球化的语境下重读《共产党宣言》时，我们发现马克思和恩格斯描述了全球化过程的两个层面。早在1848年，当资本主义仍是一个正在崛起的新兴力量并处于发展期时，马克思和恩格斯就窥见了其中隐含着的种种矛盾，并且颇有远见地指出：

> 资产阶级，由于开拓了世界市场，使一切国家的生产和消费都成为世界性的了……古老的民族工业被消灭了，并且每天都还在被消灭。它们被新的工业排挤掉了，新的工业的建立已经成为一切文明民族的生命攸关的问题；这些工业所加工的，已经不是本地的原料，而是来自极其遥远的地区的原料；它们的产品不仅供本国消费，而且同时供世界各地消费。旧的靠本国产品来满足的需要，被新的、要靠极其遥远的国家和地带的产品来满足的需要所代替了。过去那种地方的和民族的自给自足和闭关自守状态，被各民族的各方面的互相往来和各方面的互相依赖所代替了。物质的生产是如此，精神的生产也是如此。各民族的精神产品成了公共的财产。民族的片面性和局限性日益成为不可能，于是由许多种民族的和地方的文学形成了一种世界的文学①。

虽然东西方的全球化研究者都在不同的场合引用过这段文字，但我们此时再加以细读便不难看出，全球化作为一个历史过程，确实曾在西方历史上的两个层面有所表现：其一是1492年始自欧洲的哥伦布远涉重洋对美洲新大陆的发现，它开启了西方资本从中心向边缘地带的扩展，亦即开始了资本主义现代性的宏伟计划，在这一宏伟计划下，许多经济不发达的弱小国家不是依循欧美的模式，就是成为其现代性大规划中的一个普通角色。其二便是马克思恩格斯所预示的"由许多民族的和地方的文学形成了一种世

---

① 参见马克思和恩格斯：《共产党宣言》，人民出版社，1966年，第26—30页。

界的文学"的现象,这实际上也预示了文化上出现全球化趋势的可能性。

对于文化上的全球化现象,学界始终有不同的看法。有人认为根本不存在这样一种可能。另一些人则认为,这已经成为一种不争之实,例如英语的普及、麦当劳餐馆在全世界的落户和变形、美国好莱坞影片对另一些弱小民族文化和电影的冲击、大众传媒及国际互联网的无所不及之影响,等等。这一切事实都说明,文化上的全球化趋势正在向我们逼近,它迫使我们思考出某种积极的对策。反之,认为文化上的全球化趋向只表明一种趋同的倾向,而忽视其多样性和差异性,也容易从一个极端走向另一个极端。

《共产党宣言》上述引文中有一个关键词:世界文学(Weltliteratur)。众所周知,"世界文学"这个概念最先是由歌德于1827年正式提出的,后来马克思主义创始人根据当时的政治、经济形势以及对文化知识生产的影响提出了新的"世界文学"概念。这对比较文学这门新兴的学科在19世纪后半叶的诞生,和在20世纪的长足发展都起到了推波助澜的作用。但是对于"世界文学"这个概念,我们将作何解释呢?我们认为,从文化差异和多元发展走向这一辩证的观点来看,这种"世界文学"并不意味着世界上只存在着一种模式的文学,而是在一种大的宏观的、国际的乃至全球的背景下,存在着一种仍保持着各民族原有风格特色的,但同时又代表了世界先进审美潮流和发展方向的世界文学。

由此可见,与经济上由西向东的路径不同,文化上的全球化进程应当是有两个方向:其一是随着资本的由中心地带向边缘地带扩展,(殖民的)文化价值观念和风尚也渗透到这些地区;但随之便出现了第二个方向,即(被殖民的)边缘文化与主流文化的抗争和互动,这样便出现了边缘文化渗入到主流文化之主体,并消解主流文化霸权的现象。对于这后一种现象,我们完全可以从原先的殖民地文化渗透到宗主国,并对之进行解构的过程见出例证。中国文化的发展史上曾有过的西进,例如中国餐馆和饮食文化在全世界的风行,以及中国的针灸、中医以及武术在西方所引起的兴趣,亦可说明这一点。有西方学者认为这是文化上的全球化的另一极致:从东方到西方,从边缘到中心。而在当今时代,这种东西方文化的相互影响和渗透更是日益明显。所以,文化上出现的全球化现象应当说,首先,它确实已经发生;其次,它并不可怕,因为在这一历史进程中,全球化不可能不受到另一种势力——文化本土化的抵制,而从长远的观点来看,未来世界文化的发展,在很大程度上就取决于全球化与本土化的互动作用,或者说是一种"全球本土化"(glocalization)的发展趋向。

基于这一立场,我们可以来对作为当代资本主义的最高阶段的全球化现象的实质,展开分析批判。

第二节　全球化对文化的影响

弗雷德里克·詹姆逊

议及全球化与文化的关系,美国的新马克思主义理论家弗雷德里克·詹姆逊有自己的独特见解。在他看来,辩证地说,全球化创造了不同社会文化现象之间的联系,诸如不同的身份、社会关系乃至不同的机构之间的联系等等,而这些联系又必须置于一个特定的历史语境之中来考察。也就是说,从文化的视角来看——

全球化是一个传播学的概念,它依次地遮盖并传达了文化的或经济的意义。我们感觉到,在当今世界存在着一些既浓缩同时又扩散的传播网络,这些网络一方面是各种传播技术的明显更新带来的成果,另一方面则是世界各国,或至少是它们的一些大城市的日趋壮大的现代化程度的基础,其中也包括这些技术的移植①。

显然,从信息和文化知识传播的角度来认识文化全球化问题,是詹姆逊由他的后现代文化研究中生发出来的一个新的方面,因为信息的无所不及和理论的旅行是文化全球化的一个明显标志。因此在詹姆逊看来,一个明显的途径就是,全球化意味着文化的输出和输入。这无疑是一个商业的问题;但它同时也预示了各民族文化在一个很难在以往发展缓慢的时代设想到的浓缩空间里,所进行的接触和相互渗透。换言之,在新的形势下考察全球化的文化方面,要着眼于信息的流动和大众传播媒介的作用。这是文化上的全球化趋势的重要特征。但是另一方面,我们也应当看到,全球化也并非能够畅通无阻地不受任何形式的制约。这一现象一经出现,就立即受到另一股力量的抵制:本土化以及各种形式的种族族群和民族主义情绪。这一点尤其体现在文化上,亦即我们经常提及的文化民族主义和文化保守主

---

① Fredric Jameson, "Notes on Globalization as a Philosophical Issue", in Jameson and Miyaoshi, eds., *The Cultures of Globalization*, Durham, NC: Duke University Press, 1998, p. 55.

义。这两种思潮,都是与我们这个开放的文化研究视野不相契合的。

与詹姆逊对后现代文化的宽容态度不同,英国的马克思主义文学理论家特里·伊格尔顿,则对之持激烈的批判态度。他认为,全球化时代出现的后现代主义,在文化上的一个后果就是对文化这一概念进行滥用,结果导致了当代社会人人都在谈论"文化",而且津津乐道于此。他不无尖刻地指出,当代文化的概念已剧烈膨胀到了如此地步,我们显然共同分享了它的脆弱的、困扰的、物质的、身体的以及客观的人类生活,这种生活已被所谓的文化主义毫不留情地席卷到一旁了。

> 确实,文化并不是伴随我们生活的东西,但在某种意义上,却是我们为之而生活的东西。感情,关系,记忆,归属,情感完善,智力享受:这些均更为接近我们大多数人,并用以换来安逸或政治契约。但是自然将始终优越于文化,这是一个被人们称作死亡的现象,不管多么神经质地热衷于自我创造的社会都毫无保留地试图否定这一点。文化也总是可以十分接近舒适安逸。如果我们不将其置于一个启蒙的政治语境中的话,它的亲和性就有可能发展为病态和迷狂状态,因为这一语境能够以更为抽象的同时在某种程度上也更为慷慨大度的从属关系来孕育这些迫切需要的东西。我们这个时代的文化已经变得过于自负和厚颜无耻。我们在承认其重要性的同时,应该果断地把它送回它该去的地方①。

伊格尔顿这段措辞强烈的批判性言辞近乎偏激,但却从另一个方面,流露出对全球化时代消费文化和大众文化无限扩张的担忧。他在从事文学的文化批评的同时,仍在相当的程度上坚持精英文学的审美方向,亦即他所谓的"审美意识形态"(ideology of the aesthetic)。毫无疑问,在当代西方马克思主义者中,伊格尔顿是迄今对全球化及其在文化上的反映——后现代主义持最强烈批判的一位文学理论家,他的这种强烈反应,在某种程度上代

特里·伊格尔顿

---

① 参见伊格尔顿:《文化之战》,中译文见王宁编:《全球化与文化:西方与中国》,北京大学出版社,2002年,第152—153页。

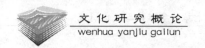

表了相当一部分精英文学研究者在大众文化的挑战面前,仍然坚持文学本位的精英立场。

后殖民理论家霍米·巴巴也相当关注全球化现象,并且发表了一系列文字,其中最有影响的,就是他那本广被人引用和讨论的专题研究文集《文化的定位》(1994)。巴巴作为一位有着第三世界民族身份和文化背景的西方学者,所受到的影响是多方面的,不可能容忍全球化所可能导致的文化上的单一性和趋同性。他的一个实际策略就是提出"混杂性"(hybridity)或"混杂化",以此来对抗"同质性"或"同质化"。在这本书中的一篇论文中,巴巴就目前文化研究界普遍关注的全球化所导致的文化趋同性和多样性问题,发表了独特的见解。他也和大多数研究全球化与文化问题的学者一样,并不赞成文化上出现的单一性和趋同性,而从后殖民理论的解构和对殖民主义的文化批判视角出发,更加强调文化上的差异性和多样性。他认为这种差异性正是后殖民语境下文化翻译的一个重要成果。如他所言:

> 文化多样性是一个认识论的对象,即文化作为经验知识的客体,而文化差异则是把文化当做"知识的"、权威的加以表述的过程,它完全可用于文化认同体系的建构……
>
> 文化多样性同样也是一种表达整体文化分离的激进修辞的表现……文化多样性在某些早期结构主义人类学描述那里,甚至可以作为一个表述体系和文化符号的交往①。

巴巴这一观点的提出,早于国际学术界兴起的全球化问题理论讨论,对于我们研究全球化语境下的文化现象仍有着重要的启迪。尤其是他所着重讨论的"身份认同"、"少数族群化"、"流散写作"及"文化翻译"等课题,均是当今文化研究的热点话题。随着全球化与文化问题研究的日益深入,巴巴的不少文化策略将越来越显示出其独特的见地。

纵观全球化对文化的影响,至少有一点是应当肯定的,那就是当全球化语境中的文化研究打破了东西方文化的截然对立之后,文化相对主义这一曾在历史上被打上明显的"欧洲中心主义"印记的观念,被重新赋予了新的意义,从而使得东方文化的价值被重新发现,东方文化及其高雅形式文学,再度被西方人所重视,跨东西方文化的对话已经不再是天方夜谭。因此可以说,在文化研究的诸种课题和层面上,东西方不仅有可能进行对话,并且

---

① Homi Bhabha, *The Location of Culture*, London and New York: Routledge, 1994, p. 34.

有可能率先取得突破。对此我们应当抱乐观的态度,21世纪的世界文化既不可能被西方文化主宰,也不可能被东方文化主宰,所谓用中华文化来统一新世纪的世界文化,反过来很容易为攻击中国的人找到借口。21世纪世界文化发展的总体趋势,应是东西方文化经过冲突、磨合之后,达到新的层面上的融合。因而所产生的结果,将是一种新的兼具东西方各自特色的文化。从根本上来说,文化应当是全人类所共有的。

什么是全球化?尽管对此学者多有不同的看法,但大家几乎都公认,所谓全球化,首先是出现在发达国家经济领域和金融界的引人注目的现象,即它首先是经济全球化。经济全球化使我们进入了一个前所未有的国际经济大循环中,在这个过程中,优胜劣汰的必然结果统统取决于两个因素:市场的自行调节,和隐于其背后的跨国资本和权力的主宰作用。正因为全球化主要是按照美国的价值标准和经济实力来作衡量高下的标准,所以它在一些地区,包括发达的欧洲国家,以及欠发达的东方和第三世界国家那里,受到不同程度的抵制,就不足为奇了。按照某些西方学者的估计,在全世界的总人口中,只有百分之二十的人可以直接受益于全球化,而其余的百分之八十则服务于文化娱乐事业,他们的生存在很大程度上取决于对全球化服务的程度①。当然这只是发达国家的状况,在第三世界国家,恐怕情况更为令人吃惊。全球化在发展中国家使相当一部分人或职业边缘化,即使在发达国家这种情况也在所难免。因此毫不奇怪,广大人文社会科学学者对全球化基本上持批判的态度,他们中的不少人甚至担心,在经济全球化的大潮中,人文社会科学的位置将显得越来越不重要,大有被全然吞没的危险。这是杞人忧天呢,还是对于文化的切实的威胁?这是我们要予以探讨的。

第三节 从经济走向文化的全球化

因而,从文化研究的角度来看,经济全球化带来的一个直接后果必然是文化上的全球化趋势。这在许多人看来,也许是难以实现的,因为文化的因素更为复杂,各民族的文化不可能按照一种模式来发展。如果有一天,全世界各民族的文化都按美国的或欧洲的文化模式来发展,我们这个世界的文化末日就来到了。尽管在很多人眼里,文化上的全球化实际上就是要把美国的价值标准强加于世界其他民族,使得不同的文化带有某种趋同(homogenization)的倾向。目前,由于以美国为首的西方世界在政治、经济

---

① 参阅汉斯·彼得-马丁和哈拉尔德·舒曼:《全球化的陷阱:全球化及其对民主与繁荣的冲击》,中译文参阅张世鹏等的译本,中央编译出版社,1998年。

甚至文化上都处于强势,因而这种趋同的危险倾向依然存在。东方和第三世界的文化被西方当作一个既有着神秘性但又十分落后的"他者",它们要想得到主流文化的认可,就不得不接受强势文化的主宰和重构。因而文化上的全球化趋势如同一个幽灵,无时无刻不萦绕着我们的意识和无意识,制约着我们的思维和学术研究。根据弗雷德里克·詹姆逊《论全球化的影响》一文中的看法,全球化语境下产生的后现代性,至少包括这样三个条件:跨国资本的全球性运作、信息时代的来临和其他高科技的冲击,以及后现代社会的消费文化。在这三者中,跨国资本的全球性运作居于首位。这种情形在文化研究领域里所表现出来的趋势,也被人称作文化上的全球化。

　　导致全球化现象的一个原因就是一大批跨国公司的出现,跨国公司无所不在,既剥削本国人民,又剥削第三世界人民。表面上看来,跨国公司不需要有一个总部,也不需要一个中心,它同时可以在中心和边缘起作用,它所依靠的是在各地的代理人,但隐于这种貌似纯粹经济法则背后的,却是帝国主义的经济霸权在起主导作用。由于跨国公司模糊了中心与边缘的界限,它既可以在帝国的中心地带,又可以在广袤的边缘地区产生影响,这样也就造成了跨国公司本身以及其工作人员的身份的不确定性。在文化上,资本的全球化是导致文化全球化的一个重要因素,这在目前已成为一个带有普遍性的现象,它同时也导致了文化研究领域的拓展。正如美国的后现代理论家哈维在《后现代性的条件》一书中所描述的那样:"最近二十年里,我们一直在经历着一个时空压缩的阶段,这对政治—经济的实践、阶级权力的平衡以及文化和社会生活都有着使人迷惑和产生分裂式幻觉之影响。"①

　　这种新的时空观念的变化,也是经济全球化给文化领域带来的一个后果,它导致了文化范围的日益扩大,各种长期被压抑在边缘的"亚文化"以及消费文化异军突起,对严肃的精英文化构成了强有力的挑战。学术研究领域和学科的界限日益变得模糊,理论的旅行使得新崛起的学术理论话语从西方向东方扩散,从中心渗透到边缘,进而同时在中心和边缘发挥其作用。近几年来新崛起的后现代研究的分支领域,如后现代地理学(postmodern geography)、地缘政治学(geo-politics),以及身份政治或者说认同政治(identity politics)等,就是专门探讨全球化语境下的后现代性条件造成的文化全球化趋势,以及我们的对策的。文化研究的意识形态特征和政治批判取向,必然也对归属于大文化语境下的文学研究产生影响,所带来的后果就

---

① David Harvey, *The Condition of Postmodernity: An Enquiry into The Origins of Cultural Change*, Oxford: Blackwell, 1989, p.84.

是文学研究领域的日益萎缩。在北美的一些大学,文学研究系科近乎被文化研究吞没。因而文学研究者的担心也不无道理。

在全球化的大背景下,文化研究从第一世界输入到第三世界,并和第三世界的文化现象发生碰撞和交融,这种现象已不可避免。我们已经不同程度地感觉到了这股大潮对我们自己的民族文化所产生的强大冲击波,造成了我们中不少人的困惑。就人文社会科学而言,文化全球化给我们带来的应是两方面的后果,它的积极方面体现在我们的文化生产和研究受到市场经济规律和国际学术规范的制约,这样便使得我们的经济建设和文化建设的关系更为密切,我们的文化研究也就更接近国际水平;而它的消极方面则体现在使一部分精英文化或非市场化的文化产品的生产受到阻碍,因而造成新的等级对立。但不少学者也对全球化的来临感到不安,他们所采取的一个对抗性策略,就是提出第三世界文化和本土主义这个变了形的后殖民概念,试图以有着强烈本土主义色彩的"中华性"来对抗全球化的大潮。这个概念目前不仅在中国内地,而且在港台和海外的华文文化圈内也颇为风行,它使我们不得不正视这样一个问题:是否真有必要形成全球化/本土化这个新的二元对立?面对文化全球化的现象,本土的文化本质特征又如何得以保留?如何才能处理好全球化与本土化之间的关系?这是我们需要认真对待的。

以中国的文化知识实践为出发点,我们认为可以从以下七个方面,来全方位地观照全球化现象。

首先,作为一种经济一体化运作方式的全球化。经济上的全球化的一个重要标志,就是各国的经济运作依照某个国际组织,如国际货币基金、世界贸易组织等的统一法则而进行。资本的向外扩张无疑导致了国际劳动分工制度的形成,为了避免生产上的不必要重复,在优胜劣汰的法则下,具有较高质量和知名度的产品之品牌,可以远远跨越国家和民族的疆界在世界各地行销。它一方面可以刺激落后民族的民族工业进行技术更新,另一方面则会无情地导致原有的民族工业的解体。因此全球化在部分欧洲国家和广大发展中国家遭遇到的反对声之高涨就不足为奇了。

其次,作为一种历史过程的全球化。根据马克思主义创始人的见解,全球化作为一个历史过程始于哥伦布发现美洲新大陆,以及由此而开启的资本向海外扩张。这一历史进程发展到20世纪80年代逐步达到其高涨时期,资本主义也因此而进入其晚期阶段。但是资本主义的进入晚期并不意味着它即将寿终正寝,而是有着两种发展的可能方向:一种是按照其必然的发展逻辑而真正走向最终的寿终正寝,另一种可能性则体现在它通过某种自身内部机制的调节后再度焕发出新的生机。目前出现的资本主义世界的暂时繁荣就是这第二种可能性带来的必然后果。但是从历史发展的内在逻辑来看,资本主义的生产方式必然逐步地为一种新的生产方式所取代,资本主义最终将走向自然的消亡。但是我们也应该清醒地认识到,这一过渡时期并不是短暂的,而是漫长的、循序渐进的。

其三,作为一种金融市场化进程和政治民主化进程的全球化。由于全球化的出现,资金的流动有了自由的渠道,过去那种国家干预金融交易的情况在很大程度上被自由贸易方式所取代。与其相伴随的则是市场制约大大高于过去的政府干预,于是全球化便成了一个打破国家民族疆界而无所不及的"隐形帝国"。这一经济帝国和文化帝国所采取的策略不同于以往的帝国主义侵略实践,它对民族—国家的介入性"侵略"往往是一种"渗透式"的,政治的民主化进程和全球治理则终将伴随着经济发展的必然逻辑而逐步实现。

其四,作为一种批评概念的全球化。目前在国际人文社会科学领域所热烈讨论的全球化,实际上是将其视作一种批评概念,以此来抨击日益陈腐的现代性/后现代性概念。也就是说,全球化消解了人为的现代性和后现代性之二元对立,并与这两者有着某种交叠,从而打破了传统的欧洲中心主义思维模式。但是全球化所形成的新的帝国已经将其中心转到了美国,所以今后对欧洲中心主义的批判,毫无疑问应转向对美国中心主义的批判。

其五,作为一种叙述范畴的全球化。正如霍米·巴巴所指出的,民族在某种程度上就是一种叙述,作为一种叙述范畴的全球化也是如此。全球化既体现了人们对美好未来的大同世界的憧憬,更体现了某种美国文化价值观念的向全世界扩张。全球化是一种宏大叙述,根据这种叙述,传统的民族和国家之人为疆界被打破了,经济一体化和市场化正在取代政府的权力,文化上也出现了强势文化向弱势文化的渗透和弱势文化的反渗透。民族文化身份变得日益不确定,单一的身份为一种多元的身份认同观所取代,因此在全球化时代出现的身份认同危机和流散写作现象就不足为奇了。

其六,作为一种文化建构的全球化。全球化体现在文化上的特征实际上也说明,它和现代主义及后现代主义一样,是一种文化建构。来自不同领域的人们讨论全球化都离不开自己对这一现象的文化建构,所以建构一种"全球化的文化"(a culture of globalization)已成为所有研究者的一个目标。对于文化研究和文学理论研究者来说,把自己的研究对象置于一个广阔的全球化语境下,并且在同一个平台上与自己的学术同行进行对话和讨论,无疑可以开阔我们的视野,使我们的理论争鸣更有活力,并最终导致绝对意义上的创新。

最后,作为一种理论话语的全球化。鉴于越来越多的人文学者介入关于全球化问题的讨论,使得全球化已经逐渐发展演变成理论家们经常使用的一种论辩性学术话语。在这方面,我们同意罗兰·罗伯逊的看法,即在对文化现象进行理论描述时可用全球性来取代全球化,而且这种全球性的出现大大早于全球化的历史进程,因为前者更适合用来描述文化和文学的发展走向。

既然全球化已经对我们的生活和工作产生了巨大的影响,那么它引起我们的研究兴趣也就是势所必然的了。对此有人这样说过:

> 人们既可以否定、攻击全球化,也可以为它欢呼,但是无论人们如何评价全球化,涉及的都是这样一种强势理论:以领土来界定的时代形象,曾在长达两个世纪的时间里,在各个方面吸引并鼓舞了政治、社会和科学的想象力,如今这种时代形象正在走向解体。伴随全球资本主义的是一种文化与政治的全球化过程,它导致人们熟悉的自我形象和世界图景所依据的领土社会化和文化知识的制度原则瓦解。如果这样来理解和诠释全球化,那么全球化不仅意味着(经济的)国际化、集约化、跨国交融和网络化,它也在更大的程度上开辟了一种社会空间的所谓"三维的"社会图景,这种社会图景不以地区、民族国家和领土来界定①。

既然文化的全球化过程是作为经济全球化的一个必然产物,我们就有充分的理由来研究作为一种文化建构的全球化。

第四节 全球化语境中的英语普及问题

从文化的维度来集中探讨全球化问题,我们必须面对一个无法回避的语言问题,那就是英语的普及和在全世界范围内的推广。既然我们并不否认,我们现在生活在一个全球化的时代,那么我们就应该承认,全球化对文化的影响,在很大程度上是通过语言为媒介实现的。就全球化在大众传媒领域内的巨大影响而言,它使英语世界以外的人们感到一种巨大的压力:在未来的世界,要想提高生存效能,不会英语这样一种全球化时代的语言,

---

① 参见乌·贝克、哈贝马斯等:《全球化与政治》,王学东等译,中央编译出版社,2000年,第13—14页。

恐怕寸步难行。不会英语就无法准确有效地得到互联网上的信息,据统计,国际互联网上百分之八十以上的信息,都是通过英语来传播的。同样,在文学与文化理论及批评领域,大多数列入艺术与人文科学论文索引(A&HCI)的理论刊物,都是用英文出版发行的。因此不利用英语这个世界性的文化传播工具,来发出中国学术的声音,我们许多人所担心的"失语症",就有可能发展为"失声症"(loss of voice)。这样所导致的后果将是中国文化悠久的历史和丰富的遗产除了极少数汉学家外,竟鲜为人知。因此我们无论如何不能忽略语言在国际交流中的作用。

很显然,在所有的主要国际性语言中,英语是最为普及和最具有影响力的一种。这不仅体现在东西方的学术研究中,同时也体现在人们的日常生活以及对外贸易中。20世纪初和80年代西方文学对中国文学的影响,在很大程度上正是得助于英文这个中介。中国实行改革开放以来,英语对青年人的生活和工作有着极大的吸引力,而且在某种程度上已变得不可缺少,它毫无疑问是中国目前使用得最为广泛的一种外国语言。在当今的中国,英语的普及至少体现在下列几个方面:其一,所有的主要大学,不管是部委直属或省(市)属院校,都有英语系或以英语为主的外语院系,它们代表着中国的外语教学与研究水平,而另外一些外语语种的教学和研究则发展缓慢,有的甚至呈萎缩状况。其二,几乎所有的大学生和研究生都被要求把英语课当做一门必修课,不管他们今后所要从事的工作需要与否。其三,博士研究生在撰写博士论文时,不管是什么学科领域,都要求必须使用原文资料,通常是英文资料,唯其如此,才被认为有所创新,才能提交答辩并通过。其四,任何学者或研究人员要想申请高一级的职称,都必须首先通过一门外语考试,才能申报,这门外语,通常也是英语。其五,在几乎所有的城市中学和许多农村中学,学生们都必须学一门外语,通常也是英语,才能拿到毕业证书,如此等等。英语除了在中国的高等院校和研究机构使用外,还广泛地应用于商业和贸易业务或者消费和广告业务。毫无疑问,中国的英语教学正在日益繁荣,这一点甚至体现在英语教师的收入上,他们较之其他语种的教师,收入显然要更高一些。中国的学术研究正变得越来越国际化或全球化,如果没有英语的中介,这肯定是无法实现的。许多科学家把英语当作与国际社会进行交流并推广他们的科研成果的唯一手段。但另一方面,也有少数人,特别是一些从事中国传统文化研究的人文知识分子,则对英语在全球化时代的普及和渗透感到忧心忡忡,他们甚至担心,英语的普及或许会损害中国的民族和文化身份,甚至有可能使中国的文化研究和文学批评话语"殖民化"。

的确，西方文化通过英语的中介，长驱直入渗透到我们的文学和文化批评话语中，使我们的理论中充满了"西化"的术语和概念。这样一种局面或许是令人悲哀的，但它应该同时也会激发我们的奋进决心。按照马克思主义的观点，文化的发展并不一定要与经济的发展成正比，经济发达的国家和地区未必能产生出优秀的文化艺术作品，倒是有可能在一些经济相对落后，但艺术家的想象力异常发达的国家和地区，出现不朽的艺术珍品。这已被拉丁美洲"爆炸文学"的崛起，以及近几年来获得诺贝尔文学奖的一些第三世界或后殖民地流散作家的创作实践所证实。因此在文化传播方面，我们提出的与国际接轨，并不意味着与西方理论的接轨，而是意味着与后者进行平等的对话。目前中国的文化研究和文学批评在国际上出现的"失语"现象，只是暂时的和相对的。它并不仅仅是一个简单的语言表达能力的问题，这种"失语"的现象，更大程度上在于我们的理论家对国际前沿的理论课题知之甚少，以至于即使有翻译的中介，也难以进行平等的对话。那么如何克服这一困难呢？既然英语已经成为一种全世界都在使用的国际性语言，而汉语除了中国及一些华人国家和地区外，在短时期内又无法在更多国家和民族中间普及化，如果我们能够借助英语这一媒介来发出自己的声音，建构自己的研究话语，势必对中国的文化思想在全世界的传播和推广，起到更为积极的作用。

对英语霸权的忧虑并不仅仅在中国文化界发生。随着英语的普及，文化和民族身份研究也越来越引起东西方学者的关注。正如霍米·巴巴的混杂理论所显示的那样，随着全球化时代文化旅行和文化传播的推行，人们的民族和文化身份变得愈益模糊。一个人不管是身处中心（第一世界），还是边缘地带（第三世界），都有可能同时在中心和边缘发挥作用，就像那些没有中心、没有总部，同时也不受本国政府管辖的巨型跨国公司的运作方式那样。同样，中国和西方的一些有着双重身份和国际知名度的学者，也可以同时在东方和西方的学术领域发挥作用。由于他们的频繁国际性交往和活动，他们的语言身份自然也是模糊的。英语事实上成了他们得以与外界进行交流的唯一手段。他们必须用英文写出他们最重要的学术著作，以便在国际主要学术期刊上发表，或在国际知名的大学出版社出版，这样才能得到西方乃至国际学术界的承认。对于这一现象，我们应予以重视，因为它在我们的文化研究领域里也占有重要的地位。

但是另一方面，全球化对文化的冲击同样也体现在它对英语本身的冲击上。我们现在所使用的英语并非当年令人景仰的"国王的英语"（King's English）或"女王的英语"（Queen's English），而是已经打上了殖民地印记和第三世界俚语和不标准发音的"英联邦语"(commonwealth english[es])。全世界人民学英语的现象,莫如说阴差阳错又无情地消解了英语的霸权地位,导致了英语的混杂性和变异性,从而也就造成了文化的多元发展走向。

中国的人文社会科学工作者人数之众,在世界各国均罕见,但中国学者在国际论坛上的声音却很微弱。这与我们这个文化大国的身份显然不相符合。或许,在现阶段,语言的障碍是一个大问题,但这并不是问题的全部,还有人类一些共同关心的前沿理论话题需要我们去探讨,如这里我们所讨论的全球化问题。当今国内学界,越来越多的人在侈谈全球化,以为这是一种学术时髦,但是这种"自说自话"式的讨论既不引证国际同行的研究成果,也不在前人的立论基点上予以推进,怎么能谈得上在理论上有所创新呢?即使这种自说自话有可能在某一点上略有洞见,但在整体上说来,它的"创新"只能是相对的,局限于一定的语境。因此我们认为,在与国际学术界进行交流时,即使我们讲的是全球化的英语,但话题仍是本土化的中国的内容和观点,也决不意味我们的文化和学术话语被殖民,恰恰相反,它将更为有效地使我们将中国学者的学术观点传播到全世界,从而一方面使得中国文化在国际上的声音越来越强劲,另一方面让越来越多的人了解中国和中国文化的博大精深。不妨说,我们今天大量地使用英语就是为了将来较少地使用它,以便在适当的时候,使得汉语逐步成为国际学术界进行交流的一种重要媒介。

针对全球化语境中英语的普及,文化界的一种看法是,中国文化和批评理论话语是被英语"殖民化"了。这个结论不能一概而论。有些人认为,英语的普及是过去四分之一个世纪以来中国文学理论批评从内容到表达形式的全盘西化的主要原因,因为许多理论教义和文化学术思潮都是通过英文的中介进入中国文化界的。结果,中国文化便失去了自己的民族身份,批评家也失去了自己的话语,如果他们在国际论坛上不能用英文发言的话,甚至连自己的声音也丧失了。另一些人则认为,通过建立比较文学"中国学派",来实现中国文化的非殖民化,殊有必要。但平心而论,建立中国学派的呼声早在20世纪80年代初比较文学在经历了漫长时间的"沉默"后再度勃兴时曾颇有吸引力,但在当前这个多极角逐和多元走向的世界,它未始不是过时的"欧洲中心主义"或"西方中心主义"的另一翻版,亦即所谓的"中国中心主义"。他们似乎有充分的理由提出这样一个问题:为什么有那么多的中国人学习英语,以至于掌握英语与否,竟成了衡量品位或学识渊博的标准?而与其相对照的是,在西方,特别是在美国,不仅懂中文的人很少,甚至通晓其他欧洲语言者也不在多数,更不用说把握中国文化和哲学思想的内在精神了。中国学生或学者为了能出国深造,首先得通过英语考试,而那些来中国工作的西方专家却不必学汉语,往往都由年轻的中国翻译或导游陪同。这难道不是一种文化交流上的失衡吗?我们并不否认在中国语境下的上述现象至少在今天确实存在,但是要探讨这些现象,还得采取一种辩证的态度进行考察分析。

所谓辩证的态度,是要看到英语的普及并不一定会导致中国文化的"殖民化",我们完全有必要在过去的年代里花很大的力气,通过英语的中介,把西方文化和文学作品翻译介绍到中国来,因为这肯定有助于我们更好地理解世界和繁荣中国的文学和文化。但随着中国国际地位的日益提高,中国文化和文学的美学价值和深刻思想,也越来越得到西方汉学家以及普通大众的承认。因此,英语的普及将反过来帮助我们把中国文化和文学的内在精神,介绍给外部世界。因为英语毕竟仍是人们使用得最为广泛和频繁的一种世界性语言。在这方面,我们的科学家已经先走了一步,我们人文社会科学工作者为什么不能也这样做呢?

以比较文学为例,它作为当今中国最具有国际性的人文学科之一,如果我们承认中国比较文学研究的第一阶段以接受—影响为主,特别是西方文学如何影响中国文学为特色的话,那么我们将进入的第二个阶段,就应当以更多地关注中国文化和文学在全世界的传播为主。这样,用英文来发表我们的研究成果,把中国文化的光辉遗产及其优秀的文学作品介绍给世界,就显得更为重要了。只有这样,越来越多的西方人才能了解真正的中国究竟是何面貌,而无须为那些出于无知或偏见对中国误解甚至曲解的西方人写出的著述所误导。这样看来,强调文化非殖民化并不意味着取消英语及其教学的普及和提高,因为中国文化并没有被殖民化。英语的普及与中国的文学批评话语的建构,是并不矛盾的。

第五节 文化身份研究

在当今的全球化语境中,另一个广为学术界关注的问题,是文化身份的研究(cultural identity study),它的另一个名称是"身份政治"(identity politics)。文化身份问题是文化研究领域中的一个热门课题。文化身份又可译作文化认同,主要诉诸文学和文化研究中的民族本质特征和带有民族印记的文化本质特征。所以它也是文学研究的一个热门话题。在比较两种不具有任何事实上影响的文学文本时,学者们完全可以侧重比较这两种文化语境下的文学的根本差异,并透过这种本质的差异,来寻找某种具有共性和本质特征的相同点。当然在文学作品里,这种认同主要是审美上的认同。

而对于两种有着直接关系,例如在东西方文化相互交流、相互渗透的跨文化语境下的文学中,探讨具有某个民族文化背景的人物,在另一民族的土壤中,如何维系自己的文化身份,也是文化研究语境下比较文学研究的不可忽视的理论课题。

在全球化的大背景下,跨国公司的影响越来越大,跨国公司工作人员的身份越来越不确定,身份认同本身也经历了某种"裂变":从一种固定的身份,裂变为多种不同的身份和文化认同。荷兰学者瑞恩·赛格斯认为,文化身份同时具有固有的"特征"和理论上的"建构"之双重含义,也就是说:

> 通常人们把文化身份看作是某一特定的文化特有的,同时也是某一具体的民族与生俱来的一系列特征。另一种观点则认为,文化身份具有一种结构主义的特征,因为在那里某一特定的文化被看作一系列彼此相互关联的特征,但同时也或多或少独立于造就那种文化的人民。将"身份"的概念当做一系列独特的或有着结构特征的一种变通的看法实际上是将身份的观念当做一种"建构"(construction)①。

显然,不管将其视为固有特征或建构,都说明文化身份问题在当今时代变得越来越无法回避,它存在于我们周围,渗入了我们的生活中,出没在我们的文学艺术作品中,因而也就自然而然地进入了我们的研究视野中。

研究文化身份问题,本身就是一个跨学科的研究课题。和比较文学的一般研究方法一样,从事文化身份研究也可以通过这两种方法来实现:影响研究和平行研究。前者在当今这个全球化的时代更为显得重要。随着全球化时代的来临,我们所生活在其中的星球变得越来越小,一个在某个国家生活了几十年的人,完全可以伴随着经济全球化的资本运作和政治风云的变幻,而成为一个"全球化了的"(globalized)人,或新的世界公民。他也许在某个没有固定中心和总部的跨国公司任职,而这个跨国公司则既剥削外国人同时也剥削本国人。他的本国民族和文化身份逐渐变得模糊,因而他无法代表自己的民族和国家的利益。但是他所出生在其中的民族的文化印记,却难以从他身上抹去。他一方面为了生存和进入所在国的民族文化主

---

① 参见瑞恩·赛格斯:《全球化时代的文学和文化身份建构》,王宁译,载《跨文化对话》,第2辑(1999),上海文化出版社,第91页。

流,而不得不与那一民族的文化相认同。因此作为必须的代价,他不得不暂时失去他固有的民族和文化身份,例如许多持有绿卡在国外公司任职的中国人,就面临着这样一种"身份焦虑"。久而久之,这种难以抹去的"中国情结",会使他陷入长久的思乡之境。但另一方面,隐藏在他的意识或无意识深处的民族文化记忆,却又无时无刻不在与他新的民族文化身份发生冲突,进而达到某种程度的新的交融。这样,我们完全可以在他身上印证出霍米·巴巴所阐述的文化的"混杂性"特征。例如目前在北美兴起的亚裔文学研究和华文文学研究,就是不同层面上的两个例子,他们分别属于流散文学研究的范畴:前者的文化身份在某种程度上是通过另一种语言(英语)的媒介来表达的,而后者则在相当的程度上保留了原来民族文化的表达媒介,因此它又不得不溶入一些北美文化的习惯因素。这无疑是比较文学的影响研究所必须正视的课题,这种跨文化的比较文学研究非但没有削弱比较文学固有的功能,反而取得了具有文化意义的研究成果。在这里,文学文本只是文化研究者的不可或缺的材料,但由于研究者从文学文本出发,经过一番跨文化阐释之后又回到了对文本的建构,因而最终取得的研究成果,也是有益于文学教学和研究的。

如果说,影响研究必定要有一定的旅行路线,那么平行研究就依然还是共时的。在当今这个全球化时代,文化的旅行和传播可以通过信息高速公路、网络等媒介来实现。生活在当今时代的人,即使有着鲜明的民族身份,也很难说他的文化身份就一定和他的民族身份一样明显,特别是中国从事西学研究的学者,恐怕更是两种文化交织一体的代表:我们自幼生长在中国,受到中国文化的熏陶,但在我们的学术成长期,我们却更多地受到西方文化的熏陶,或在某个西方国家住过几年,或多次在不同的西方国家接受过教育或从事过学术研究,以至于我们的英文系教师所掌握的西方的知识常常多于中国的知识。因此我们研习西学,显然是以一个中国人的中国视角出发,来看待西方学术,这样我们的意识形态观念和学科意识,便不得不打上"西方主义"或"西方学"(Occidentalism)的印记。因而我们的文化身份也就是双重的:我们不得不尽可能地暂时认同一些西方文化的观念,当然主要是语言表达上的习惯,以便更为有效地进行国际交流。另一方面,为了体现出中国人眼中的西方文化特征,我们又不得不在我们的研究成果中打上中国人的民族文化印记,以标示出我们与西方学者的不同之处,而这恰恰又是我们与西方学者对等交流和对话时的"必须"。

有人说,要想达到真正的超越,必须克服我们头脑里固有的西方主义的观念,真正进入西方人的视角来研究西方文学。但那样一来,我们的中国文化身份势必全然失去,结果就会像不少海外中国学者的后代一样,竟然连中国话也不会说了。这似乎是一个难以克服的两难,事实上也是我们比较文化研究学者无法回避的问题。我们主张,中国学者从事西学研究,必须具有一颗中国人的灵魂,倡导从中国学者的独特视角,来考察研究外国的文化和文学,这样就能得出与众不同的结论。这一点在今天,对我们从事跨文化研究的学术,尤其具有重要意义。

在文化研究的语境下,通过阅读文学文本来研究文化身份,往往涉及另一些有价值的课题,诸如流散文学研究、后殖民文学研究、女性文学的性别身份研究等。这些只有从跨文化和跨学科的视野出发才能进行。尤其是在后殖民文学研究领域,我们可以从两方面入手:一方面是从当代后殖民理论的视角,重新阅读一些历史上的以殖民地描写为题材的老作品,例如英国文学中的鲁德亚德·吉卜林、约瑟夫·康拉德、E·M·福斯特等,以及美国文学中的赛珍珠和汤亭亭等,从而发掘出这些作品及其作者的双重文化身份。另一方面,直接考察当代的一些后殖民地,例如不少非洲国家、加拿大、澳大利亚等的文学文本,在这些文本中,我们可以清楚地看出其中的宗主国文学的影响痕迹,同时也可窥见殖民地人民对宗主国的民族文化的抵制特征,因而这种文化的"混杂性"便清楚地显示了出来。

从当代学术的跨学科性、跨文化性和前沿性着眼,从文学文本中的文化身份问题入手,我们也可介入关于全球化与本土化之论争和对话的讨论。毫无疑问,文化全球化的对立面是文化本土化,不少欧洲学者之所以倡导文化身份研究,实际上也是从欧洲的本土化的立场出发,针对文化全球化进程的一种制约。欧洲文学有着光辉灿烂的遗产和悠久的传统,欧洲学者不希望看到自己的文学经典被淹没在文化研究的汪洋大海之中,但面对文化研究大潮的冲击,他们又不得不思考出相应的对策。同样,在一些亚洲国家和华人居住区,试图以新儒家思想来统一21世纪世界文化的尝试,也在不断出现。这当然也成了文化全球化的另一对立物。就跨中西方文化的文学研究而言,无疑研究文化身份既可以扩大文学研究的领地,同时也可以充当文学和文化之间的沟通和对话桥梁。

第六节 全球化中的影视研究

在今天看来,中国当代的文化研究正面临着来自两个极致的全球化的挑战:经济全球化的日益进逼,以及相伴出现的文化上的全球化现象。在电影和电视领域,全球化的进程体现在美国好莱坞大片的长驱直入和国产影片的节节溃败。人们所密切关注的一个问题在于,如何抵制美国大片的

"文化入侵"？我们曾经有过自己蜜月的电视业，如今则面临着入世之后西方媒体的冲击。经济全球化导致的一个直接后果，就是文化上的全球趋同化现象，它使得西方的，尤其是美国的文化和价值观念如水银泻地，无孔不入地渗透到其他国家，它模糊了原有的民族文化的身份和特征，使其受到严峻的挑战。影视文化当然不在例外。今天跨国资本所涉及的范围早已超越了经济和金融领域，进入了中国的文化界，其中包括文学界和电影电视界。一些在国际电影节上获得大奖的中国影片，就直接得益于跨国资本的支持和干预。而相比之下，那些既不属于主旋律的重大题材范围，又缺乏跨国资本资助的电影人，只好走一味取悦市场和观众的"第三条道路"，但这条道路实际上也是十分艰难的，而且面临的竞争将愈演愈烈。这就是全球化可能给我们带来的直接后果。

今天世界影视业的一个直接威胁是美国文化的入侵问题。就全球化的本来含义来说，它隐含着一种帝国主义的经济霸权和文化霸权。在经济上，美国一直处于强势。在影视传媒领域，它的强大和无所不及性更是表现得明显。跨国资本可以轻而易举地占领一个发展中国家的信息业和影视业，甚至在当地找到联手操作的合作伙伴，这样一来，为跨国公司服务的人不仅参与了对别国的剥削，同时也直接参与了摧毁本国的民族电影和电视事业的阴谋。因此，在欧洲，面对美国文化的入侵，一些欧洲国家，尤其是法国和北欧诸国，不得不制定一些相关的措施，限制包括美国电影电视和麦当劳餐馆在内的美国文化无限扩展。而在一些文化欠发达国家，美国影视则如入无人之境，侵蚀着当地的文化娱乐生活，使人足不出户，就可沉浸在好莱坞大片的声像之中。因而难怪有人得出这样的结论，即文化上全球化的进程步步紧逼，强势文化可以借助于经济上的强力向弱势文化施加影响，使之趋同于强势文化。这个前景使人不寒而栗：假如有那么一天，整个世界的多种文化都成了一种模式，在银幕和荧屏上，假如出现的都是好莱坞的制作模式或麦当劳和可口可乐广告，那该多么可怕！但我们相信，历史将证明这是不可能成为现实的一种幻想。虽然，今天全球化可能导致的文化趋同化之危险，还是迫在眉睫、亟须解决的问题。

从文化研究的角度来考察今天中国文学艺术的态势，以及它们同影视业发展的关系，显然是必要的。我们现在讨论的文化研究，其指向是当代大众文化和非精英意识的文化，它包括区域研究、种族研究、性别研究和传媒研究诸多方面，同时也致力于对文学艺术的文化学视角考察分析。所以考察当代影视传媒，无疑是文化研究者的任务。文化研究并不排斥对精英文化的考察，而文学艺术则正是精英文化的结晶。文学与影视尽管所使用的媒介不同，但这两者之间的关系实际上是难解难分的。优秀的文学作品，如托尔斯泰的《战争与和平》、海明威的《丧钟为谁而鸣》（电影译名为《战地钟声》）等，所描写的波澜壮阔的战争场面，正是通过宽大的电影银幕才得以充分展现的。众多在国际电影节上获得大奖的优秀影片的故事情节，也取自文学作品。因此研究文学与电影的关系，是文化研究，也是从事超学科比较文学研究的一个必不可少的研究方向。始自英国伯明翰学派的文化研究，实际上就是建基于对文学的文化学研究之上，并逐步扩展到对大众传媒的研究的。

但文学的经典并非一成不变，它的范围在不断地扩大，其内涵也在受到质疑、重构并逐步趋于完善。此外，它在很大程度上得力于电影和电视的传播媒介。经常，一部电影或电视剧的成功，会使得久已被人们遗忘的一部文学名著获得新生。这里的一个例子便是电视连续剧《钢铁是怎样炼成的》对小说原著的促销。这部电视剧在中国大陆的成功很大程度上也得力于"跨国资本"，但这笔资金并非来自西方大国，而是来自中国。正是这个东方大国的巨额资金，使得一部根据前苏联小说改编的电视剧，得以获得意想不到的经济收入，同时也使得一部已经被人逐渐遗忘的文学"经典"复活。这种经济和文化上双赢的例子，并不少见。台湾电影《卧虎藏龙》在美国的巨大票房价值，在另一方面也使得中国文化被更多的西方观众所了解和熟悉。所以，随着中国经济的日益发展，全球化的路径将越来越具有双向特征：总体上从西方到东方，但是同样也可以有从东方到西方的路径。

《卧虎藏龙》法语海报

就文化本身的意义而言，当代中国文学艺术是处于东西方文化的冲突与交融的语境下。进入新世纪的中国文学在经历了20世纪70年代末现实主义的复归和现代主义的渗入、80年代先锋派的挑战和新写实派的反拨之后，早已进入了一种新的发展态势：这是一个没有主流的多元共生的时代，在这个时代，各种宏大的叙事已经解体，原先被压抑在边缘的各种属于非精英范畴的文学或亚文学的话语力量,则异军突起,对精英文学形成了强有力的挑战。包括电影和电视在内的大众传媒的异军突起,更是占据了本来就在日渐萎缩的精英文学艺术的领地。文学市场上不见了往日的"宏大叙事"作品,而充满了各种"稗史"性的亚文学作品和影视光盘。严肃的作家很难再找回自己曾在新时期有过的广阔活动空间,为人生而写作或为艺术本身而写作的现实主义和现代主义美学原则,一度变成为市场而写作,或者为迎合读者的口味而写作。毫无疑问,只要有人类存在,就会有文学存在,文学决不会消亡。而文学的存在又使得电影和电视有了高质量的底本。但是影视传媒所受到的挑战并非来自文学,而倒更多是来自近年异军突起的网络。网络的使用为当代人开辟了一个无限广阔的赛博空间,网民无须经过任何审查,就可以任意在网上发表自己所喜欢的作品或散布各种未加证实的信息。同样,他们也无所顾忌地在网上欣赏西方世界的最新影片和电视节目。简言之,影视业受到了前所未有的来自"第四媒体"的挑战。有人甚至预言,在全球化的时代,网络不仅将取代传统的媒体,甚至还将取代电影和电视的作用。

赛博空间

在中国这个现代性大计虽未完成,但却打上了不少后现代性印记的国家,我们的文学艺术和影视,则经历了80年代后期后现代主义的冲击和90年代市场经济的波及。后现代主义在中国文学艺术中的直接作用,导致了两个极致变体的产生:一方面是先锋派的智力反叛和观念上、技巧上的过度超前,因而造成物质生产和文化生产在同一个国家的不平衡发展;另一方面则是大众文化乃至消费文化的崛起,一切以市场所需为目标,文化生产之成败均以经济效益来衡量,这样便造成了文化品位的普遍危机。影视艺术也遇到同样的命运,面对近十年来电视艺术的飞速发展,电影的生产和发行受到了很大的冲击,不少电影院不得不改行经营其他业务,有些则干脆关门。为了挽救电影日益衰落的命运,一些电视台发明了电视电影,即利用电视技术和荧屏来展现一部完整的电影故事。但这只能是一种权宜之计。而

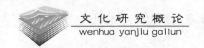

更晚近的全球化时代信息技术的发展,则又使电视业受到了互联网的冲击。未来的影视传媒将在人们的文化生活中处于何种位置?它们的功能还将体现在哪里?这是需要认真思索的。

我们曾经有过自己黄金时代的电影,所受到的挑战是不足为奇的。确实,电影产生于西方文化的土壤,但是电影的诞生把一种集阅读(文化精品)、观赏和获得审美快感为一体的综合艺术,带到了现代人的面前,使一部分非文学专业的读者/观众只需花上一两个小时,就读/看完了一部浓缩了的长达数百页的文学名著,并且能获得感官和视觉上的巨大享受。这本身对文学市场是一个强有力的冲击。因此对电影的教育功能抱过大希望者,肯定会对中国电影所处的低谷状态感到不安。但我们切不能忘记另一个不可忽视的事实:一部电影的成功有时也可带来文学原著的畅销。20世纪五六十年代的中外电影《牛虻》、《暴风骤雨》、《林海雪原》、《红与黑》、《悲惨世界》、《安娜·卡列妮娜》、《苔丝》、《基度山伯爵》等的成功,在很大程度上也促进了文学原著的走红,使得一些作家的名字在中国几乎家喻户晓。八九十年代根据莫言、王朔、苏童、余华和刘恒的小说改编的电影《红高粱》、《顽主》、《一半是海水,一半是火焰》、《阳光灿烂的日子》、《大红灯笼高高挂》、《活着》和《菊豆》等的走红或获奖,也促销了他们所创作的文学原著,并迅速地使他们成为近乎家喻户晓的公众人物。电视业的崛起以及其在80年代中国的迅速普及,曾一度对中国的电影产生过一定的冲击,但相当一部分观众并不屑于仅在电视荧屏上来欣赏电影,他们仍愿花钱去电影院静心地欣赏影片。如果该影片的故事情节始自文学原著,他们照样要去书店买来原著仔细通读。曾先后出现过的"《围城》热"、"《三国》热"、"《水浒》热"等,也使得这些文学经典走出了文学的象牙塔,来到普通读者/观众中,从而在某种程度上达到了原作者所始料不及的"后启蒙"效果。这些现象的出现,无疑为当代文化研究者提供了难得的"社会文本"和活生生的"亚文化"文本,同时,也为从事超学科比较文学研究的学者,提供了文学和电影比较研究的范例。

可以说,中国的电影业始终是在风风雨雨中走过了自己的一百多年,这其中既有政治风云的变幻,也不乏经济杠杆的作用,此外还有其他媒体的挤压因素。直到现在这个全球化的时代,它仍然顽强地存活了下来,并在人们的物质和精神文化生活中,发挥着其他媒体所无法代替的作用。今天中国电影业面临的挑战,一是商业大潮的冲击,使得一批颇有实力的优秀编导不惜于取悦商界,而丢弃艺术家的良知。二是在大众传媒业曾独领风骚的电视,也已经感觉到了全球化时代网络的影响,更何况需要更为精湛的艺术创造、更多的资金投入和更大制作的电影。因此我们现在面临的一个新问题便是:随着全球化进程的加快,电影将发挥何种功能?它能够在网络的覆盖和电视的普及之双重压迫下,求得它的再度辉煌吗?有人曾对今日网络时代的网络霸权作出这样的估计:

> 在网络时代里,由于人人都可以上网,每个人既是接受者也是传播者,传统媒介里的传播者与接受者的对立将不复存在……我的"泡沫"说在媒介方面包括两种预测,一是传统媒介在文化层面上的消失,即网络里的社会全息文化对传统媒介里的大众文化的代替,网络里的双向沟通对于传统媒介里的单向传播的代替,这是一种实质的消失。二是传统媒介在物质层面的消失,即现存的报纸、杂志、书籍、电影、广播、电视等都将基本消失[1]。

这种担心虽不无道理,但未免夸大其词了。如果情况果真如此的话,首当其冲的恐怕并不是报纸和杂志,因为从阅读心理的角度来看,在网上阅读篇幅较大的文章或学术论文,恐怕令人难以承受。人们要么就下载这些资料,要么干脆坐在沙发上,阅读制作精美的杂志上的书面文本。而观赏电影则不同。对于只想知道故事情节或浏览风景画面的普通观众来说,在电视上或在网上观看电影,也许更为简便,并且稍不满意就可无情按下遥控器键,或移动鼠标。这样看来,电视所受到的冲击也许更为直接。所以毫不奇怪,电视制作者们已经开始关注电影电视这一将电影和电视的长处结合在一起的艺术了,但即使如此,它也不能取代电影的功能。今天人们对电影的制作提出了更高的要求,制片人和投资者要想在广大观众中收回资金,就必须想尽办法在影片的拍摄、演员的挑选以及后期剪辑和制作诸方面,满足最广大观众的基本审美需求。因为是他们操纵着电影的市场,是他们在挑选可满足自己的艺术传播媒介。即使少数几部主旋律电影和商业大片的巨大成功,在很大程度上也取决于题材的新颖和情节的动人,再加之名演员的加盟等因素。仅凭行政命令畅行无阻的日子,已经一去不复返了。

我们相信网络无法取代我们的文化娱乐生活。世界是多彩多姿的,人们对艺术欣赏的要求也是多元的。后现代社会使人们对自己的生活方式有多种选择,同样,对审美方式和娱乐也有自己的选择。电影、电视和网络虽然都属于传播媒介,但它们各自的功能有所不同,它们各自只能满足观众/

---

[1] 参阅朱光烈的一篇颇有争议的文章:《传统媒体,你别无选择》,载《中华读书报》,2000年8月16日。

网民某一方面的需要,却不能彼此取而代之。因此在相当一段时间内,这三种媒体之间的关系并非全然对立,而是互动和互补。如果就其覆盖面和影响而言,首先应数网络,其次是电视,最后才是电影;但就其艺术等级而言,则首先是电影,其次是电视,最后才能数到网络,因为在审查和筛选鞭长莫及的网络上,充满了文化垃圾和低级趣味的东西,这些东西是永远无法登上艺术的殿堂的。倒是其中的一些有可能暂时被影视埋没,但确有价值的艺术品将被影视导演和制片人"发现",进而加工成优秀的艺术作品。这种例子在西方屡见不鲜,在中国也将越来越普遍。

第八章 文化研究抑或文学研究

今天全球化的进程仍在加速,世界经济格局的变化和重组不可能不对文化和文学生产发生相应的影响,因而包括西方文化和文学理论在内的各民族文化和文学理论的生产和研究都不同程度地受到了波及,对文学理论的前景持悲观态度者实际上在西方学界更占多数:当年以对德里达的解构理论介绍而著称的乔纳森·卡勒早在 20 世纪 80 年代,就主张用"文本理论"(textual theory)或者干脆"理论"(theory)来取代传统的文学理论;而美国解构批评最重要的代表希利斯·米勒,则主张用范围更广泛的"批评理论"(critical theory)来取代或包容行将衰落的文学理论;近几年来逐步脱离精英文化的哈罗德·布鲁姆则更为激进地宣称,理论已经死亡,文

希利斯·米勒

学仍有人欣赏,他自己近几年来就一直在走通俗的道路,不断地以自己的"文学—理论"畅销书而赢得巨额利润①。这一切均使得原先对文学理论寄予厚望的人们感到心寒:难道文学理论果真就将被淹没在文化研究和批评理论的汪洋大海之中了吗? 这是本章将要关注的内容。

第一节 文化研究对文学研究的冲击

早在 20 世纪 80 年代后期,当国际性的后现代主义理论争鸣日趋终结、后殖民主义理论思潮步入前台之时,一种长期以来被压抑在边缘地带的学术理论话语就开始了消解中心(decentralizing)和破除领地

---

① 这可以从布鲁姆《如何阅读和为何阅读》(*How to Read and Why*, New York: Scribner, 2000)一书巨大的商业成功中见出端倪。

(deterritorializing)的运动,到了90年代初,这股大潮迅速占据了英语文学界和比较文学研究的主导地位,它就是我们现在论及的"文化研究"。文化研究不同于我们传统意义上的精英文化研究,而更多指向大众文化以及各种非精英文化的研究。人们往往容易将文化批评和文化研究相提并论,这不足为奇,因为当今的不少欧美学者,尤其是反对文化研究的人都在这样做。但仔细追溯其各自的历史作用和当代形态,我们就不难发现,这实际上是两个不尽相同的概念,其界定也迥然相异。在文化研究的大潮之下,文学研究或者被束之高阁,或者被边缘化,并且被限定在一个极其狭窄的圈子里,对文化的研究则越来越远离精英文化及其产品文学。因而难免有精英意识较强的学者惊叹,文学研究有可能被淹没在文化研究的汪洋大海之中。

既然是一种边缘话语,并且有着鲜明的"非精英"意识和批判精神,那么文化研究的"非边缘化"、"非领地化"和"消解中心"的特征,便是十分明显的了。如果我们仔细考察一下活跃在西方学术界的文化研究主将们的学术背景,就不难看出,其中不少人的头衔就是英文和比较文学教授,他们所赖以崛起的领域也是文学研究,因此这两者的对立并非天然形成的,而在很大程度上是人为造成的。就文化研究的走向来看,它明显包括这样几个方面:以研究后殖民写作/话语为主的种族研究,其中涉及爱德华·赛义德的"东方主义"和文化霸权主义批判,斯皮沃克的第三世界批评和霍米·巴巴的对殖民话语的戏拟和混杂进而消解;以研究女性批评和写作话语为主的性别研究,这在当今时代主要涉及女性批评话语的建构、怪异理论(queer theory)和女性同性恋研究;以指向东方和第三世界政治、经济、历史等多学科和多领域综合考察为主的区域研究,例如当前十分诱惑人的课题就包括"亚太地区研究"和"太平洋世纪研究"等。此外还应当加上考察影视传媒生产和消费的大众传媒研究,尤其当世界进入全球化时代以来,文化研究的传媒特征越来越明显,它几乎与传媒现象成了不可分割的整体,因而与文学研究的距离也就越来越远。这也许正是文学研究者对文化研究抱着恐惧甚至反感态度的部分原因。

但文化研究虽在当今时代的英语世界声势浩大,但在较为保守的欧洲学术界却颇遭非议,其中的一个重要原因就是,正如有些介入文化研究的学者所承认的那样,"它并非一门学科,而且它本身并没有一个界定明确的方法论,也没有一个界线清晰的研究领地。文化研究自然是对文化的研究,或者更为具体地说是对当代文化的研究。"① 毫无疑问,这里所说的文化研究已经与其本来的宽泛含义有了差别,换言之,对于当今的文化研究学者来

---

① S. During ed., *Cultural Studies Reader*, London: Routledge, 1993, p. 1.

说,"'文化'并不是那种被认为具有超越时空界线的永恒价值的'高雅文化'的缩略词"①,而是那些在现代主义的精英意识占统治地位时被当作"不登大雅之堂"的通俗文化或亚文学文类,甚至是大众传播媒介。后现代主义的"消解中心"和挑战精英的尝试,客观上为文化研究的崛起奠定了基础。这在某种意义上也说明,文化研究的主要方法和理论基本上是从后现代主义理论那里借鉴而来,并应用于更为宽泛的范围和更为广阔的疆域,它同时在西方帝国的中心话语地带——英美和原先的殖民地或称现在的后殖民地——澳大利亚和加拿大攻城略地。

如果说,当今在文学理论批评界广为人们讨论的文化研究确实在很大程度上始自文学研究,并且作为一个研究领域始于20世纪50年代的英国的话,那么它至今也已有了半个世纪的历史了。它的创始人是利维斯,但有着浓厚精英文学思想的利维斯本质上是一个精英文学研究者和新批评派,他所说的文化就是传统意义上的高雅文学艺术的成品,认为是掌握在少数人手中。在他看来,唯有阅读这些艺术精品,人们的高雅文化情操才能得到培育。因此他试图通过教育体制来更为广泛地传播文学知识,使之为更多的人欣赏。他认为,为了向更广大的人民大众启蒙,需要有一种严格选取的"伟大的"文学经典,阅读这些"伟大的经典"作品有助于以一种具体的平衡的生活观来造就成熟的人格。尽管利维斯的这些精英文化研究思想与后来发展起来并对之提出挑战的文化研究格格不入,但仍应该承认,当代文化研究在英国乃至整个英语世界的崛起,与利维斯早期的努力是分不开的。可以说,正是超越并走出了利维斯主义的狭隘领地,文化研究才在英国得到长足发展并迅速波及北美和澳洲的。挑战利维斯精英文化思想体系的主要是这样几个事件:20世纪50年代理查·霍加特和雷蒙·威廉斯关注工

工人阶级社区文化

---

① S. During ed., *Cultural Studies Reader*, London: Routledge, 1993, p. 2.

人阶级的社区生活,从而使得文化研究直接进入普通人的日常生活,并越来越具有大众文化研究的特征;60年代初文化研究的机构化,这毫无疑问以1964年在伯明翰大学设立当代文化研究中心为其标志。从此,文化研究作为一个反机构的"准学科"(sub-discipline)和跨学科的理论话语(interdisciplinary critical discourse)而崛起于当代文化学术界,并在后现代主义和后殖民主义讨论衰落之时,迅速占据了主导地位。在今天的全球化时代的跨文化语境下,文化研究仍在北美和一些第三世界国家方兴未艾。

文化研究虽然起源于英国,但它迅速进入了美国的学术界,并且受到一大批在文学理论和文学研究领域内颇有影响的著名学者的关注,大量研究后殖民文学、传媒文化和其他非精英文化现象的论文,频繁地出现在曾以文学理论和文学批评著称的著名学术刊物,包括《新文学史》(*New Literary History*)、《批评探索》(*Critical Inquiry*)和《疆界2》(*Boundary 2*)等,逐步涉及西方世界以外的文化现象的研究,并介入了对全球化现象的思考和研究。但这批学者所主张的是将文学置于广阔的文化语境下来考察,并未脱离文学现象漫无边际地探寻;而更多的来自历史学、社会学、人类学、地理学和传播学界的学者则走得更远,他们把文化研究推到了另一个极致,使其远离精英文学和文化,专注跨学科的区域研究以及大众文化和传媒研究。当代美国的文化研究者关注的对象极为广泛,甚至如当年《解构批评》一书的作者文森特·莱奇所言,文化研究的对象包括:

> 广告、艺术、建筑、市井故事、电影、时装、大众文学文类(惊险小说、罗曼司传奇、西部片、科幻小说)、照相术、音乐、杂志、青年亚文化、学生文本、批评理论、戏剧、无线电、妇女文学、电视以及工人阶级的文学①。

这样所导致的结果便是经典文化和文学作品遭到排斥,大众的、通俗流行的非精英文化产品登堂入室进入研究视野,从而对经典文化研究形成了有力的挑战。经过一段时期的"非边缘化"和"非领地化"的尝试,文化研究终于在自己的全盛时期在一个相当大的范围内脱离了文学研究,并与后者形成了一种新的二元对立和互补的现象。这一现象的出现使得不少既从事文学

---

① Cf. Vincent B. Leitch, "Cultural Studies: United States", in Michael Groden and Martin Kreiswirth, *The Johns Hopkins Guide to Literary Theory and Criticism*, Baldimore: Johns Hopkins University Press, 1994, p. 179.

研究又卷入文化研究大潮之中的学者,感到不安和担心。

文化研究对于文学的直接冲击是,在大众文化的氛围下,经典文学作品不再被当做独立于生产、流通和消费的自足的审美现象来欣赏和观照,而是被束之高阁,或甚至被放逐到研究视野的边缘。一些比较文学研究生撰写的学位论文也远离文学研究,而颇费心机地去分析研究诸如发型、服装、同性恋等"不登大雅之堂"的"亚文化"现象。因而毫不奇怪,文化研究在美国的一些有着悠久人文传统的正统学科受到抵制,倒是在部分大学的英文系和传播学系得到了迅速的发展。研究者们并不急于建立以教学为主的系科,而是首先设立某种类似研究所和研究中心之类的虚体研究机构,以期在较短的时间内迅速占据研究话语上的主导地位。相比之下,在加拿大和澳大利亚这些有着殖民地背景的国家,文化研究主要关注的对象是后殖民问题和后殖民地写作/话语,以及民族文化的身份认同问题。这些地方的旧有文学历史并不悠久,传统的势力也远没有英国那么强大,因而文化研究在这些国家便有着相当长足的发展,其势头之强大甚至引起了比较文学和英语文学研究者的恐惧。

在今天全球化的语境下,随着知识经济时代的到来,高科技在人们的生活中起着越来越重要的作用。相比之下,人文社会科学研究的领域则变得萎缩,而在一个更为广大的人文学科背景下,文学研究的地位也就显得愈加不确定,甚至按照有些人的说法,文学研究作为一门学科已濒临消亡。就当今北美的文化学术状况而言,国别(英国)文学研究和比较文学研究,都面临着文化研究的冲击。文化研究的跨学科性、反精英意识和反文学等级意识,无疑对有着强烈精英意识和等级观念的传统的文学研究构成了有力的挑战,以至于不少大学的英文系不得不削减传统的文学课程,增加当代的文化研究课程,例如女性研究、种族研究、传媒研究、身份研究等长期以来被排斥在文学研究之外的"边缘话语"。曾在学术界异常活跃的比较文学系或研究中心也不得不改名为比较文学和文化研究系或研究中心。这一切均说明,传统的文学研究又经历了一次大的冲击,并再度陷入新的危机。人们不禁要提出这样的问题:文化研究是否一定要与文学研究形成对立?这两者之间有无沟通的可能?何以将文化研究的课题引进文学研究的领域?

第二节 对峙还是共存

如前所述,经济全球化导致的一个直接后果就是文化上出现的全球化趋同现象,它使得西方的,具体说是美国的文化和价值观念渗透到其他国家,麦当劳和迪斯尼以异常诱人的魅力,占据了人们的消费领域和想象世界,从而把一种无限扩张的美国消费文化发展到全球范围,它模糊了各民族国家原有的民族文化的身份和特征,因而对我们今后的文化发展战略也提出了严峻的挑战。目前所出现的精英文化及其产品文学的边缘化,就是一个明显的例证:大学的人文学科萎缩,科研经费不足,出版事业萧条,文学系科的学生毕业后改行从事更为实际的工作,以人文学科为主的名牌大学在综合排名中明显处于劣势,等等。相对于有着一定读者的文学作品而言,文学理论所面临的尴尬状态就更是令人感叹了。它一方面受到文学作品市场萧条的影响,另一方面又受到指向大众的文化研究的挑战。如果说这种现象只是出现在西方发达国家的话,那么对于中国的文学理论而言,它又不得不面临着另一种强势话语——西方文论的冲击,以至于我们时常听到这样的叹息:我们的文化在西方强势文化面前变得微不足道,我们的文学批评陷入了"失语"的症状。这样的叹息究竟有无道理呢?我们认为,首先应对全球化之于文化和文学研究的基本意义作一辨析。

由全球化现象带来的民族文化身份的不确定和认同的多元性,促使文化研究和文学研究纷纷把注意力放在对文化身份的研究上。跨国公司雇员们的民族身份自不待言,同样在知识界和文化学术界,知识领域的扩展和理论的旅行也打破了传统的学科领域之间的疆界,来自不同国家和民族的学者们的文化身份,也因此变得模糊和不确定。这一方面对传统的学科是一个挑战,但另一方面却为跨越学科界限的文化研究的勃兴奠定了基础。此外,一些有着第三世界文化背景的学者在西方主流学界的扎根和成名,也造成了这些知识精英的有意识"忘却"或"模糊"自己固有的民族和文化身份。但具有讽刺意味的恰恰是,他们的第三世界民族文化的背景使他们有可能在一个多元文化主义的社会唱出一种不和谐的声音,而这种不和谐的声音恰恰又是他们得以取得创新的资源。这方面的例子,除了赛义德、斯皮沃克等人从"边缘"挺进"中心"的成功经验,还可以从另一位非西方的文学理论家和思想家——巴赫金的"被发现",和在西方语境下的重新阐释范例中见出。早在 20 世纪 80 年代初,随着巴赫金的主要著作英译本的问世,巴赫金本人也被认为是一位世界级的思想家和文学理论大师,因为他的理论涉及语言学、精神分析学、神学、社会理论、历史诗学,

巴赫金

以及人的哲学等多种领域,因而在西方学术界,巴赫金研究曾一度是一门"显学",而巴赫金的学说也同时为结构主义、后结构主义和后现代主义、文化研究等理论思潮当作自己的重要资源。这一事实是值得我们中国的文学理论工作者深思的。

就文化研究在整个西方文化理论界的新近发展来看,它经过一段时间的内部分化和整合,基本上可分为这样两种取向:一种是完全脱离传统的文学研究,面向整个大众文化,并且越来越与当代传媒关系密切。另一种取向则是把传统的文学研究的疆界逐渐扩大,使之变得越来越包容和具有跨学科和跨文化的性质,它当然也切入大众文化,但它的态度是对之进行批判性的分析和阐释,并在很大程度上保持其固有的精英文化批评立场。早先的精英文学研究者,例如围绕着《新文学史》杂志的一批精英学者,所从事的文学研究,实际上就是扩大了学科范围的文学的文化研究。由此可见,文化研究的不少理论课题都来自文学研究,因而它的一些探讨对象完全可以反过来成为文学研究的对象,从而对激活文学研究、扩大文学经典的范围产生积极的建设性作用。而当代文学研究也有充分理由从纯粹的经验领地解脱出来,与一种文学的文化批评相融合并达到互补的境地。

所以现在的问题是,文学研究与文化研究,究竟是对峙还是共存?任何熟悉20世纪西方文学研究历史的学者都不能否认,进入20世纪以来,文学研究已经受到了几次冲击和挑战,其中比较大的冲击不外乎来自这样两种思潮:其一是崛起于20世纪初的以俄国形式主义批评为代表的科学主义思潮的冲击,其结果造成了文学研究越来越走向科学化和形式化,虽然在此期间,具有人文性质的阐释学理论仍有着相当的活动空间,但直到后来后结构主义思潮的反拨,这种形式主义占主导地位的情况才有所改观。另一个就是起始于20世纪50年代的英语文学界并在80年代后期迅速进入学术前沿的文化研究。文化研究使得原有的学科界限被打破了,精英文化和大众文化的界限也日渐模糊,东方和第三世界的文化也纷纷从边缘向中心运动,进而进入文学研究的话语圈。传统的文学研究越来越走出精英学者的象牙塔,其当代指向和非精英倾向逐渐显露出来,其研究成果也日益打上文化和社会分析的印记,始自新批评的那一套形式结构分析逐渐让位于更为广阔的文化学分析和理论阐释。近年比较文学和文化研究领域内出现的"人类学转向",就是近似当年的"语言学转向"的一种新的研究方向和发展趋势。它表明,一种新的注重社会文化分析的批评方法,已经占据了当代批评的主导地位,传统意义上的比较文学研究也逐步从研究两种和两种以上的文学的相互影响、内在审美规律和平行关系的研究,逐步发展为跨越学科界限的两种以上的文化的比较研究。面对这股大潮的冲击,经典文学和比较文学研究的领地毫无疑问地变得狭窄了,其传统的方法论也受到挑战,因而相当一部分传统派学者对纯文学及其研究的前途表示怀疑。持这种态度的主要代表是当年耶鲁学派的主将之一哈罗德·布鲁姆,他对文化研究和文化批评的敌视态度,早已见于他的著述中,但与那些悲观论者不同的是,布鲁姆在一切场合勇敢地捍卫着愈益狭窄的文学研究领域。在本章作者于1999年5月对他的一次访谈中,他甚至公开宣称"理论已经死亡,而文学则将永远有人诵读"。也有学者对比较文学的未来持悲观的态度,如当年曾对基于美国学派立场的比较文学定义作过权威性描述的亨利·雷马克,也对自己十多年来的"被边缘化"感到极度不满,在1999年8月于成都举行的中国比较文学学会第六届年会暨国际学术研讨会上,他作了一篇题为《比较文学:再次面对选择》的大会发言,对形形色色的新理论思潮予以了强烈的抨击,对比较文学的未来前途充满了忧虑。

但是另一些思想观念开放的学者则在迎接文化研究的挑战,期望借助这一来自文学圈以外的冲击,将文化研究的某些合理因素和有意义的课题引进文学研究,这样既可以扩大文学研究的范围,同时也可以为未来的跨东西方文化的文学研究提供一些新的课题或理论思考的视角。这部分学者以老一辈的文学理论家拉尔夫·科恩为代表,他本人不仅不反对文化研究进入文学研究,而且密切关注文化研究的新发展,并及时地在自己主编的权威性刊物《新文学史》上发表若干具有理论导向意义的文章,例如第二十七卷(1997)第一期的专辑《文化研究:中国与西方》,以及不同的甚至批判的意见,例如第二十九卷(1999)第一期的一组以《修正主义专题讨论》为议题的文章。我们愿意持第二种态度。

文化研究有其不同的学科来源,但我们如果立足伯明翰学派的文化研究传统,就很容易把握它与文学研究的渊源关系,以及这两者的密不可分性,一些公认的文学研究大师,如英国的F·R·利维斯、雷蒙·威廉斯和特里·伊格尔顿、俄罗斯和前苏联的米哈依尔·巴赫金、加拿大的诺斯洛普·弗莱以及美国的弗雷德里克·詹姆逊、爱德华·赛义德、盖娅特里·斯皮沃克、希利斯·米勒等,现已被公认为文化研究的先驱者或重要代表,他们的著述不仅没有排斥文学研究,反而对扩大文学的研究范围多有裨益,进而对当代文学研究也产生了重大的影响。因此我们可以断定,文化研究的一些理论方法完全可以引进文学研究,并产生出一些新的成果。自20世纪90年代初率先在中国港台地区登陆以来,文化研究在整个中国已成为继后现代主义和后殖民主义理论思潮之后,逐渐普及开来的热门话题。应当说,文化研究的引进不仅打破了精英文化和大众文化之间的天然界限,为两者的对话铺平了道路;它的跨文化性和跨学科性,也突破了西方中心主义的思维模式和观察视角。对于文化研究的作用和影响,澳洲学者透纳作过这样的总结:

> 文化研究确实对人文学科和社会科学的正统,提出了激进的挑战。它促进跨越学科的界线,也重新建立我们认识方式的框架,让我们确认"文化"这个概念的复杂性和重要性。文化研究的使命之一,便是了解日常生活的建构情形,其最终目标就是借此改善我们的生活。并不是所有学术的追求,都具有这样的政治实践目标的①。

这个评论无疑是比较客观的。今天围绕中西比较文化研究的论著、译著和论文日益增多,在中国举行的类似国际研讨会也逐年增多。一大批曾经活跃在文学理论界、比较文学界和传媒研究界的学者受到这一颇有诱惑力的理论课题的吸引。他们一方面跟踪西方文化研究领域内的最新进展,向国内学术同行介绍最新的研究成果;另一方面致力于将这一西来的文化研究话语应用于中国的文化和文学批评实践。其结果是明显推进了中国文学的文化批评、大众文化研究和传媒研究的国际化。一个令人鼓舞的事实是,在2001年于北京举行的国际文学理论学会第二届理事会上,全体理事通过了王宁提出的一项建议:在学会之下设立一个文化研究委员会,由澳洲学者比尔·艾希克罗夫特任主席,包括中国学者陶东风和金元浦在内的一些学者任委员。

第三节 中国的文化批评

我们这里的"文化批评"概念,是居于文化研究的大背景之下提出的,既然文化批评在西方是一个可作多重界定的不确定概念,那么中国的文化批评又该作何界定?这里我们讨论的文化批评,大致可视为文化研究与文学研究的一个中介。

在文化研究大潮的影响下,文学批评终于走出了长达大半个世纪的"语言学转折",进入到明显带有文化研究意义的"人类学转向"或者说"文化转

---

① 戈莱梅·透纳:《英国文化研究导论》,唐维敏译,台湾亚台图书出版社,1998年,第298页。

向"。落实到具体的批评实践上,也就实现了从以语言为中心的"文本"(text),向以社会文化为中心的"语境"(context)的转化。既然文化批评已经在相当的程度上主宰了批评的想象力,那么在全球化的时代,文化批评应向何处发展?这已成为广大文学批评家和文化研究者所共同关心的问题。

我们认为有必要弘扬一种新的文化批评。首先,这个中国当代的文化批评,应立足于中国文化这个根本,它的着眼点应主要是文学艺术现象,而并非无边无际的各种泛文化现象。在这方面,西方的各种文化批评理论仅仅为我们提供了对中国文化和文学有着多种阐释的可能性的资源。并且作为我们应用于批评实践的有效工具,我们对这个工具的态度应是为我所用,亦即既借鉴它来解释中国的文学现象,同时又从中国的文学现象出发对西方的理论进行质疑、改造甚至重构,最终旨在建立自己的文化批评理论:既不同于西方(中心意识)的文化批评,又超越传统的中国文化批评,并以其变异性特征与上述两者进行对话。

其次,我们要正确看待文化批评与传统的人文批评的关系。在这方面,文化批评与人文批评的关系决非对立,它也是一种对话和互动关系。即是说,人文批评更加注重审美理想和文学内部的欣赏和出自人文关怀的评价,文化批评则偏重阐释和解决当代现实以及文学的现状;人文批评更注重文学本身的价值判断,文化批评则有选择地融入人文精神,并且更注重对考察对象的理论分析和文化阐释,以达到理论上建构的最终目的。文化批评并不反对价值判断,但认为这种价值判断必须基于对对象的深入研究和考察,以便对之作出具有理论意义和学科意义的阐释。可以说,文化批评所选取的分析对象本身就证明自己是有着一定的批评价值的。

再者,中国自己的文化批评已经初现端倪。在当今的中国文学批评界,传统的人文批评正不断地注入新的东西,从而使之仍有一定的生命力;曾风靡一时的新潮批评经过自身的反思和调整之后,已分为以坚持人文精神的现当代文学批评,和致力于弘扬中华民族文化传统的国学研究两支;第三种批评亦即"学院派"批评或称"新学院式"批评,则以严谨的学风和创新的精神为己任,主张文学批评学术化,文学理论科学化和文学研究理论化。它一反长期以来主宰中国批评界的主观印象式批评的浮躁学风,试图以自己的"学院式"批评实践来建立用中文写作的批评论文之学术规范。现在,这第三种批评经过自身的调整已逐步发展成为中国自己的文化批评,它摆脱了直觉印象式的审美感悟之模式,走出了新批评式的形式主义牢笼,把文学置于一个更加广阔的跨文化语境之下来考察。它决不是西方文化批评的衍生物,而是产生于我们民族的土壤,并能与国际性的文化批评进行平等对话的一支力量。在当前这个全球化和后现代、后殖民语境下,文化批评有着鲜明的意识形态批判性,它反对一切形形色色的话语霸权,同时自己也不试图主宰文学批评论坛。因此弘扬这种文化批评并非是敲响了人文批评的丧钟,而是在当今的多元文化语境下又增添了一种强有力的话语力量。

最后,中国的文化批评可以在世界上找到自己无可替代的地位和独特价值。文化全球化作为经济和金融全球化的一个直接后果,对中国的知识生活以及文学写作和批评话语,有着更为深刻的影响。自20世纪80年代初以来,诸如形式主义、新批评、现象学、结构主义、存在主义、精神分析学、后结构主义、阐释学、接受美学、新历史主义、后现代主义、后殖民主义和文化研究等西方批评理论或文化思潮,如同走马灯一般,匆匆进入中国当代文坛和思想界,对中国的文学理论批评及文学研究产生了巨大的影响。几乎西方所有的现代主义文学大师的主要作品,均翻译成了中文,对相当一批中国当代青年作家所产生的影响,甚至超过许多中国作家所产生的影响。但另一方面,也有生吞活剥的青年学者追逐流行的时尚,大量滥用从西方借来的批评术语,以至于不仅普通的读者,甚至连本专业的同行都读不懂他们的文章。因此毫不奇怪,恪守传统的那部分中国学者对此不满甚至恼怒,恨中国作为一个文学和理论批评大国,在国际理论批评争鸣中却发不出自己的声音。更有甚者,中国学者都没有自己的批评话语。出于对重建中国批评理论话语的关心,这些学者号召建立自己的批评理论话语,并将其视为中国的文化"非殖民化"进程中的一种后殖民策略。

由此我们可以来看中国文学和文化批评中的"失语症"问题。就文学批评而言,20世纪曾被称为"批评的世纪",这显然是就西方文学理论批评流派纷呈、理论驳杂而言的。但是在这一片"众声喧哗"之中,中国理论家的声音确实有一度十分微弱,以至于有人认为中国的文学批评患了"失语症",甚至同黑人的文化进行比较:"黑人可以从自己的文化传统中重建自己的理论话语,具有五千年文化传统、具有极为深厚理论根底的中国人,难道不应该、不能够重新建立自己的当代理论话语吗?"[①]应当说,这一比较的初衷是出于对中国文化在国际论坛上实际发出的微弱声音而感到不平,试图提出某种积极的对策。但是他们所举的黑人的例子,未必是恰当的。因为黑人的非殖民化策略的实现,恰恰是通过帝国主义宗主国的

[①] 曹顺庆:《21世纪中国文化发展战略与重建中国文论话语》,《东方丛刊》,1995年第3期,第218页。

语言来表述的,但是由于他们的"混杂化"(hybridization)策略实际上消解了殖民主义宗主国的话语霸权,使得曾经一统天下的标准英语(English)被消解为有着不同发音和语法规则的 Englishes 或者甚至 english。在这里,我们看到的并不是殖民主义的话语把他们的民族文化身份模糊了,而恰恰是他们的那种带有消解性和混杂性的批评话语,影响了西方文学理论话语的建构。

"失语症"观点的主要理由是,我们所使用的理论术语甚至话题都是西方人用过的,例如全球化这个话题就来自西方的语境。但是,马克思主义是不是西方社会的产物? 如果答案是肯定的话,那么我们完全有理由证明,马克思主义的一些基本原理在中国的具体实践中经过调整和完善,早已被"中国化"了,其结果是中国的马克思主义理论家从中国的具体实践出发,反过来又丰富了马克思主义的原理。至于全球化有可能使我们的民族文化身份变得模糊起来,这一点倒是事实,但即使如此,也正如斯皮沃克《后殖民理性批判:走向一种逐步消解当下的历史》一书中所指出的那样,文化身份的模糊是全球化时代的产物,而且实际上,所有的身份认同都不可还原地呈混杂状态。作为当代后殖民主义批评家中从边缘向中心运动,最后占据中心话语权的最成功的第三世界知识分子之一,斯皮沃克本人的知识生涯就可以说是一个由东方(印度)向西方(美国)运动的"全球化"的范例。在这样的由东向西的运动中,她并没有丧失她固有的印度文化身份,而且只是在学术生涯的开始阶段曾受惠于她的宗师德里达和德曼,一旦形成了她自己的独特风格,她就开始影响一大批西方学者了。这一个案,是值得引起我们中国学者重视的。

我们要强调的是,文化批评作为文学理论和文化研究的中介,与国际接轨,并不意味着与西方接轨,而是意味着与西方进行平等对话,通过这种对话,来逐步达到理论和学术的双向交流。因此理论的旅行不光是自西向东,同样应该自东向西。近年中国的文学成就已经引起了欧美主流学者的注意。美国的两部写于 20 世纪 80 年代和 90 年代的文学史,就有相当的篇幅描写了亚裔文学,甚至有相当的篇幅描写了华裔文学在美国的崛起,并且对美国主流文学造成了冲击,甚至有少数的文学作品已经成为了文学经典,并且已经载入了史册[1]。由此可见,中国文学理论在国际理论争鸣中暂时的

---

[1] Cf. Emory Elliott et al. eds., *Columbia Literary History of the United States*, New York: Columbia University Press, 1988; and Sacvan Bercovitch et al., eds., *The Cambridge History of American Literature*, Vol. 1, New York: Cambridge University Press, 1994.

"失语"现象并不会长久,如果我们能够借助于西方的语言媒介来发出自己的独特声音,来表达自己的理论建树,建构自己独特的研究话语,那么,我们就将对中国的文化思想在全世界的传播和推广,起到更为积极的作用。由此可见,那种认为中国文学理论话语被殖民化,故而文化批评的首要使命是非殖民化的看法,是大可商榷的。

即使就文化批评中的身份问题来看,我们也有理由对中国文学理论的未来抱乐观态度。在全球化的时代,市场经济的作用越来越大,就使得人的主观能动性,在很大一部分程度上也受到挑战,人类创造出了自己的高科技产品,这些高科技产品在某些方面又使得人本身处处受到制约。但是另外一方面,人本身要把自己被压抑的主观能动性继续再发挥出来,这样就使得人的作用与启蒙时代、文艺复兴时代的突出人和以人为中心的人文主义的时代,大不相同。对此我们称之为后人文主义(posthumanism)。我们还发现,机器人,还有对人的克隆,把人性本身给扭曲了。另外一方面我们也感觉到,人的身份问题,本身也充满了很多复杂的因素,过去我们都知道人们对国籍户口是看得很重的,但是今天由于全球化,作用已不那么重要了。民族的身份是如此,文化的身份认同更是如此。认为可以返回某种"纯而又纯"的中国文学理论话语,至少在这个全球化的时代是一种天方夜谭。实际上,经过五四新文化运动的洗礼,中国现代文学的理论话语已经成为一种自在自足的、"不中不西"的混杂体:它既不属于中国的传统,也不完全是西方的"舶来品",而是传统的中国文化和文论与西方文化和文论的交往和对话,而产生出来的一个"第三种"成分。这种现象的出现,某种程度上看,恰恰是为中国文学理论迅速步入国际文学理论前沿铺平了道路。明确这一点,中国的文化批评应当是大有作为的。

第四节　流散文学研究

"流散"(diaspora)一词又译做"离散"或"流离失所",对这一现象的研究便被称为"流散研究"。虽然对流散写作或流散现象的研究始于20世纪90年代初的后殖民研究,但进入全球化时代以来,由于伴随流散现象而来的新的移民潮日益加剧,流散研究以及对流散文学的研究,已经成为全球化时代的后殖民和文化研究的另一个热门课题。毫无疑问,在这一大的框架下,"流散写作"(diasporic writing)是体现了全球化时代一种独特的文学现象。

研究流散文学现象,是否可以纳入广义的国外华裔文学,或海外华文文学研究的范围?我们认为,上述两种研究都属于比较文学研究的大范围,由于流散文学现象涉及两种或两种以上的文化背景和文学传统,有些还涉及两种不同的语言的写作，因此自然属于比较文学研究的范围，应当纳入跨文化传统的比较文学研究的视野。就近二十年来的中国文学创作而言，我们不难发现一个有趣的现象：在创作界几乎每隔五年左右，就为当下流行的文学理论批评思潮提供一批可以进行理论阐释的文本。比如说，在1978年之后，当中国文学理论界沉溺于关于现代主义的讨论中时，创作界便出现了一大批具有先锋意识的作家，他们的创作往往走在理论的前面，结果使理论界的"滞后性"相形见绌。但是在讨论后现代主义时，一些具有后现代先锋意识，并掌握了后现代主义写作基本技法的作家的创作，却基本上和理论批评同步，因而使得中国的后现代主义文学实践，迅速进入与国际同行进行平等对话的境地。这说明了我们的文学在一个开放的时代正在走向世界，并且日益具有全球性的特征了。

虽然，在后殖民主义写作领域，这方面的典型作品比较少，但后殖民主义很快就淹没在广义的文化研究和全球化研究的大背景之下，我们完全可以在散居海外的华裔作家的创作中找到优秀的文本。最近我们欣喜地读到一些出自海外华裔作家手笔的作品，并自然而然想到把他们叫做中文语境中的"离散作家"（diasporic writers）。这个词过去曾译成"流亡作家"。但流亡作家用来指这些自动移居海外，但仍具有中国文化背景并与之有着千丝万缕联系的作家，似乎不太确切，因而有人认为叫"离散作家"为好。但这些作家又不仅是离散，有些近似流亡散居或流离失所，因此我们认为译作"流散作家"比较贴切。也就是说，这些作家中有相当一部分是自动流落到他乡散居在世界各地的，他们既有着明显的全球意识，四海为家，但同时又时刻不离自己的文化背景，因此他们的创作意义同时显示在（本文化传统的）中心地带，和（远离这个传统的）边缘地带。另一个不可忽视的现象是，我们若考察近三十年来的诺贝尔文学奖获得者，便同样可以发现一个有趣、然而却不无其内在规律的现象：20世纪80年代以来的获奖者大多数是后现代主义作家，90年代前几年当推有着双重民族文化身份的后殖民作家，到了90年代后半叶，大部分则是流散作家。当然对流散作家的研究，我们可以追溯其广义的流散文学，和狭义的专指全球化过程所造就的流散文学现象。我们不难发现这一过程的演变也有着自己的传统和发展线索。

早期的流散文学并没有冠上这一名称，而是用了"流浪汉小说家"（picaresque novelists）或"流亡作家"（writers on exile）这些名称：前者主要指不确定的写作风格，尤其是让作品中的人物始终处于一种流动状态的小说，如西班牙的塞万提斯、英国的亨利·菲尔丁和美国的马克·吐温等作家的部分小说就属此范畴,但这并不能说明作家本人是处于流亡或流离失所的过程中;后者则指的是这样一些作家:他们往往由于其不同的政见或过于超前的先锋意识,或鲜明的个性特征,而与本国的文化传统或批评风尚格格不入,因此他们只好选择流落他乡,而正是在这种流亡的过程中,他们却写出了自己一生中最优秀的作品,如英国的浪漫主义诗人拜伦、挪威的现代戏剧之父易卜生、爱尔兰意识流小说家乔伊斯、英美现代主义诗人艾略特、美国的犹太小说家索尔·贝娄、前苏联小说家索尔仁尼琴,以及出生在特立尼达的英国小说家奈保尔等。他们的创作形成了自现代以来的流散文学传统和发展史,颇值得我们的文学史家和比较文学研究者仔细研究。而出现在全球化时代的流散文学现象,则是这一由来已久的传统在当代的自然延伸和发展。

对于流散或流离失所以及所导致的后果,爱德华·赛义德有着亲身的经历和深入的研究。这些体会和富于洞见的观点,均体现在他出版于20世纪末的论文集《流亡的反思及其他论文》一书中。在收入书中的一篇题为《流亡的反思》的文章中,他开宗明义地指出:

> 流亡令人不可思议地使你不得不想到它,但经历起来又是十分可怕的。它是强加于个人与故乡以及自我与其真正的家园之间的不可弥合的裂痕:它那极大的哀伤是永远也无法克服的。虽然文学和历史包括流亡生活中的种种英雄的、浪漫的、光荣的甚至胜利的故事,但这些充其量只是旨在克服与亲友隔离所导致的巨大悲伤的一些努力。流亡的成果将永远因为所留下的某种丧失而变得黯然失色[①]。

毫无疑问,这种流亡所导致的精神上的创伤,无时无刻不萦绕在他的心头,并不时地表露在字里行间。这些文字很像是在写赛义德本人的流散经历。赛义德本人是如何克服流亡带来的巨大痛苦,并将其转化为巨大的著述动力的呢?我们发现赛义德一方面并不否认流亡给个人生活带来的巨大不幸;但另一方面,他又认为流亡可以是一种特权,是针对那些主宰现代生活的大量机器不得不做出的选择。但毕竟流亡又不能算是一个选择的问题:你一生下来就陷入其中,或者它偏偏就降临到你的头上。但是假设流亡者

---

① Edward Said, *Reflections on Exile and Other Essays*, Cambridge, Mass: Harvard University Press, 2000, p.173.

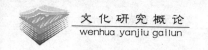

拒不甘心在局外调治伤痛,那么他就要学会一些东西:他或她必须培育一种有道德原则的主体,而非一味放纵或懒散下去。

从赛义德的上述思想来看,他也和不少被迫走上流离失所之路的第三世界知识分子一样,内心隐匿着难以弥合的精神创伤,而对于这一点,那些未经历过流亡的人则是无法感受到的。对个人情感十分敏感的人文知识分子固然如此,专事人的心灵和性格刻画的作家当然更不例外。我们在阅读流散作家的作品时,往往不难感觉到他们那种种难以言表的矛盾心理:一方面,他们出于对自己祖国的某些不尽如人意之处的不满甚至愤恨,希望在异国他乡找到心灵的寄托;另一方面,由于其本国或本民族的文化根基难以动摇,他们又很难与自己所生活在其中的民族国家的文化和社会习俗完全融合,因而不得不在痛苦之余,把那些埋藏在心灵深处的记忆召唤出来,使之游离于作品的字里行间。由于有了这种独特的经历,这些作家写出的作品往往既超脱本民族固定的传统模式,同时又对这些文化记忆挥之不去。因此出现在他们作品中的描写,往往就是一种有着混杂成分的"第三种经历"。这种第三种经历的特征,正体现了文化上的全球化所带来的文化多样性,颇值得我们从跨文化的理论视角进行研究。

第五节 文化研究和翻译研究

在今天全球性的文化转型时期,对于翻译研究这门长期以来被压抑在学术理论话语边缘地带的"亚学科"的前途如何把握,也是文化研究需要正视并予以认真思考的问题。要对置于文化研究大背景之下的翻译研究的未来前景作出展望,我们首先应对我们目前所处的时代之特征作出较为准确的描绘。不少人文社会科学领域里的知识分子已经用不同的学术话语将我们的时代定义为"后工业时代"、"后现代"、"信息时代"、"知识经济时代",或"全球资本化"的时代等等。就翻译研究所受到的各方面的波及和影响而言,将我们所处的时代描绘为全球化的时代是比较恰当的。这一特征不仅体现在经济上,同时也体现在文化上。既然不少翻译研究者都认为翻译首先是一个文化问题,那么就有理由将翻译研究纳入广义的文化研究语境下。正是在这一基点上,我们才能对有着跨文化和跨学科特征的中国翻译研究之现状和未来,作较为准确的把握。

毫无疑问,文化传播的一个重要媒介就是语言,而翻译研究的切入点首先也自然是语言,只是在这里不带有任何意识形态意义的"语言",应扩展到带有文化霸权和意识形态色彩的"话语"(discourse)的范围,因为当今时代翻译的内涵,显然已经涉及了后者。此外,今天文化研究的传媒特征越来越明显,它几乎与传媒现象成了不可分割的整体,而与传统文化的精品文学研究的距离渐行渐远。既然翻译属于广义的传播媒介范畴,将翻译研究纳入文化研究的大语境下,无疑也是比较恰当的。

文化研究既然有着学科界限的不确定性,那么即使在欧美国家,它具有不同的形态,也是意料中事。即便在同样操英语的英美两国,文化研究事实上也有着很大的差别,更不论英美和欧陆学术界的差别之大。就欧陆观念的保守特征而言,尽管文化研究的一些理论奠基者身处欧陆,但他们的理论只是被翻译介绍到美国之后,才得到最热烈的响应,而在欧陆本土,他们的理论在相当一段时间内仍受到相对沉默的礼遇。因此文化研究在美国的风行,在很大程度上同样取决于翻译的功能,只是翻译在这里已不仅仅局限于语言层面上的转述(rendering)功能,而带有了范围更广的阐释(interpretation)功能。

的确,在文化研究的语境中,翻译正在从字面转述走向文化阐释。文化全球化既打破了文化的疆界,同时也打破了学科的疆界,这对传统势力较强的老学科无疑有着强有力的颠覆作用,而对于翻译这门长期以来处于边缘地带的"亚学科"的崛起,倒提供了一个很好的发展契机。近几年来,在翻译研究领域,大量的新理论和新方法开始引进,其中包括文化研究的视角和方法。学者们开始对传统的翻译之意义的字面理解产生了质疑:翻译究竟是否仅限于两种语言形式的转换?为什么中国的翻译研究从理论和方法上远远落后于国际翻译研究的现有水平?为什么我们到现在仍局限在严复的"信、达、雅"老标准上面?为什么在中国高等院校的学科设置上,长期以来竟没有翻译研究或翻译学的二级学科地位?如此等等,这一切不能不引起我们的重视。因此我们再次提出,必须对翻译(translation)这一术语有着全面的和全新的理解:从仅囿于字面形式的翻译(转换),逐步拓展为对文化内涵的翻译,后者包括了形式上的转换和内涵上的能动性阐释。因此研究翻译本身,就是一个文化问题,尤其涉及两种文化的互动关系和比较研究。翻译研究的兴衰,无疑也与文化研究的地位如何有着密切的关系。因为翻译研究不仅被包括在当今非精英主义的文化研究语境下,同样也与传统的精英主义的文化研究有着千丝万缕的联系。

翻译研究与文化研究有着密不可分的关系,这一点可以用文学理论和批评的例子来证实。一般说来,能够被翻译家选中的文学作品,大多数是经典文学作品,属于精英文化的范畴,当然不乏有人不惜花费时间重复劳动谋取暴利,"重译"早已有人译过而且质量上乘的文学名著,或粗制滥造,赶译一些质量低劣的通俗文学作品。尽管如此,考察和研究翻译自然要把翻译者的选择和译介这两个因素都包括进来。由此翻译研究实际上又起到了一个中介作用:属于不同的语言、不同的文化背景和不同的文学等级的作品,首先须经过翻译者的选择,因而翻译者本人的意识形态背景和鉴赏力,就起到了作用。这尤其体现于一部作品的首次译介。在当今"欧洲中心主义"或"西方中心主义"的思维模式破产,文化本身已出现某种难以摆脱的危机时,西方的一些有识之士便开始逐步认识到东方文化的价值和精深内涵,因而弘扬东方文化并使之与西方文化进行深入对话,已成为翻译工作者责无旁贷的义务。

由于中外文化和文学交流方面长期以来存在的逆差现象,今天我们有必要进行适当的反拨,更注重把中国文化和文学向国外介绍,让世界更多地了解中国,以达到这种相互之间了解和交流的平衡。而要想从事不同文化之间的比较,或基于不同文化背景的文学作品的比较研究,特别是东西方之间的跨文化比较,翻译作为其中一个不可缺少的中介,其作用远远就不只是限于语言文字层面上的转述。文化研究正是一个使各地区的文化、各不同学科以及各艺术门类得以进行对话的一个基点。特别是关于后殖民理论的讨论,和后殖民地文学的研究,加速了东方和第三世界国家的"非殖民化"进程,对传统的文学经典的构成以及其权威性进行了质疑和重写,使得东方文化逐步从边缘步入中心,进而打破单一的西方中心之神话,使世界进入一个真正的多元共生、互相交流和对话而非对峙的时代。因此,把东方文化翻译介绍给世界,将是一件更有意义的工作。

在学科的分布上,翻译研究长期以来依附于对比语言学或比较文学研究,在有的学科内,甚至连翻译研究的地位都不容存在,翻译研究的刊物也面临着市场经济的筛选而难以生存。20世纪80年代初比较文学在中国的再度勃兴,倒是使翻译研究成为该学科领域内的一个分支,即媒介学或媒介研究。现在,文化研究打破了语言学和文学之间的天然界限,实际上也就认可了作为一门相对独立的学科——翻译学或翻译研究——得以存在的合法性。但我们今天的翻译研究现状,是远不能令人满意的。不少翻译研究者仍沉溺于字面技巧上的成败得失,或者满足于对翻译文本的一般性价值判断,或者卷入对一部作品的译文在中文表达方面的某个具体问题的无休止的争论。这样做的一个后果,是谁也争不出一个所以然来。因此在这方面,我们仍有许多基础性的研究工作可做,有许多尚处于空白的领域可以开拓。文化研究至少可以给我们的翻译学术研究提供理论武器和观察视角,使我们站开一些,超越于单一的思维模式,使得出的结论更具有普遍的理论意义和学科意义,而不仅仅是解决几个具体操作的技巧性问题。要之,文化研究语境之下的翻译研究,必定有助于中国的翻译研究早日与国际翻译研究界接轨,同时也有助于翻译研究得以在分支学科领域众多的人文社会科学领地中,占有重要的一席。

文化研究对翻译研究的意义还体现在,它对权力,尤其是语言和文化上的霸权主义的批判,有助于消除一系列人为的二元对立和等级界限、消除大众文化和精英文化的界限,使往日高高在上、自命肩负启蒙使命的知识分子走出知识的象牙塔,投身到广大人民群众之中,首先成为社会的一分子,然后方可实现其"后启蒙"(post-enlightenment)的理想。它也有助于消除东西方文化的天然屏障,使文化全球化成为不同文化可赖以进行对话的一个广阔的背景。文化全球化的一个重要标志,就是信息的无限度传播和扩张,这一切均通过国际互联网来实现,而目前的网上联络和获取信息,则基本上以英语为媒介。由此可见,在一个大部分人都不能自由地运用英语来交流的国家,人们获取信息的主要手段还是通过翻译,这样便造成了翻译上的"逆差",这也是长期以来的中国文化,特别是文学翻译上的逆差,即把外国尤其是西方文化和文学译介到中国,无论从质量上或数量上来说,都大大胜过把中国文化和文学翻译介绍到国外。以至于我们对西方的了解,大大甚于西方对中国的了解。因而"西方主义"在相当一部分中国人中,仍是一个十分神秘(而非带有贬义)的概念。此外,从文化翻译的高要求来看,光是掌握语言本身的技能,并不能完满地完成把中国文化译介到世界的重任,这又将涉及一系列复杂的文化问题,因此从事翻译研究必须超越语言的局限,将纯语言层面上的转述,上升为文化内涵的阐释。由此可见,弘扬一种文化翻译和跨文化传统的翻译研究,实在是势在必行了。

对于文学理论的未来和比较文学的未来,可以说,在世界进入全球化时代以来,文学理论和比较文学必然面临更严峻的挑战:经济上的全球化压力主要体现在市场经济法则的制约,文化上的全球化压力则明显地体现在大众传媒的崛起和精英文化市场的萎缩。就这一点而言,翻译及其研究将起到的历史作用,是任何其他分支学科所无法起到的:在一个全球化和信息无限扩张的时代,人们对翻译的需求越来越大,它无疑有着广大的市场,因而市场的萎缩,并不会对翻译产生副作用。另一方面,作为一种重要的传播媒介,它也可以借助于传媒地位的提高来发展自己。此外,全球化时代对语言的信息化、电脑化和数字化的高要求,也对我们的翻译工作者提出了更高的要求。再者,翻译研究本身也将逐步经历非边缘化的运动,最终达到成

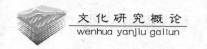

为一门相对独立的,既具有人文社会科学性质,同时又与自然科学密切相关的边缘学科之目的。

第六节　全球化语境下的比较文学

20世纪80年代以来,各种西方理论思潮的蜂拥进入中国,致使有着自己独立人文传统的中国当代文学批评发生了深刻的变化:一方面,传统的以直觉印象为出发点的感悟式批评依然在很大的读者范围内受到欢迎,批评的指向或者是作者或者是文本本身,批评实际上仍未摆脱简单的作品评点或价值判断,因而与当代文学创作有着难解难分的关系。应该指出,这样的与创作关系过密的文学批评是不大可能走向世界的,它恐怕多半会成为创作的注解或附庸。另一方面,一批受过高等院校学院式理论训练的批评家,则越来越具有独立的批评理论意识。他们的最终目的既在于借用西方的理论来阐释中国的文学现象,同时又旨在于批评实践中,对本土固有的或从西方挪用来的理论进行质疑、改造甚至重构。这在很大程度上促进了中国比较文学和文学理论的复兴。当然,单方面的由西向东的"理论的旅行"(赛义德语)并不是我们的最终目的,我们所需要的是理论的双向旅行和交流。这方面的一个令人振奋的现象,就是在广阔的中西比较文化大背景下出现的文学的文化批评,这种以理论阐释为特色的批评,实际上是一种中西文论的比较研究和文化阐释。它并不回避对文学现象的价值判断,但这种价值并非一定要体现在批评家的褒贬之词中,而更应该体现在这些文本内在的阐释深度和广度。伟大的作品或文化现象必定蕴含着多重阐释代码,因而永远不会失去其批评的价值,而平庸的作品或微不足道的文化现象,则不值得批评家花费时间和篇幅去评论、阐释。

由此来看当前全球化时代的比较文学研究,我们发现它面临着来自多方面的挑战,尤其是来自指向长期被压抑的边缘文化甚或大众文化的文化研究。面对经济全球化的强有力冲击,消费文化和文学也不得不成为比较文学和文化研究学者们必须正视的一个热门课题。照乔纳森·卡勒的描述,比较文学界确实出现了漫无边际的"泛文化"倾向:除了跨文化、跨文明语境的文学之比较研究外,还涉及文学以外的哲学、精神分析学、政治学、医学等话语。在当今的比较文学青年学者中,以影视和大众文化为题撰写博士论文者,不仅在西方学界不足为奇,就是在中国比较文学界也比比皆是。这样一来,确实使得比较文学的学科界限变得越来越宽泛,甚至大有以文化来吞没传统意义的文学研究之趋势。因此卡勒呼吁"把文学当作其他话语中的一种似乎是有效的和值得称道的策略"①。显然,卡勒这位德里达解构主义在美国文学批评界的忠实阐释者,已经感觉到了比较文学学科所受到的侵害。但也有的学者认为,比较文学与文化研究可以达到互补的境地,因而没有必要与后者形成对立关系②。显然,在当前的语境下,后一种态度应当是值得提倡的,关键的问题是如何有效地使得比较文学既保持自己的开放性和包容性学科特征,同时又不至于在众多学科的冲击下全然解体。最近由汉学家和比较文学学者苏源熙主编的美国比较文学学会最新十年报告《全球化时代的比较文学》,就可算作是美国的比较文学界对全球化所导致的后果作出的最新反应③。中国学者也在不少国际场合下结合比较文学在中国的研究现状作出了自己的反应④。

那么我们是不是就此可以否认比较文学的存在价值呢?显然不是。毫无疑问,比较文学的"泛文化"倾向的出现并不是偶然的,它与全球化之于文化和文学的作用有着密切的关系。文化上出现的全球化趋向,与后现代主义在文化和文学中的反映有着直接的联系。在后现代时代,高雅文化产品和艺术品被当成消费品:对文化产品的无所节制的复制、对文学经典的模拟和改写、增殖甚至大宗制作,取代了现代主义时代对艺术品的精雕细琢。平面化的人物形象取代了现代主义艺术对人物心理的深入刻画,碎片或精神分裂式的结构取代了现代主义艺术的深度结构,如此等等,不一而足。所有这些现象的出现,无疑都引起了有着强烈的社会使命感的人文学者和文学理论批评家的关注。在这方面,比较文学学者并没有回避,而是以积极的姿态介入国际性的后现代主义理论争鸣,发表了大量的理论著述。在我们看来,文化研究的崛起正是为比较文学提供了另一个独特的视角,通过对这些

---

① 关于比较文学所面临的新的危机,参阅 Jonathan Culler, "Comparative Literature, at Last!", in Charles Berheimer ed., *Comparative Literature in The Age of Multiculturalism*, Baltimore & London: The Johns Hopkins University Press, 1995, p. 117。

② 关于比较文学与文化研究可能达到的互补关系,参阅 Michael Riffaterre, "On the Complementarity of Comparative Literature and Cultural Studies", in *Comparative Literature in The Age of Multiculturalism*, pp. 66 – 73。

③ Cf. Haun Saussy ed., *Comparative Literature in An Age of Globalization*, Baltimore & London: The Johns Hopkins University Press, 2006. 尤其是主编者那篇带有导论性的长文。

④ 这方面尤其可参见王宁的几篇英文论文: "Confronting Globalization: Cultural Studies versus Comparative Literature Studies?", *Neohelicon*, XXXVIII/1(2001): 55 – 66; "Comparative Literature and Globalism: A Chinese Cultural and Literary Strategy", *Comparative Literature Studies*, 41.4 (2004): 584 – 602;以及 "Comparative Literature", in Roland Robertson & Jan Aart Scholte eds., *Encyclopedia of Globalization*, New York & London: Routledge, 2006, pp. 196 – 198。

现象的分析和阐释,我们也许能够提出一些积极的策略,从而促使它们共存乃至达到互补的境地。这样,比较文学与文化研究之间的关系,就不一定是一种非此即彼的对立关系,而是一种共存和共融的和谐关系。所谓返回比较文学的"本真性"在当前这个时代实在是无法实现的。一个有效的策略倒是将比较文学研究置于一个广阔的跨文化语境:从文学现象出发,通过对文学文本的文化透视再返回文学现象的文化阐释。这也许是一种实事求是的积极态度。

此外,在今天的全球后殖民语境之下来探讨文化身份问题,对我们的比较文学学者也提出了一个新的任务:如何从一个新的视角来重写文学史?在这方面,我们的国际同行已经取得了一批扎实的研究成果[①]。我们认为,从比较文学的角度来重写文学史,必须达到国别文学研究达不到的境地,如果做不到这一点,就说明我们的研究并没有取得进展,我们的文学史并没有超出既定的模式。正如国外学者不约而同地认识到的那样,包括美国华裔文学作家在内的亚裔文学写作,以及黑人文学等少数族裔的写作,已经融入了当代美国文化和文学的主流,他们的文学实践对于重写这一时期的美国文学史,有着不可忽视的作用。对这一批成果进行研究,自然也是比较文学和文化研究者所义不容辞的任务。

如前所述,全球化的不良后果已经遭到了另一种势力的抵制:本土化。在中国以及其他亚洲国家和地区,儒学的复兴已经形成了一种足以对抗全球化渗透的强大力量。一些亚洲知识分子和人文学者试图寻求一种亚洲的民族和文化认同,这实际上是一种亚洲版本的后殖民主义,它为已经逐渐衰落的后殖民主义理论思潮在全球化时代的复兴,起到了推波助澜的作用。目前的一个悖论体现在,中国并不反对经济全球化,因为它在一定程度上刺激了中国经济的飞速发展,但是文化上,却有不少人担心中国的民族文化会被"全球化"、"殖民化"甚或"趋同化"。在这些人看来,五四以前的中国文学传统几乎不受外来影响,而五四新文化运动的兴起,则使得向来被人们尊崇为上帝的孔子边缘化,并使得中国的文化和文学传统被阉割了。这也是为什么对文化认同和文化身份的研究,成为当代比较文学研究者的热门课题的一个重要原因。其实这种担心完全是多余的。既然我们从事的是东西方文学和文化的比较研究,我们就应该清楚地知道,全球化给文化带来的后果

---

① 这方面的一个突出成果就是由国际比较文学协会主持的大型国际合作项目多卷本《用欧洲语言撰写的比较文学史》(*The Comparative History of Literature in European Languages*),由荷兰约翰·本杰明出版公司出版,目前尚未出齐。

并不仅仅是文化上的"趋同化",它也同时带给我们不同文学和文化可赖以共存的"多元化"。尽管文化全球化也许会很容易模糊一个民族文化的身份和认同,但它照样能带给我们一些积极的东西。实际上它同时带给我们的是挑战和机遇两方面的因素。如果我们能以一种批判的态度来迎接挑战以便充分利用这个机会,在一个广阔的国际背景下大力发展我们的民族文化,我们就有可能使得中国文化和文学的精髓为世人所知并分享。在这个意义上,以一种近似后殖民的态度顽固地抵制全球化的大趋势,只能导致并加剧中国与西方文化的再度对立。这恰恰是我们的比较文学学者所不愿看到的局面。

当前,几乎所有的比较文学研究者都对后现代性和后现代主义问题颇感兴趣,詹姆逊2002年7月31日在中国社会科学院发表的公开演讲中,颇有见地地对后现代主义与现代性之间的关系做出了新的阐释。在他看来,在全球化的语境下,后现代主义也出现了新的变体,它与现代性形成了一种悖论,即是说,一件事物要想具有现代性特征,首先它必须是后现代的[①]。在中国的语境下,后现代主义既是一种外来的东西,同时也产生于本土,它实际上是在融合外来与本土之基础上杂交的一个产物,这一点尤其体现在西方文化影响下逐渐形成的中国现代文学传统。而在全球化的大背景下,由于文化交流的日益频繁,文化和文学话语的混杂性日益明显,这倒使得我们的比较文学研究又有了新的课题:"全球本土化"语境下中西比较文学重点的转移。

中西比较文学重点的转移,是说我们不妨取全球化的另一极致,亦即借助于全球化的大背景,大力向全世界推广中国乃至整个东方文化。在过去的相当长一段时期,我们的中西比较文学研究者花费了很多精力探讨中国文学所受到的外来影响,这当然是十分必要的,但我们似乎忘记了另一个事实:全球化若作为一种旅行的过程,它的路线是双向的,既有从中心到边缘的流动,又有从边缘向中心的渗透。从事比较文学研究,我们既应当避免一种带有帝国主义霸气的全球主义策略,同时也要克服带有狭隘民族主义情绪的本土主义态度。如前所述,一种"全球本土化"的策略,也许能防止我们的学科再度陷入危机之中。保持我们民族的身份和认同诚然是十分必要的,但是若将本土化夸大到一个不恰当的地步,以至于全然排斥任何外来影响,结果便会导致民族主义情绪的恶性膨胀,使我们宽松的文化氛围再度蒙上一层阴影。因此我们提倡以开放的胸襟来面对全球化的影响:首先在不

---

① 见詹姆逊:《当前时代的倒退》,王逢振译,载《中华读书报》,2002年8月14日。

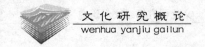

牺牲我们民族文化精神的基础上顺应这一潮流,然后,借助于全球化的大趋势,来扩展我们与国际社会的文化学术交流和对话,在这种对话的过程中,逐步影响我们的国际同行。我们所从事的比较文学,也绝不仅仅局限于中西方文学的比较,还应包括中国与亚洲邻国及其他兄弟民族的文学的比较,甚至包括与非洲的后殖民地文学的比较研究,当然也应包括精英文学与大众文学的比较。总之,这种比较应是跨文化、跨文明和跨学科的,从而使得我们的文学研究真正是一种全方位和立体式的。在这方面,全球化正是给我们提供了一个难得的跨文化和跨学科的多维平台。

第九章　日常生活审美化研究

"日常生活审美化"是英语 Aestheticization of everyday life 这个术语的中译名。它是西方资本主义消费文化一路发展下来的必然产物,对于今日中国全球化和市场经济语境中的文化研究,也具有非常现实的针对意义。它的要害是一种美学和艺术的泛滥化,使大众日常生活的衣食住行,都给消费文化的审美设计圈套起来。而一个耐人寻味的问题是,今天波及我们现实生活方方面面的日常生活审美化,比如说香车、豪宅、时尚、美人,以及作为女性专利,甚或男性也时而掺入进来的美发、美容、美甲再到美体,究竟是专门为中产阶级设计,同劳苦大众风马牛不相及呢,或者充其量退一步也只是小资们的文化呢?还是它们同样也是广大的普通民众、农民工以及农民阶层心向往之的权利?这个问题,实际上是当代中国围绕日常生活审美化论争纷起的一个焦点。

第一节　什么是日常生活审美化

从理论资源上看,今天我们熟悉的日常生活审美化理论,主要是来自两部著作。它们一是德国后现代哲学家沃尔夫冈·韦尔施在 1998 年出版的《重构美学》,二是英国社会学家迈克·费瑟斯通 1991 年出版的《消费主义和后现代文化》。韦尔施认为当代社会铺天盖地经历了一个叫人瞠目的审美化过程,这一方面见于现实,一方面还见于经济策略。就现实而言,审美化最明显不过见于都市空间之中,近年这里样样式式都在整容翻新。比如,购物场所被装点得格调不凡,时髦又充满生气。时尚不仅改变了城市的中心,而且波及市郊和乡野,差不多是每一块铺路石——肯定是所有的公共场所,都没有逃过这场审美化的大勃兴。故倘若发达的西方社会真能够随心所欲的话,恐怕都市的、工业的和自然的环境整个儿都会改造成一个超级审美的世界。就经济策略而言,韦尔施指出,此一日常生活的审美化,大都是出于经济目的。一旦同美学联姻,无人问津的商品也能销售出去,对于销得动的商品,则是两倍三倍增色。而且由于审美时尚特别短寿,风格化产品更新换代之快捷如闪电便是理所当然,甚至在商品的使用期到达之前,在审美上它已经"出局"了。不仅如此,那些基于道德和健康原因日见滞销的商品,借审美焕然一新下来,便也重出江湖,重新又热销起来。

韦尔施指出这场"审美化"浪潮甚至将我们的灵魂和肉体一股脑儿卷了进去,我们可不是在美容院里残忍地美化着我们的身体,而且这早已不仅仅是女性的专利。对此他讥嘲说,"未来一代代人的此类追求,理当愈来愈轻而易举:基因工程将助其一臂之力,审美化的此一分支,势将造就一个充满时尚模特儿的世界。"① 这类模特儿毋宁说就是所谓的"美人"(homo aestheticus),韦尔施给予这个概念的说明是,他受过良好教育,十分敏感,喜好享乐,具有洞察幽微的鉴赏力,懂得趣味问题因人而异,无可争辩。他不再追根刨底,穷究水落石出,而是潇潇洒洒站在一边,尽情地享受生活。这个"美人"的形象替代了不久以前还在出尽风头的知识分子,而成为我们这个时代的"当代英雄"。通过美学来改善现实的古老梦想,仿佛一时就变成了真实。但是,韦尔施强调说,我们不能忽略这样一个事实,这就是迄今为止我们只有从艺术当中抽取了最肤浅的成分,然后用一种粗滥的形式把它表征出来。结果是美失落了它更深邃的可以感动人的内涵,充其量游移在肤浅的表层,崇高则堕落成了滑稽。要之,这一日常生活的审美化,就并非如一些理论家所言,是实现了前卫派冲破艺术边界的努力,相反是把传统的艺术态度引进现实,加以泛滥复制,导致日常生活出现审美疲劳、艺术疲劳,说到底还是镜花水月的一种反照。

英国社会学家迈克·费瑟斯通在他的《消费主义和后现代文化》一书中,比较系统地反思了日常生活审美化的问题。他认为日常生活的审美化包括三个方面的含义:其一,它是指"一战"以来产生了达达主义、先锋派和超现实主义运动等等的艺术类亚文化,它们一方面是消解了艺术作品的神圣性,造成经典高雅文化艺术的衰落;一方面是进而消解了艺术与日常生活之间的界限,导致艺术可以出现在任何地方、任何事物之上。

其二,日常生活审美化是指与此同时生活向艺术作品逆向转化。如福柯和理查·罗蒂等人就将生活视为艺术作品的策划,如是每个人都梦想生存在一个艺术作品般的世界之中。费瑟斯通认为,这不是别的,就是19世纪后半叶巴黎反文化艺术运动的一个重要标记,所谓波希米亚式的生活方式。而这一唯美主义和消费主义两相结合的"艺术人生",说到底是大众消费文化的发展使然,因为追求新的趣味和新的情感体验,由此塑造与众不同

---

① 沃尔夫冈·韦尔施:《重构美学》,陆扬、张岩冰译,上海译文出版社,2002年,第11页。

的生活风格,本身就是消费文化的核心所在。

其三,日常生活审美化是指深深渗透入当代社会日常生活结构的符号和图像。而此种符号和图像的迅猛发展,其理论来源很大程度上是受益于马克思的商品拜物教批判,以及卢卡契、法兰克福学派、本雅明、波德利亚和詹姆逊等人,对这一马克思主义批判传统各显神通的发展。比如在阿多诺看来,商品的抽象交换价值与日俱增占据主导地位,这不仅是湮没了其最初的使用价值,而且是任意给商品披上一层虚假的使用价值,这就是后来波德利亚所谓的商品的"符号价值"。图像通过广告等等媒介的商业操纵,是在持续不断重构当代都市的欲望。所以

> 消费社会决不能仅仅把它看作释放着某种一统天下的物质主义,因为它同样向人们展示述说着欲望的梦幻图像,将现实审美化又去现实化。波德利亚和詹姆逊正是抓住这一方面,强调了图像在消费社会中担当的新的中心角色,而使文化有了史无前例的重要性①。

上面日常生活审美化的三个主要层次中,对于当代消费社会来说,最重要的应是第三个层面。当然它同第二个层面是你中有我,我中有你,在交互渗透,相互作用。费瑟斯通认为这就是艺术家和知识分子心存警惕,同时也在积极研究对策的我们的生存现实。但没有疑问,费瑟斯通所说的这三个层面的含义,都表征了审美、艺术向日常生活大举进军的所谓后现代现象,它与启蒙运动以降将科学、艺术、道德等领域逐一分立出来的"现代性精神",是适如其反的。

但是,日常生活审美化作为当代中国的文化现象的一个描述,应当具有它的积极意义。我国已明显进入了大众传媒时代,以公共产业形式出现的小说、电影、电视节目、流行音乐、音像制品等文化艺术产品,正在依托高新科技和新兴传媒,借助经济全球化引发的文化资源跨地区配置和文艺产品跨文化营销态势,构成我们时代特有的日常生活审美化景观。它意味着消费文化或文化消费的选择权力将从卖方市场过渡到买方市场,意味着评判文化艺术作品孰高孰下的趣味判断的权威,不再仅仅掌握在少数专门家和行政部门手里,而使大众有了更多的参与权利。例如以具体的收视率和上

---

① Mike Featherstone, *Consumer Culture and Postmodernism*, London: Sage Publications, 1991, p. 68.

座率为考量来评判电视剧和电影的优劣,这显然就是大众文化深入普及的直接结果。可以说,将市场和消费机制引入审美和艺术行为,从根本上说也印证了当代艺术观念的流变:艺术作品本身不是终点,它最终将在它的受众那里得到完成。

第二节 日常生活审美化的现代性反思

耐人寻味的是费瑟斯通强调后现代将日常生活无边审美化的倾向,根基是在现代性之中,至少,它早已见于现代性的反思。从波德莱尔和尼采开始,我们看到具有哲人气质的诗人和具有诗人气质的哲人,便已开始对现代社会的商业气息给予深切关注。由此可以见出高扬艺术的美学现代性,何以本身是对现代性的一种反思和批判。

所谓"现代性",是指资本主义市场经济走向成熟的现代化过程中,与它的经济层面大体相适应的意识形态建构。它是 17 世纪理性主义和 18 世纪启蒙运动的思想遗产,同样也是 19 世纪工业革命,以及 20 世纪,特别是 20 世纪后半叶对工业革命长久进行反思的产物。一般认为现代性又可以分为两个层面,一是它的物质和工具层面,这一方面我们见证了科学进步导致生产方式的突飞猛进,其结果最终是物质生活水平前所未有的大提高。我们今天所说的"现代化",指的不是别的,就是"现代性"的上述形式。另一方面,现代性更有它的价值和道德层面,它是启蒙运动的自由、平等、博爱理念,也是康德鼎力鼓吹的自由思考而不人云亦云的人文精神。问题在于,现代性的重视人文价值的一面,在今天更多的学者看来,是被湮没在工具理性之中了。德国社会学家马克斯·韦伯就再三强调,历史上笼罩在神圣光彩里的理性,从根本上说体现的是种工具性质,期望在最大限度上把握和征服自然,从而压迫人性,使人为物役,本应为人所用的科学,反客为主,倒过来成为至高无上的权威。乃至韦伯后来会有"现代性的铁屋子"这样的说法。这样来看,后现代形形色色的现代性批判,反过来可以看作现代性本身价值理性层面的延伸。而在资本主义内部对日常生活审美化展开的批判,大致也可以攀缘现代性的脉络,来一瞥究竟。

回顾 19 世纪,对日常生活审美化的批判主要来自唯美主义的艺术趣味,它认为艺术是纯洁的、唯美的;现实是恶浊的、丑陋的。其中法国诗人波德莱尔应是典型的代表人物。在他撰于 1863 年的《现代生活的画家》一文中,波德莱尔对现代性有过堪称丰富的讨论。他认为现代性最显著的特征是感觉上的当下性,它是在转瞬即逝的刹那间被感官把握的东西,与静止凝固在僵化程式中而死气沉沉的传统,判然不同。波德莱尔给现代性下过一个著名定义:"现代性就是过渡、短暂、偶然,就是艺术的一半,另一半是永恒和不变。"①在艺术的古代和现代范型之间,波德莱尔毫不犹豫地标举现代性的过渡、短暂和偶然特征,反之判定古代艺术只能提供纯艺术、逻辑和一般性方法。现代性不能同过去并提,据波德莱尔的解释,是因为美学传统即是许许多多瞬间现代性在时间中的延续排列,每一种现代性都独一无二,有它独特的艺术表现形式,所以作为个体的现代性之间既不存在联系,也没有进行比较的实际可能。这便是何以艺术家不可能向过去学习,反之需要运用创造性想象来表现当下的、现时的现代性。

波德莱尔是 19 世纪巴黎这个花花世界里有名的浪子。他继承了生父的遗产,同云集巴黎的文人和艺术家广为交游。有一阵他住豪宅、着华衣,挥金如土,过着波希米亚人式的浪荡生活,周旋在巴黎这座五光十色、放浪不羁的文化艺术都市里。他的《恶之花》写巴黎街头的所见所闻,把它描写成一个盛开着罪恶之花的现代都市。面对受人欺凌的乞丐、孤独无援的老人、麻木沉默的盲人、丑陋老迈的娼妓、苟延残喘的病人以及赌徒、小偷和僵尸,愤世嫉俗的诗人只能随波逐流,歌唱醇酒美人,在酒精的幻觉中,观照他那个

波德莱尔

充满现代资本主义罪恶,却又盛开着鲜花的巴黎。由此他主张诗的目的,就是把善同美区别开来,发掘恶中之美。这对于传统美学观念,无疑是巨大的冲击。

在美学上捍卫现代性,在物质上拒斥现代文明,因此构成波德莱尔美学的一个极具现代乃至后现代意识的悖论。值得注意的是波德莱尔的现代性并不是哪个艺术家可以去复制的"现实",恰恰相反它是作为现实的否定的艺术想象。这样来看,波德莱尔主张的现代性,毋宁说是一种美学现代性,它的要义是通过艺术的美,来揭示现实的丑。所以,美学现代性与作为工业文明同义词的资产阶级现代性,形成鲜明对照。与此相关的波德莱尔的一个重要的美学思想,即是他重艺术而轻自然。《现代生活的画家》中他称自然是无,艺术是有。对于 18 世纪以自然为美和善原型的道德观念,波德莱

---

① 波德莱尔:《波德莱尔美学论文选》,人民文学出版社,1987年,第 485 页。

尔也表现了他不屑一顾的轻蔑,理由是自然人为了满足他的享乐欲望,可以百无忌惮,胡作非为。而正是哲学和宗教这些文化因素,才将道德加之于自然人的欲望上面。所以,善恶两相比较,恶是自然的、前定的,而善总是某种艺术即文化的产物,美也是如此。

比较起来,反思和批判日常生活审美化,似乎特别是德国的悠久传统。尼采《悲剧的诞生》一开始就说,艺术是生命的最高使命和生命本来的形而上活动。1886年为《悲剧的诞生》所作的序言中,尼采又明确宣布,他这本书的任务就是,用艺术家的眼光考察科学,又用人生的眼光考察艺术。这都是针对德国在他看来已经是病入膏肓的颓败文化现实而言的。用尼采自己的话说,精神在现代是否还存在,他宁可让未来的法官去探究这个问题。他认为他的时代是一个卑鄙的时代,因为它尊敬以往高贵时代所鄙视的东西,到处都是永不餍足的肮脏贪欲。在这里,现代艺术的使命也第一次变得一目了然,呆滞麻痹一如中了催眠。所以,"谁要解放艺术,恢复艺术的不容亵渎的神圣性,他首先必须使自己摆脱现代心灵"①。而所谓"现代心灵"的要害,在尼采看来,就是生命本能的衰竭。他以日神阿波罗精神和酒神狄俄尼索斯精神来释悲剧的诞生,说到底是希望古代希腊高扬生命力的悲剧文化,其喻示的审美人生态度可望救赎德国物欲横流的贫乏人生。

德国社会学家格奥尔格·西美尔,也对日常生活审美化的问题有过反思。西美尔在19世纪和20世纪之交出版了包括他的名著《金钱哲学》在内的大量著作,像波德莱尔一样,对资本主义现代性持鲜明批判态度。他细致分析了金钱产生社会分化,将一切肢解开来的过程。在金钱关系之中,事物的内在本质迷失了它们的心理维度,金钱的价值似乎就成了唯一的合法尺度,反之不能用金钱来加以度量的东西,就被人草草了事敷衍过去,或者干脆就束之高阁。金钱对社会的无形主宰,由此成为现代性的基础。西美尔指出这样一个物欲横流的社会是贫乏无味的,它关注的只是数量上而不是质量上的价值。文化因为缺失普遍价值和意义,不复具有统一社会的功能,而无可奈何地沦落在商品经济之中。

西美尔对于日常生活审美化中位居中心地位的时尚,有过细致分析。他曾经以是时柏林规模愈演愈大的形形色色贸易博览会,为现代审美文化的标记。贸易会上琳琅满目,时尚流转幻若过眼烟云,没有什么东西可以长存不变。时尚不求最好,但求最新。对于年长一辈的中产阶级,即便有心甘

---

① 尼采:《瓦格纳在拜洛伊特》,见《悲剧的诞生:尼采美学文选》,周国平译,三联书店,1986年,第136页。

拜下风,退守家居,也无以逃避无孔不入的审美化过程,因为即便是锅碗瓢盆,一样早已成为审美时尚理念的进攻目标。对于文化研究渐而视时尚为一种符号,致力于探究它的社会地位、身份性别等等文化含义的做法,我们发现西美尔已经是有所预演了。比如他认为时尚是满足了一种社会依赖心理,是通过某些特殊生活方式的推广,在社会平等和个性差异追求之间达成妥协。所以其间永远蕴含着短暂和永恒、过去和未来的矛盾。用西美尔自己的话说,便是时尚的新奇感永远是刹那间的魅力,永远展示出强烈的现在感。所以时尚总是短暂易逝,昙花一现,由此成为崇尚时髦感觉的现代文化的象征。进而言之,时尚的流行还与信念的缺失有直接关系,对此西美尔作如是说:

> 在解释现在的时尚为什么会对我们的意识发挥一种有力影响的理由中,也包含着这样的事实:主要的、永久的、无可怀疑的信念越来越失去它们的影响力。从而,生活中短暂的与变化的因素获得了很多更自由的空间……时尚已经超越了它原先只局限于穿着外观的界限,而以变换多样的形式不断增强对品位、理论信念,乃至生活中的道德基础的影响①。

这里可以见出,时尚并不仅仅是对于新奇形式的沉迷,它具有远为深广的社会影响。由此我们接触到西美尔美学现代性中一个久决不下的张力:人类行为中普遍因素和瞬息因素、主动因素和被动因素,永远无法得到和谐。只要这个张力一日不得解决,那么现代性就只能是被动接受一个支离破碎、瞬息变幻的经验世界的结果。速生速灭、漂浮不定的流行风格的不断变异,由此彰显出彼时日常生活审美化的时尚文化特征。而按照西美尔社会的上层阶级创造时尚,社会的下层阶级模仿时尚的论断,资本主义的时尚文化在无限制刺激消费欲望的同时,也履行并且强化了阶级分化的功能。

这里或可一议日常生活审美化语境中的城市雕塑。没有疑问,城市雕塑是公共空间中的艺术。但是今天我们的公共空间早已经物是人非。今天我们熟悉的公共空间是购物中心、繁华街景和政府机构,哈贝马斯所言作为民主和自由发祥地的平民的公共空间,实际上已在由传媒担当。此"公共"和彼"公共",已经不是一回事情。那么就说我们熟悉的公共空间,韦尔施还是在他的《重构美学》里,提出过一个发人深思的观点:公共空间中的艺术,

---

① 西美尔:《时尚的哲学》,费勇等译,文化艺术出版社,2001年,第77—78页。

当然首当其冲的是雕塑,美已经过剩,所以艺术的要领不是提供审美愉悦,反之是展览震惊,提供审美间隙,使我们给花花哨哨的美刺激得麻木不仁的双目,能够重新亮起来。这样的理论考虑到中国的沿海城市正在向中等发达国家水准迈进的现实,应当说并非危言耸听。

就今日中国的城市来看,称艺术可以做出另外选择,比方说它可以展示奇异、激愤和拙朴,可以给人以震撼,给人以难以捉摸、难以理喻的神奇感觉,听起来亦已不觉得是天方夜谭。这一方面,上海做得较天津为好,记得第一次坐车飞驰在浦东大道上的时候,临近高桥开发区,路边忽然有鲜红色的火焰雕塑,奔腾向上扑面而来,它转瞬即逝,留下那一种新鲜、震颤的体味久久萦绕在观者心间。这正是崇高的典型特征,它传递的是浦东新区如火如荼的节奏和律动。天津也有很好的城雕,像劝业场门口的高头大马和马车上那个滚圆鼻子的小丑洋绅士,以及鼓楼新街区那些写实风格而略带夸张的民俗雕塑,都活灵活现勾勒出了天津文化中那一些说不清道不白,可是叫人欲罢不能的东西。但天津的城市雕塑同样太多画蛇添足的遗憾。海河边上题名为"海河儿女"的雕像远不足以传达海河儿女的风采,已为人所共识。而大港广场和塘沽开发区两尊大同小异的标志性不锈钢雕塑,恐怕更要叫人纳闷不解,两者皆为白森森一根棍子矗向天空,唯一根高些,一根低些,一根是圆形,一根是剑的形状。当人见到这两尊雕塑中的第一尊时,在感慨它简约风格的同时,或许会颇费猜测雕塑家是不是西化过头,如何就把西方的男性生殖崇拜搬进了天津的一个卫星城区。当他看到第二尊时,多半将为天津叹惜,觉得它们并不是新潮,而是粗制滥造的产物。另外,南开大学泰达学院前面呆若木鸡的标志性飞马雕像,比照学院简洁明快的国际风格现代建筑,简直就是惨不忍睹。可是它迄今安然无恙矗立在那里。虽然,中国的经济发展远没有奢侈得可以来高谈阔论后现代,但是在都市环境里,让拙朴和野趣在沸沸扬扬的审美景观中开辟出一片宁静的区域,无论如何也是对日常生活审美化的一种更为清醒的认知吧。

第三节 中国的日常生活审美化争论

同可以名之为"后现代"的许多新潮和时尚相仿,日常生活审美化无疑也一样深深侵染了今日中国的生活和学术层面。就日常生活来看,以电视和网络为典型表征的文化形态已经成型。滚滚而来的电视剧在悉心揣摩中国大众的消费性想象,电视广告美轮美奂,在凸显商品审美价值的同时反仆为主,每以亮丽的包装掩饰内容的空洞。网络上游戏和文化产品的销售正日益看好,与此同时,少女少男废寝忘食在QQ和聊天室里追逐虚幻的帅哥美眉。购物中心、度假中心、街心花园、主题公园、健身房、美容院,这一切不遗余力,都在悉心打造日常生活的消费文化审美新理念。驾时尚无远不届、无孔不入的普及东风,即便普罗大众对花园豪宅、香车美人的快感也不再显得陌生,一样如鱼得水游走在审美想象的生活空间之中。我们今日方兴未艾的美女经济,就是一个极好的例子。

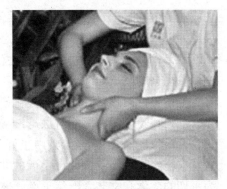

美容院

就学术层面看,美学这门在中国曾经热火得异乎寻常的学科在稍经冷静之后,似又不得不振作精神,来为这日常生活的审美化构思理论阐释。之所以说我们的美学曾经热火得异乎寻常,是因为它一心建构包罗万象的理论骨架,力图将自然、艺术和社会——总而言之从感性到理性的林林总总诸领域——一网打尽。但美学从来是有它的特点对象,严格来说,它原本是建立在压抑和规范欲望的前提之上。用伊格尔顿的话说,如果没有美学,启蒙运动的理性就无法延展到例如欲望和修辞这些至关重要的区域。由此可见审美在整个古典知识与文化体系中的建构作用。美学可以说是使理性权力本身审美化,使之渗透到经验世界的每一个角落,而让启蒙理性体现出合乎人性要求的力量。而这一切的前提,都是基于现代理性和欲望的对立,把欲望看成是动物性的东西,人之所以为人,被认为就在于他能够用审美态度观照对象而不思占有。要之,欲望和快感作为人性基本构成的合目的、普遍性的一面,事实上是给无可奈何压抑下去了。

由是观之,无论是从生活实践到理论阐释,我们今天面临的日常生活审美化,思之都有矫枉过正的味道。事实上日常生活审美化已经成为今日文化研究中一个热门话题,专题文章和研讨会层出不穷。支持日常生活审美化的意见认为,与西方社会相似,当今中国的社会文化正在经历着一场深刻的生活革命,这就是日常生活审美化以及审美活动日常生活化,它对于传统文学艺术与审美活动最大的冲击,是消解了审美/文艺活动与日常生活之间的界限,审美与艺术活动不再是少数精英阶层的专利,也不再局限在音乐厅、美术馆、博物馆等传统的审美活动场所,它借助现代传媒,特别是电视普及化、"民主化"了,走进了人们的日常生活空间。这一立论的根据是,今天快感已经进入到更大的社会系统之中。它采取各种形式,开始与社会的经济基础结构、生产力形态、社会文化等等方面全面接触。它从对身体的压抑变成对身体的强调,过去以艺术审美为典型代表的静态快感体验方式,已发展成为以日常生活为主要对象的动态投入与实践方式。欲望不再是理性管制的对象,而全面渗透到我们的社会生产和再生产过程,正是欲望刺激了我们消费社会的欣欣向荣。

上述支持推进日常生活审美化研究的观点中,最有代表性的当推陶东风的鼎力呼吁。陶东风的看法是日常生活审美化不管是你喜欢它还是不喜欢它,或者说身不由己迷恋其中也好,站在一旁指责它伤风败俗也好,毋庸置疑它已经是今天我们城市生活的非常现实的存在语境,所以同它关系最为密切的美学和文艺学继续正襟危坐对它视而不见,只能是自欺欺人,因为今天的审美活动已经远远超出了纯艺术和纯文学的范围。

> 占据大众文化生活中心的已经不是小说、诗歌、散文、戏剧、绘画、雕塑等经典的艺术门类,而是一些新兴的泛审美、艺术活动,如广告、流行歌曲、时装、美容、健身、电视连续剧、居室装修等,艺术活动的场所也已经远远逸出与大众的日常生活严重隔离的高雅艺术场馆,深入到日常生活空间。可以说,今天的审美/艺术活动更多地发生在城市广场、购物中心、超级市场、街心花园等与其他社会活动没有严格界限的社会空间和生活场所,在这些场所中,文化活动、审美活动、商业活动、社交活动之间不存在严格界限①。

进一步的例子还有,比如大众传媒有恃无恐地在"作秀",从耸人听闻的标题到故作惊人的影像,以及每一个信息、每一种修辞。经典艺术作品或它们的仿制品被摆放在各种面向大众的公共场所或媒体上,经典音乐被做出无数削平了艺术价值的翻版,互联网上恶作剧视频铺天盖地,电视把我们从美带到崇高再带到搞笑,文化的"雅"和"俗"在此合流,传媒在贩卖产品的同时也贩卖了文化所有的终极意义。这可见,日常生活审美化正在成为社会中的主导潮流,此种文化形态是我们今日被包围其中的"大众文化",所以文化研究的兴起思想起来也就顺理成章,因为文化研究的主要对象就是已经成为当前的主流文化的大众文化。

但这是谁的日常生活?它表征的是大众的审美趣味吗?反诘上述立论的,同样大有人在。此种观点认为,日常生活审美化未必是我们时代日常生活的美学现实,反之是将少数人的话语在学术研究的合法名义下偷梁换柱,

---

① 陶东风:《日常生活审美化与文化研究的兴起》,《浙江社会科学》,2002年,第1期。

换成普遍性话语,而霓虹灯、广告牌、亮丽时装和小资休闲这类以身体快感为指归的审美价值观,从根本上说是非审美甚至反审美的,简言之是消费主义和享乐主义的变种。进而视之,日常生活的审美化表面上是对人的感性的解放,实质上却是工具理性对于人的更为无情的操控,是在盲目歌颂技术力量的同时,将自由定位在消费能力上面,而从根本否定了人文理性对于人的存在与人类社会发展的重要意义。综合各家的反对意见,比较有代表性的看法是,日常生活审美化是从西方学者布迪厄、费瑟斯通等人那里趸来的概念,它只是对当代中国多层面文化冲突的简单概括,是一厢情愿的理论乌托邦,说它是一种粉饰现实的理论也许有伤恕道,但事实上日常生活审美化以感官享乐为指归,故它的审美价值观从根本上说是非审美甚至是反审美的,是以审美为名的消费主义、享乐主义的理论变种。陶东风的老师童庆炳,就持这样的看法。

童庆炳认为日常生活的审美化现象并不是今日专有,中国古代的仕宦之家华裘美食,居宅有后花园,工作之余琴棋书画消遣,这不是"日常生活审美化"吗?所以谁喜欢这个话题,愿意去研究它,完全没有问题。问题在于何以日常生活审美化突然之间会成为一个话题或者说问题。他指出,一些青年学者要把文艺学的研究领域扩大到日常生活的审美化,如去研究广告、美容、美发、模特走步、街心花园、高尔夫球场、城市规划、网吧、迪厅、房屋装修、美女图,甚至大有以日常生活审美化的研究置换文艺学研究原有对象的倾向。童庆炳同样不同意日常生活审美化代表了美学新原则的崛起,坚决反对所谓无功利的审美活动和带有精神超越的美学统统过时,审美就是欲望的满足、感官的享乐、高潮的激动,就是眼球的美学。他认为今天一定要说进入了消费主义时代的话,那么,只有百分之一的人是进入了这个时代,百分之九十的农民、城市打工者、下层收入者,并没有进入消费主义的时代。从这一意义上说,"今天的所谓'日常生活的审美化',决不是中国今日多数人的幸福和快乐。他们提出的新的美学也不过是部分城里人的美学,决非人民大众的美学,或者用我的老师在上世纪 50 年代美学大讨论中的话来说,这不过是'食利者的美学'。"[1]

比较西方从波德莱尔到西美尔的美学现代性传统对现代社会消费文化的批判,和国内今日对日常生活审美化两种判然不同的态度,是耐人寻味的。无疑这一批判中有一些历久弥新的东西,无论我们把它叫做人文失落的焦虑也好,抑或坚持为艺术而艺术的高傲也好。但是另一方面,今日中国

---

[1] 童庆炳:《"日常生活审美化"与文艺学》,《中华读书报》,2005 年 1 月 26 日。

流行的日常生活的审美化,一定程度上显示了我们久被压抑的感性的解放,并不是一句空话。美学直接介入现实生活其实多有不尽如人意的地方。事实上大众文化在很大程度上具有过于强烈的审美泛化意识,而且大众文化在产业化的推动下,在我们这个尚处在社会主义初级阶段的市场经济体制中,大有压倒主流文化反客为主的势头,以至于审美在我们的周围一路普及下来,几乎也到了泛滥无边的地步。但就美学自身而言,或许同日常生活审美化拉开一段距离,当是更为明智的做法。一个显见的事实是,美学格外关注的虚拟性和可变性,正是被许多人冠之为后现代的当代社会的特征所在。美学标志着向感性创造力的转移,也标志着用细腻的法则来强制雕塑感性。这一对矛盾的解决,肯定也是哲学的基本使命之一,因为我们的一切学科或者说科学,其最终目的之一应是改善我们的生存意识和生存条件。故此,美学在它的纯理论层面上应该是可以有所作为的,大可不必唯恐屈驾跟风不及。

第四节 游荡城市的记忆

如前所见,日常生活审美化的一个基本前提是审美并不限于艺术,而同样见于生活之中。艺术和生活的界限,因而愈发模糊起来。所以有人说,日常生活审美化作为一种理论,它的可贵之处在于敏感地把握到了在物质生产充溢时代,人的心灵世界所发生的真实的变迁,并且对之作出了如实的描述。但是并不能因此说,这种真实的描述就是问题的最后解决。由此以"游荡者"的视角,来反观我们居住的城市,应是对日常生活审美化的另一种很好的反思。今天我们的城市大片大片的街区被整个儿推倒重建。但是这样做的另一个结果是北京人在哀悼四合院,上海人在梦寻石库门。假如以平地冒出的那些飞檐斗拱、雕梁画栋的仿古一条街式建筑来标示城市的传统,那实在是传统的莫大悲哀。所以,什么是城市的品位呢?

"游荡者"(flaneur)是《恶之花》里诗人波德莱尔自己被读出的形象,本雅明曾经指出,波德莱尔不但是以一个"游荡者"的眼光,隔开一段距离来对巴黎纸醉金迷的资本主义城市生活作寓言式观察,其体验和表现方式,也是典型的寓言方式。这有波德莱尔本人的《天鹅》诗为证:"脚手架、石块、新的王宫/古老的市郊,一切对我都成为寓言。"波德莱尔笔下现代生活的典型环境是拱门街和市场,通过描写出没于这类场景中的人群,波德莱尔被认为是揭示了商品麻醉灵魂的现代都市景观。故此,巴黎的流浪汉、阴谋家、政客、诗人、乞丐、醉汉、妓女、人群、大众、商品、拱廊街、林阴道等目不暇接的现代都市形象,就是波德莱尔也是本雅明的寓言。这样一种寓言如本雅明本人所言,它在思想的国度里有如废墟在物质的国度里。它显得遥远,但是它足以揭示艺术并不是知识精英周旋在象牙塔里的专利。"游荡者"隐身于人群之中,却不同流合污,他是英雄而不是乌合之众。

巴黎在中国城市里最可以比较的是上海。上海素有东方巴黎之称。但上海其实并不很像巴黎,她更像纽约。上海人引为自豪的淮海路一带典型的法式景观,同巴黎市中心那些两三百年前的遗产,几乎是千篇一律土黄色的六七层楼高的建筑,也还有着明显差异。2001年德里达访问上海,法国总领馆为他接风,总领事郁白先生说,他觉得领馆附近这块早年法租界的绮丽街景,更相似法国殖民地而不是本土的建筑风格。这个比较令人沮丧吗?似也不必,今天的上海日新月异,她比巴黎并不缺失什么,东方明珠的高度超过了埃菲尔铁塔,她那鲜亮紫红的大珠小珠落玉盘的造型,肯定要比黑不溜秋的铁塔中看一点;巴黎鹤立鸡群,所以几成众矢之的的制高点蒙巴拿斯大楼,说来可怜,高度只有金茂大厦的一半;香榭丽舍大街的优雅和繁华,似乎和南京路也就在伯仲之间,只不过南京路逼仄了些,容纳不了阅兵仪式,让坦克大炮隆隆开将过去。可是,上海人为什么拿自己的城市同巴黎相比,又总觉得自愧不如呢?即便是在上海的都市现代性特征分明已经超过了巴黎的今天?

香榭丽舍大街

那就征问历史吧。上海的城市空间正以日新月异的速度发生着巨变,这并不仅仅意味着居住空间的生活环境的变化,它同时也带走了我们习以为常的生活方式和生存状态,其中最典型的就是老城厢的日渐消失,和旧区生活形态的日渐凋零。我们对于历史的记忆和缅想因流于肤浅而备受冷落，所以老城厢的消失，在上海这个城市注定不会成为悲情故事。悲情和怀旧或者是飘荡在上海郊外的绿色精英宅区之间，但上海的老城厢其实没有消失，在它的中心就矗立着飞檐斗拱、雕梁画栋的老城隍庙。比较起来，真正消失的是天津的老城厢，它在若干年前已经给荡为平地，很长的时间里养在闺中人未识，没见有什么动静。可是天津的老城厢又能有什么怀旧悲情？老城厢百孔千疮、破败褴褛，是贫民窟的同义词，天津的怀旧故事里有袁世凯、冯国璋这些民国枭雄的故居，有点缀着昔年租借小洋楼的五大道，那里并没有老城厢的位置。可见此历史与彼历史，固不可同日而语也。2000年作者去巴黎访学，有一位教外国文学的朋友叮嘱我说，你去巴黎，别忘了替我在香榭丽舍大街踩上几脚，那是莫泊桑散步的地方啊。说真的，香榭丽舍的路面还是上海人所说的那种石块铺成的"弹格路"，没准真能踩中当年莫泊桑们的脚印。可是19世纪的中国城市是什么模样？她们正在经历中国近代史上最为屈辱悲惨的一段时光。可见此历史与彼历史，风光差异自不可以道里计。

关于游荡城市的记忆，包亚明在他的《游荡者的权力：消费社会与都市文化研究》里，很有意思地叙写了作者的海上游荡经历，它认真也就是一段复杂的怀旧历程。但是包亚明的怀旧里更多是种儿时记忆的亲切缅想。他坦白童年时代最奢侈的享受，就是到延安东路码头，花几分钱在黄浦江上坐几个来回的渡轮。小时候对于美食最深刻的印象，则是天潼路宝庆坊弄口一家小饭店厨房里的冲天火光。他曾经在老北站南广场上乐此不疲地玩一种叫"逃将山"的游戏，以至于被同学撞断了手臂。而在见证了四川北路商业形态不断调整，颓势难挽之后，他在那里拍摄人生第一张报名照、排队购买刚刚开禁的外国小说，以及在点心店里津津有味地饕餮鲜肉汤团的记忆，如潮涌上心来，开始怀疑耗资不菲的商业策划，是否有能力唤回一种正在消失的生活方式？正在消失的应是一种邻里直接交流的前消费时代文化，它是不是只有缅怀伤感的价值呢？

《游荡者的权力》依作者的自我定位，是一本都市游荡者的思想笔记。作者认为全球化与消费主义对当代中国日常生活的侵袭，是通过兼具市场和观念两大特征的大众文化潜移默化地渗透的。趣味和格调正是在此一语境中，演变成了相匹消费主义的美学经验。故此，如何设立一个强有力的批判机制，来帮助我们解读当代中国的大众文化，将是摆在中国知识分子面前的一个严峻问题。大众文化是不是只有挨批的命数？这倒使我心生疑虑。无疑这里批判一语用的是中性词，但是都市游荡者的寓言式观察，应能显示大众文化同样不是知识精英周旋在象牙塔里的专利。大众文化距离大众,果真就那么遥远吗?

第五节　两种城市空间

20世纪末叶,日常生活审美化在学界多多少少经历了一个引人注目的"空间转向"。而此一转向被认为是20世纪后半叶知识和政治发展中最是举足轻重的事件之一。许多学者们开始刮目相待日常生活中的"空间性",把以前给予时间和历史,以及社会关系和社会的青睐,纷纷转移到空间上来。其中美国文化地理学家1996年出版的《第三空间:去往洛杉矶和其他真实和想象地方的旅程》,是一部相当具有代表性的著作。

《第三空间》的第一部分是理论探究,第二部分毋宁说这探究变成了实践旅途,用作者自己的话说,这一部分的旅程更凸现出经验和视觉效果。耐人寻味的是索亚将他的居住城市洛杉矶和他住过一阵的阿姆斯特丹作了比较研究。比较本身或许纯出偶然,就像作者自己所说,洛杉矶和阿姆斯特丹这两个城市之互不相干,就像爆米花与土豆那样根本没有可比性。但是比较下来,索亚的结论是它们分别可以代表20世纪城市化极端成功和不成功的两极,成功的是阿姆斯特丹,不成功的是洛杉矶。

洛杉矶

索亚指出洛杉矶是一个呈不规则形态的分散的离心的大都市,相反阿姆斯特丹则可算是欧洲向心力最强的城市,洛杉矶一百五十个人中只有一人居住在市中心,阿姆斯特丹市中心的居民则超过全市的百分之十。在吸引游客方面,至少同周围其他景点相比,光顾洛杉矶市区的游人相对要少,而阿姆斯特丹城区每年接待的游人将近八百万,并且日日拥有数千购物者。交通上,洛杉矶商业区地表空间四分之三为汽车所用,高速公路相当气派,而阿姆斯特丹恰恰相反,在禁止汽车方面,仅次于水城威尼斯。索亚对阿姆斯特丹的观察源出他1990年春在阿姆斯特丹大学作访问教授期间的直接经验,他发现阿姆斯特丹显得紧凑,整个城市的构造,从中心到郊区,都清晰可读。围着主轴线城市层层展开,就像洋葱的横切面,地名命名具有强烈的方位感。此外阿姆斯特丹人珍视城市格局与功能的传统理解,也令城市规划者们制定新方针时,持谨慎态度。对比起来,洛杉矶则似有意打破一切城市可读性和规律性,来挑战什么是城市、什么不是城市的一切传统规则。工业城、商业城甚至大学城犬牙交错,郊区进入市界,市区外移郊区,城市分析的那些既成学派在这里不再具有任何意义。住房方面,作者描述了阿姆斯特丹影响深广的"市区移民运动",具体说就是年轻人占据市区废弃的办公室、工厂、仓库和一些居住区以作栖身之地。索亚认为这是一场争取城市自身权利,尤其是年轻人和穷人自身权力的斗争。他指出在阿姆斯特丹这场斗争比任何地方都成功;而任何地方都比洛杉矶成功。洛杉矶的公共住房计划是以彻底失败而告终的,是以残酷牺牲贫穷居民的利益为代价来加速中心商业的复兴。一边是摩天大楼鳞次栉比,一边是触目惊心的纸板房贫民区,后者是移民的天地,工作状况几近奴隶。

甚至关于民族问题,索亚也认为,阿姆斯特丹景况较洛杉矶为好,理由是阿姆斯特丹采取有控制的种族宽容和开放政策来接纳"他者",包括从黄金时代的胡格诺教派和犹太人,到今天的苏里南人、土耳其人、斯里兰卡人和摩洛哥人。而在中世纪迁徙来的大量印尼人,看来已是毫无痕迹地融入了荷兰人的文明与文化之中。虽然,如今阿姆斯特丹仍然存在重大的种族问题,特别是来自世界各地的大量移民和难民,把这里当成避难所,而使阿姆斯特丹与日俱增在变成一个"第三世界城市",但是洛杉矶的问题肯定更要尖锐得多。作者指出洛杉矶是建立在种族歧视和种族隔离基础之上。近代洛杉矶的历史,就是持续不断的公共与私人部门结党营私的历史,这直接、间接导致了该城市激烈的种族冲突,1992年引发全城暴乱的罗德尼·金事件,就是这一冲突的必然诠释。

洛杉矶和阿姆斯特丹在地理重建和国际化上的碰接,或许诚如索亚所见,对于全球范围内的城市规划发展具有普遍意义。我们的城市面临着重新布局和地理不平衡发展的新的困顿,这困顿也可以成为动力。一方面是工业化消解的趋势,特别是大规模、纵向集成,特别是流水线和大批量生产工业纷纷衰落,一方面则是再工业化的趋势方兴未艾,特别是手工业、服务业、高科技多样化生产中小型公司层出不穷,一道汇成了后福特主义工业重建的浪潮。而后工业时代在索亚看来,具有下面几个典型的空间特征:

阿姆斯特丹

急剧衰退抑或借由采用较灵活生产和管理技术得以部分复兴的老工业区;新型的以科学为基础的工业区或是大都市外围典型的技术社会;手工制造业聚集区或是建立在正式、非正式经济上的网络;信息发达的生产商集中服务区,尤其与金融银行业相关,并且已扩展到娱乐、时尚和文化工业;此外,还有一些少有变化的落后地区①。

在这样的背景中来看阿姆斯特丹和洛杉矶的差异,确可发人深思。索亚所言不虚假:过去三十年间,阿姆斯特丹中心城区几乎已经完全淘汰了

---

① 爱德华·索亚:《第三空间:去往洛杉矶和其他真实和想象地方的旅程》,陆扬等译,上海教育出版社,2005年,第380页。

旧的重工业，取而代之的是东南部、南部和西部一系列给人深刻印象的工业子中心纷纷兴起。而城区本身，已为由国际金融银行、大学教育，以及五花八门文化娱乐产业，包括时尚、年轻人服务业、电影和电视、广告出版，软毒品和色情服务业占领，当然还有旅游，对于这世界上的穷人旅游者来说，这里恐怕是最具特色的旅游胜地了。而洛杉矶，索亚所见是伴随新城市化进程出现的日益严重的社会和经济两极分化，洛杉矶的经济膨胀和重建加速提升了城市贫困水平，并且造成中等劳动力市场的缺失，结果一方面是狭小的高级职业上流社会，是为科学家、工程师、数学家世界里最大的储备库；另一方面则形成了拥有大量人口的底层社会，并且导致日益严重的"女性贫困"，城市底层阶级就靠公共福利、兼职工作和与日俱增的非正式或地下经济提供的机会，来维持生计。盖言之，通过阿姆斯特丹和洛杉矶的两相比较，足以引发一些有趣的问题，这就是城市分析和阐释的适当尺度。比如，是否通过研究日常生活的微观地理，或是通过考察城市整体，在宏观空间尺度上定义城市环境，我们就能够更深入理解阿姆斯特丹、洛杉矶或是其他真实和想象的城市空间？索亚的答案是明确的，这就是无论微观还是宏观的视野，本身并不构成任何特权，所以理当否定非此即彼的方法，而走向更为开放的亦此亦彼模式。这也就是他的"第三空间"模式。

第六节 建筑与革命

可以说，索亚就洛杉矶和阿姆斯特丹所作的比较，很大程度上也见出现代主义和后现代主义城市观念的比较。这个比较已经超出了日常生活审美化的范围，但是有鉴于城市建筑不失为我们日常生活中最具有恒久性的审美时尚的标记，所以我们放到日常生活审美化的标题下面来讨论建筑与革命这个话题，思想起来应该也是有它的理由。建筑与革命是当年法国建筑学家勒·柯布西耶提出的命题。我们发现这个命题即便在今天，也还没有过时。我们先来看一条新华网消息（2005年11月2日）：

> 据法新社报道，法国官员2日称，巴黎北郊克利希苏布瓦市两名男孩因躲避警察而触电身亡引发的紧张情绪仍在继续，并呈现蔓延之势。1日夜，巴黎周边数个郊区发生骚乱，许多车辆被焚毁。
>
> 警方称，1日夜间在塞纳-圣德尼地区大约有六十辆汽车被焚烧。更令警方担忧的是，巴黎周边几个城镇首次出现了类似的小规模骚乱。在巴黎北部、东南部和东北部的几个郊区，成群的青少

年到处"流动"制造事端。

> 10月27日,巴黎北郊克利希苏布瓦市三名男孩为逃避警察追捕跑入一所变电站,不料遭到电击,导致十五岁的巴努和十七岁的齐亚德当场丧命,另一名男孩身受重伤。该市数百名青少年因此走上街头抗议,并与警方发生冲突,引发社会骚乱。直至29日凌晨,克利希苏布瓦市的骚乱才得以平息。

我们一目了然这是2005年10月至11月间法国那场骚乱大火起燃阶段的报道。我们可能注意到,骚乱是发生在巴黎的郊区,先是北郊,继之蔓延到东南部和东北部的郊区,再进而蔓延到全国其他城市的城郊。为什么没有巴黎的西郊?巴黎的西部是布劳涅森林,以及巴黎现代主义新建筑的大本营拉底芳斯,那里没有移民的家园。动乱的主体是阿拉伯的移民青年,这是当代法国的一个低层阶级,良好的教育和工作同他们没有缘分,而他们大都就居住在巴黎这样的大城市的城郊。由此相应的建筑理念受到普遍关切,这关切将我们引回勒·柯布西耶这位20世纪建筑史上最显赫人物的一句名言:我们是要新建筑呢,还是要革命?

现代性作为工业革命象征的节奏和速度特征,可以说最集中反映在建筑之中。建筑对于无论是现代还是后现代文化,某种程度上都可

勒·柯布西耶

视为一个策源地。就现代建筑的美学主张而言,法国的城市规划和建筑大师勒·柯布西耶无疑是此一领域最有代表性的人物。1923年他在巴黎出版的《走向新建筑》,被公认为建筑领域中现代美学的宣言。我们不妨看看在这部宣言中他说了一些什么。

勒·柯布西耶认为现代建筑的要义就是改变价值取向,以适应时代之需。这个时代是工业革命的时代,或者毋宁说是紧衔而至的后工业革命的时代。所以建筑的首要任务,即是重新估计价值,确立焕然一新的精神面貌。用勒·柯布西耶本人的话说,那就是必须建立大批量生产的精神面貌、建造大批量生产住宅的精神面貌、住进大批量生产住宅的精神面貌,以及喜爱大批量生产住宅的精神面貌。简言之,建筑就是"供人居住的机器"。这

样一种精神面貌没有疑问就是现代性的精神面貌。它的核心是工业、科学技术和民主精神。由此来看,建筑家依照工业时代的需要大批量建造住宅,按照人们的实际要求而不是华而不实建造大批量住宅,都还成为次要的目标。勒·柯布西耶的真正目标莫若说在于创造新的人类,只有这些新的人类,才适宜于住进体现现代性精神的新的住宅。观念层面的革新尤要胜于技术层面的革新。勒·柯布西耶甚至设想毁掉原封不动保留下18、19世纪建筑的巴黎城区,代之以一个新巴黎。这个设想如果付诸实施,对于巴黎这个欧洲最有韵味,同时也被一些人讥为博物馆城市的古都,真不知是福音还是灾祸。

勒·柯布西耶明确提出假如不实施新建筑计划,就会引发革命。原委是他所处的工业时代,和传统社会已经完全就是两个世界。在过去的十个世纪里,人们按照"自然的"制度安排生活秩序,单独劳动,日出而作,日落而歇,在小小的铺子里做工,一家人都守在身边。但是现在的需求不一样了。照勒·柯布西耶的描述,现在每个人的心态都和现代化事业联系在一起,需要阳光、温暖、新鲜空气和干净的地板。另一方面,工业时代的辉煌繁荣,还创造了一个特殊的知识分子阶层,这是当今社会一个非常活跃的阶层。他们设计桥梁、船舶、飞机,制造发动机和涡轮机。他们主管工地,分配资金,出任会计,所有的人类物质产品都从他们指缝之间流过。但是他们的付出和得到的报酬不成比例。假如他们只能眼巴巴盯着大商场里琳琅满目的货架,瞧着商品在他们面前闪闪发光,回来重新钻进肮脏的老蜗牛壳,那么对于整个社会来说,肯定也是匪夷所思的事情。

所以要么革新建筑,要么革命。答案当然是要建筑革新而不要社会革命。有意思的是,现代性在建筑中大行其道的时候,正是它在哲学和科学中备遭责难的时分。它仿佛在建筑中另外寻到了一块如鱼得水的新天地。标榜现代性的建筑学被认为是对世界的一种设计,在它的大旗上写的是"国际风格"。在这面大旗之下,在世界范围内几乎是如出一辙的现代建筑蜂起。地方的、文化的美学特征,很大程度上是给掩蔽在这一普世流行的建筑现代性之中了。

因此我们发现勒·柯布西耶的现代建筑理念首先在后现代文化那里受到了质疑。弗雷德里克·詹姆逊刊于1984年夏季号《新左派评论》上的著名文章《后现代主义,或后期资本主义的文化逻辑》即认为,后现代的概念最早是清楚体现在建筑方面,即它是对高度现代主义和"国际风格派"的严厉批判,与城市规划的审美考虑密不可分。后现代主义认为高度的现代主义建筑破坏了传统上的城市结构和先前的邻里文化,因为它的乌托邦高度鹤立鸡群,从根本上脱离周围的环境,同时现代运动中预言的杰出人物统治论,也以其专横跋扈的集权主义遗患为人所不齿。詹姆逊对建筑的重视被认为具有明显的美国后现代语境,这个语境就是20世纪70年代北美与后现代主义关系密切的后现代建筑的崛起。它直接挑战了源出勒·柯布西耶乃至20年代包豪斯主义的现代建筑运动。这一点詹姆逊在给利奥塔《后现代状况》所写的序言中也有所交代,他指出现代主义建筑大师勒·柯布西耶和赖特都算得上是绝对的革新者,他们支持形式革新和建筑空间的转换,期待建筑空间能整个儿改变社会生活,如勒·柯布西耶所言,取代政治革命。但是勒·柯布西耶和赖特的新建筑并没有改变这个世界,也没有能够美化后期资本主义制造出来的垃圾空间。所谓垃圾空间他指的是今天摩天大楼林立在全世界各主要城市中心,玻璃幕墙泛滥成灾。反之,人可以发现后现代建筑则是大众化的,它们尊重原来的城市建筑格局,并不强迫向周围花里胡哨的商业化方言灌输判然不同的清晰的、高雅的乌托邦语言。他举例洛杉矶由约翰·波特曼营造的波拿文都拉大酒店,大加赞赏,认为它是融入周围环境的后现代建筑典范,甚至戏拟海德格尔的话说,此一建筑是"让堕落的城市结构继续保持原样"。但是也不乏批评家指出,波拿文都拉宾馆并不是后现代建筑,它毋宁说是现代主义晚期的建筑。

但是建筑与革命的话题并不显得遥远。2005年11月29日美国《新共和国》杂志刊出克雷·莱森写的文章《法国动乱莫怪勒·柯布西耶》,谈了勒·柯布西耶"国际风格"的辉煌大纛下被隐藏起来的另一些社会问题。作者指出,以勒·柯布西耶的名训,即建筑是供人居住的机器为圭臬,先是在法国城郊造出一批供低收入家庭居住的现代高楼住宅。很快这个理念被美国人移植过去,改装成了声名可疑的芝加哥加布里尼-格林(Cabrini-Green)一类平民高楼住宅。这个法文叫做banlieues的城郊高层住宅模式,由此假道美国风行世界,即就美国自身而言,它基本上就是移民社群的聚居地,差不多就是罪恶和肮脏的代名词。因此不奇怪,日前法国骚乱过后,勒·柯布西耶和他的建筑传统几成替罪羊。其成本低廉的建筑成功地将无产阶级挡在市中心外面,现在终于自食其果。

但是平心而论,勒·柯布西耶这个罪名担当得其实冤枉。为适合现代生活的节奏,勒·柯布西耶提倡以技术手段改善城市环境,把大片的阳光、空气及绿地留给城市,其本意是想用人性化手段来解决城市人口拥挤的新问题,谁又料到他的方案实施下来,反过来会把人们的起居生活禁锢在钢筋混凝土的巨大堡垒里面?因此罪魁祸首与其说是建筑本身,莫若说是在于经营建筑的制度。勒·柯布西耶相信现代社会的剧烈变革是在

banlieues

呼唤建筑领域的剧烈变革。现代建筑必须就此作出反应。城市的急速发展导致人口膨胀,故此建造高层公寓来加以容纳,是势在必然。此一垂直空间的发展,也直接酝酿出了勒·柯布西耶的"内部街道"概念,让层层楼面布满商铺和服务设施。新建筑蜂起势必蚕食城市里本来就显得珍稀的绿化空间,由此又导出勒·柯布西耶的"花园高楼"设计理念,以稠密的垂直空间换取开朗的横向空间,让每一栋高楼可以四周拥有一块开阔地。勒·柯布西耶本人意识到了庞大的体积很容易成为非人性化的代名词,对策是柔化设计,采用高质量的建材,辅以个性化的公共艺术。这一切都可谓是"供人居住的机器"这个理念上的人性化思考。

如此我们可以来看勒·柯布西耶的此类建筑中的杰作,1947年至1952年间完成的马赛公寓。这是建于马赛市郊的一座设计容纳1 600人的大型公寓住宅。建筑长165米、宽24米、高56米、18层,底层架空,屋顶为公共活动平台,有游泳池、幼儿园和健身房。七八层为公共服务设施,商店、餐馆、洗衣房、旅店及俱乐部无所不有。其余层为居住层,户型多为跃层布置,起居室通高,最大限度接纳阳光。居民的衣食住行,基本上足不出楼,一切可以解决其中。四周是给它"解放"出来的慷慨的绿地。也许马赛公寓的名气是太响亮了,设计之初是为接纳当时如潮涌入城市的工人阶级,但是如今居住其中的大都是中产阶级,所谓的成功人士,公寓里许多店铺的雇员,还无缘来当它的房客。

马赛公寓是经典,而经典假如能够普及就不成其为经典。虽然,这座兀立在马赛城郊的庞然大物的参拜者会感慨它的工艺和细节设计,居住其中的房客也未见得会有太多的幸福感,但是对于马赛公寓的摹本来说,仿佛是在细微之间的差别,差距可就大了。美国和欧洲20世纪50年代和60年代照搬勒·柯布西耶作品的公共住宅规划当局,首先看中的是低造价和高密度的住房模式,由此在郊区开出大片土地,一窝蜂似的盖起大批量设计平庸、粗制滥造的居住区。勒·柯布西耶的综合配套设施给抛诸脑后，致使居民的工作和社交顿时陷入困境。特别是60年代末期福利国家模式开始瓦解以来，问题愈益凸现出来。事实上今天芝加哥已经在全面拆迁当年加布里尼—格林这样的庞然大物。法国动乱甫定，不少城市规划家开始赞成整个儿夷平那些叫做banlieues的城郊高层住宅区。一些官员也发表了类似观点。但是取而代之的又能是什么？这仅仅是建筑的问题吗？

马赛公寓

第十章 传播与文化

美国哲学家约翰·杜威就"传播"说过这样的话:"传播是人类生活唯一的手段和目的。作为手段,它把我们从各种事件的重压中解放出来,并能使我们生活在有意义的世界里;作为目的,它使人们分享共同体所珍视的目标,分享在共同交流中加强、加深、加固的意义。"他又说:"传播值得人们当作手段,因为它是使人类生活丰富多彩、意义广泛的唯一手段。它值得人们当作生活的目的,因为它能把人从孤独中解救出来,分享共同交流的意义。"[①]这些话今天读来,也还非常具有现实意义。20世纪传播学成为显学,山门林立,异彩纷呈,删繁就简,可以辨识出三大基本类别,一种是"以媒介为中心"(media-centric)的理论,一种是"以受众为中心"(audience-centric)的理论,还有一种是"以社会为中心"(socio-centric)的理论。从传播关系上看,受众、媒介与社会是相互依存的关系。传播与物质、精神、制度一道,堪称构成人类文化的四大要素。如果说文化的核心是意义的创造、交往、理解和阐释,那么文化的过程就在传播之中。

第一节 符号与信息

"传播"是一个复杂的概念,对它的理解是随着传播学自身的发展而发展的。传播学作为一个综合性研究领域,吸纳了自然科学范畴、人文范畴、社会科学范畴众多学科的养分。目前,传播学的主要研究方法可以划分为两个路径,一是社会科学的路径,主要包含五类方法:社会学方法、心理学方法、语言学方法、政治学方法和文化学方法。二是信息科学的路径,主要包含系统论方法、信息论方法、控制论方法和统计学方法。从第一个路径入手,理解"传播"的第一步是理解"符号";从第二个路径入手,理解"传播"的第一步是理解"信息"。概而言之,从"符号"的角度看,所谓"传播"是"导致

---

① 迪金森等编:《受众研究读本》,华夏出版社,2006年,第7页。

参与者不同程度地共享意义和价值的符号行为"①。从"信息"的角度看,所谓"传播"是"社会信息的传递或社会信息系统的运行"②。

什么是符号?我们讨论的符号对应于英语中的 sign,汉语里又称记号、指号、符码、代码等。符号可以分为自然符号(natural signs)和人工符号(artificial signs),这里所论述的是人工符号。

符号是文化的最小单位,符号多元而动态的集合构成了文化。举凡文化的方方面面都可以视为一个个符号系统,如语言、动作、服饰、建筑、政治、神话、宗教、历史等等,概莫能外。在这个意义上,我们所生活的世界,是一个符号的世界。同时,借助符号来传达意义,乃人类文化的本质特征之一。美国哲学家皮尔士指出,人类的一切思想和经验都是符号活动。德国哲学家卡西尔指出,人类与其说是理性的动物,不如说是符号的动物,人类只有通过符号活动才能创造出使自身区别于动物的文化实体,并且只有人类才具有这种符号化能力。基督教思想家奥古斯丁,很早就给"符号"下过这样一个定义:

> 符号是指示某些东西的事物。因此每一个符号同样也是一个事物,因为不是事物者,便是一无所是;但又并不是每一件事物同时也是符号。明确了事物和符号的这一区分,当我们言说事物,我们就应当明白,虽然有一些事物被用来意指他物,但是这一事实并不影响我们把事物和符号区分开来③。

这个定义把符号定位在指意的功能上面,显示了符号的最一般特征。语言的唯一功能是表情达意,以言指物,所以它是当仁不让的符号。但是事物也可以进而意指其他,所以以物指物者,同样也是符号。换言之,符号的基本功能就是表征(representation)。索绪尔认为,符号由能指(signifier)和所指(signified)两个部分组成,能指是声像,也就是感官可以把握

索绪尔

---

① 斯坦利·巴兰等:《大众传播理论》,曹书乐译,清华大学出版社,2004年,第242页。
② 郭庆光:《传播学教程》,中国人民大学出版社,1999年,第5页。
③ St. Augustine, *On Christian Doctrine*, Book one, H. Adams and L. Searle ed., *Critical Theory Since Plato*, Boston: Michael Rosenberg, 2005, p.141.

的符号的物质形式;所指是符号在符号使用者心目中所形成的心理概念。例如,"豹子",其发音和写下来的文字,就构成了一个能指,而"一个四条腿、凶猛而长满毛的猫科动物"这个含义,则是它的所指。索绪尔强调能指与所指之间的连接基本上是人为的、武断的、约定俗成的:"事实上,一个社会所接受的任何表达手段,原则上都是以集体习惯,或者同样可以说,以约定俗成为基础的。"①皮尔士进一步说明,构成符号的要素有三种:一是代表事物的符号(形式),二是被符号所指涉的对象(指称),三是对符号的解释(意义)。在他看来,符号只能通过解释者来传达意义,而解释者能对符号做出解释,得益于惯例和习俗。

人类之所以创造符号,是为了传达某种意义。但是意义并不完全由符号的表征所决定,而要由符号的阐释者以及阐释者所依赖的语境与文化所决定。换言之,符号系统的意义生成具有社会性和文化性。基于此,文化研究学者约翰·费斯克指出:"符号具有三个基本特征:它必须具有某种物质形式,它必须指自身之外的某种东西,它必须被人们作为某种符号使用与承认。"②其中,"被人们作为某种符号使用与承认",说的是符号系统的共享特点,也就是文化特点。从符号角度来看,文化就是一个由共享的意义、态度和价值观,以及表达或体现它们的符号形式所促成的体系了。

再说信息。"信息"的英文为 information,这个词港台多译为"资讯",词源上看它具有"告之"和"赋予形式"的含义。在中文里,包括了讯息、音讯、通讯、消息、通知、情报等内涵。现代信息概念出现于 20 世纪早期,萌芽于控制论和系统论之中。与符号概念不同,对它的解释基本来自自然科学概念。美国数学家诺伯特·维纳认为,信息就是信息,它不是物质,也不是能量,进而他将信息界定为与物质和能量并列的人类生存所需要的三大基本资源之一。从控制论出发,他非常重视信息的"反馈"(feed back)机制。信息论的开创者、美国数学家克劳德·香农认为,信息是熵的减少。此处的"熵"(entropy)是不确定性的度量,也就是说,信息是用来减少不确定性的东西。

目前,信息的概念有广义和狭义两个层次。广义上看,信息是客观存在,与物质和能量一样,处于变动状态,可以被界定为借助某种方式反映或表述物质、事物、现象的属性、状态、关系、效用的讯号或符号,包括物理信息、生物信息和社会信息,举凡日出月落、鸟语花香、股市涨跌,都可以被视

---

① 索绪尔:《普通语言学教程》,高名凯译,商务印书馆,1980 年,第 103—104 页。
② 约翰·费斯克等:《关键概念:传播与文化研究辞典》,李彬译,新华出版社,2004 年,第 258 页。

为信息。狭义上的信息专指与人类社会活动相关的社会信息,是指接受主体所能感觉到并且能够理解的讯号或符号,一方面具有可视、可听、可闻、可感的物质属性,另一方面伴随着人的精神活动,具有一定的意义。也就是说,信息可以被视为意义与符号、精神内容与物质载体的统一。

信息具有社会层面。维纳曾提出:"任何组织之所以能够保持自身的内稳定性,是由于它具有取得、使用、保持和传递信息的方法。"[1]假如将社会视为一个系统,信息的流动和交换是维持这一系统的必要条件。而人生存在社会中,意味着不仅生活在信息流中,也生活在信息关系中。目前,人类正在进入信息社会,也就是说,信息成为比物质和能量更为重要的资源,整个社会的政治、经济和文化以信息为核心价值而得到发展。美国前总统克林顿关于信息所说的一段话,是发人深省的:"最重要的是现在的信息已经全球化,已经成为经济的主宰。在人类历史的早期年代里,财富是以拥有多少土地、黄金、石油和机器设备来衡量的。而今天,对我们财富的衡量标准首先是信息:要看我们怎样获得和运用信息,对信息处理的数量、质量和速度如何来确定。"[2]

归纳下来,信息具有如下基本特征:(1) 事实性:任何信息总是产生、传达在事实之后,先有事实,后有信息。(2) 传递性:信息总是处在一定的流动过程中,可以不断扩散。(3) 时效性:信息的效用有一定的期限,一旦超过期限,效用就会减少乃至丧失。(4) 系统性:各种信息是相互关联的。(5) 指代性:信息可以集中、综合和概括各种消息和知识,可以使人们间接地认识更为广阔复杂的环境[3]。

第二节 媒介与传播

"媒介"的英文为 media。从词源上看,拉丁语中的媒介(medius)意指"处于中间"、"一般的"、"不偏不倚的"。另一个替代形式(medium),则指称"中间"、"中心"、"公众"、"日常生活"、"人类社会"等等。

媒介一词具有多义性,在不同的语境中具有不同的含义。广义上的媒介是指承载、传递、交流符号与信息的工具和手段,诸如说话、写作、姿势、表情、服饰、音乐、表演、舞蹈等都可以被视为媒介。持"泛媒介论"的加拿大学者麦克卢汉,将媒介定义为"人体的延伸",比如印刷品是眼睛的延伸,广播

---

[1] 诺伯特·维纳:《控制论》,科学出版社,1962年,第160页。
[2] 见《纽约时报》,1993年2月27日,第4版。
[3] 张国良等:《传播学原理》,复旦大学出版社,1995年,第85页。

麦克卢汉

是耳朵的延伸,电视则是耳朵和眼睛的同时延伸,电话是声音和耳朵的延伸,键钮和拨号盘是人类思想能力的延伸,轮子是脚的延伸,计算机是人类整个中枢神经系统的延伸。

狭义而言的媒介又可从以下不同的角度理解:作为信息载体的媒介,如广播、电视、报纸、书籍、照片、电影、互联网等。作为技术手段的媒介,如印刷媒介、电子媒介等。作为中介渠道的媒介,如卫星电视、有线电视等。作为组织机构的媒介,如中央电视台、《纽约时报社》等。概而言之,传播意义上的媒介,指传播活动的信息载体、技术手段、中介渠道、组织机构,或以上含义的总和。

人类文明的发展史,也就是一部不断发现和创造新的媒介、不断使社会信息系统走向发达和完善的历史。美国传播学家哈特将有史以来的媒介分为三类,一类是人们面对面传递信息的媒介,如口语、烽火台、旗语和鼓语等。另一类是再现的媒介,信息的生产和发送方需要使用物质工具或机器,但是信息的接收方不需要使用工具或机器,比如绘画、文字、印刷和摄影等。最后一类是机器的媒介,不仅信息的发送方需要使用机器,信息的接收方也需要使用机器,比如电话、电影、广播、电视、计算机等[1]。从历史上看,媒介是社会发展的基本动力之一,每一种媒介的产生都开创了人类交往和社会生活的新方式,也就是一种新的媒介文化。

对符号、信息和媒介的理解,有助于增进我们对传播的理解。"传播"的英文为 communication,从语源上看,它在希腊语中有两个词根,com 是指与别人建立一种关系,munus 则指代产品、作品、功能、服务、利益等,合起来即为共享、共有,也就是我们通常所说的交流、交际。在中国,"传播"一词大约始见于《北史·突厥传》,其中有"传播中外,咸使知闻"一语。Communication 目前有传递、播撒、发布、交流、沟通等含义。

学术界关于传播的定义在 20 世纪 80 年代就已经达到 126 种之多,约略可以分为五种。

---

[1] 郭庆光:《传播学教程》,中国人民大学出版社,1999 年,第 36 页。

"传递说":即"发送"(sending)信息,强调传送者的中心地位。

"交流说":即"交换"(exchange)信息,强调传送者与接收者的双向沟通过程。

"影响说":也叫劝服说,强调传送者对接收者通过劝服施加影响、达成某种效果。

"共享说":强调传送者与接受者对信息、思想、态度或文化的分享。

"符号说":将传播视为一种现实得以生产(produced)、维系(maintained)、修正(repaired)和转变(transformed)的符号过程。

这五种定义又可以分为两大类别,第一类以信息为中心,将传播视为一个过程,通过这个过程,发送者送给接收者信息,并对其产生影响和效果。例如美国学者拉斯韦尔提出的著名的"五 W 模式":谁、说什么、通过什么信道说、对谁说、效果如何(Who/Says What/In Which Channel/To Whom/With What Effect)。第二类以人为中心,将传播看作一种意义的协商与交换系统,通过这个系统,信息、文化中人(people-in-culture)以及真实之间发生互动,从而使意义得以形成或使理解得以完成。比如詹姆斯·凯瑞就提出:传播确切地说是一种互动,它不仅仅是再现或描述,事实上它也是对世界的塑形与建构[①]。总体而言,传播是人类所赖以生存和发展的基础性活动之一,是人类传递、接受、交流、分享符号、信息与意义的行为、方法与过程。我们的文化过程,就存在于传播之中。

的确,文化不仅因传播而存在,而且文化就存在于传播之中。杜威曾经说过,社会不仅因传递与传播而存在,更确切地说,它就存在于传递与传播之中。文化最一般和最基本的特点毋宁说就是传播,因为文化没有传播就不能生存、发展、延伸和成功。通过传播,人类创造文化;而当人类传播时,他们也在传播文化。传播是从符号开始的,而符号作为文化的最小单位,本身就承载着文化的基因。传播是信息的形式化过程,以对信息的编码和解码为内容,而信息必须在文化的语境中才有意义。传播需要通过媒介,而媒介自身又是技术进步、社会发展、文化需求的统一。传播以人为中心,所以人本身就是"文化中人"。美国哲学家和社会学家乔治·米德在他的《精神、自我和社会》一书中表达了个人的社会化过程以及传播在其中的作用。他指出,自我是从社会行为中产生的,而所有社会行为都涉及传播。个人的社会化过程,离不开使用社会所共享的语言符号进行的与他人的象征互动,也离不开传播过程。在这个意义上,文化与传播息息相关,是一体的两面,它

---

① 詹姆斯·凯瑞:《作为文化的传播》,丁未译,华夏出版社,2005 年,第 63 页。

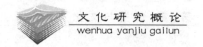

们的互动是为了"制造意义"。从传播的角度看文化,"文化是特定社会中社会意义的生产和流通"①。

第三节 大众传播及其社会效果

20世纪诞生了一种新的社会秩序——大众社会(mass society)。对此美国社会学家爱德华·希尔斯指出,"在精确的意义上,大众社会指的是人口中的大多数都被结合到社会中去。社会的中心,即中心组织与引导这些组织和使用这些组织合法化的中心价值系统,都已经扩展了自己的边界……现代工业技术通过精细的交通与通讯网络,使大众社会的各个部分频繁接触。"②简而言之,大众社会的基础是工业化的大众生产,而大众社会的形成则有赖于大众传播。

大众传播(mass communication)是相对于非大众传播而言的。从传播的范围和规模衡量,一般可以将传播分为四种类型。

自身传播:属于自我层面,即发生在个体内部的信息处理。

人际传播:属于两人以上的人际层面,即两人之间或小群体内人与人之间的传播。

组织传播:属于团体或机构层面,即发生在较大组织的内部和外部的持续的传播。

大众传播:属于社会层面,即发生在较大范围人群中的,非自我的、非人际的与非组织的传播。

从另一个角度看,大众传播的基础是大众传媒(mass media),建立在大众传媒上的传播才是大众传播。大众传媒可以从两个角度理解:其一是作为信息载体的大众传媒,一般是指报纸、杂志、广播、电视、网络和图书等六种媒介。其二是作为组织机构的大众传媒,是指专业性的、能够向社会大众大规模传播信息的组织,包括报社、杂志社、出版社、电台、电视台、网站以及媒介集团等。在这个意义上,大众传播就是专业化的媒介组织运用先进的传播技术和产业化手段,以社会上一般大众为对象而进行的大规模的信息生产和传播活动③。

大众传播可以用三项特征来界定:第一,要针对较大数量的、异质的和匿名的受众。第二,信息是公开传播的,安排信息传播的时间通常是以同

---

① 见罗杰·迪金森等编:《受众研究读本》,单波译,华夏出版社,2006年,第15页。
② Edward Shils, "*Mass Society and Its Culture*", in Norman Jacobs ed., *Culture for the Millions?* Boston: Beacon Press, 1969, p.1.
③ 郭庆光:《传播学教程》,中国人民大学出版社,1999年,第111页。

时到达大多数受众为目的,其特征是稍纵即逝的。第三,传播者一般是复杂的组织,或是在复杂的机构中运作,因而可能需要庞大的开支①。学者普遍认为,直到 19 世纪 30 年代,廉价报纸的出现以及电报机的发明,方才开启了大众传播的时代。

当前,随着互联网等新媒介的出现,大众传播的内涵开始由"面向大众的传播"转向"大众的传播"。于是出现了"媒介化的传播"(mediated communication)概念,定义为:"存在于一些或许多人之间的、采用某项技术作为媒介的传播。"②这种转向使媒介成为大众传播的重要问题,在有些时候,"大众传播"与"大众传媒"发生了混用现象。

传播需要一定的媒介技术手段作为支持,根据媒介发展的历史脉络,我们可以把迄今为止的人类传播活动划分为以下几个阶段:口语传播时代,文字传播时代,印刷传播时代,电子传播时代。值得注意的是,这个历史进程不是依次取代的过程,而是依次叠加的过程。今天,我们是生活在由口语传播、文字传播、印刷传播和电子传播共同建构的媒介网络之中。

关于传播和技术的关系,不少学者持有"技术决定论"的观点,他们认为所有社会、政治、经济和文化上的改变,都不可避免地建立在技术发展和扩散的基础上。如加拿大学者哈罗德·伊尼斯认为,传播媒介是人类文明的本质所在,历史就是由每个时代占主导地位的媒介形式引领的。通过《帝国与传播》(1950)和《传播的偏向》(1951)两部著作,伊尼斯指出,传播媒介和社会结构形态之间存在着深刻的联系,文明的兴衰与占支配地位的传播媒介息息相关。一切文明都有赖于对空间领域和时间跨度的控制,而传播媒介可以做到这一点。

哈罗德·伊尼斯

根据他的观点,任何传播媒介都有偏向性,或者偏向时间,或者偏向空间。"空间型媒介"易于远距离运送信息但是长久保存性差。"时间型媒介"易于长久保存信息但是却难以运输。前者旨在突破空间障碍,进行远距离传播,

---

① 沃纳·赛佛林等:《传播理论:起源、方法与应用》,郭镇之等译,华夏出版社,2000 年,第 4 页。

② 斯坦利·巴兰等:《大众传播理论》,曹书乐译,清华大学出版社,2004 年,第 10 页。

如烽火、鼓语、纸张等,以扩张领土的版图为目标,有助于形成庞大的帝国。后者旨在突破时间障碍,维持长时间统治,如石头、金属、泥土、羊皮纸等,有助于树立权威,从而有利于形成等级森严的社会体制。

在伊尼斯之后,麦克卢汉的媒介理论进一步强调媒介技术的社会历史作用,他以《古登堡群英》(1962)、《理解媒介:人体的延伸》(1964)、《媒介即信息》(1967)等著作,将媒介技术及其发展,看作社会变迁和文化发展中的重要动力。他的主要思路,一是以媒介为主线,来理解人类文化的演进;二是以电子媒介为基础,来理解新的时代变化。麦克卢汉提出了"媒介即信息"(the medium is the message)的著名的论断,认为新的媒介形式能够改变我们对自身和社会的经验,这种影响比特定信息的内容远为重要。他还提出了"地球村"(global village)的概念,指出城市将重新部落化,市民将重新游牧化,人类的交往方式以及社会文化形态,正在向个人对个人的直接交往回归,这个新的全球范围的电子部落,就是"地球村"。

遵循这一脉络的学者,力求在传播媒介和文化之间发现更为深层的联系。他们指出传播媒介对于文化的重要性,在于它延伸了时空,极大地影响了人们学习、认识和联系的方法。认为口传文化阶段表现为"符号的互应"(symbolic correspondences),印刷文化阶段表现为"符号的再现"(representation of signs),电子文化阶段表现为"信息的模拟"(informational simulations)[1]。有人认为,从文化的角度看,口头传播创造了社群文化,印刷传播创造了阶级文化,电子传播则创造了"细胞"文化——社会各个群体为了争取自身的利益相互斗争,而导致分崩离析[2]。对于这种分崩离析的最精彩论述,来自波德里亚。他认为,传播媒介推波助澜,加速了从现代生产领域向后现代拟像(simulacra)社会的堕落。如果说现代性是一个产品生产的商品化、机械化、技术化和市场关系的爆炸过程,后现代社会则是内爆,意义坍塌或内爆为一大团混沌物,高雅文化和低俗文化、现象与实在等一切传统的二元对立,其间的边界被悉数清除,传播媒介一马当先,滚滚生产出的拟像铺天盖地,形成一个比现实更现实的超现实(hyperreal)。人们不再依赖于真实的人际传播,而是被媒介所主宰,媒介信息构成了我们所相信的所谓真实体验。

在这一派学者中,无论对未来的远景持乐观态度还是悲观态度,其潜在思想都是认为大众传播媒介对于社会和文化具有强大的影响力。这也就涉

---

[1] 马克·波斯特:《信息方式》,范静晔译,商务印书馆,2000年,第13页。
[2] 斯蒂芬·李特约翰:《人类传播理论》,史安斌译,清华大学出版社,2004年,第356页。

及下面的问题:大众传播是否具有强大的威力?大众传播的效果到底如何?对于这两个问题的回答,从20世纪初期至70年代,概略说来有三种主要立场。

强效果论,认为大众传播拥有不可抵挡的强大影响力,能使受众形成意见、达成信仰、改变生活习惯、按照媒介控制者的意图行事。"传播被视为魔弹,它可以毫无阻拦地传递观念、情感、知识和欲望……传播似乎可以把某些东西注入人的头脑,就像电流使电灯发出光亮一样直截了当。"[1]这一派观点常把大众传播喻为子弹(bullet)或皮下注射器(hypodermic needle),认为它们所传递的信息会在受众身上引起立竿见影的效果。

有限效果论,认为大众传播只有有限的效果。学者们分析了大众传媒发出的信息经过各种中间环节流向传播对象的社会过程,发现大众传播的效果受到非常复杂的条件制约,比如受众的既有立场和倾向、心理上的选择性接触机制、媒介本身的特性、信息内容的特点等等,这些证明大众传播的影响力是有限的、效果也是有限的。所谓选择性接触(selective exposure),指个人倾向于使自己接触那些与自己态度一致的大众传播,而避免接触与己意不合的大众传播。选择性注意(selective attention)是指个人倾向于注意消息中那些与其现有的态度、信仰、行为非常一致的部分。选择性记忆(selective retention)是指受愿望、需要、态度及其他心理因素影响而回忆信息的倾向。

适度效果论,从受众的需要出发,将注意力集中于他们是否在与媒介接触的过程中得到满足,这一派一方面强调了受众在传播中的能动作用,一方面也承认大众传播对受众具有基本的效用。

如果说以上的三种理论都是聚焦于媒介的运作在短时期内对受众产生的直接效果,尚属微观层面的研究,20世纪70年代之后宏观层面的研究开始增多,更为关注大众传播对整个社会所产生的长期的、潜在的和间接的效果。

所谓议程设置功能(the agenda-setting function),唐纳德·肖等指出:大众传播具有一种为公众设置"议事日程"的功能,传媒的新闻报道和信息传达活动赋予各种议题以不同程度的重要性,影响着人们对周围世界的判断。"简而言之,大众传媒并不能告诉我们应当思考什么,但在告诉我们应该对哪些事务进行思考上,大众传媒取得了令人惊异的成功。"[2]这一理论

---

[1] 郭庆光:《传播学教程》,中国人民大学出版社,1999年,第193页。
[2] 斯蒂芬·李特约翰:《人类传播理论》,史安斌译,清华大学出版社,2004年,第370页。

证明,公众对于当前大事以及重要性的认识和判断,通常来自大众传媒,它不仅是重要的信息源,更是重要的影响源。

所谓沉默的螺旋(the spiral of silence),德国舆论专家伊丽莎白·诺尔纽曼指出:人们因为怕被周围的人孤立或疏远,所以当他们认为自己的意见属于少数派时,就不表明自己的态度。由于种种不同的原因,媒介只倾向于报道事件的一面,而排斥事件的其他方面。这就进一步促使那些持少数派意见者保持沉默,从而使媒介更难揭示和记录反面意见。

所谓培养分析(cultivation analysis),美国学者格伯纳等人认为:大众传媒有选择地向受众呈现出一个"象征性现实"(拟态环境),对人们认识和理解现实世界发挥着巨大影响,使人们在头脑中关于外部世界的图像与客观现实之间出现很大的偏离。这种影响是一个长期的、潜移默化的、"培养"的过程。这种"培养"的效果,主要体现为形成当代社会观和现实观的"主流",或者称为"社会共识"。

所谓知识鸿沟(knowledge gap),美国学者蒂奇诺等人假设:由于社会经济地位高者通常比社会经济地位低者更快地获得信息,因此大众媒介传送的信息越多,这两者之间的知识鸿沟也就越有扩大的趋势。这套理论反映的是人们对信息社会中阶层分化问题的重视,信息富有者和信息贫困者的两极分化,可能带来新的社会矛盾。

由此可见,大众传媒在公众对环境的认知、社会舆论的形成、社会共识的培养以及阶层分化方面皆有着重要影响。那么,如此强效的大众传媒对于社会和文化是否具有决定性作用呢?这就涉及人们对于大众传播的功能的认识、或者说人们对大众传播的功能"期待"。

关于大众传播的社会与文化整合功能,最早对传播的社会功能作出较全面分析的是哈罗德·拉斯韦尔,他在1948年发表《传播在社会中的结构和功能》,认为传播在社会中的主要功能有三方面:监视环境、联系社会的各组成部分以对环境作出反应,以及社会遗产的代际传承。当代传播学家丹尼斯·麦奎尔,则列出了大众媒介五大社会功能。

信息功能:提供关于社会事件与情境的信息;显示权力关系;促成创新、适应及进步。

联系功能:解释、诠释与评论事件及信息的意义;支持既有的权威与规范;社会化;协调各自分离的活动;建立共识;设定优先次序并且指明事物的相对位置。

持续功能:表达主流文化,确认次文化与新文化的发展;促进并维持共同的价值观。

娱乐功能:提供娱乐、规避及放松的方法;减轻社会紧张感。

动员功能:促进政治、战争、经济发展、工作、宗教领域中的社会目标[1]。

从社会的角度衡量,大众传播的主要功能是社会整合,也就是充当社会的"黏合剂"。从文化的角度衡量,大众传媒有助于形成一种"意识形态效果",选择性地建构起社会知识和社会影像。而其实,这些功能只是理想化的所谓规范而已,现实情况远为复杂和多元。简单说来,大众传播不仅有"正功能"也有"负功能",既可能产生积极的作用,也可能产生消极的作用;既可能达成传者的意图,也可能恰恰相反。实际上,正负功能是共存共生的,例如,"新闻"既可以正确反映世界,也可能歪曲世界;"宣传"既可以促进社会稳定,也可能搅乱社会;"教育"可以启蒙,也可能误导;"娱乐"可以调剂生活,也可能毒害生活。考量大众传媒的效果与功能,离不开另外的尺度——媒介使用者和接受者。正如传播学者斯坦利·巴兰所指出的:

> 如果说我们在20世纪对媒介有什么了解的话,那就是,媒介不是魔鬼的力量,不会不可避免地突然对社会和个人造成灾难。媒介本身并不会制造沙发土豆和网络瘾君子,不会培育大量政治游行。使用媒介的人拥有这样的权力,既可以分裂,也可以联合。媒介本身没有力量来启动有益的变化,但是技术会增加和放大个体和群体的行为,并通过这样,在一定的规模上有助于社会变化进行迅速和广泛的传播[2]。

第四节 受众研究

柏拉图在《理想国》中写了一个著名的洞穴寓言:有一群囚犯在一个洞穴中,他们手脚都被捆绑,身体也无法转动,只能背对着洞口。在他们面前有一堵白墙,而在他们身后燃烧着一堆火。在那面白墙上他们看到了自己以及身后到火堆之间事物的影子,由于看不到其他任何东西,这群囚犯以为影子就是真实的东西。最后,一个人挣脱了枷锁,摸索出了洞口,第一次看到了真实的世界。他返回洞穴并试图向其他人解释,那些影子其实只是虚幻的事物。但是对于那些囚犯来说,那个人似乎比他逃出去之前更加愚蠢。他们教育他说,除了墙上的影子之外,世界上别无他物。

---

[1] 麦奎尔:《麦奎尔大众传播理论》,崔保国等译,清华大学出版社,2006年,第67页。

[2] 斯坦利·巴兰等:《大众传播理论》,曹书乐译,清华大学出版社,2004年,第9页。

美国新闻传播学家沃尔特·李普曼在他颇有影响的著作《舆论学》的开篇，便运用了柏拉图的这个寓言，将普通公众比喻为一生都被束缚在洞穴里的奴隶，他们与外界的接触是间接、被动而虚幻的。在此，他提出了两个重要的概念，一个是"拟态环境"（pseudo environment），一个是"刻板成见"（stereotype）。

沃尔特·李普曼

"拟态环境"是说，我们所了解的这个世界在很大程度上包含了我们的想象。在前现代社会，人们的活动范围有限，大部分知识与信息源于个人的直接经验，当时人们对外部世界的认识是直接的。但是随着人类步入现代社会，每天接收到的信息越来越多，社会结构也越来越巨大和复杂，受制于活动范围、精力和注意力，人们不可能对整个外部环境保持直接接触。与过去相比，人们对世界的认识并不来自直接经验，而是来自大众传播媒介营造的虚假环境，进而人们按照从这一"拟态环境"中获得的信息，去理解与想象一个"现实"的世界。所谓"拟态环境"并不是现实环境的镜子式的再现，而是传播媒介通过对象征性事件或信息进行选择和加工、重新加以结构化之后向人们提示的环境。然而，由于这种加工、选择和结构化活动是在媒介内部进行的，人们通常意识不到，所以人们倾向于把"拟态环境"作为客观环境本身来看待。

"刻板成见"概念是说，人们与生俱来是非理性的，大脑机能中存在着固定的偏见，也就是对特定的事物持有固定化、简单化、倾向化、标签化的观念和印象，通常伴随着对该事物的价值评判和好恶情绪。"大多数时候，我们并不是先看东西，后下定义，而是先下定义，后看东西"，"对于外界的混乱嘈杂，我们总会先套用我们已有的文化框架进行解读，我们倾向于用我们已有的文化形式来感受外面的世界。""刻板成见"固然可以为人们认识事物提供简便的参考标准，在建构常识方面发挥核心作用，但同时它也阻碍着对客观真实以及新鲜事物的接受，那种"将彼此独立的人归入为我们所定义的种类中去"的做法，常常成为歧视的根源。更重要的是，刻板成见不仅存在于个人中，也存在于群体和社会中，它一经形成，就很难消解，因而起着重要的社会控制作用。避免刻板成见的努力虽然十分重要，但也会"令人精疲力竭"。在李普曼看来，公众在现实交往中是被动的，就像柏拉图洞穴寓言所隐喻的那样,其实我们头脑中世界的图像只是对拟态环境的反映。而大众传播不仅是"拟态环境"的主要营造者,而且在形成、维护和改变一个社会的"刻板成见"方面,也拥有强大的影响力。这种精英主义逻辑其实暗暗将大众传播媒介与公众对立起来,启发了传者与受众的二分模式。

在汉语习惯中,人如果是报章杂志的阅读者,就是"读者";如果是广播的倾听者,就是"听众";如果是电视或电影的观看者,就是"观众";为了讨论的方便,这里我们统称为"受众"。在英语中,受众一词是 audience,按照费斯克的定义,受众是指大众传播所面对的无名个体与群体。不难发现,audience 最原始的含义是"倾听",有学者注意到,观看和倾听是不同的,当你观看某物时,你可以通过看向另一方向而不看该物,即视而不见;但倾听却不管你愿不愿意,你却必须要倾听,因此倾听就是必然要听,也就是必然要听从,而听从就是从属或隶属①。所以"受众"几乎成为"接受者"(receiver)的同义词。

值得注意的是,在"受众"概念里,还有"大众"的含义。按照大众社会理论,大众是现代工业化社会的产物,也是大众传播发展的结果,反映了脱离家庭、血缘、土地等传统纽带,相互依赖却又彼此陌生的生存形态。美国芝加哥学派的社会学家赫伯特·布卢默,率先区分了大众(mass)、群体(group)、群集(crowd)与公众(public),指出大众具有规模大、分散、匿名和无根性的特点,既不同于有一定组织性的社会群体(group),也不同于松散的容易冲动的群集(crowd),更不同于有政治自觉意识的公众(public)。大众没有任何组织性,没有稳定的结构、规则和领导者,缺乏为实现自身目的而行动的意愿和手段,但是对那些超出其直接经验范围或直接控制之外的事物感兴趣,并对之关注有加②。从这个略带贬义的大众概念出发,大众传播中的"大众受众"(mass audience)是失去主动性的无能为力的被动者,呈现出分崩离析、无根飘零的原子形态。因此早期的大众传播研究,将传播过程视为传播主体作用于客体受众的活动过程,受众是传播的"靶子",中弹即倒,任人操纵。随着社会的发展和研究的深入,受众概念的复杂性逐渐被揭示出来,但是,由于大众传媒的市场取向,将受众视为"市场"和"消费者"的倾向还是牢不可破,这使主流传播学的"受众研究"将重心放在"受众控制"上,换言之,研究受众的目的还是服务于传者,受众研究致力于传播效果。

---

① 单波:《译者序》,见罗杰·迪金森等编:《受众研究读本》,单波译,华夏出版社,2006年,第16页。
② 丹尼斯·麦奎尔:《受众分析》,刘燕南等译,中国人民大学出版社,2006年,第8—9页。

其中,结构性受众研究源于媒介工业的需要,目的是获得有关受众规模、媒介接触、到达率、流动情况等量化信息;行为性受众研究通过考察受众的外在表现,如媒介选择、使用、意见和态度等,来解释媒介的影响、预测受众行为、为传播决策提供参考。

但所谓仁者见仁、智者见智,尽管有一定的共性,受众其实是千差万别的。20世纪70年代中期开始,受众的主动性、活跃性、反抗性进入研究者的视野,作为意义生产者的受众得到人们的关注。美国的主流传播学研究从"大众传播媒介到底对受众做了些什么",转向询问"受众到底对大众传播媒介做了些什么"。在受众研究中,社会文化性受众研究开始异军突起。社会文化性受众研究也被称为"接受分析学派"(reception research),他们没有将受众视为被动、无知、毫无自觉意识的乌合之众,而是承认受众具有一定的主动性和辨别能力,并且能够通过使用媒介来服务于自己的目的。在他们看来,受众是日常生活经验的一个方面,受众本体(audiencehood)本身就是一个习得的、丰富多样的文化和社会实践形态。这一研究取向可以追溯至霍尔写于1973年的《电视话语的编码和解码》,霍尔有说服力地阐明,意义不是传者"传递"的,而是接受者"生产"的,从而在主体间传播关系中重构了受众概念。1980年,英国学者戴维·莫利发表《〈举国关注〉的观众》,调查了不同群体对于两个相同节目的不同解释,证明节目的解读"根植于社会结构中的文化差异——指导并限制个人对讯息解释的文化",强调无论是编码还是解码,都是从文化中派生出来的能力[①]。由此开始了西方的"新受众研究"时代。

新受众研究重视分析受众对文本的解读过程,认为这一过程受到很多因素的影响,包括文本结构、社会语境、读者所属的文化,以及文化对他们的解读能力、行为方式、解读机会和爱憎倾向的影响方式。总体而言,与文化相关的参数在重要性方面高于阶级、教育、职业等社会阶层的参数,也高于性别、种族、年龄等非阶层参数。这一派学者认为:人们对媒介的"使用"是特定社会文化环境的一种反应,也是赋予文化产品和文化经验以意义的过程。他们还指出,媒介使用本身是"日常生活"的一个重要组成部分,只有在与某一亚文化群体特定的社会语境和社会经验相联系的情况下,才能被理解。这一侧重于阐释群体(interpretative community)的研究路径,也被称作"受众民族志"(audience ethnography),强调在微观的日常生活中呈现受众对文本的理解,表现围绕媒介进行着互动的受众的多样化存在意义。

---

① 奥利弗·博伊德-巴雷特等编:《媒介研究的进路》,汪凯等译,新华出版社,2004年,第616页。

与此桴鼓相应的是后现代理论中关于权力和抵抗的理论。美国文化研究学者劳伦斯·格罗斯堡定义了相对于"收编"(incorporation)的"外置策略"(excorporation)。"收编"是指主导阶层的文化制造者把从属阶层的亚文化收编到自己的体制之中,从而有意识地剥夺任何一种文化对抗。而"外置"则是指文化系统中的被支配者从支配者提供的资源、商品和文化产品中,创造出自己的文化。法国学者德塞都的"抵制理论",也是这个意思。德塞都指出,大众诚然无法决定文化的生产,但是却可以选择文化的消费。也就是说大众在"使用"文化产品时,尽可以随心所欲、为我所用,拥有充分的自主权。这就是大众的力量所在。波德里亚则指出,在大众传播的时代,大众被迫静默,但是,这并不就是被动的表现。反之,它是具有相当创意的策略,是反讽与敌对意味十足的挑战。在他眼中,大众的沉默不是束手无策,反倒具有事不关己作壁上观的乐趣。

事实上,无论是李普曼等人对于受众的悲观看法,还是接受分析学派对于受众的乐观看法,也许在度的考量上都有偏差。而目前值得小心的是,在资本主义的生产模式当道、商业风潮席卷大众传媒的时代,强调受众的主动性,难免有为资本主义辗转辩护之嫌。美国学者托德·吉特林提出:将受众描述为一种主动者与抵抗者,是一种模糊地延续现实合法性的做法,扭转了对于垄断资本主义媒介进行攻击的意识形态运动。更有人质疑:在受众本身都成了商品的时代,所谓受众的主动又有什么意义[①]?这些疑问,当然是值得认真思考的。

第五节 传播的经济政治学研究

在现代文明的历史进程中,始终存在着两股相反相成的强劲思潮,一是尊崇科学—进步—发展这一现实取向的科学主义,一是追求精神—价值—意义这一永恒主题的人本主义。这一双峰并峙、二水长流的态势,集中体现在工具理性与价值理性的对立上,而反映在西方传播学领域之内,便是并存的两大学派:传播经验学派(Empirical School)和传播批判学派(Critical School)。经验学派秉承科学主义,以"内容分析"为路径,出具建设性的研究成果,为传者献计献策。批判学派秉承人文传统,以"话语分析"为主要方法,持守忧患意识和怀疑精神,倾向于揭露问题而不是贡献方略、批判现实而不是服务权势。

---

① 冯建三:《受众的抗拒神话?》,见阿兰·斯威伍德:《大众文化的神话》,冯建三译,三联书店,2003年,第6—7页。

在某种意义上,传播批判学派是西方批判学派在传播学领域的分支。对外,它博采众家之长,吸收了批判学派的新理论、新观点、新方法;对内,它又有欧洲和北美两个支流,不断交融和砥砺。传播批判学派异彩纷呈、路径多样,删繁就简,迄今为止有三种理路:其一是传播政治经济学,其二是文化研究,其三是媒介帝国主义①。虽然路径不同但是殊途同归,这三种研究都是以马克思主义为思想背景,对资本主义的传播体制及其运行机制进行冷静的解剖和反思。

传播政治经济学将传播活动作为一种政治经济活动,以生产、分配、流通、交换及政策等政治经济学思路来观察媒介以及传播行为,特别关注宏观的传播与社会的关系问题。研究的起点,是将大众传媒首先视为企业性或商业性组织。

经典马克思主义认为:所有制问题与媒介生产的文化内容息息相关。统治阶级一方面通过对生产资料的直接控制来统治社会,另一方面还通过对文化或者说上层建筑的控制来维护他们的权力。在某种意义上,社会的统治思想就是统治阶级的思想,通过制造虚假意识(false consciousness)来维持现存社会的不平等。在马克思的意识形态理论中,意识形态有误导普通群众、鼓励他们做违反自己利益的事情的倾向。马克思将大众夺取经济基础控制权的革命视为社会变革的唯一希望,在他看来,仅仅在意识形态上寻求改变恐怕收效甚微。而西方新马克思主义理论与经典马克思主义的最大不同,是更加关注上层建筑,而不是经济基础。他们宁要适度的改革而不要激烈的革命,认为变革不必从工人阶级通过暴力革命掌控生产资料开始,而可以从意识形态上的和平变化开始。

传播政治经济学接受经典马克思主义理论。它着重研究"经济因素是如何制约文化生产以及影响其发展方向的。换句话说,就是传播与文化是如何被市场的结构性需求改变的"②。这一批学者将焦点放在大众传媒的政治经济结构上,分析和揭示传媒的所有制及其与权力集团的利益关系,试图说明社会精英通过经济手段控制了大众传媒,又通过媒介传播的意识形态内容来使大众文化产生偏向,从而满足他们自己的利益和目的。他们旨在揭穿西方传媒诸多流行的神话,如客观性、公正性、多元化、新闻自由等。

传播政治经济学包括众多的研究机构,在美国和加拿大有一大批学者,在

---

① 李彬:《批判学派纵横谈》,《国际新闻界》,2001年,第2期。
② 陈卫星:《现代性:作为传播观念的命题》,见余虹等主编:《问题》,第3辑,中国人民大学出版社,2005年,第81页。

欧洲则以1968年成立的英国莱斯特大学的"大众传播研究中心"(Centre for Mass Communication Research)最有影响,其中,哈洛伦、默多克、戈尔丁等人的研究深具代表性。该中心从批判社会学出发,对大众传媒在社会政治生活中扮演的角色进行具体和系统的批判分析。另外,英国格拉斯哥大学媒介小组(Glasgow University Media Group)的研究工作也为人所称道,代表人物包括约翰·埃尔德里奇、格瑞格·费娄等,在1970年代和1980年代初期,他们对电视新闻进行了一系列具有创新意识的研究,揭露出电视新闻报道具有系统性的阶级偏见,表现出强烈的批判性。

北美的传播政治经济学研究取向始自斯迈思和席勒。达拉斯·斯迈思1907年出生于加拿大,1937年在美国加州伯克利获得经济学博士学位,1943年被任命为联邦通讯委员会的首席经济学家。在1948年到1949年,斯迈思在伊利诺依大学开设了美国第一门传播政治经济学课程,从此开辟了传播政治经济学研究领域。他的代表性理论是"受众商品论"(audience commodity thesis),以1977年发表的《传

达拉斯·斯迈思

播:西方马克思主义的盲点》一文为标志。受众商品理论揭示了媒介、受众和广告商的三角关系。在他看来,媒介作为生产者,不仅生产了娱乐产品,而且生产受众。受众作为商品被卖给广告商,而受众商品为买他们的广告商所做的工作就是学会购买商品,并相应地花掉他们的收入。受众的劳动力是在"自由"和"闲暇"时间中"劳动"的,在垄断资本主义的统治下,人们的时间分为工作时间和闲暇时间,工作时间是用于商品生产的时间,而闲暇时间其实也是工作时间,因为那是"出卖给广告商的时间"。广告时段的价值是传播所产生的间接效果,而广告节目是钓饵性质的"免费午餐",两者都不是媒介所生产的真正商品。商业性质的大众传播媒介的主要产品是受众的注意力。受众在消费媒体广告的同时是在创造价值,这种价值最终是通过受众购买商品时付出的"广告附加费"来实现的。如此看来,受众在闲暇时付出了劳动,为媒体创造了价值,非但没有得到经济补偿,反而要承担经济后果①。斯迈思又是一个身体力行者,将学术分析、政策研究和行为参与结

---

① D. Smythe, *Dependency Road: Communications, Capitalism, Consciousness, and Canada*, Norwood: Ablex, 1981, pp. 39 - 47.

合为一,他参与并影响了呼吁建立世界新闻传播新秩序的国际运动。

赫伯特·席勒

赫伯特·席勒1919年出生于纽约,毕业于纽约城市大学经济学系,在斯迈思离开伊利诺依之后接手传播政治经济学课程,1970年到圣地亚哥加利福尼亚大学,直至2000年辞世。与斯迈思一样,他也是以学术成果影响传播实践的典范,其著作启发推动了国际社会对世界传播秩序的讨论,并影响了一些第三世界国家的传播政策和实践。席勒的成名作《大众传播与美利坚帝国》发表于1969年,此书揭露了一般传播研究忽略的重要事实:国家是传播服务的主要使用者。自从20世纪20年代以来,美国政府和军方便一直积极支持电子工业的巨头,使其获得利润丰厚的经济合同和有利的频率资源。同时,国家与媒介在推动本国资本进行全球经济扩张中也竭尽全力。此书揭示了大众媒介与美国政府、军事工业构成利益联合体,共同控制美国社会的传播实质。批判了美国国家权力对大众媒介的利用和干预,以及美国政府和企业利用大众传播对其他国家实施文化帝国主义的行为。此后他的《思想管理者》(1973)首次提出对信息社会观念的强烈批判,以大量文献说明诸如盖洛普民意调查机构、《读者文摘》和《国家地理》杂志等组织,是如何拥有广泛的政治与文化势力的,信息产业中的企业合并与海外扩张又是如何进行的。

在斯迈思和席勒之后,北美的传播政治经济学研究主要在如下分领域展开:(一)资本主义发展历史中传播、信息及文化的估价问题,学者们从报业发展史、电影业发展史、广播电视业发展史的角度,论述传媒商业化过程中权力的运作,政治势力、金融势力、媒介势力的共谋关系。(二)传媒产业的产权集中化问题,考察媒介产业的逐渐整合和垄断所导致的严重后果。(三)国家或政府与传播业的关系,国家如何在传播政策方面进行平衡和干预。(四)如何通过抵制、反抗以及努力,来创建反霸权的非主流结构,从阶级、性别、种族等社会运动入手,考察围绕媒介所展开的社会运动。这其中,较有代表性的学者有乔姆斯基和莫斯可等。

诺姆·乔姆斯基作为世界知名的公共知识分子,他对所谓的"新闻自由"等美国主流新闻学观念进行了激愤的批判,揭示了市场力量对媒体的侵蚀,以及"新闻的宣传模式"与企业和国家的关系。他与爱德华·赫尔曼 1988 年合著的《制造共识:大众媒体的政治经济学》一书,列举大量实证文献及研究资料,分析美国政府及利益集团如何善于操纵媒介,影响公众的所听、所见、所看、所想,对市场力量干预媒体内容提出了尖锐的批评,对政府制度化的宣传进行了深入剖析。次年在《必要的假象——民主社会的思想控制》一书中,他指出大多数普通民众都只能从常见的媒体中获取政治事务和事件的信息,一个人只有了解了某个议题的消息或是前因后果,才能谈

诺姆·乔姆斯基

得上自己的看法。而美国的大众媒体是掌握在少数有钱人手上的,这些媒体正巧妙地制造同意和假象,以达到思想控制的目的。

　　文森特·莫斯可是加拿大学者,当今北美传播政治经济学的代表人物。在 20 世纪 90 年代出版的《传播政治经济学》中,莫斯可指出传播政治经济学有三个入门概念:商品化、空间化和结构化。商品化是指将物品和服务的使用价值转化为商品的市场交换价值的过程。空间化是指打破社会生活中时空限制的过程。结构化是指将驱动力、社会过程和社会实践等观念整合为结构分析的过程。这三个概念涉及媒介活动的整个范围,以一种整体论的模式解释了从生产到接受的循环过程。他还分析了传播商品的三个层次:媒体内容的商品化,受众的商品化和传播劳动的商品化。关于新技术,他提出所谓技术的神话就是指人们相信技术能够克服生活中的许多问题,帮助解决生活中的很多冲突,这些在传统上是由宗教来解决的问题。所以在他看来,很多方面技术正在取代宗教,甚至取代意识形态,但是,电脑时代的救赎神话具有局限性,技术不会结束历史,不会结束地理,也不会结束政治。

　　在欧洲,传播政治经济学研究的大本营在英国。詹姆斯·哈洛伦是英国莱斯特大学大众传播研究中心的领导人,并担任国际大众传播研究学会主席近二十年,推进了传播政治经济学的发展。1970 年,哈洛伦等人就英国媒体对 1968 年伦敦反对越战大游行所做的不公正报道做了一项专题研究,出版了批判学派的经典之作——《示威游行与传播:一个个案研究》,指出在传媒日趋垄断的时代,所谓民主社会的多元信息渠道正日益趋向非民主化。商业媒介为了盈利而故意避免鲜明的政治立场,为了显示客观和中立,缺乏背景介绍的硬新闻便成了报纸的主角。电视新闻将这种趋势推到

了极致,使突发事件成了新闻报道的主要对象,事实的过程往往被忽略了。在这样的情况下,观众根本无法判断报道的真实性和全面性。在批判学派的历史上,《示威游行与传播》一书具有里程碑的意义。

莱斯特大学大众传播研究中心最为耀眼的学者还要属格拉汉姆·默多克和彼得·戈尔丁。他们在1974年发表了《论大众传播政治经济学》,勾勒出传播政治经济学分析的概念图。又在1979年发表《资本主义、传播与阶级关系》,将政治经济学取向放置在更为广阔的批判理论框架中。他们始终坚持认为,西方社会中的大众传媒是特殊的资本主义生产部门,是以营利为目的的企业,遵循资本的运转规律亦即集中和垄断。而传媒产品(包括各类信息、文化娱乐和意识形态)与一般生产和生活用品相比,具有其特殊性。这些软性产品,对消费者及受众的思想和精神文化生活能够产生深刻和广泛的影响,更可以形成公众舆论,干预社会的政治和文化过程。所以关键问题就变成:越来越少的传媒集团垄断了越来越多的传播渠道,这种情况和趋势对一个国家的政治和文化生活将会产生什么样的后果?在国际层面,媒体垄断对发达国家与不发达国家之间、富国与穷国之间、强国与弱国之间的不平等关系又会发生什么样的影响①?

总体而言,传播政治经济学主要把焦点放在"所有权"和"控制权"问题上,也放在媒介产业的经济结构同媒介意识形态内容这两者间的关系上。它认为经济控制居于决定地位,当代社会媒介结构的集中化倾向严重,越来越多的所有权集中到更少的人手里,在"解除管制"、"私有化"和"自由化"的旗帜下,公营的大众媒介部门在衰落,政府对电信业的直接控制也已经衰落。直接后果就是媒介内容和受众被商品化,多元性减少,对立和另类的声音被边缘化,传播的公共利益居于私人利益之下。针对这些弊病,传播政治经济学提出的批判是深刻和尖锐的,有些观点过于激进,带有乌托邦特征。但是正如我国学者所指出的:"它对于遏制资本主义条件下传播业过分的发展偏向,是有一定抑制作用的,甚至是一种必要的学理性的监督。"②

第六节 传播的文化研究

传播的文化研究包含复杂的研究路径,大略而言,既有文化研究学派对传播的研究,也有当代西方诸多学术思潮从文化—传播角度进行的研

---

① 赵斌:《英国的传媒与文化研究》,《现代传播》,2001年,第5、6期。
② 陈力丹:《谈谈传播学批判学派》,《新闻与传播研究》,2000年,第2期。

究。就前者而言，很多学者具有新闻传播学的学术背景，而且文化研究自诞生之日起，就非常重视对大众传播的研究。法兰克福学派、伯明翰学派，特别是葛兰西、霍加特、威廉斯、汤普森和霍尔等人，都涉猎过传播的文化研究。另一方面，从法国结构主义的传媒符号分析，到耶鲁学派的文学解构主义；从丹尼尔·贝尔的"资本主义文化矛盾"到詹姆逊的"资本主义文化逻辑"，从吉登斯的"现代性"到哈贝马斯的"交往理性"等等，相关研究汪洋浩瀚。这使传播的文化研究得以成为一个包罗甚广的开放领域。囿于篇幅，本节主要介绍法兰克福学派和伯明翰学派从文化角度进行的传播批判研究。

20世纪30年代后期，法兰克福学派的主要成员阿多诺和霍克海默，勉为其难地与哥伦比亚大学广播研究所负责人拉扎斯菲尔德进行合作，1941年，在法兰克福学派主持的刊物上发表了三人论述大众传播的一些文章，包括拉扎斯菲尔德的《论行政的传播研究和批判的传播研究》。自此后，法兰克福学派与以拉扎斯菲尔德为代表的传播行政学派渐行渐远。1947年两人发表的《启蒙辩证法》有意识地使用了"文化工业"一词，表述大众传播活动中媒介产品的生产和消费，进而抨击艺术作品的商品化使整个社会千篇一律、技术崇拜、乏味单调、充满逃避主义情绪。他们指责大众文化创造虚假需求、将个体降格为消费者，并且剥夺了受众的所有意识形态选择。法兰克福学派将马克思的异化理论，和卢卡契的物化理论引入大众传媒批判理论之中，从商品化、物化、意识形态和控制的视角，对媒体文化进行批判。在他们看来，大众传媒不仅没有带来人的自由与解放，反而导致了文化的异化和物化。文化工业灌输给大众虚假的现实感，进而操纵大众的日常生活，大众传媒所承载的意识形态内容在潜移默化中使人们失去反抗的欲望。马尔库塞将这种以商业、广告和虚假平等为根基的大众消费社会描述为"单向度"的社会。

如果如人所言，说法兰克福学派有精英主义倾向，以居高临下的视角批判大众文化和大众传播，悲观地将以大众传播为依托的大众文化视为坟场；伯明翰学派则是站在文化民粹主义的立场，平视大众文化和大众传播，乐观地将其视为角斗场。

雷蒙·威廉斯把大众传媒研究作为文化研究的重要组成部分，在1962年的《传播》一书中，他给传播的定义是："一方面指传递和接受思想、信息和态度的过程，一方面指传递和接受思想、信息和态度的制度机构和形式。"这可见出他相当重视传媒文化与社会制度的关系。如前所述，威廉斯提出"文化是普通平常的"，而作为日常意义与价值的文化，是社会关系的总体表现的一部分,文化研究就是研究整个生活方式中的各个因素之间的关系。所以,他运用文化社会学的视角,审视大众传播现象,把传媒文化置于所有社会实践的进程的联系中进行考察,发现了"传播关系"——除了权力、财产和生产关系外,人们的传播关系也是非常重要的,传播是基本的社会活动,而不是居于次位的东西。在《文化与社会》中,他指出在当代的民主共同体中,支配性的传播态度仍然占据主导地位,而这是不利于创造一种共同文化的。在此意义上,他建议改善传播体制,以便为一个更完美的民主共同体服务。

在《电视:技术与文化形式》一书中,威廉斯集中研究了电视文化,体现出他对科技、社会制度及文化三者之间关系的重视。他反对把科技从社会中抽象出来看问题,认为电视这种社会现象不但与先进的传播技术的发明密切相关,而且同社会制度、文化惯例、人类社会变动的政治经济力量、人们使用科技发明的社会意向等紧密相连。因而他从作为一种技术的电视的社会史以及电视技术的运用的社会史这两个方面,来分析社会力量与技术力量之间的相互作用。这一思想对"技术决定论"显然构成了有力的反驳。

斯图亚特·霍尔继承了威廉斯的立场,在媒介与文化的关系上赞同"日常生活"。在1971年的《作为媒介的电视及其和文化的关系》中,提出电视赋予我们的,并非更有效地端出文化的传统大餐,而是出现在1968年巴黎大学墙头的那句乌托邦的口号:"艺术已经死亡,让我们创造日常生活吧。"在霍尔看来,文化不仅是一种权力关系,也是一种政治的参与姿态。在大众传播领域,霍尔的特有贡献是引入了意识形态概念和符号策略概念,自始至终关注"经过意识形态编码的文化形式与受众的解码策略的关系"[①]。他肯定意识形态的存在,并将媒介看作是意识形态斗争的场域,指出"传媒是被结构在统治支配之中",具有生产或部分生产"舆论"、"共识"和"同意"的功能。媒介的意识形态功能包括三个方面:(一)社会知识:媒介的角色已绝非中立或被动地传达信息,而是主动选择信息,通过表意过程建构现实、赋予意义、塑造社会形象。透过媒介编织成的意象系统,多数人得以了解社会各部分之间的关系,形成世界图景。(二)形成规范:媒介不但建构社会知识,而且将其分类、排序、褒贬善恶,区分正常与反常,赋予规范及价值含义。(三)塑造共识与合法性:媒介为了自身的生存,只有在社会共识的框架下合法地运作,同时,它又以一种建构的方式赏识塑造共识。基本上,它代表

---

① 尼克·史蒂文森:《认识媒介文化》,王文斌译,商务印书馆,2001年,第60页。

着国家中居统治地位的社会集团的利益①。但是,受众对媒介所提供的内容并非照单全收,因为传播不仅仅是一个从传播者到接受者的直线行为,信息的发出不能确保它的到达,意识形态的被传送不等于被接受。在传播的过程中,从信息的原始创作即编码,到被解读和理解即解码,每一个过程都有其自身的决定因素与存在条件。换言之,信息生产的权力关系与消费的权力关系并不完全吻合。在其名著《电视话语的编码与解码》中,霍尔提出的前述之三种解码立场,被人视为著名的"霍尔模式"。在某种意义上,制码和解码间的冲突,也就是意识形态的斗争,所以媒介是意识形态的战场。

美国学者詹姆斯·凯瑞继承了威廉斯和霍尔的立场,强调大众传播研究的文化视野和日常经验,并推崇人类学家克利福德·格尔兹的著作,认为对于传播文化学来说,理解和阐明当代文化使用符号的意义结构是一项关键任务。凯瑞认为文化研究的中心议题是"意义",而传播文化学将人类活动看作是一个文本,研究者的任务就是建构对这个文本的理解。因此,"目前对于从事传播学研究、大众传播研究或当代文化研究的学生来说,其任务就是转向典型的当代生活产品——新闻报道、官方语言、爱情歌曲、政治辞藻、日间连播节目、科学报告、电视剧、谈话节目以及更广阔的当代娱乐、宗教和信息领域。"②

这可见,传播文化研究的疆域是十分开阔的,除了将大众文化以及传媒工业制造的媒介作品作为文本加以分析之外,它还强调了文本意义与大众之间的变动性关系。它摆脱了单纯的阶级视角,对社会关系的多元性以及诸如性别、族裔、亚文化、文化身份等问题给予了极大关注。不仅力图揭示文化在塑造社会意义上的作用,努力发掘社会边缘群体与主导阶级之间的文化权力关系,还对主导意识形态进行了不遗余力的批判③。在这里,文化研究始终保持了它的核心特征:政治性、开放性和参与性。

在这条"符号民主道路"上,后起之秀是英国学者约翰·费斯克。他将大众文化视为斗争的场所,一方面承认主导和管制的力量,一方面更注重大众的抵御和周旋艺术(the art of making do)。他认为,西方社会中没有权力的人对有权阶级的抵制,无非是两种方式:一是符号的,一是社会的。前者与意义、快感和社会认同有关,后者与社会经济制度的变更有关。正是充满

---

① 霍尔:《意识形态的再发现:媒介研究中被压抑者的回归》,见奥利弗·博伊德-巴雷特编:《媒介研究的进路》,汪凯等译,新华出版社,2004年,第443—444页。
② 詹姆斯·凯瑞:《大众传播与文化研究》,见奥利弗·博伊德-巴雷特编:《媒介研究的进路》,汪凯等译,新华出版社,2004年,第456页。
③ 潘知常等:《传媒批判理论》,新华出版社,2002年,第202页。

活力和创造力的大众文化,使主导阶级始终感觉得到大众的压力。概而言之,大众文化也就是瞄准霸权,旨在颠覆既定的政治和文化秩序。费斯克提出了两种经济理论,一是金融经济,一是文化经济。根据马克思主义政治经济学的商品价值和使用价值理论,费斯克以电视为文化产业为例,指出在资本主义社会里,电视节目作为商品,生产和发行于这两种平行而且共时的经济系统之中:金融经济注重的是电视的交换价值,流通的是金钱。文化经济注重的是电视的使用价值,流动的是意义、快感和社会认同。他从新的角度探讨了"观众是如何生产和消费意义"这个理解传媒和文化的中心问题,指出在文化经济中,商品从生产到消费并非直线进行,意义和快感在流通中根本就没有生产和消费的区别,在这里观众既是消费者也是生产者。电视是一个不生产产品的工业,而消费者也不消费产品。文化经济中的每一个消费行为都是文化的生产行为。观众不是被卖给广告商的商品,他们成了意义的生产者。费斯克强调,如果仔细研究大众的接受过程,整体的大众顷刻间消失无踪,取而代之的是形形色色的亚文化群体,不同的背景、不同的解读方式、不同的理解,决定这一差异的是不同的文化代码和文化能力。

第七节　媒介帝国主义

"媒介帝国主义"(media imperialism)也叫"传播帝国主义"(communication imperialism),它是"文化帝国主义"理论的有机组成部分,侧重于以国际传播或全球传播的视野,探究西方特别是美国的传媒产业及其产品对世界格局和人类命运的影响。博伊德-巴雷特给媒介帝国主义下了这样的定义:"在任何国家的媒体中,所有权、结构、分配原则和内容都单独地或共同地受到来自于其他国家的媒体利益的实质性的外在压力,有这种制约关系的国家之间的影响不是相互的而是不成比例的。这种制约的过程就是帝国主义。"[①]

最早提出媒介帝国主义理论的学者是美国学者赫伯特·席勒,他也是这一理论最著名和最坚定的代表。在其名作《大众传播与美利坚帝国》一书中,他运用了沃勒斯坦的"世界体系理论"和阿明、弗兰克等人的"依附理论"。沃勒斯坦认为,资本主义的世界体统被分成三类不同层次的国家:核心国家、半边缘国家和边缘国家,核心国家能够借助不平等的经济、政治和文化力量的分配,按照自身利益来操纵全球系统的运行。阿明和弗兰克等人则认为,如果核心国家在经济上支配着那些处于边缘地带的国家,这种支

---

① 达雅·屠苏:《国际传播:延续与变革》,董关鹏译,新华出版社,2004年,第76页。

配关系同样也会通过上层建筑而得到巩固。席勒指出,跨国传媒公司的运作切合了资本主义世界体系的运转逻辑与意识形态需要,发达国家尤其是美国的传媒冲击了发展中国家,而对美国传播技术和投资的依附,必然伴随着对美国媒介产品的大规模进口需求,电视节目和围绕电视节目的广告促成了一种"电子入侵",使得发展中国家的受众全盘接受资本主义的生活方式和个人主义、消费主义、享乐主义的价值观,成为西方文化霸权的俘虏,导致本民族文化传统的崩溃。作为立论的基础,席勒指出资本主义过去是、也将永远是跨国体系,这个体系同时也是一个划分阶层的体系,有一个或数个核心位居顶端,而处于依附状态的殖民地则位于底部。就这样,席勒以传播政治经济学为工具,揭示了媒介帝国主义与资本主义体系之间有着内在同源性。

应该说,席勒的论述启迪了大量发展中国家的传播学者,特别是影响了20世纪70和80年代的"世界信息与传播新秩序"运动。联合国教科文组织在1974年的一份报告中指出,面对西方的图像、新闻和视角,全球百分之七十五的其他地区不仅在经济上受到剥削,在文化上也受到渗透。有识之士敦促联合国教科文组织对全球信息流通失衡的问题进行调查,导致麦克布莱德委员会(McBride Commission)1978年的著名报告:《多种声音、一个世界》。当时就有人指出,主要的西方国际通讯社——美联社、国际联合通讯社、路透社和法新社——在全世界进行有文化偏见的新闻报道,发达的核心国家运用传媒在世界范围内代言他们的经济利益和文化价值观,媒介文化的单向流动现象愈演愈烈。

阿芒·马特拉是另一位致力于媒介帝国主义研究的左翼学者,他的成名作是与人合著的《如何解读唐老鸭》(1975)。他们从貌似天真无邪的卡通故事背后,解读出迪斯尼帝国主义意识形态的阴谋。在他们看来,正因为唐老鸭有趣而成功地实现了意识形态控制的目的,从而使得资本主义社会关系以及美国生活方式的优越性变得"自然而然"。从这项研究开始,马特拉走上了以国际传播为对象的研究道路,先后承担过一系列国际机构委托的非洲、亚洲、拉丁美洲的研究项目,从实践中考察媒介帝国主义的问题。他将传播强国的跨国媒体集团视为"国际化的超级主体",认为它们在强制性传播过程中掀起一场市场全球化运动,力图主宰民族的、地方的和群体的文化。面对这样的现实,文化同化的恐惧和文化认同的希望并存,人们不仅需要返回文化的主体性,也需要强调文化的主体间性。故真正的传播,应该是接受者和传播者之间的互动的对话过程。

英国理论家约翰·汤林森对席勒等人的媒介帝国主义理论提出了反

驳,在1991年出版的《文化帝国主义》一书中,他借用了福柯的话语分析方法和解释学理论,重新梳理了这个问题。汤林森把文化帝国主义分为媒介帝国主义、民族国家、全球资本主义、现代性四个层次,分别加以剖析。汤林森认为,"所谓文化帝国主义,其定义之一是西方经过媒体中介的文化,强加于他国之上"①。而媒介帝国主义,也就是从西方资本主义国家的媒介工业霸权角度,去分析文化帝国主义。他承认席勒等人的见解有一定的真实性,源自西方的媒介文本大量地体现在其他文化之中,但同时他又采纳了接受美学的视角,认为一个文本除非被阅读,否则不会发生文化上的意义。也就是说,文化文本的关键在于阅读、阐释和接受。他引证了利贝斯和卡茨的研究来证明自己的看法。这两名学者研究了美国电视剧《达拉斯》的跨文化解读情况,这部连续剧在20世纪80年代风靡全球、在九十个国家上映,堪称一个典型的"文化帝国主义"事件。如果按照文化帝国主义研究的观点,"霸权信息在洛杉矶被预先包装,然后被运往地球村,最后在每一个天真的心灵中被解开"②。但是在他们的研究中证明,以色列的观众其实比媒介理论家所假定的更加活跃,更富有批判精神,对于文化操纵和入侵更有抵制力。

洪美恩

与此类似的是亚裔学者洪美恩发表于1985年的《看〈达拉斯〉》。尽管当时荷兰的舆论对于美国意识形态持抵制和反感态度,但是还是有超过半数的荷兰人收看了《达拉斯》。于是洪美恩在一个妇女杂志上刊登了一则启示,希望观看《达拉斯》的读者把自己的看法告诉她,说明为什么喜欢或为什么不喜欢,结果她收到了四十二封回信,可以分为三类:公开表示讨厌的,坦言喜欢的,既蔑视又喜欢因而显得很讽刺的。这些信呈现出一种矛盾的现象,一方面荷兰的受众置身于与《达拉斯》的关联中,在美式连续剧虚构无聊的剧情中获得了极大的快感,另一方面,受众又动用了各种各样的策略,批评其中的大部分内容,以示对美国式文化的"批判意识"或"嘲讽式的

---

① 汤林森:《文化帝国主义》,冯建三译,上海人民出版社,1999年,第2页。
② 利贝斯等:《意义的输出:达拉斯的跨文化解读》,刘自雄译,华夏出版社,2003年,第1页。

疏远"。从此以后，研究者倾向于认为，通过观看而产生的意义，有着与生俱来的不稳定性，而它所依靠的是许多结构性因素与文化性结构①。

有鉴于此，汤林森指出：许多关于文化帝国主义的论述还是抱持"媒介中心论"的观念，虽然媒介是文化帝国主义的重要方面，但是媒介并非现代文化的"中心"，它只是中性地、平等地扩散，而没有将自己的意识形态强加于第三世界国家。

随着各种新传播技术的发展，特别是多媒体、互联网、信息高速公路的兴起，"文化的全球化"的确成为一个时髦问题，相当多的学者接受了"世界是平的"这一观点，并将焦点转向后现代主义的"去中心化"。例如文化研究学者罗尔认为：传播系统的四个主要部分——源头、渠道、信息和接受者——最终是任何政治、经济、文化力量都无法控制的，所以全球化传播的后果目前只能是个"无法确定的区域"②。

相形于 20 世纪 70 和 80 年代的兴盛，媒介帝国主义理论逐渐处于弱势。值得一提的是，赫伯特·席勒之子、美国学者丹·席勒在 2000 年发表了《数字资本主义》(*Digital Capitalism*)，继续高张媒介帝国主义理论的批判大旗，他一针见血地指出，在互联网迅速扩张之际，由跨国公司和市场逻辑所支配的权力关系不仅丝毫没有改变，而且进一步加剧了原已极不合理的世界政治、经济与文化秩序，包括信息与传播秩序："电脑网络与现存的资本主义联系在一起，大大拓宽了市场的有效影响范围。事实上，因特网恰恰构成跨国程度日益提高的市场体系的核心生产和控制工具。"③席勒的研究采用了大量的企业报告和实证数据，展示了因特网使跨国企业和电信网络的跨国化发展如虎添翼，而对穷国电信业造成严重冲击，数字化并未消除全球电信分布的不平等。同时，网络和传统传媒的联姻并没有改变传媒的商业化倾向，反而使网络迅速成为消费媒介。网络对教育的积极介入使教育几成"数字资本主义的前沿"，营利性教育产业成为数字资本主义的全新增长点。总之，数字资本主义不仅没有消除文化侵略，反而助长了不平等和以强凌弱的趋势。

---

① 尼克·史蒂文森：《媒介的转型：全球化、道德和伦理》，顾宜凡等译，北京大学出版社，2006年，第 134 页。

② 詹姆斯·罗尔：《媒介、传播、文化——一个全球化的途径》，董洪川译，商务印书馆，2005年，第 226—228 页。

③ Dan Schiller, *Digital Capitalism*, Massachusetts: MIT Press, 2000, p. xiv.

第十一章　新闻传播与民主政治

"新闻",在汉语世界中顾名思义,是指"新近听来的事"。在英语世界,对应的词是 news,按照牛津词典的解释,乃是"新鲜的信息;关于最近发生的事件的报道(new or fresh information; report(s) of recent events)"。在辞典之外,学院派与新闻界有着无数个关于"新闻"的定义,至今争议绵绵不绝。调侃一些的有"狗咬人不是新闻,人咬狗才是新闻";庸俗一些的有"三 W":"女人、金钱加过失"(women, wampum and wrongdoing)。悲观一些的有《华盛顿邮报》前总裁菲利普·格雷厄姆的定义:新闻是永远不能完成的历史的草稿,它书写着一个我们永远不能完全理解的世界。国内学人则推崇陆定一的定义,新闻是"新近发生的事实的报道"。换言之,新闻的本源是事实,事实第一性,报道第二性①。至于在事实的客观性基础上,新闻报道者和发布者所考虑的问题,如是否值得报道、应该怎样报道等等,则无疑体现出不同的新闻价值取向和文化偏向。所以有人说,新闻话语是意识形态的话语,它具有鲜明的政治性和文化意味。

第一节　公共舆论和公共领域

公众舆论(public opinion)至今依然是一个充满分歧,同时在不断发展的概念。1965 年,美国政治科学家哈伍德·恰尔兹发表专著,总结了历史上近五十种不同的界定。从已知的材料上看,古罗马政治思想家西塞罗在写给友人的信中最早使用这个词汇,同义词在马基雅弗利、约翰·洛克、托马斯·霍布斯等重要思想家笔下均有所提及,而公众舆论概念的真正成型还是在 18 世纪。当时的主流舆论观具有三个特点:以理性自然主义为舆论研究的指导思想,提倡舆论的自由表达,注重舆论的社会立法、道德维系功能②。

---

① 童兵:《童兵自选集——新闻科学:观察与思考》,复旦大学出版社,2004 年,第 97 页。
② 黄建新:《近现代西方舆论观的嬗变》,《复旦学报》,1995 年,第 3 期。

第十一章 新闻传播与民主政治

受启蒙运动的"唯理乐观主义"影响,启蒙思想家对人类理性充满信心,并由此推导出对民主的信仰——既然个人具有理性判断能力,负责的公民将凭借理性以商谈的方式进行政治参与,最终达成一致意见。这样形成的公众舆论不仅最具有民主精神,而且理应是政治权力的来源和基础。1739年,大卫·休谟指出:"舆论是政府的唯一基础,这一格言对于最专制的、最军事化的政府,以及最自由、最受欢迎的政府,同样适用。"①1762年,让-雅克·卢梭在《社会契约论》中,将公众舆论定义为人们对社会性的或者公共事务方面的意见,更将舆论视为"不成文法"。经由伏尔泰等思想家的阐释,"公众舆论是权力基础"不仅成为启蒙运动的重要成果,也成为西方世界最有影响的公众舆论。同时,启蒙思想家认为,在一个公民可以畅所欲言、协商对话的环境中,真理必将战胜谬误,所以不受政府控制的舆论自由十分重要,就这样,言论、出版、新闻自由成为首要人权被写进美国的《人权法案》和法国的《人权宣言》,对后世产生了极为深远的影响。值得注意的是,这种舆论观的出发点在于公共利益,充满集体主义色彩和共和主义精神,强调公众舆论对公民道德的维系功能,寄望于舆论统一所产生的社会凝聚力。按照卢梭的经典表述:"公意永远是公正的,而且永远以公共利益为依归。"②

哈贝马斯

为了使公众舆论能够形成和表达,一个公共领域成为必需之物。对此哈贝马斯强调:"公共领域对其功能的自我理解具体表现为'公众舆论'范畴"③。这是说,公众舆论对于以国家为核心的公共管理主要起到监督作用,而国家机器的行政管理力量则不应对公众舆论有所作为。以这种公众舆论观念为基础,"市民社会至上论"成为启蒙运动时期占主导地位的政治思想模式,体现出民主主义精神。从历史语境上看,这一模式在18世纪的勃兴,主要是为了满足新兴资产阶级走上历史

---

① David Hume, *Essays Moral, Political, and Literary*, London: Oxford University Press, 1963, p.29.
② 卢梭:《社会契约论》,商务印书馆,1980年,第39页。
③ 哈贝马斯:《公共领域的结构转型》,学林出版社,1999年,第107页。

舞台的需要。在这一派理论家看来，国家的权力源自人民，人民既是"委托人"也是"裁判者"。人民通过契约将部分权力让渡给国家，主要目的是保护私有财产，国家仅仅是"守夜人"而已。这种模式强调大社会、小政府，认为社会有自生性秩序和自治的能力，公众完全可以自主管理，所以国家被视为一种"必要的罪恶"，如无必要，它的权力不应增加，这个原则被称为"自由主义的奥卡姆剃刀"。出于对国家机器的防范，国家对公众舆论的干预被视为非法，国家被视为表达自由的敌人。

亚历山大·托克维尔

与唯理乐观主义者不同，18世纪也有一些思想家对人类理性持悲观态度，他们认为人类的理解能力、分析能力、交流能力都很有限，容易受到环境的影响，被他人的意见所左右，所以公众舆论不仅不具备真理性，还极易被操纵。比如美国政治家亚历山大·汉密尔顿就指出："人民是扰攘多变的，他们的判断和决定极少正确，他们的意见也只是诉诸感情而已。"①尤其是法国大革命中"语言的暴力"，使很多思想者开始反思"多数的暴虐"和"社会的暴虐"。至19世纪，唯理乐观主义开始退潮，个人主义和功利主义大行其道，近代舆论观也开始转型。这其中，19世纪法国思想家亚历山大·托克维尔对民主的"大众化"颇为怀疑，认为以公意为目标的现代民主会堕落成一种"温和的专制"②。英国思想家约翰·斯图亚特·穆勒指出：与政府的专制相比更为危险的是舆论的专制，这也就是"社会的暴虐"，因为社会本身具备一种规范力量，经常通过公众舆论对个人形成强而有力的约束作用，迫使非主流意见向主流意见靠拢，最终达至一种"同化"，造就"大众的平庸"③。显然，如果说乐观主义者所要求的是从共和角度出发、以达成共识为目的的公共舆论的自由，悲观主义者所要求的却是从个人主义角度出发、以个人利益为目的的持不同见解的自由。

---

① 程世寿：《公共舆论学》，华中科技大学出版社，2003年，第26页。
② 托克维尔：《论美国的民主》（下），商务印书馆，1988年，第867—872页。
③ 杨肃默：《英国政治传统中的"自由"观念》，见王焱编：《自由主义与当代世界》，三联书店，2000年，第66—69页。

介于乐观与悲观之间的,是认识到公众舆论理性与非理性二重性特点的一批思想家。典型如黑格尔,既肯定公众舆论的非凡力量,也看到公众舆论中真理和谬误的混杂性,认可公众舆论是人们表达他们意志和意见的无机方式,其中有一切种类的错误和真理。而马克思、恩格斯更是发现了公众舆论的工具价值,特别是在社会变革和夺取政权中的巨大作用,马克思充分强调大凡需要变革现实的任何阶级、集团或政党,都必须占有和运用舆论工具这一斗争武器。进一步而言,公众舆论的力量实际上与理性与否无关,在社会政治系统中,它既可能起到正面维护作用,也可能起到反面颠覆作用。至 20 世纪 20 年代,西方出现了以沃尔特·李普曼为代表的现代舆论观。现代舆论观在承认舆论的"立法性"的同时,体现出三个新的特点:一是以经验权能主义为舆论研究的指导思想,二是注重舆论的大众传播,三是注重舆论的社会日常控制功能。在公众舆论观念上的思想分歧,形成了充满张力的两种政治思想模式:"市场至上论"和"国家至上论"。

"国家至上论"充满爱国主义和民族主义精神,从历史语境上看,顺应了 19 世纪之后西方民族解放运动的潮流。黑格尔在《法哲学原理》中指出,在市民社会里,一切人都追求着各自的利益和目的,因此"市民社会是个私利的战场,是一切人反对一切人的战场"[1],要克服这种非正义缺陷,只有诉诸一个外在于社会的但却是最高的公共机构,也就是国家。国家的本质是公共利益和个人利益的结合,国家的目的在于普遍利益或公共福利,国家代表着伦理精神发展的最高阶段[2]。在这种模式中,政府的权力必须扩大,自生自发于社会的公众舆论成了政治国家必须加以控制的力量,而公众舆论的不一致性、不稳定性和不同质性,注定了其可以"被管理"的命运。于是宣传机器成了国家进行意识形态统治的重要工具,"正面舆论"和"舆论一律"成了官方宣传的主要目的,引导和同化公众舆论的做法已成为公共管理的标准动作。始于第一次世界大战的舆论管理技术经过近一个世纪的发展日益炉火纯青,在某种意义上,公众已经从理想中的公众舆论的主体逐渐沦落为现实中的公众舆论的客体。

"市场至上论"是资本主义生产关系的必然产物,洋溢着自由主义色彩。从历史语境上看,在西方发达资本主义国家中,无论是自由竞争的资本主义还是垄断的资本主义,皆相信市场那只"看不见的手"。即便是市民社会模式和国家模式,其实也并不排斥市场的作用。"市场至上论"将个人利益放

---

[1] 黑格尔:《法哲学原理》,商务印书馆,1982 年,第 309 页。
[2] 徐大同主编:《西方政治思想史》,天津教育出版社,2000 年,第 236—238 页。

在首位,认为经济自由主义比政治自由主义更为根本。基于对市场自动调协机制的信任,弥尔顿笔下的"观念战场"至 20 世纪被阐释为"观念的自由市场"(marketplace of ideas)。"观念的自由市场"重点在于政府的不干预,着眼点本在于"观点"的自由传播。但是当这一隐喻不胫而走之后,却契合了资本主义的"市场神话",所以受制于文化的制约,很多人"读出"了市场机制对于观点的重要性,无形中也就把重心转向了"市场"。在这里,思想本身不是市场,思想是市场上的商品,通过顾客的多寡,来证明是否具有真理性。越是能满足受众需要的产品就越具有公共价值和商业价值。比如,媒体大亨鲁伯特·默多克就认为,在法律限度之内,任何人提供了公众希望并以可能支付的价格得到的文化产品,都是在提供公共服务。

就 20 世纪的西方现实而言,"国家"和"市场"占据主流地位,彼此不断较量,相形之下"市民社会"急剧衰落。当小国寡民式的古代民主向地域广大、人口众多、观念多元、利益冲突的现代民主转型之际,"间接民主"和"消极自由"大行其道,在制度设计上,公民的政治参与化解为竞选中的投票。公民的"表达权"与"知情权"部分转移到大众传媒身上,使它成了"公共领域"的替代物,也成了公众舆论的代名词,直至膨胀为"第四种权力"。在这种"结构转型"之后,富了媒介,穷了民主。对公共事务的安排并非集体意志或共同决定的结果,而更像是一只"看不见的手"和一只"看得见的手"的合谋或搏斗。如人所言,"在国家及其所属机构影响公众舆论的努力、媒体的民主功能和追逐利益的动机之间存在着紧张和冲突,这些成为现代自由民主国家的公共领域的特征"[1]。

值得说明的是,在整个 20 世纪,尽管李普曼式的现实主义的舆论学占据绝对优势,但是启蒙运动所开创的理想主义也并未消亡。从 20 年代杜威与李普曼的论战,到哈贝马斯对交往理性的提倡,再到新兴的公共新闻运动,民主一派始终相信公众理性辩论的可能性,相信公众舆论对于统治的纠偏作用,也相信公众舆论应该具有积极的政治参与的作用。在 20 世纪末期,对社会正义的呼吁日益响亮,兴起了重建公共领域的思潮,协商民主(deliberative democracy)颇富号召力,希望在"看不见的手"和"看得见的手"之外寻找"第三只手",以期实现政府、市场与市民社会之间的良性互动。

第二节 新闻传播与政治沟通

新闻只是当代大众传播信息流中的一种,但却是最广泛存在、最能反映

---

[1] 希瑟·萨维尼:《公众舆论、政治传播与互联网》,《国外理论动态》,2004 年,第 9 期。

社会情况,并被人提及最多的传播形式,也可以说是公众获取知识的一种最重要的形式。一般认为,大众传媒具有四大社会功能:环境监视(新闻和宣传)、社会协调(联系和沟通)、知识传承(科学和教育)和文化娱乐(消遣和游戏)。但是在目前这个国家间、民族间、阶级间、群体间仍然充满紧张关系的现实世界中,"环境监视"和"社会协调"功能无疑更具重要性。在政治学意义上,新闻传播这两种最重要的作用,可以纳入"政治沟通"(political communication)系统来加以考量。

广义而言,政治沟通乃是"赋予政治过程以结构和意义之信息和情报的流动",同时"不只是精英对其民众发送信息,而且还包括全社会范围内以任何方式影响政治的整个非正式沟通过程"①。具体而言,它包括政治态度的形成和变迁、舆论的构成、意识形态的作用等方面。以民主为理念,政治沟通在价值取向上应该更为关注多向的沟通、平等的沟通、公开的沟通和充分的沟通。而政治沟通之所以会发生,被认为在于民主的政治结构中舆论、政党、阶层、团体的四种基本动力,四者皆有沟通、交流和传布信息的需要②。在这个意义上,新闻传播是一条主要的政治沟通渠道,甚至唯有新闻传播可以使民主"运转"起来。客观说来,新闻传播并不可能完成全部政治沟通,但是很大一部分政治沟通的确是通过新闻传播所进行的,于是新闻传播成为政治生活的中心机构,成为实现民主的工具,成为大众传播的核心。

使问题复杂的是,在西方自由主义主潮的"观念的自由市场"范式之下,对公民表达自由的保障,依托于对一个自由的新闻界的保障。美国宪法第一修正案写明:"国会不得制定法律……剥夺人民的言论与出版自由。"在日后的司法解释中,"出版自由"不断扩大化直至成为"新闻自由"③。典型如美国大法官波特·斯图尔特提出的"第四阶级理论",认为美国宪法第一修正案是美国对"自由的新闻界的宪政性保障",用意在于"在政府之外创立一个第四组织,以监督官方的三个部门"④。这基本上是将新闻自由当作一种制度性组织条款来加以理解。也就是说,宪法的其他基本权利条款都是保障个人的一些特定的基本权利,相对地,新闻自由则是保障一种制度性的组

---

① 戴维·米勒等主编:《布莱克维尔政治学百科全书》,中国政法大学出版社,2002年,第592页。
② 谢岳:《当代中国政治沟通》,上海人民出版社,2006年。
③ "出版自由"与"新闻自由",两者皆为"freedom of the press",由于第一修正案"语焉不详",在法学界引发相当多的争议。
④ Potter Stewart, "Or of the Press", *Hastings Law Journal*, 1975, Vol. 26, p. 634.

织,也就是新闻媒体。

事实上,美国新闻界一贯认为自己是唯一被宪法特别提及的产业,除了不经事先审查的自由、批评政府和公众人物的自由,还拥有政府不能干涉的经营自由。这种思想倾向直接左右了西方政府的传播政策。传播政策一般源于政府的国家利益诉求和传媒的商业/工业企业运作之间的互动,双方都希望通过特权、规定以及约束来实现各自的利益。指定传播政策有三种不同的价值取向:政治利益、社会与文化利益,以及经济利益。由于基本目标取向不同,传媒政策中心范畴的意义,也随之发生很大变化。表面上看,传媒为公共利益服务的宗旨高高在上,但是当代欧美国家与政府,更偏重于从经济角度出发,却是不争的事实。

从法理上讲,今天的新闻关系主要由新闻界、公民、政府三方构成,它们分别是由各自社会地位决定的不同的利益主体。在一个民主的社会里,新闻界、公民与政府都需要新闻自由。即是说,新闻界需要新闻自由来履行自己的社会职能,即公民论坛(civic forum)、动员机制(mobilized agent)和监督机制(watchdog);公民需要新闻自由来表达意见,了解政情,进行舆论参与,从事信息交流;政府需要新闻自由来了解民情政弊,反馈公共政策,进行公关宣传,有时也需要新闻自由来充当"排气阀",以宣泄公众的愤激情绪。然而,三方在共同需要新闻自由的同时,各自又大有利用新闻自由、危害新闻自由的倾向。比如,新闻界利用新闻自由来扩展自己的权力,直至形成"媒体暴力"。公民中有少数人利用新闻自由发布诽谤、色情、性别歧视、种族歧视的言论。政府则发展出一系列沟通技巧,使媒体无形中被利用,成为完成其政治策略的重要工具①。这就使人们日益意识到,新闻自由是一柄双刃剑,它既可以是民主的捍卫者,也可以是民主的威胁。

使问题尤为复杂的是,在新闻关系中的"公民",还可以加以细分,比如个人/公民之分、公民/社团之分、个人/利益集团之分等等。在宏观的新闻关系中,政府有合法性资源和组织资源,新闻界有影响力资源和经济资源,利益集团有经济资源和组织资源,而社团的主要资源则是公民,是公民的社会参与意识和自愿者精神。当政府和利益集团利用大众传媒的能力日益娴熟,而大众传媒又受商业利润驱动之际,处于实际劣势的就是"沉默的大多数"——没有有效组织起来的公民。其结果必然是方便了政府,有益了集团,富了媒介,穷了民主,压制了"表达的自由"。在很多学者

---

① Robert E. Denton, Jr. and Gary C. Woodward, *Political Communication in America*, New York: Praeger Publishers, 1980, p.144.

看来,这种公民政治沟通的危机正在西方肆虐,传媒的结构性失灵,颇为堪忧①。

第三节 西方的传播政策

从历史上看,西方社会在"二战"之前,传播政策只涉及有关波长和频道分配的技术问题,与新闻传播的内容无涉。但是随着传媒业垄断程度的加深,社会利益与传媒业主利益的分歧成为公众关注的问题。在1937年的"美联社诉全国劳动关系委员会案"(Associated Press vs. National Labor Relations Board)中,大法官雨果·布莱克写下这样的意见:

> 宪法第一修正案……建立在以下假设的基础之上:最广泛地传播来源多样和互相敌对的信息乃是保障公众福利之必需,一个自由新闻界乃是自由社会的先决条件……宪法第一修正案保障新闻界享有免于政府干涉的自由,而这并不意味着这种自由可以受私人利益的压制。

当时的社会舆论普遍要求政府干预新闻传播业、将新闻传播业纳入罗斯福的"新政"。在这一形势下,"美国新闻自由委员会"成立,发表了著名的《哈钦森报告》。委员们经过调查和思考,得出这样的结论:媒介垄断是实,但是无需政府介入,新闻界自己承担责任,以观后效。他们认为,新闻自由包括消极自由和积极自由两个方面,消极自由是指不受政府干预的自由,积极自由是指为维系和发展社会作出贡献的自由。综合到一起,也就是"一个自由而负责的新闻界"②。哈钦森委员会基本遵循了自由至上主义的传统,但也承认在新的形势下,"新闻自由只能以一种可以问责的自由而继续存在"③。事实上,哈钦森委员会甚为忧虑的是本杰明·富兰克林提出又批评过的"公共马车"模式,也就是私人企业的经济逻辑,使大众传媒的产品成为一种类似公共汽车的东西,它为每一个人服务,除了少量的关于公共事务的信息和讨论,搭载着大量的娱乐信息、专门信息和广告。那么,"一个从定义上讲必须努力取悦于几乎所有人的大众媒介,如何能发挥它今天应该发挥

---

① 皮帕·诺里斯:《新政府沟通》,顾建光译,上海交通大学出版社,2005年,第9页。
② 玛格丽特·布兰查德:《哈钦森委员会:新闻界与责任概念》,见新闻自由委员会:《一个自由而负责的新闻界》,展江等译,中国人民大学出版社,2004年。
③ 新闻自由委员会:《一个自由而负责的新闻界》,展江等译,中国人民大学出版社,2004年,第13—19页。

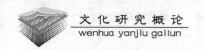

的功能呢?"①

以《哈钦森报告》为标志,美国的传播政策走向第二阶段:媒体公共服务政策。联邦通讯委员会(FCC)主张多元性和公平性,希望达成公共精神与自由企业的平衡。同时,欧洲也在积极施加压力促进传媒所有权形式和内容的多元化,推行公共广播政策。这一时期,源于民主政治的需要,受国家利益的限制,政府在传播市场上以社会目的为由进行干预,公共服务媒体政策的基本诉求是:(一)独立:独立于政府和私人垄断;(二)可问责性:向社会/受众/用户负责;(三)多样性:社会多样性和政治多样性。

但是民主政治的需要未能阻挡新闻传媒业的经济利益取向,它们甚至用维系民主的名义,要求政府的更少干预。在新自由主义经济政策的支持下,西方新闻传媒业在20世纪80年代迎来了"解除管制"(de-regulation)的风潮,使媒介的私有化、商业化程度更为高涨。美国在1984年取消管制,鼓励电讯业的垄断和扩张。英国也随之开放了电讯领域的竞争,并将有线电视系统私有化。法国在支持私有化的同时,以国家赞助的方式支持新媒体的扩张。结果是公共广播的整体衰落、新媒体大亨的崛起以及新闻节目的萎缩。在这场变革中,三大电视网络被兼并,美国国家广播公司被通用电气收购,美国广播公司到了迪斯尼麾下,哥伦比亚广播公司投到维亚康姆旗下。如果说在电视新闻如日中天的时代,美国半数以上的家庭通过三大电视网收看晚间新闻,各广播公司将新闻节目视为公司的形象产品,对新闻节目投入更多,利润期待则很少;那么到了此时,企业利润原则要求公司降低对新闻节目的投入,而使花费巨大的国际新闻被置于次要地位,更能吸引观众的软新闻却急剧增长②。

最具有历史性意义的是1996年美国新的电讯法的出台。原来的电讯法从保护舆论多样性和促进竞争主体多样化的角度考虑,对媒介垄断的限制比较大,但是在1996年,参众两院以绝对多数通过了新的电讯法,不仅允许行业内的兼并,而且容许跨行业的兼并,用美国联邦通讯委员会主席里德·亨特的话说,这一新的法律是拆除了通讯领域的"柏林墙"。美国当即掀起了媒介大购并的风潮。这其中比较重要的有:1996年美国全国广播公司(NBC)和微软公司联手创办了MSNBC.com网站,1998年美国在线(AOL)以42亿美元收购网景(Netscape),1999年雅虎(Yahoo)斥资46亿

---

① 新闻自由委员会:《一个自由而负责的新闻界》,展江等译,中国人民大学出版社,2004年,第36页。

② W·班尼特:《新闻:政治的幻象》,杨晓红等译,当代中国出版社,2005年,第101—102页。

美元买下美国最大的社群网站 Geocties，以及维亚康姆(Viacom)与哥伦比亚广播公司(CBS)之间高达 380 亿美元的合并。这一购并狂潮在 2000 年 1 月 10 日达到顶峰，这一天，世界上最大的互联网服务供应商美国在线，与世界首屈一指的传播公司时代华纳(Time Warner)合并。后者拥有丰富的资源，包括 5 700 部电影、著名的 CNN 电视台，还有包括《时代》(Time)、《人物》(People)、《财富》(Fortune)和《生活》(Life)在内的 52 种杂志，全部交易高达令人咋舌的 1 620 亿美元。尤为重要的是，大兼并已成全球性现象，不仅在美国，类似的情景在欧洲也在同时上演，欧共体在 1998 年出炉了绿皮书《通讯管制》(Regulating Communications)，以"发展信息社会"为旗号，倡导电信市场的自由化，允许私营企业解脱羁绊，一时间风云再起，硝烟弥漫。当今世界的五大媒体巨头是：美国在线时代华纳、贝塔斯曼、新闻集团、维亚康姆和迪斯尼。

综上所述，媒体垄断造成了五种趋势：一是小型媒体被迫退出、出售或改变风格，造成在音乐、新闻和少数民族事务等问题的栏目上缺乏内容多样性；二是媒体的自我审查机制和公司的自我推销同时影响着新闻内容；三是由于媒体所有者期望更高的经济效益，媒体把更多的报道重点放在娱乐信息方面；四是新闻沦为追逐利益的生产线，成了一种普通得不能再普通的商品；五是品牌和包装的革新，掩盖了新闻多样性和内容独特性的逐渐衰退[1]。

第四节　新闻客观性

新闻，并不像人们通常所理解的是对客观世界的镜像式再现，它更像是传播控制者用一个个貌似客观的事实"碎片"所组合而成的拼图，不仅夹带了种种主观意图，也隐藏着巨大的价值陷阱。不仅如此，当人们依照新闻所呈现的主流政治画面来进行判断的时候，这种画面本身还会自我放大，创造出一个可能并不真实存在的世界。于是悖论的事情发生了：新闻的幻象变成了某种政治现实。美国学者、华盛顿大学传播学教授和政治学教授兰斯·班尼特对这一现象进行了深入探讨，提醒公众新闻客观性不过是个神话而已，新闻自由也并非民主的保障，未来的公民必须摆脱传统媒体的束缚。

新闻客观性作为新闻业专业化组织的标志，是这个行业里从业人员理应追求的理想。美国著名传播学者、加州大学教授迈克尔·舒德森指出：客

---

[1] W·班尼特：《新闻：政治的幻象》，杨晓红等译，当代中国出版社，2005 年，第 119 页。

迈克尔·舒德森

观性是新闻媒介作为一个专业组织的意识形态,既是一种道德理想,也是一整套报道、编辑实践,以及清晰可见的写作样式①。一般认为它体现为"准确、公正、平衡、全面"。但是理想与现实之间有着巨大的鸿沟。班尼特曾将"新闻"定义为"在新闻工作者、政客以及公众每日交互作用的基础上而产生的持续变化的社会产品"②。换言之,新闻通常是由记者、政治家以及公众通过不完善的信息交流、在不断寻求各自不同目标的过程中、不断变换和调整位置形成的。而在这种互动或博弈式的变动中,各方都有可能损及新闻客观性。

从政治家的角度来说,在一个媒体化社会里,新闻客观性表现为新闻执政,即运用新闻来提高公共政策部门的执政形象、执政公信和执政的合法性。也就是我们所熟悉的"舆论监督"。为了达到这个目的,政治家最为关注的是议程设置(agenda-setting)。简而言之,它是指依据新闻媒体关注的问题,并依据媒体对各种问题的重视程度,确立自己看待事物的优先顺序。它意味新闻不仅是社会主要的信息源,更是重要的影响源。议程设置理论向政治领域扩散的结果,是将议程设置分为三个层面,即政策议程、媒体议程和公共议程。三者涵盖的范围并不相同,政策议程发生在政策决策组织中,媒体议程发生在新闻传媒的报道内容与报道形式中,公共议程则发生在公共舆论领域。有效的政治传播是将议程设置的三个层面有效地统一起来。任何政府无不希望通过对媒体议程的设置,影响公共议程,最后顺利实现政策议程。正如前白宫传播顾问戴维·格尔根坦言的那样,要成功执政,政府必须确定议程;而不能让媒体来为它确定议程。在当代社会,这种媒体政治已经无所不在,政治家对新闻进行显性或隐性的操纵和使用,把自己的议题转变成公共议程,通过巧妙控制,使公共议程向着对他们有利的方向发展,政治的首要目标是控制新闻中的政治形象。

从记者的角度来说,围绕新闻客观性所要达成的目标是准确、公正、平衡、全面。即是说,避免主观成见,拒绝环境影响,从各种推断中筛选出事

---

① 黄旦:《传者图像:新闻专业主义的建构与消解》,复旦大学出版社,2005年,第68—69页。
② W·班尼特:《新闻:政治的幻象》,杨晓红等译,当代中国出版社,2005年,第16页。

实,以保证向公众提供准确可靠的信息。但是,传播学领域的大量研究证明,新闻工作者一方面要受到本身主观性的影响,一方面要受到编辑部等组织环境的约束,而媒介组织自身亦要受到其他社会部门乃至整个社会系统的制约。有人形容编辑就像契诃夫笔下的套中人,实际上是被包裹在一件由机械零件制就的紧身夹克中,受到来自媒介组织的强大制约。而且媒介的选择本身,就是在各种社会系统的制约中进行。所以,虽然新闻的客观性一直是新闻业的行业准则,但是记者和编辑在实际报道中很难做到客观中立。不仅如此,新闻人物的欺骗行为,还有新闻时效性对客观性的"牺牲",都使新闻客观性可望而不可即。但是,尽管新闻不可能做到客观,记者和编辑们却发展出一套看起来是客观的或者看起来是可信的技巧。对此班尼特认为,为了迎合受众、化解压力,近年来的新闻报道出现了四个倾向:(一) 新闻个人化,它是指在报道中突出个人因素,偏好人情味的角度,而弱化制度、社会和政治背景。(二) 新闻戏剧化,指在报道中突出戏剧性因素,偏好极端化的个案和貌似高效的解决方法,误导人们对问题的理解和判断。(三) 新闻片段化,指报道中给出的信息零散,很少触及问题的发展趋势和历史背景,使公众看到的是一个无序混乱的世界。(四) 新闻报道的权威无序化,它是指报道过于强调权威人物的所作所为,和局势是否在向可靠稳定的方向发展,由于过于偏向负面问题,在反映社会和政治问题的时候,就容易产生偏差。

从公众的角度来看,班尼特认为,作为沉默的大多数和政治的旁观者,大多数人不能对政治问题进行抽象的、整体的逻辑思考。一般人很难明确地说出自己在某些问题上的立场。对于重大问题大多数人只能记住很少的事实,而看不到问题之间的联系。此外许多人很容易改变自己对某个问题的观点。人们往往对某一问题了解的信息越多,他们的观点就越容易受那些占据新闻主要位置的政党领袖和政治精英的影响[①]。一些社会学家则忧心忡忡地指出:公民对民主政治日益冷淡,对政府和政治信息的可靠性持怀疑态度。相对于"硬新闻",他们更喜欢"软新闻"。所谓"硬新闻",是指一个社会人应该了解的新闻内容,包括政府行为、竞选代表的立场、国际形势发展、新政策、社会问题等等。所谓"软新闻",则是指那些煽情的、短暂的新闻,以抓住观众的注意力为目的,靠本身固有的戏剧性和耸人听闻来激起观众的反应,但是并没有多少社会价值。即是说,相对于"政治化",大众似乎更喜欢"娱乐化":爆炸性、恐怖性、丑闻化、绯闻化,"新闻"处在向"娱乐"下滑的轨道之中。所以对于新闻

---

① W·班尼特:《新闻:政治的幻象》,杨晓红等译,当代中国出版社,2005年,第89页。

客观性来说,公众的需要与选择未尝不是重要的一部分。2004年美国报业总编联合会(APME)的年会将主题确定为"衰退的读者",后来发表在《哥伦比亚新闻评论》上的文章干脆冠以这样耸人听闻的题目:《让我们谴责读者:假如公众不关心,伟大的新闻事业是否还有可能?》。

对此舒德森在他的《好公民》一书中认为,一些人在谴责社会和民族的衰落,而另一些人则在庆祝从公共准则和义务的束缚中解放出来,这不是新闻界出了问题,也不是公民出了问题,而是社会政治环境不同了。在公共生活的转型中,公民从18世纪"恭顺的公民"(deferential citizen),到第一次世界大战前的"党派公民"(partisan citizen),再到20世纪60年代之前的"知情的公民"(informed citizen),最后是现在的"有权的公民"(rights-bearing citizen)。公民并没有消亡,他们不过是换了一种方式,"个人化"是其特色。对于他们而言,重要的是"知情权",当有重大的事情威胁到他们个人的生活和公共利益时,新闻界要负担起提供足够的信息、适时发出警报的责任。就整个社会生活而言,人们的闲暇时间在增多,生活更自由,除非政治机器发生问题,他们感觉不到有什么必要去关心政治[①]。舒德森的观点是相当具有代表性的。

综上所述,今天的新闻客观性是明显出现了危机。它的坍塌有多重原因,除了以上结构性因素之外,新闻业"事业化"和"商业化"的矛盾是症结所在。然而,新闻业已经是不可或缺的社会组织结构,在一个理想的新闻体系中,新闻业要更加公共化、更具分析性、更有历史深度、更有批判性、更能反映问题,归根结底,面对客观性要有知其不可为而为之的勇气。这一切,是需要新闻从业人员不懈努力的。

第五节　网络的民主潜质

继报纸、广播和电视之后,互联网的时代已经来临。在某种意义上,这是托马斯·库恩所说的范式革命。观念的变化将从深处作用于制度,也许正如哈罗德·伊尼斯所说:"一种新媒介的长处,将导致一种新文明的产生。"[②]在学术界,为了区别于报刊、广播、电视这些传统的大众传播媒介,互联网往往被定义为"新媒介"(new media)、"泛媒介"(pan-media)、"数字媒介"(digital media),在1998年的联合国新闻委员会年会上,更是被称为"第四媒介"(the fourth media)。但是相形之下,加州大学教授马克·波斯特的

---

① Michael Schudson, *The Good Citizen: A History of American Civic Life*, New York: The Free Press, 1998, pp. 294-314.

② 哈罗德·伊尼斯:《传播的偏向》,北京:中国人民大学出版社,2003年,第34页。

界定也许更为贴切,在《第二媒介时代》一书中,他从后现代性角度分析互联网,指出这种网络传播模式集制作者、销售者、消费者于一体,与传统的"播放型传播模式"(broadcast model of communication)有着显著区别,从而颠覆了"第一媒介时代"的逻辑,标志着"第二媒介时代"的来临①。

如果说传统的大众传播是单向度,网络上的传播则是多向度的。当原本"一对多"模式走向"多对多"的模式之际,改变的不仅仅是传播模式,也不仅仅是新闻的内涵与外延。多米诺骨牌连锁效应的结果,触及了"民主"这个当代政治的核心问题。

从目前状况看,尽管互联网巨头有着不同的聚财门径——门户网站、搜索引擎、电子商务,但是,殊途而同归,追求一网打尽式的"全功能"成为目前的焦点。在这场大战中,网民们表面上受益良多,有了更多更好的免费服务,然而,资本的世界里绝没有免费的午餐,网页上那些时时跳出的旗帜广告、搜索结果列表旁的相关企业网址、沾染上商业气息的软新闻、哗众取宠的点击率、需要填入客户资料的通行证,以及随后发来的垃圾广告,已经充分证明广告和流量依然是衡量互联网企业成功与否的标尺。它再度印证了达拉斯·斯迈思的受众商品论——受众才是大众传媒制造的主要商品。在这个意义上,相对于传统的传媒经济,目前的"互联网模式"不过是新瓶旧酒而已。顺理成章,互联网企业的兼并和垄断依然给人以"市场新闻业"的深刻印象。所以,传播批判学派对于互联网持悲观态度,倾向于认为新技术不一定嫁接出新制度,也就是说,网络并非对传统媒体进行了结构性突破,而只是对传统媒介的改进、拓展和润色。他们尤其对"数字鸿沟"、"电子帝国"等反民主现象忧心忡忡,认为资本主义势力正在把互联网变成一个全球化的市场,这样一个市场上贫富不均、铜臭味十足。加州大学传播学教授丹·席勒,就持这一看法。他在1999年出版的《数字资本主义》一书中指出:网络空间正在被人们熟悉的市场体系的作用所征服,"电脑网络与现存的资本主义联系在一起,大大扩宽了市场的有效影响范围。事实上互联网恰恰构成跨国程度日益提高的市场体系的核心的生产和控制工具。"②因此,网络空间已经成为资本主义政治经济体系的重要组成部分,期望网络可以推广民主,实为不切实际的一厢情愿。

与悲观主义者不同,乐观主义者则认为政府有疆域,网络无国界,虚拟

---

① 马克·波斯特:《第二媒介时代》,南京:南京大学出版社,2000年。
② Dan Schiller, *Digital Capitalism: Networking the Global Marketing System*, Massachusetts: MIT Press, 2000, p.14.

社会人人平等,坚信互联网具有开放、自由、无政府的"民主特质"。虽然互联网企业多不胜数,但是乐观主义者看到商业化的互联网网站之外,尚有大量的社群网站、独立网站、组织网站和个人网站。互联网没有中心的离散性结构,在他们看来使控制变得异常艰难,尽管资本可以控制互联网技术并建起巨大的网站,但是流动的信息不可控制,公众的舆论不可控制,所以互联网有助于重建公共领域,促进人们对政治问题的积极参与,进而实现某种"远程民主"(teledemocracy):"网络重新点燃了二百年前托马斯·杰斐逊由个人推动民主的梦想"[1]。被誉为"数字革命传教士"的麻省理工大学媒体实验室创建者和主任尼葛洛庞帝,在其1995年出版的《数字化生存》一书中,勾勒出一个数字化的伊甸园,认为以互联网为标志的数字革命,将为人类社会结构带来四个方面的改变:权力分散、全球化、追求和谐、赋予权力[2]。这样看来,互联网所体现的,就正是哈贝马斯的"交往旨趣":意志的自由、知识的民主、交往的平等、信仰的重塑。

在乐观派和悲观派之间,是大量的中间派。这一批学者大多为社会学家、文化人类学家和哲学家,他们承认互联网的客观存在,重视其在传统与变革之间对社会的影响。西班牙裔社会学家曼纽尔·卡斯特尔在巨著《信息时代》三部曲中,指出人类在信息时代步入的是一个"网络社会",这种全新的社会形态使网络化逻辑扩散蔓延,造成了生产、权力和人类经验的一连串实质性变革。中间派倾向于强调互联网非善非恶、可善可恶、既善又恶的"媒介"性质。互联网就是互联网,这个开放的交流媒介,可以被人用来为善,也可能被人用来作恶。它不是救世主,不是包治百病的灵丹妙药:政治上无能为力的事情,生活中机会的不平等,技术也是无可奈何的。盖言之,网络不是撒旦,不是万恶之源,不应将种族歧视、性别歧视、文化歧视、诲淫诲盗等等"政治不正确"的脏水,一股脑儿泼到它的头上。恺撒的归恺撒、上帝的归上帝,对于民主而言,比互联网更为重要的是政治文化与政治体制。马克·波斯特也持这一立场,在他看来,采取后结构主义式的文化分析方法,"并不能回答第二媒介时代引出的全部问题,尤其不能回答目前极难回答的政治问题。但这样做能使人们承认后现代性,并认可对该文化体系进行政治分析的试探性方法;还能容许人们开始思考如何面对一个新时代带来的可能,免得人们继续重复现代性的逻辑而囿于这一排他性思维"[3]。这

---

[1] 斯蒂芬·拉克斯:《网络和民主》,见戴维·冈特利特主编:《网络研究:数字化时代媒介研究的重新定向》,新华出版社,2004年,第271页。
[2] 尼葛洛庞帝:《数字化生存》,海南出版社,1996年,第269页。
[3] 马克·波斯特:《第二媒介时代》,南京大学出版社,2000年,第45页。

里网络和后现代文化的关系,就给充分显现出来了。

　　自由不是绝对的,但是与传统媒介相比,网络空间确实给了普通人相当大的自由度。早在19世纪30年代,法国政治思想家托克维尔在考察美国式民主时,就表述过这样的观点:增强人际传播的便易程度,是促进民主繁荣的唯一路径,它适用于一切国家和一切地方。对于公民和民主而言,能够方便容易地得到传播的方式和途径,也许是抵制"大众传播的暴政"的最好方法。正是在这个意义上,互联网被认为开创了真正的"大众的传播时代",每个人都成为可能的传播者。"博客"们由信息接受者变成了信息发布者和交换者,在历史的宏大叙事中间穿插着个人的微小叙事。而电子邮件、QQ和MSN,也使人际间传播更为方便快捷。应该说,传播主体的变化,对于新闻关系中的权力再划分,是有着重要意义的。

　　互联网使传播从发送者主导,转向接收者主导。比如Google率先将视野从信息供给方投向信息需求方,从而使"新闻"与"旧闻"能以单个需求者的要求组织起来;其最新策划的项目是根据新闻报道的准确性、可靠性和即时性来排列次序,更为接受者提供了方便。与其类似,RSS(Rich Site Summery)新闻聚合服务,则使网民掌握主动,定制自己所需要的新闻,而且可以不受广告或图片的影响,保持新闻的及时性。同时,它还可以从多个来源搜集新闻进行整合,这对个人判断,自是大有助益。

　　互联网引来的一个担忧,是娱乐之上的网络文化。在商业利润的驱动下,文化企业为了迎合受众口味,必然走向信息娱乐化,在那些全功能网站的主页上,虽然"新闻"依然占据菜单中的醒目位置,但是与它平行的按钮已经越来越多,在信息与服务的汪洋大海中,传统的硬新闻即便不是沧海一粟,也仅仅是群岛中的岛屿之一。"E时代"大有"Entertainment时代"之嫌。而在娱乐至死的氛围中,大多数人在娱乐中逃避现实,对社会的批判力自然减弱,也就会患上政治冷漠症,长此以往民主终成泡影。从事政治科学研究的美国学者近期发表了一个研究报告,通过对2 358名美国公民的跟踪调查,证明那些偏爱新闻的人在网上会找到极为丰富的政治信息,从而更加偏爱新闻;同样,偏爱娱乐的人在网上也会找到异常多样的娱乐信息,从而更加偏爱娱乐[1]。事实上,在两种偏向之间,还有着大片的灰色区域,换言之,在大多数人身上,皆有"网虫"与"网民"的两重性——正像人们在日常

---

[1] Markus Prior, "News vs. Entertainment: How Increasing Media Choice Widens Gaps in Political Knowledge and Turnout", *American Journal of Political Science*, July 2005, Vol. 49, Issue 3, pp. 577–592.

生活与社会生活之间的游走与身份转换。在网上,当一个人在游戏中厮杀时,是一个陶醉在虚拟小世界的、纯然忘我的"虫子";也许一个小时之后,当他转向公共论坛参与快速投票(quick vote)时,又变成了一个有社会责任感的、热衷于表现自己政治倾向的"公民"。

  网络的文化研究,关注的另一个问题是网上权威的问题。因为传者的急剧增加,以及网络功能的宽泛化,使信息以海量增长,最终汇成没有尽头的汪洋。仅想象一下将人类几千年所积蓄的全部知识财富上网,就能体会信息之无边无际。对于普通人而言,网络带来的问题不是信息匮乏的问题,而是信息超载的问题。基于此,在互联网上,最稀缺的资源不是别的,而是"注意力"和"公信力"。受到自身的生理限制和心理限制,人类处理信息的本领远不如计算机快捷准确,注意力是有限的。同时,那些一贯能够得到大众信任的个人或组织,总是能经马太效应的放大而掌握更多的影响力。选择是自由的体现,而当选择太多以致无从选择时,人们自然会转向权威的意见,网络时代远远不是无政府主义的天下,只不过是新型权威代替传统的权威而已。从另一个角度看,无论什么样的民主都需要议程设置,所以"把关人"功能虽然弱化,把关人时代却并未终结。尽管再也无法垄断信息,独享受众的注意力,但是新型权力精英们的确比普通网民握有更多的权力。值得注意的是,除了网站拥有者、网络记者、网络编辑、各类专家这些传统意义上的把关人,来自民间的版主、管理员和草根意见领袖们在多如牛毛的论坛上逐渐获取权力,这或可视为传统的权力结构开始了一个"下放"的过程。

  互联网堪称有史以来最为庞大的社会系统工程,它与现实社会形成一种拓扑关系,现实世界有多复杂,网络世界就有多复杂。互联网肯定不是自动生成民主的神奇机器,对它的应用甚至要以现存结构为基础。但是规模更大、利益关系更为复杂的社会,要求更为有效、更加广泛的政治沟通系统。公民也要求更加便易、更加多元的传播工具,在现实条件下,互联网不是最完美的工具,但是它所具备的多元化、聚合化的信息交流平台特征,对于民主的确大有助益,这一点应当是无可置疑的。

第十二章 文化产业与文化事业

自从法兰克福学派的阿多诺与霍克海默在1947年提出"Culture Industry"概念以来,基本上是将文化按照工业化的方式予以生产、呈现,看作现代社会演进过程中文化发展的负面制约因素所在,对"Culture Industry"一词的中文翻译,也通常为具有批判价值取向的"文化工业"。但是在今天,对文化的经济属性的单独关照,已经成为近年来文化研究的一个重要组成部分,即便是"Culture Industry"一词的翻译,也正经历着从"文化工业"这一带有批判取向的名称,向"文化产业"这一更显中性色彩的名称转换。1998年4月的一次国际会议上,150个国家政府代表同意应把文化纳入经济决策制定的考虑。1999年10月的意大利佛罗伦萨会议上,世界银行提出,文化是经济发展的重要组成部分,文化也将是世界经济运作方式与条件的重要因素。以产业视角研究文化将把我们带进一个新的世界,这是一个以效率和公平为基本价值判断的领域,它的逻辑起点是经济学的。这是本章内容和本书其他部分所述内容的最大区别。有鉴于此,本章内容不赞成将文化产业的研究起点置于阿多诺与霍克海默的批判体系中,因为它们是两条道路上奔跑的"马车",所追求的终极价值也是背道而驰。部分研究者试图在法兰克福学派基础上,嫁接产业研究视野下的文化生产、流通与扩张,由是观之,也是不合时宜的。因此这里我们将走进产业分析的大门,来领略市场背景下文化经济属性的魅力。

那么,为什么要将文化产业与文化事业并提?当我们谈起市场经济的时候,似乎市场化成了我们追求效率实现的必由之路。这个思维惯性与我国之前施行的计划经济体制有关。新时期以来,以经济建设为中心的改革路径,赋予了市场经济前所未有的地位,这所造成的直接后果就是以GDP为中心的社会发展模式的形成。其实,完整的市场经济体系包括两个部分,一个是市场争胜区域,一个是市场失灵[①]区域。在市场争胜区域,效

[①] 市场失灵往往被用在两种情况,一种是指市场体系因为没有约束的供需力量而无法实现资源的有效配置;另外一种是指市场不能实现效率以外的其他对社会有利的目标,如维护民主和社会凝聚力等。参见吉莉安·道尔:《理解传媒经济学》,李颖译,清华大学出版社,2004年,第45页。

率是促进社会发展的主要衡量指标;而在市场失灵区域,市场机制无法完成资源配置活动,那些无利可图的区域往往会被市场所遗弃,这样就有违了现代社会的公平理念,而这一点也正是大众对市场指责最多的地方①。所以,完整的文化市场经济体系包括两个必不可少的部分,即相应于市场争胜区域的文化产业,与相应于市场失灵区域的文化事业。

第一节 文化产业的界定

比较来看,文化产业是利用市场机制配置资源,强调的是公平的市场竞争环境下对效率的追求;而文化事业是以组织方式配置资源,强调的是效率背景下对公平的追求。缺乏文化事业的文化产业运行体系将使得文化资源集中于财富阶层;而缺乏文化产业的文化事业运行体系也会使得资源配置效率高度损耗,最终所形成的只是较低水平的公平,不符合现代社会对公平的基本定义。因此,文化产业与文化事业相对于对方,各自提供了一个参照体系,相互促进,相互补充,最终服务于效率与公平的双重价值目标的实现。

1980年代初,欧洲议会所属的文化合作委员会首次组织专门会议,召集学者、企业家、政府官员共同探讨"文化产业"的含义、政治与经济背景及其对社会与公众的影响等问题,文化产业作为专有名词而出现,成为一种广泛意义上的"文化—经济"类型②。关于文化产业的内涵界定,代表性的观点有以下几种。

(一)以文化产业来意指那些使用同类生产和组织模式如工业化的大企业和社会机构,这些机构生产和传播文化产品以及从事文化服务。如报纸、期刊和书籍的出版部门、影像公司、音乐出版部门、商业性体育机构等等。

(二)安迪·普拉特指出:文化产业这一概念与以文化形式出现的材料生产中所牵扯到的各种活动有联系(这些文化形式如电影、电视、戏剧、音乐及美术)。他把他的分类法叫作文化产业生产体系(CIPS)。它的巨大价值

---

① 说明:具体的案例可以通过有线电视的铺设来解释。有线电视网的铺设如果在人口密集地区,将节省较多的成本。因此,如果有线电视网的经营者按照投资效率的逻辑,将不会对边远山区的住户提供这一服务,市场对资源的配置能力在这一区域也就失灵了。而这对于边远山区的居民来说是不公平的,损失了他们接收信息的传播福利。因此,这一区域的有线电视网服务必须由市场机制外的力量来提供,即作为文化事业来运行,不是以营利为目的,而是以社会发展为目的。而如果政府无法在市场之外提供这一机制,又称之为"政府失灵"。这是我国社会转型时期文化发展面临的最为现实的问题。

② 单世联:《现代性与文化工业》,广东人民出版社,2001年,第381页。

所在就是包括了文化产业的整个生产链,而不仅仅是艺术家的光辉①。

(三)联合国教科文组织对文化产业的定义为:按照工业标准生产、再生产、储存以及分配文化产品和服务的一系列活动②。

(四)我国国家统计局文化产业课题组对文化产业的定义为:从事文化产品的生产、流通和提供文化服务的经营性活动的行业总称。其特征是以产业作为手段来发展文化事业,以文化为资源来进行生产,向社会提供文化产品和服务,目的是为了满足人民群众日益增长的精神文化生活需要③。

在"文化产业"一词外,其内涵所指还有其他的称谓。欧盟将文化产业所涵盖领域成为"内容产业"。根据欧盟的定义,内容产业是指那些"制造、开发、包装和销售信息产品及其服务的产业",它包括"各种媒介上所传播的印刷品内容(报纸、书籍、杂志等)、音像电子出版物内容(联机数据库、音像制品服务、电子游戏等)、音像传播内容(电视、录像、广播和影院)、用作消费的各种数字软件等"④。而在英国,政府把文化产业界定为"创意产业(creative industries)"。英国创意产业特别工作组把创意产业定义为:源于个体创造力、技能和才华的活动,而通过知识产权的生成和取用,这些活动可以发挥创造财富和就业的潜力⑤。

从以上的界定来看,文化产业是以文化产品和服务为核心所形成的贯穿生产、流通、分配、消费的产业群,是由文化产品市场、文化服务市场、文化要素市场三个部分组成的产业市场体系。如近年国内学者的定义:"文化产业的主体是一条以企业为主的协作链条,把不同的参与者连接起来:艺术家、经纪人、生产商……通过分工协作,使文化价值转换成为商业价值,又以商业价值的实现过程促成了文化价值的传播。"⑥它一般而言有四个相结合的要素:以创造力为基础的文化艺术、尖端技术、信息、知识。和其他类型的产业一样,文化产业所遵循的也是基本的效率原则。其中,作为产业最终产出的文化产品,也因此具有两种基本的物化形态:一是形成既有物质形态又有文化符号并用于交换的文化产品,如书画、摄影、音像、工艺制品等;二是以交换为直接目的向社会提供劳务形态的文化服务,它除了传统的艺术表

---

①⑤ 转引自孙剑峰:《全球化时代文化产业的内涵与本质特征》,《中共浙江省委党校学报》,2006年,第6期。

②④ 转引自蔡尚伟等:《文化产业导论》,复旦大学出版社,2006年,第5页。

③ 同上书,第6页。

⑥ 花建:《创新·融合·集聚——论文化产业、信息技术与城市空间三者间的互动趋势》,《社会科学》,2006年,第6期。

演外,还包括文化设计、经纪、策划、咨询、公关、代理等广泛的文化服务①。

那么,具体来说,文化产业包括哪些内容呢?我国文化部《关于支持和促进文化产业发展的若干意见》将演出业、影视业、音像业、文化娱乐业、文化旅游业、网络文化业、图书报刊业、文物和艺术品业以及艺术培训业等九大行业门类纳入文化产业的管理范围。国家统计局在2004年《文化及相关产业统计分类》中,确定文化及相关产业的范围分为"核心层"、"外围层"和"相关层"。核心层包括新闻、书报刊、音像制品、电子出版物、广播、电视、电影、文艺表演、文化演出场馆、文物及文化保护、博物馆、图书馆、档案馆、群众文化服务、文化研究、文化社团、其他文化等;外围层包括互联网、旅行社服务、旅游景点文化服务、室内娱乐、游乐园、休闲健身娱乐、网吧、文化中介代理、文化产品租赁和拍卖、广告、会展服务等;相关层包括文具、照相器材、乐器、玩具、游艺器材、纸张、胶片胶卷、磁带、光盘、印刷设备、广播电视设备、电影设备、家用视听设备、工艺品的生产和销售等。

就各国对文化产业的界定来看,在英国,其创意产业包括广告、建筑、艺术和文物交易、手工艺品、(工业)设计、时装设计、电影和录像、互动性娱乐软件、音乐、表演艺术、出版、电脑软件及电脑游戏、广播电视等十三个行业。从英国所界定的创意产业范围来看,除建筑与设计外,其他门类与我国文化产业所界定的范围基本是一致的。日本政府则认为,凡是与文化相关联的产业都属于文化产业。除传统的演出、展览、新闻出版外,还包括休闲娱乐、广播影视、体育、旅游等,他们称之为内容产业。韩国所说的文化产业,主要指与文化内容产品开发、制作、生产、交流、消费有关的服务业。美国相关机构研究认定的文化产业内容则主要包括三方面:(1)文化遗产古迹和艺术创作;(2)艺术表演和展览活动;(3)艺术家②。而其他被我国列入文化产业的内容则被划入信息服务业与娱乐业。

综上所述,目前国际社会研究中关于文化产业及其范围还没有一个严格的定义。由于国情和文化背景的差异,各国对文化产业的内涵有不同的理解与认识,加上因研究目的的不同,确定的文化产业概念和统计范围宽窄也不一,差别较大。比如,澳大利亚、日本、英国关于文化产业的口径范围相对较宽,而联合国教科文组织和加拿大等口径范围则相对狭窄一些。尽管如此,但文化产业统计范围的总体框架上仍有较大的共识,即认为文化产业是以文化遗产古迹、文化艺术和休闲娱乐为主体而引发的一系列生产、销售

---

① 张曾芳、张龙平:《论文化产业及其运作规律》,《中国社会科学》,2002年,第2期。
② 国际统计信息中心课题组:《国外关于文化产业统计的界定》,《中国统计》,2004年,第1期。

和服务活动的产业群。

因此,在确定文化产业概念和范围的时候,有研究者认为,应该注意以下几个方面:其一,要服务于文化政策目标和研究目的的需要,应根据制定政策的具体需要建立文化产业统计框架。其二,应以国家标准产业分类、标准产品分类为基础建立文化产业统计口径范围,这是开展文化产业分析研究的前提。其三,尽量按国际一般惯例确定文化产业概念和范围,增强国际可比性;同时,还要考虑我国国情,满足文化产业发展的需要[1]。

第二节 文化事业的界定

文化产品作为一种社会产品,具有天然的社会属性,它内在地规定:文化的存在与发展不仅仅是对于个人的、群体的或经济的、政治的意义和作用,更主要是对于整个社会存在的意义和作用;文化活动及其产品不是单一的个体行为或群体行为,也不是纯粹的经济行为或政治行为,它有着广泛的外部性、社会性[2]。因此,如果将文化的发展全部交给市场来解决,对于那些市场边缘或者远离市场的群体而言,这将意味着灾难。按照我国1984年对事业单位的界定,凡是那些"为国家创造或改善生产条件,从事为国民经济、人民文化生产、增进社会福利等服务活动,不是以为国家积累资金为直接目的的单位"[3]都被认为是事业单位。这一界定放在当前环境下的解释即事业单位偏重于满足的是社会的公共需求或者政党、国家的意识形态宣传的需求,不以营利为目的。或者说相对于文化产业以经济性目标为诉求,文化事业则以非经济性目标为诉求,但凡属于非经济性诉求的文化产品和服务都可列入这一范围,而提供这类服务的组织我们可以称之为"非营利性组织",包括我们所说的事业单位、行业协会以及民办非企业性文化组织等。

这样,文化事业也就可以分为两个部分,一个是服务于政党或政权宣传的政治宣传型文化事业;一个是服务于社会公众的公益性文化事业。例如,在我国,文化事业具体分为四类:一是如新华社、《人民日报》、《求是》等杂志、省级党报党刊等承担国家喉舌功能的政治性文化事业;二是如作为国粹的京剧、昆剧等民族文化遗产的文化事业单位;三是如公共图书馆、文物馆、博物馆、纪念馆等公益性文化事业;四是如面向社区群众的文艺演出、文化

---

[1] 国际统计信息中心课题组:《国外关于文化产业统计的界定》,《中国统计》,2004年,第1期。
[2] 张曾芳、张龙平:《论文化产业及其运作规律》,《中国社会科学》,2002年,第2期。
[3] 蔡尚伟等:《文化产业导论》,复旦大学出版社,2006年,第11页。

展览活动等文化事业①。从世界范围内来看,关于文化事业的资金来源分为两个类型:一个是国家或政党的财政支持,一个是来自公益性捐助而形成的公共服务基金。就我国的情况而言,由于原有计划经济的惯性作用,文化业表现出管办合一的特征,文化事业投资类型过于单一。尽管伴随着文化业的管办分离,民营资本进入文化产业的空间正逐步扩大,但对于公益性文化事业而言,非国有资本的投资比例依然很低;而且,由于行政力量过于偏好 GDP 的快速增长,仅有的对于文化事业的国有投资额度也明显偏低。这也是我国目前不仅文化事业,而且大多数公益性服务事业都发展乏力的原因所在。科学发展观、绿色 GDP 等理念的提出,正是针对这一不平衡局面带来的问题,也是近年文化事业等公益性服务领域被日益重视的内在动力。

此外,还需要说明的是,尽管上述关于文化事业的范围界定覆盖了文化事业相关的大类,但在文化产业所指向的范围内,凡是那些凭借市场力量难以实现的文化产品的普及活动,都可以列入文化事业的范围。因此,关于文化事业和文化产业的最大区别,在于是否以营利为目的。凡是以营利为目的的,皆可以称之为文化产业,无论它属于哪个文化领域;而那些不以营利为目的的,皆可以称之为文化事业,也无论是属于哪个领域。在英美国家,市场承担资源配置效率提高的任务,在市场失灵的传播空间,政府或社会组织可以为公益性媒体提供庇护,或制定反垄断法、或提供基金支持,保证那些面向社会边缘人群的媒体获得生存和发展的机会。这样管理的结果是商业媒体和公益性媒体共存,大量的非商业媒体在市场失灵的空间内有可能承担起公平传播的义务。例如,纽约文化业在 2000 年的经济贡献超过 120 亿美元之多,其中非营利性艺术事业占纽约整个艺术产业经济贡献率的 30%②。而在 1990 年代的美国,广播电台近 1.2 万座,其中商业性调频电台约为五分之二,电视台 1.4 万家,其中商业电视台约为十分之一③。

从经济演进史来看,市场不是万能的,市场放纵造成的伤害绝不会比计划经济封闭带来的伤害要小,市场、政府和社会组织的协同才是一个完整的市场经济体系。因此,文化产业与文化事业被认为是文化发展过程中两个

---

① 祁述裕:《中国文化产业国际竞争力报告》,社会科学文献出版社,2004 年,第 120 页。
② Rosemary Scanlon, *Supporting the Arts in New York City*, http://www.allianceforarts.org/who-pays-report/whopays-discusspap.pdf.
③ 彭南林、刘琳:《关于传媒集团经营与文化体制改革的几点思考》,《南方论丛》,2004 年,第 2 期。

互有交叉渗透又相互独立的不同形态。

第三节 世界文化产业市场格局

从全球范围看,文化产业的附加值和生产效率等,比制造业和服务业要高得多,文化产业内的很多行业的规模超过了制造业,比如动画产业比造船业规模还大。根据联合国教科文组织的数据,全球文化贸易总额从1980年的953亿美元猛增至1998年的3879亿美元。针对文化产业在经济体系中的重要作用,韩国文化观光部文化产业局局长李普京认为:20世纪七八十年代,世界经济以制造业为中心;20世纪90年代,世界经济以服务业和知识为基础;而21世纪则是以知识产权为基础的内容产业经济,文化内容将成为信息社会发展的核心动力。目前整个世界市场的增长率约为3%,而文化产业的增长率近6%[①]。以美国版权业为例,2001年,美国版权业的产值为约5351亿美元,约占国内总产值的5.24%。在1979—1999年的20年间,美国版权业的国内生产总值年均增长率为6.3%,而同期美国的国内生产总值年均增长率仅为2.7%[②]。因此,现在各国都想把文化产业作为国家发展的战略性产业来扶持。

但文化产业的世界分布格局是不均衡的,文化间的国际贸易绝大部分都是在少数发达国家之间进行的。例如,1990年,日本、美国、德国和英国的文化贸易出口,占全球当年文化贸易出口额的55.4%,而文化贸易的进口额也高度集中于美国、德国、英国和法国,占47%[③]。1995年以后,中国与美国、日本、英国和法国并列为世界文化贸易的五强。尽管如此,由于我国文化贸易主要集中于文教娱乐和体育设备、器材等文化硬件类的出口(位居世界第二位),在文化软件,如电影、音像制品、电视剧、图书出版等产品的进出口贸易逆差依然十分严重。在这样的背景下,中国也在"十六大"提出了发展文化产业的目标。目前,全国超过三分之二的省份提出了建设文化大省(市)的远景目标。这里我们对中外主要的文化产业大国做一介绍,而为全面认识文化产业格局提供国际化的坐标。

美国:美国联邦政府没有设立文化部或相应负责制定和实施文化政策的部门,指导文化产业发展的理念是自由市场原则。在美国产业统计的类别中,也没有将文化产业单列,我们所谓的文化产业,在美国主要包含在信

---

① 李普京:《韩国:保持文化独立性》,《人民日报》,2005年4月1日。
② 徐迅:《创意产业理论和观点综述》,http://tech.sina.com.cn/it/2006-06-21/17471001780.shtml。
③ 转引自欧阳坚、丁伟主编:《国际文化产业发展报告》,商务印书馆,2005年,第2页。

息产业和艺术、娱乐、休闲产业两大类中,主要包括表演艺术与视觉艺术、媒体影视业、新闻出版业、文字印刷和网上发行、音像制品业、电子游戏业、博彩业等。2002 年的统计数据显示,信息产业中文化产业部分年产值为 9 121.63 亿美元,艺术娱乐业为 1 425.73 亿美元①,合计 10 547.36 亿美元。美国目前是世界第一大文化产业强国,文化产业在其国内产业结构中位居第二,仅次于排在首位的军事工业,在出口方面则是第一大产业。这也是美国自从失去机器制造业的国际领导地位之后,重新寻找到的一个世界经济制高点。

按照 2002 年的统计数据来看,出版业以 2 398 亿美元位居信息产业中的文化产业的第一位,占了 60% 的份额,其次是广播电视业,753 亿美元,占 19%,电影业 620 亿美元位居其后,占 15%②。因此,美国的出版业、广播电视业和电影业是美国文化产品向世界市场进军的龙头。2000 年全球电影业收入 1 800 亿元,票房收入 214 亿元,其中美国占 35%③。2000 年 1 月的统计数字显示,全球共有 21 500 家电视台和 44 000 家电台,而美国电视台占据了全球总数的 59%,电台则占 30%;同时,美国还是全球最大的出版物市场和全球最大的图书出口国,其销售额占全球出版市场的三分之一④。美国主要的电影公司包括 20 世纪福克斯、米高梅、派拉蒙、哥伦比亚三星、威望迪环球娱乐、华纳兄弟和迪斯尼,此外,还造就了好莱坞这样的国际电影生产基地,全球上映的电影大约 85% 是由好莱坞制造的⑤。

在艺术、娱乐、休闲业的产值统计中,最大的一部分是表演艺术团,产值为 464.9 亿美元,占 37%,其次是观赏体育,219.18 亿美元,占 18%,演艺中介与人才经纪人以 158 亿美元位居第三位,占 13%;近年兴起的休闲娱乐业占 2%,但也达到了 21.64 亿美元⑥。此外,美国的博彩业也是全球闻名,著名的拉斯维加斯、大西洋城等世界著名赌城吸引来自世界各地的人群,并形成了融赌博、旅馆、餐饮、旅游和娱乐为一体的新兴产业。2001 年全美博彩业总收入为 383 亿美元,其中 67% 为商业性博彩收入⑦。

---

① 转引自欧阳坚、丁伟主编:《国际文化产业发展报告》,商务印书馆,2005 年,第 60—63 页。
② 同上书,第 61 页。
③ 同上书,第 47 页。
④ *Statistical Abstract of the United States: 2004 - 2005*, U. S. Census Bureau, U. S. Department of Commerce, pp. 711 - 721.
⑤ 转引自欧阳坚、丁伟主编:《国际文化产业发展报告》,商务印书馆,2005 年,第 21 页。
⑥ 同上书,第 63 页。
⑦ 同上书,第 47 页。

日本:在日本,文化产业统称为娱乐观光业,主要包括以下部分:(1)电影制作及放映、展览、音乐及戏剧演出等文化艺术业;(2)报纸、杂志与图书出版、电视与广告、网络等信息传播业;(3)体育与健身业;(4)休闲娱乐业;(5)旅游观光业。1995年,日本确立了文化立国方略;2001年,日本开始全力打造知识产权立国战略,明确提出了十年内把日本建成世界第一知识产权国;2003年制定了观光立国战略,计划到2010年吸引到日本旅游的外国客人达到1 000万人,比2001年提高一倍[1]。为了保证"文化立国"战略目标的实现,日本于2001年12月公布实施了《振兴文化艺术基本法》,日本文化审议会又于2002年12月制定了《有关振兴文化艺术的基本方针》,从而确定了此后五年日本振兴文化艺术的基本方向和国家应当承担的责任。目前,日本是仅次于美国的第二大文化产业强国,其文化产业的规模比电子业和汽车业更要庞大,以漫画、动画、游戏软件等为主要产业代表,其中,动画产业占世界市场的62%,游戏领域则占世界市场的三分之一[2]。2004年世界的内容产业市场规模为136兆日元,日本的内容产业规模是14.0兆日元(美国的文化产业市场规模是34.1兆日元,中国的文化产业市场规模是2.1兆日元),约占世界市场的10%,其市场规模之巨大仅次于美国,居世界第二位。其中,影像业占4.7兆日元(占构成比35.5%)、音乐业占1.9兆日元(13.9%)、游戏业占1.7兆日元(8.0%)、出版业占5.7兆日元(42.6%)[3]。近年来,日本数字内容产业获得了突飞猛进的发展。日本数字内容协会在《2004年日本数字内容白皮书》中报告,日本数字内容产业爆炸性增长,2001年数字内容产业规模为1.9兆日元,2004年为2.4兆日元,占内容产业总额的17%,其中最具有代表性的日本数字内容产业为动漫、游戏以及手机下载的动画和音乐等。日本经贸部预计到2010年该产业市值将突破6.3兆日元[4]。

日本动漫产业有着国内市场的强有力支持。日本经济贸易产业部(Ministry of Economy, Trade and Industry)公布的数据显示,2004年在影剧院观看动画片的观众达到了20 649 179人次,比上年增加了近80%,占观众总人次的18.7%。日本动漫迷们将他们的可支配收入的大约13%用在

---

[1] 转引自欧阳坚、丁伟主编:《国际文化产业发展报告》,商务印书馆,2005年,第10页。
[2] 李普京:《韩国:保持文化独立性》,《人民日报》,2005年4月1日。
[3] 泷泽意伲:《日本文化产业的发展与启示》,《国际贸易》,2006年,第10期。
[4] 曾红颖:《重视发展信息内容产业》,《信息与研究》,国家计委宏观经济研究院主办,2005年,第24期。

了动漫产品的消费上①。在整个日本的出版物中,漫画作品占了 40%,漫画杂志达 350 种,平均每天有 25 本漫画单行本问世。仅 2001 年,日本发行漫画杂志就达 15.947 5 亿册,单行本 7.835 亿册,纯利润 5 864 亿日元(相当于人民币 350 亿元)②。而漫画还带动了其他相关商品的制作与消费,如漫画中主人公的服饰,漫画中人物、动物造型的食品和生活用品、体育用品、玩具等,销路很广。此外,漫画杂志和单行本漫画又为电影、电视动画片、电子游戏等提供了素材。2004 年日本本土出品的电影票房收入前 20 位中,动画影片有 10 部,占到了 50%,每部影片的票房均超过 10 亿日元③。此外,海外发行也是其收入的重要来源。2004 年到 2005 年期间日本在海外发行的主要动画电影有《哈维尔的移动城堡》、《无罪》、《蒸汽男孩》,其中的《哈维尔的移动城堡》已经在 50 个国家发行。日本大部分动画产品的出口地首选是美国。例如,仅 2003 年 3 月,就有 20 部动画片在美国电视台播放。2003 年销往美国的日本动画片以及相关产品的总收入为 43.59 亿美元,是日本出口到美国的钢铁总收入的四倍④。

另外,还值得一提的是日本的报刊业。在世界日报发行量排行榜上,日本的报纸占据了前五名,其中,《读卖新闻》、《朝日新闻》是世界上现有发行量超过 1 000 万份仅有的两份。世界报业协会 2006 年数据显示,从每千人拥有报纸份数看,日本超过挪威,成为全世界人均买报纸最多的国家,平均每千人买报纸 634 份;第二位的挪威为 626 份⑤。而这一数字正是一个国家或者地区发达程度的一个重要指标,联合国教科文组织对发展中国家提出的发展目标是 2000 年达到千人日报拥有量为 100 份。因此,日本堪称是世界上报业最发达的国家。相比较而言,尽管我国日报的总发行量号称已经位居世界第一位,但我国日报的千人拥有量继 2003 年首次突破 70 份,2004 年达到 75.86 份,仅有 6 个省市的千人日报拥有量超过了 100 份。其中,情况最好的北京、上海两地的千人日报拥有量也仅有 274.2 份和 268.1 份⑥。很显然,我国报刊业与发达国家相比,尤其是日本,还有十分巨大的差距。

---

①③④ 转引自姚林青:《日本动漫产业的现状分析》,http://www.mediachina.net。
② 泷泽意伲:《日本文化产业的发展与启示》,《国际贸易》,2006 年,第 10 期。
⑤ 陈中原:《世界报纸发行量和广告收入双增长,中国是世界最大报业市场》,http://media.people.com.cn。
⑥ 国家新闻出版总署报刊司:《2005 中国报业发展年度报告》,http://media.people.com.cn。

英国:文化产业在英国被称为是创意产业,包括广告、建筑、艺术和文物交易、手工艺品、(工业)设计、时装设计、电影和录像、互动性娱乐软件、音乐、表演艺术、出版、电脑软件及电脑游戏、广播电视等13个行业。1997年,英国文化、媒体和体育部成立专门任务小组,就文化创意产业的持续发展提出建议,提出把文化创意产业作为英国振兴经济的聚焦点,把推广文化创意产业作为拯救英国经济困境的有效方法。1998年出台的《英国创意工业路径文件》中更明确地提出了"创意产业"的概念。要求政府"为支持文化创意产业而在从业人员的技能培训、企业财政扶持、知识产权保护、文化产品出口等方面"做出积极努力。英国文化、媒体和体育部发布的《2001年创意产业路径文件》的数据显示,英国创意产业当年的产值约为1 125亿英镑,在英国国内生产总值中所占的份额超过5%,超过制造业对国内生产总值的贡献;就业人口为130万;出口额为103亿英镑,在1997—2001年间,年均增长率为15%,远远高于同期4%的英国所有产业出口的年均增长率。1997—1998年,英国经济的增长率不到6%,而创意产业产值的增长率则高达16%[1]。英国是最早提出"创意产业"的国家。目前,文化创意产业不但是英国仅次于金融服务业的第二大产业,更是雇佣就业人口最多的产业。其中,伦敦是英国创意产业的集聚区:它的创意产业的艺术基础设施占了全国的40%,由此集中了全国90%的音乐商业活动、70%的影视活动;英国三分之一以上的设计机构都位于伦敦,产值占设计产业总产值的50%以上;同时,伦敦也是英国的游戏产业中心。因此,伦敦又被视为英国的"创意之都"[2]。

英国创意产业的问题在于,该行业因为过于强调竞争的作用,对垄断的控制极为严格,这导致该行业从业者多为中小企业,其发展中往往会遇到缺少资金、研发投入不足、无力开拓海外市场等问题。据Inter-Departmental Business Register (IDBR)统计,2000年英国文化创意产业的企业有122 000家,约占企业总数的7.6%。其中四分之三集中在两个范畴:软件与计算机服务业、音乐、视觉和表演艺术。产业产值分布见图1[3]:

---

[1] 徐迅:《创意产业理论和观点综述》,http://tech.sina.com.cn/it/2006-06-21/17471001780.shtml。

[2] 参见《伦敦经验:如何建设全球创意中心》,《文化创意产业通讯》,中国人民大学产业管理处主办。

[3] 转引自深圳科技情报研究所:《文化创意产业发展报告》,《科技情报信息》,2005年3月28日。

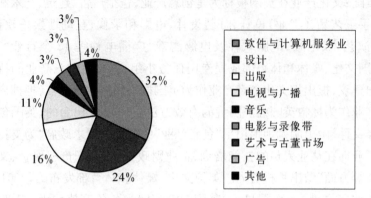

图 1　英国创意产业产值分布(2000 年)

韩国：韩国是亚洲文化产业的后起之秀。1997 年亚洲金融危机后，韩国将文化产业作为 21 世纪发展国家经济的战略性支柱产业，1998 年，韩国政府正式提出"文化立国"的战略，将文化产业作为 21 世纪发展国家经济的战略性支柱产业予以大力推进。韩国是继日本 1995 年提出"文化立国"方略后，又一个通过实施国家战略发展文化产业的国家。先后推出《文化产业振兴基本法》、《文化产业发展推进计划》，明确了文化产业的管理法规和未来规划；同时，设立"文化产业振兴院"和"文化产业振兴局"等机构，并专门拨出巨额资金，对文化内容产业进行扶持。韩国政府认为文化内容产业是作为与文化产品的开发、制作、生产、销售、消费等有关的服务产业，是与音乐、动画、游戏、电影、卡通、漫画、广播有关的产业。随着韩国政府文化全球化发展目标的布局——"深化"、"扩散"、"潜在"——步步深化，韩国文化产业每年以 30%至 40%的速度高速增长，在亚洲以外的区域也开拓了一定的市场空间。到 1999 年，韩国文化内容产业规模达到 171 亿美元，2003 年增长到 310 亿美元。表 1 是韩国文化产业经济规模分布，从中我们可以看到广播电视、卡通艺术与电脑游戏占据了前三位。

从 1997 年开始，韩国电视节目的出口每年以 33%的速度递增，其中有 19%左右的节目是销往中国，电视剧作为一个类型主宰着这个市场[1]。据韩国文化观光部统计，韩国电视节目出口额自1999年的761.5万美元，到

---

[1] Moon Haeng LEE, *Strong Presence of Korean Drama in Asia Oriental Television Forum: Media New Economy A Conversation between China and the World*, *Thesis Album*, 2005.

表1:韩国文化产业经济规模分布①　　　　单位:亿韩元

产业类型	1999年	2000年	2001年	2002年
广播电视	35 800	50 574	64 000	73 000
卡通艺术	10 985	15 379	23 069	52 771
电脑游戏	9 014	11 134	14 454	34 026
电影录像	7 982	7 962	10 350	12 047
漫画动画	3 000	2 534	3 294	9 683
唱片音带	3 800	4 104	4 925	6 861
合　　计	70 581	91 687	120 092	188 388
海外出口	2002年5亿美元,2007年目标百亿美元			

2003年已经达4 300万美元,其中韩剧占86%(约3 698万美元)②。出口市场除中国内地外,还有日本、港台、东南亚等亚洲国家与地区,一些经典剧目远销俄罗斯、埃及和阿拉伯半岛。价格方面,以中国内地电视剧市场为例,从2001年到2005年间,不仅引进基数逐年增加,而且价格也上涨了15倍之多。2002年前后,韩剧占据了台湾近70%的市场份额,而按照有关规定,台湾电视台播放的影视剧至少应该有70%是台湾本土的影视作品③。2006年韩国电视剧出口减少了15.5%;每集出口价格则降低了11%。其中,日本从2005年的60.1%减少到39.1%;台湾从11.4%减少到1.9%。尽管韩剧的国际贸易遭遇挫折,但包括韩剧和综艺节目在内的所有广播电视节目的出口,却比去年增加了31.1%。

韩国游戏产业也是发展中的一个亮点,目前韩国占世界游戏市场的5.3%。2002年韩国游戏产业的市场规模仅为3.4兆韩元,2003年,就达到了33.89亿美元,其中网络游戏收入为3.97亿美元,居亚太地区首位④。据《2005年大韩民国游戏白皮书》数据显示,2004年韩国网游高速增长,增

---

① 参见《韩国文化产业统计》,韩国文化观光部网站:http://www.mct.go.kr。
② 张国涛:《本土生产与国际传播:试析韩剧的生产机制与传播策略》,《南方电视学刊》,2005年,第5期。
③ 孟静:《来势汹汹的韩剧》,《三联生活周刊》,2005年,第1期。
④ 《韩国文化产业探微》,《中国文化报》,2005年1月14日。

幅高达 31.5%,产值高达 1.018 6 万亿韩元,在历史上首次突破 1 万亿大关,占全部游戏销售额的 61.9%。在游戏进出口方面,出口达到 3.88 亿美元,进口达到 2.5 亿美元,贸易顺差为 1.82 亿美元。在主要出口地区方面,对中国内地的出口占 39.5%,居第一位;对日本的出口占 24.9%,居第二位;对中国台湾的出口占 17.9%[①]。

韩国文化产业形成了自己的发展模式,其特点表现为:(1) 实行"选择与集中"的基本政策,集中力量支持重点产业和重要项目,培育战略性文化产业;(2) 在组织管理、人才培养、资金支持、生产经营等方面加强机制建设,对文化产品的研发、制作、经销、出口等环节实施系统性扶持;(3) 积极开拓国际市场,把以中国、日本为重点的东亚地区作为文化产业登陆世界的台阶,集中力量开发具有国际竞争力的高质量文化产品;(4) 加强流通现代化建设,畅通文化产业的国内和国际市场;(5) 在文化产业相关领域设立一套奖励措施,促进相关文化产业的发展[②]。

中国:我国文化业的发展是沿袭计划经济时代政府"管办合一"的模式,直到新时期以来,才逐步向管办分离的模式演变,并逐步形成文化产业与文化事业并列发展的新格局。文化部将演出业、影视业、音像业、文化娱乐业、文化旅游业、网络文化业、图书报刊业、文物和艺术品业以及艺术培训业等九大行业门类纳入文化产业的管理范围。2002 年 11 月,中共"十六大"报告首次将文化产业确定为社会主义文化建设的重要内容,将文化建设与文化体制改革并置,提出要积极发展文化事业和文化产业,完善文化产业政策,支持文化产业发展,提高我国文化产业的整体实力和竞争力。这一变化,为我国文化产业的发展提供了前所未有的机遇。全国各地几乎是三分之二的省份都提出来建立文化大省,几乎所有的省都已经把发展文化产业列为"十一五"规划的一个重点。2006 年 9 月,首个《国家"十一五"时期文化发展纲要》颁布,提出的优化文化产业布局和结构的设想是:以建设文化创意产业中心城市为核心,加快产业整合,形成长江三角洲、珠江三角洲和环渤海地区三大文化产业带;积极发展我国西南、西北地区等具有鲜明地域和民族特色的文化产业群;推进科学技术在文化领域的应用,加快文化产业优化升级步伐,促进我国文化产业加入国际文化产业分工体系,不断提高国际化水平。2006 年 5 月,国家统计局首次发布的我国文化产业统计数据显示,2004 年我国文化产业实现增加值 3 440 亿元,占 GDP 的 2.15%。这一

---

① 《每周韩国》,韩国驻华大使馆新闻处出版主办,2005 年,第 25、19 期。
② 李普京:《韩国:保持文化独立性》,《人民日报》,2005 年 4 月 1 日。

数字与发达国家相比,差距还很大,例如,在美国文化产业占 GDP 的比重为 18% 至 25%,日本这一数字为 7%①。从法人单位所有制类型看,公有资本与非公有资本之比为 51:49,其中国家绝对控股的占 7.4%,相对控股的占 0.6%,国有控股的文化企业在单位数量上已经不占优势,我国文化领域投资主体多元化的局面已经形成②。图 2 是作为文化产业核心层的传媒产业在 2005 年的市场规模分布图,其中,图书出版、电视广告、手机短信位居前三位。

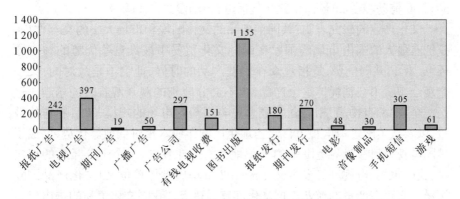

图 2　2005 年中国传媒产业细分市场规模③(单位:亿元(RMB))

根据联合国教科文组织数据,从 1996 年开始中国成为世界上文化贸易的五大国之一。全球文化产品出口的美、日、英、德和文化进口的美、日、德、法"四强逐鹿"态势,逐渐变成由中国参与的"五强争霸"。但是目前中国出口的大部分文化产品是文化娱乐的光盘、磁带、用品、玩具和器具等,中国文化内容产品和服务贸易的出口还是弱项。从国际市场与国内市场的协调发展来看,电影业是我国文化产业走入国际市场的楷模。从 2001 年到 2006 年,在五年的时间中电影的生产容量增加将近 4 倍,5 年中平均年增长率在 31%,高过了广播电视和其他文化产业的任何一个行业;同时,国内票房达到 26.2 亿元,海外票房与版权收入也达到 19 亿元,基本做到了国内国际两个市场的均衡发展。2006 年中国内地的电影产量达到 330 部,仅次于印度(800 多部)、美国(近 600 部)、日本(350 部),居世界第四位④。与此相对的

---

① 转引自李京文:《中国文化产业发展的现状、走势及政策选择》,《沿海企业与科技》,2006 年,第 10 期。
② 数据来源:《2007 年:中国文化产业发展报告》,社会科学文献出版社,2007 年,第 4—5 页。
③ 崔保国:《2006 年:中国传媒产业发展报告》,社会科学文献出版社,2006 年,第 6 页。
④ 数据来源:《2007 年:中国文化产业发展报告》,社会科学文献出版社,2007 年,第 107—130 页。

是电视节目行业。2005年,作为我国(不包括港澳台地区)电视节目市场成熟度最高的电视剧生产量已超过12 000集,成为世界上电视剧生产规模的第一大国;电视剧制作机构已从2000年的400多家发展为现在的2 700多家①。但中国电视剧却难以称雄海外市场,反而出现了中韩两国文化产品逆差比例是1∶10左右的尴尬,中国目前成为韩国文化市场最大的消费国,韩剧《大长今》尽管在晚10点才播出,却几乎逼近年度电视剧的最高收视率②。动画方面,据统计,在中国青少年最喜爱的动漫作品中,日本动漫占60%,欧美动漫占29%,而国产(包括港台)动漫只占11%③。

　　文化产业的研究表明:共同消费品的文化贴现和市场大小的交互作用,是拥有最大的国内市场的国家在国际文化贸易中最具竞争优势的核心原因④。所谓共同消费,是指观众在消费产品的时候,他们不是敌对的:某一个观众观看不会消耗掉这个产品,也不会分散别的观众观看时的乐趣。这是一个和"私有物品"相对立的概念。美国国内市场的规模、节目制作的数量,以及从美国进口电视节目比当地生产制作成本相对低廉等优势,促成了美国电视节目在世界范围内的支配地位。但在我国,一个十分矛盾的现实是:我国报刊、电视剧等多类文化产品产量均居世界首位,但文化产品国际贸易一直存在严重的逆差。据文化部官员透露,"我国文化贸易的进出口存在严重逆差,前几年的粗略估算显示,进口和出口的比例大约是10∶1,目前这个差距可能会更大"⑤。同时,我国具有大国市场的特征,但关于东方文化的国际化产业开发却落后于日、韩,甚至美国。这与中国在国际上的经济、政治和文化大国的地位极不相称。我国文化产业的国际贸易表现出的这种"大国规模,小国贸易条件"的特征,其原因何在呢?在对我国文化产业发展影响因素的调查中,传媒体制和传媒政策被认为是我国文化产业发展的首要制约因素。在14个国家文化产业国际竞争力排名中,我国政府行为综合竞争力排名第13位;其中,传媒政策的"透明度"、"健全性"和"科学

---

　　① 张乐:《我国成世界第一电视剧生产大国,投资创作繁荣》,新华网(http://www.xinhuanet.com,2006年5月30日)。
　　② 勾晓峰:《国产电视剧海外市场愈走愈窄,尽显"文化逆差"》,《经济参考报》,2005年12月21日。
　　③ 转引自黄升民:《2004—2005年中国动画产业发展报告》,《2006年中国文化产业蓝皮书》,中国社科院哲学研究所网站(http://philosophy.cass.cn/org/zxin/whzxin/lbs/06/06ml.htm)。
　　④ 考林·霍斯金斯等著:《全球电视和电影产业经济学导论》,刘丰海、张慧宁译,新华出版社,2004年,第56页。
　　⑤ 周婷玉、周玮:《我国文化贸易严重逆差,观念滞后是主因》,《中华工商时报》,2006年4月19日。

性"三项指标得分均为最低①。打破源于计划经济体制的国有经济的垄断,建立一个全国性的、以公平竞争为基础的文化产业市场体系,引入多元化的资金进入文化产业;同时,政府作为产业运行的守护者,以政策法规为竞争搭建公平的舞台,这些或许都是中国文化产业真正兴起所需要补的课程。

第四节 风险投资基金

风险投资(venture capital)又称创业投资基金,它通过集合投资筹措资金,以组合投资方式分散投资风险,通过管理增值赚取利润。它是投向无形资产的一种权益资本,具有高风险、高利润、流动性差、无抵押担保要求、着眼于长期性和未来的特点。美国全美风险投资协会将风险投资定义为:风险投资是职业金融家投入到新兴的迅速发展的有巨大竞争潜力的企业中的一种权益资本②。一般而言,其投资主体可以是政府、企业、民间投资、外资、科研单位。投资对象包括两类:一个是高新技术企业,一个是处于创业期间的企业,也有人认为是处于创业期的高新技术企业。从风险投资广义上的概念出发,风险投资的对象应不仅仅局限于高新技术,而是处于创业期的具有潜力的企业,尤其是具有创业性质的中小企业。风险投资过程包括融资、投资、风险管理和退出四个阶段。退出阶段是风险资本变现和撤出渠道,其顺畅与否,在很大程度上决定了风险投资对投资者的吸引力。

文化投资一般有两大形式:一是产业投资,二是风险投资。所谓产业投资,是指对有市场前景的文化经营项目进行投资,在文化产品和商业服务通过市场出售之后,获得投资的超值回报,它看重的是迅速扩大市场的占有率和销售后产生的利润,是一种基于价值理念的投资,具有长期性。而风险投资与产业投资不同,是对文化企业的盈利和管理能力进行投资,通过证券市场和产权交易市场出售股权,或者自行转让股权之后,兑现投资的盈利。它看重的是资本的快速扩张和市场值的不断提升,更多时候是一种可进可退的短期或中短期投资。

那么,风险投资近年何以对文化产业显示出高度的热情?这是因为文化产业具有较高的成长性,同时,它又是依托人的精神创造力为基础,属于人力资源密集型产业类型,尤其是近年兴起的以互联网为代表的新媒体,更是将创业者的智慧发挥到了极致;而兴盛于英国的创意产业更是如此。风险投资作为一种新兴的投资方式,改变了以往资本雇佣劳动的关系,而更多

---

① 祁述裕:《中国文化产业国际竞争力报告》,社会科学文献出版社,2004年,第37页。
② 参见闫冰:《国际风险投资理论综述》,《经济纵横》,2006年,第2期。

表现为劳动雇佣资本的关系，创业者凭借智慧力量，寻求与资本的合作。作为典型的以精神创造力为核心的文化产业来说，创新性要求远远高于其他行业，其面临的风险也要高于其他行业，选择风险投资方式发展文化产业体现了文化与资本共担风险、共同发展的双赢价值诉求。1998年摩根斯坦利《全球投资报告》中对11种产业中的企业成长为世界级有竞争力的大企业所需年限作了统计分析，通过分析，发现传媒产业所需年限为8年，其收益远远快于医药、日常消费品、银行、电力、能源和建筑等行业。而对于以互联网为代表的新媒体来说，8年也许还是一个过长的时间，1999年11月创办的以网络游戏为主营业务的盛大网络，借助软银亚洲基金提供的4 000万美元的风险投资，于2004年5月在美国纳斯达克上市，其资产迅速超过了10亿元。以进入中国最早、也是最成功的风险投资商IDG(国际数据公司)为例，该公司自从投资了搜狐、百度、腾讯等数十个互联网项目后，获得了5倍的盈利，投资回报金额达到10亿美元。以百度为例，IDG在1999年投入120万美元拥有了百度4.9%的股份，2005年百度在美国纳斯达克股市上市后股价迅速攀升至每股150美元。按此价格计算，IDG单此一项投资即可获得1亿美元的收益[①]。

根据资源条件、制度基础、市场规模、科技知识积累以及经济发展阶段等存在不同，国外研究把风险投资发展模式分为三类：证券市场中心型、银行中心型和政府中心型。总体上，美国、英国风险投资主要是以其发达的资本市场为基础，日本、德国属于银行中心型的创业投资模式，对于以色列、韩国等一些风险投资后起国家，政府发挥着较大作用。

美国的文化产业风险投资已经形成了一个由风险资本家、风险投资家、各种中介机构组成的高效运作的市场。风险文化企业都具有较强的市场意识，善于通过资本市场为自己的新产品、新技术寻找资金的支持，同时也通过市场中风险资本家的职业眼光，检验自己的创新设想，保证创新企业能够比较健康、快速地发展。政府不再参与具体运作，只是通过制定法律和政策调控资本市场的发展，规范市场行为。具体而言，美国和英国风险投资介入文化产业方式还存在明显不同。美国主要采用"赤字模式"，即在新产品开发中，风险投资者和制作者分担投资风险，投资者可以获得该产品的使用权，而制作者因承担部分市场风险而享有产品的二级和三级销售权。英国则是"成本附加模式"，即投资者委托制作者制作产品并支付全部费用，并预付利润（10%），作为回报，投资者不仅可以获得初级权利（如节目首播权），

---

① 见周正兵：《我国文化产业的风险投资研究》，《中国创业投资与高科技》，2006年，第2期。

还可以获得大部分二级权利(如多次播放、影碟发行权等)。两种模式因创新者承担的风险不同而享有不同的权益,从而形成对创新者不同的激励。

而韩国表现出的则是国家资本与私人资本相结合的风险投资运作模式。1997年亚洲金融危机爆发后,财阀集团在国民经济中的地位逐渐下降,政府积极扶植中小企业。尤其是在风险投资中小企业的政策引导下,中小企业逐步开始取代财阀集团在国民经济中的主导地位。以高科技密集为特征的风险投资中小企业给韩国以往比较臃肿与僵化的产业结构注入新的活力。就文化产业而言,韩国文化产业的投融资体制从"文化产业专门投资组合"开始。这是以动员社会资本为主,官民共同融投资的运作方式。文化产业振兴院2000年至2001年两年期间,成功运作"投资组合"17项,共融资2 073亿韩元,其中,政府350亿韩元,民间1 723亿韩元,并计划以后每年通过"投资组合",至少融资1 000亿韩元。以电影业为例,1997年11月,韩国通商事业部宣布电影业及相关产业属于风险投资产业,到了2001年,韩国电影振兴公社通过"电影专门投资组合"融资3 000亿韩元,为韩国电影业的振兴提供了重要的资金保障。如今,风险投资已经成为韩国电影业的"孵化器"和"引擎"[1]。

风险投资在中国的发展,大约有近20年的历史,大体分为四个阶段:第一个阶段从1985年到1997年,大多数人都还不了解风险投资这个概念;第二个阶段从1998年到2000年,随着新浪、搜狐、网易的出现,很多企业开始了解并涉足风险投资;第三个阶段是从2001年到2003年,网络经济遭遇低潮,风险投资在全球,也包括中国,开始变得更为谨慎;第四个阶段是从2004年到现在。首先是美国搜索引擎巨头Google在2004年的成功上市,引发了网络IT业和风险投资业的又一个全球性热潮。在中国,则是随着携程网等十几个网络公司在美国纳斯达克的成功登陆,创业投资在逐步成熟的过程中也随之步入一个高潮时期。目前,中国的风险投资业已形成年投资额100亿人民币左右的规模[2]。创业投资企业考察目标企业,最主要还是看其是否具有高成长性,其次退出机制如何。在很多情况下,创业投资最关心的还是这个公司是否能有机会上市[3]。因此,在中国运作的风险投资主要集中于以互联网为代表的新媒体行业,其次是电影业。这也是为何中国新媒体行业和电影业国际化水准较高的主要原因所在。不同于1998、1999年风险投资企业更愿意做前期投资,2005年以来,70%—80%的风险

---

[1] 周正兵、李娟:《韩国电影业的风险投资》,《银行家》,2006年,第3期。
[2] 见周笑:《中国文化产业与风险投资问题研究》,《视听界》,2006年,第5期。
[3] 傅璇:《风险投资为何关注中国传媒业》,《国际融资》,2005年,第2期。

投资都集中在中后期,希望以此来规避风险。这将使自主创新面临市场失灵的风险,引入风险投资的初衷被改变,对成功商业模式跟风式的复制,成了一种典型的发展策略,且蔓延到整个文化产业。2005年"超级女声"的成功,引发了2006年全国对电视真人秀节目的狂热追捧,其深层原因也即在此。

2005年风险资本量的60%集中在北京、上海和深圳三个地区,其中排在首位的北京占33%,第二位上海为10%,第三位深圳为6.8%。同时,目前全国三分之二的省份提出了建设"文化大省"的发展目标,这将导致各地文化产业创新对风险投资资源的竞争将空前激烈。在这一背景下,打造文化产业高地首先是打造风险投资资源竞争优势,这将是文化产业实现率先创新的关键。2006年,中国风险投资行业被认为"将出现拐点,进入新的发展阶段",如何抓住这一机遇将变得对中国文化产业发展极其重要。

第五节 文化产业的集群效应

产业集群是指在某一特定区域内的一个特别领域,存在着一群相互关联的公司、供应商,关联产业和专门化的制度与协会①。对集群功能的早期研究仅集中于降低交易成本等,但哈佛大学商学院教授迈克尔·波特的深入研究表明,集群最重要的功能是改善创新的条件;而且,"钻石体系的基本目的就是推动一个国家的产业竞争优势趋向集群式分布"②。"钻石体系"是指迈克尔·波特在其《国家竞争优势》一书得出的结论,作者认为各国产业国际竞争力的差异,源于生产要素、市场需求、相关与辅助产业、企业的策略、结构,及竞争对手、政府与机遇因素的不同。该结论被称为"钻石理论",并成为当代国际竞争力研究的主流框架。与我国当前行政力量主导的集团化以追求规模扩张、强化区域壁垒为目标不同的是,集群主导的创新网络更强调要素的自由流动、聚合与集体创新。集群既是一种经济发展的思考方式,又是引起变革的一种手段:它对外以产业集群为单位参与竞争与合作,内部则形成大中小共生、规模与竞争均衡发展的格局。文化产业集团在集群的生态系统中处于中枢地位,通过集团与中小传媒的互动,能够有效地解决创新规模经济性与创新活力之间的矛盾,因而更加富有效率和创新动力;同时,集群创新网络体现的是一种集体性创新能力,不易被复制,便于在国内、国外两个市场聚合资源,获取竞争优势。因此,文化产业在特定的城市

---

① 迈克尔·波特:《国家竞争优势》,李明轩、邱如美译,华夏出版社,2002年,第2页。
② 同上书,第139页。

空间形成高度的集聚倾向是当代文化产业发展的又一个重要特征。例如，洛杉矶是全球电影产业中心；纽约是全球媒体和出版产业中心；伦敦和东京也是世界级的媒体、娱乐、印刷业中心，而德国的法兰克福、汉诺威和美国的拉斯维加斯等则是全球展览业中心。

纽约是美国乃至全球的文化产业中心城市。总部设在纽约的美国三大广播网哥伦比亚广播公司（CBS）、全国广播公司（NBC）、美国广播公司（ABC），控制了2 139家电台和电视台。纽约出版的《纽约时报》《华尔街日报》《时代周刊》、《商业周刊》、《新闻周刊》等出版媒体，影响全美舆论界，左右着全国的新闻和娱乐，对全世界也有巨大影响。此外，纽约还拥有2 000多家周刊和月刊杂志，80多家新闻有线服务机构、4家国内电视网络和至少25家大型广播公司，以及数百家如知名杂志社的总部，正是其城市信息化的结构特征导致了以互联网为基础的新媒体及其产业的空间集聚[1]。纽约文化产业在2000年的经济贡献超过120亿美元之多，其中非营利性艺术事业占纽约整个艺术产业经济贡献率的30%。20世纪90年代文化产业成为纽约经济发展的一个主要动力，吸引了大量的外来游客和赞助人，连同金融业、商业服务业等一起，成为一个重要的就业部门和城市经济的出口部门[2]。

同样，被称为世界电影之都的洛杉矶，不仅云集了环球、时代华纳、哥伦比亚、MGM等电影业巨头，作为企业群的核心航空母舰，而且在周边集聚了200多家中小型的专业公司，和500多家小型配套服务公司，包括表演公司、胶片洗印公司、电脑服务公司、特技公司、照明公司、音乐公司、场景搭建公司，甚至还有专业的电影场地消防公司等，形成了一个熙熙攘攘的文化产业"蜂房"。这种产业集聚的发展方式，大大降低了文化产品从生产到交易之间的成本，并因此吸引了大量的资金与人才。基于此，好莱坞产生了所谓的"火车头理论"[3]：电影作为火车头，它本身可以不赚钱，但它可以带动电影业的发展。在好莱坞电影中，票房收入一般只占一部电影全部收入的三分之一，此外的收入则是电视等版权和电影后续产品的收益。好莱坞的电影业以街道布置、自然风光、生活方式等形式拥有大量的地方文化资产。这些资产在给电影业产品加上独特外观、精神风采方面，起到了关键作用。而这些产品也塑造着好莱坞或者南加州的新形象，无论是现实的，还是虚构的

---

[1] 见林广：《上海与纽约文化形态比较研究》，《历史教学问题》，2005年，第6期；林拓：《世界文化产业与城市竞争力》，《马克思主义与现实》，2003年，第2期。

[2] Rosemary Scanlon, *Supporting the Arts in New York City*, http://www.allianceforarts.org/who-pays-report/whopays-discusspap.pdf.

[3] 见欧阳坚、丁伟主编：《国际文化产业发展报告》，商务印书馆，2005年，第38页。

形象,或者赋予以往的形象以全新的意义。因而电影业又受到该地区文化资助的青睐,当新一轮生产开始的时候,这些资助就成了新的生产投入。在南加州,上述形象的不停变动也经常受到其他文化产品的产业推动,例如音乐唱片业、电视制作业、服装业等等。

美国电影业重镇好莱坞

在中国,北京和上海两地已经率先初步形成文化产业集群的雏形。北京朝阳区CBD区内文化、传媒、广告、网络等行业已初步具备了集群的基本特征。目前,仅CBD核心区内,就有来自27个国家的50多家国外新闻机构,这种独特的地理优势为新闻的采集、传播提供了便利。国外新闻机构的这种聚集也对国内媒体的运作起到了一定的连带促进作用。CBD所在地北京朝阳区媒体单位248家,各类媒介337种,注册登记的广告公司共有2 000多家。随着中央电视台(2004年广告收入80.03亿元)、北京电视台(2004年广告收入15.4亿元)的入驻,以及原有的北京人民广播电台以及31家网络公司,到2008年以前,CBD及周边地区将形成和带动从节目制作、大型活动策划组织、硬件及新技术研发供应,到影视经纪人、代保险、金融投资服务等一个庞大的文化产业链。CBD内有27家文化艺术公司,不乏维亚康姆这样的传媒巨头和索尼音乐这样的娱乐先锋,也有美国电影协会和国际唱片协会北京办事处等国外机构。这些跨国文化公司的运作对国内同行业的其他参与者起到了示范和带动作用①。

据统计,2004年上海创意产业的贡献约占全市GDP的7.5%,规划到2010年争取达到10%以上,即每年提升0.5个百分点。上海重点发展文化休闲娱乐业、文化信息服务业、文化类创意产业三大板块,形成卢湾、黄浦、长宁、静安等区率先崛起了四大文化创意产业群。其中位于苏州路河边的

---

① 见解小娟:《北京CBD与文化创意产业发展研究》,《首都经济贸易大学学报》,2006年,第3期。

莫干山路50号的春明都市工业园区,已成为上海最具规模的现代化艺术创作中心;泰康路已成为上海最大的视觉创意设计基地;昌平路新型广告动漫影视图片生产基地的建设已初具规模;而福佑路则成为上海旅游纪念品的设计中心。2005年4月,上海推出首批18家创意产业集聚区,总共占地30多万平方米,吸引了30多个国家和地区共400多家创意类企业入驻,几乎涉及创意产业的所有领域。第二批17家创意产业集聚区的基本建设也已完毕,占地达60多万平方米。2005年12月,联合国全球创意产业论坛报告认为,到2010年之后,全世界将出现四个创意产业中心,分别是纽约、伦敦、东京、上海。联合国有关部门特别肯定了上海独特的发展模式,它与纽约、伦敦、东京的创意产业模式都不同,不仅仅发展娱乐、音乐、演艺等产业,而更重要的是:上海把创意产业与建筑设计、工业设计、时尚设计等紧密结合,直接为工业和经济建设服务。这也恰是上海对全球创意产业最有价值和启发的地方①。

泰康路田子坊

第六节 "文化例外"原则

文化例外(cultural exception),台湾学者译作"文化免议",其主张基于这样一种原则:文化不像其他任何产品那样,因为它的价值超过了商业价值;文化商品和服务传达着观念、价值和生活方式,这一切,反映了一个国家的多重身份及其公民的创新的多样性②。法国是首次提出"文化例外"这一

---

① 转引贺寿昌:《创意产业观察上海的新视角》,《解放日报》,2005年12月15日。
② 欧阳坚、丁伟主编:《国际文化产业发展报告》,商务印书馆,2005年,第29页。

概念的国家,先是密特朗时代的国际呼吁,到希拉克时代演变成为"多元文化"原则。"文化例外"的概念在一定程度上保护了法国与欧洲的文化产业特别是影视业。虽然"文化例外"作为一种主张被明确提出是在20世纪末,但许多欧洲国家很早就已开始采取与这个主张相关的做法,主要包括:加强"文化保护"措施,高举"文化主权"旗帜,提高"文化安全"意识等等。欧洲各国为了抵制美国影视作品的侵入,还纷纷采取两项措施:一是对国产电影实行补贴,如法国政府规定对电影的票房收入加收11%的特别税,然后在有关机构的监督下,补贴到国产电影的制作当中;二是对电视节目实行配额制度,如1989年10月欧共体通过一项关于"无国界电视"指导政策,建议各国所有电视频道至少播放50%的欧洲原产电视节目。2003年7月,负责起草欧盟第一部宪法的大会决策主席团同意加入法国提出的"文化例外"条款,即当存在影响欧盟语言和文化多样性的风险时,欧盟对文化和视听服务国际贸易谈判的决策将以一致通过的方式进行,而法国将可继续在未来欧盟宪法中持有否决权。但是,截至目前,文化例外还没有被写入 WTO 这一规范国际贸易的主导性文件中,依然缺乏应用的法律地位。

　　为何文化例外规则是由欧洲与加拿大等地提出呢?在全球化趋势日益加剧、国际贸易日益发达的世界经济舞台上,文化例外是否需要存在?回答这些问题,需要一个全球化的视野。当前西方发达国家的文化政策主要区分为美国模式和法—加模式。美国的文化政策模式秉承自由主义传统,以强调文化产品生产、销售的高度市场化和最小化政府干预为主旨。美国没有统一的文化产业政策,在历届美国执政者看来,任何以国家政策的方式对文化发展做出规划、引导,都是对个人表达自由的干涉。美国政府对国内文化市场的监管方式,与钢铁、汽车等其他产业部门几乎没有区别。美国政府认为,对于文化的发展来说,最为重要的不是对所谓优秀的文化及真理进行扶持,而是要营造与维护一个能够让各种声音自由表达的环境,同时这也保证了受众能够有充分的选择机会①。与此相应,美国在国际贸易领域也要求其他国家开放本国文化市场,取消对本国文化产业的保护壁垒,以实现全球文化产品的贸易自由和资本的自由流动。而以法国为代表的一派却认为,文化产品市场的争夺对一个主权国家民族文化的存在和发展会构成威胁,文化产业不同于一般产业;同时,美国低俗化的文化产品和文化发展方面的商业倾向对于别国文化构成了毁灭性的威胁,全球的"美国化"趋势令

---

① 李宁:《"自由市场"还是"文化例外"——美国与法—加文化产业政策比较及其对中国的启示》,《世界经济与政治论坛》,2006年,第5期。

人担忧。因此,英、法、加拿大等国文化政策大多强调政府对本国文化产业的理性规划,只是在文化发展目标以及规划、调节的力度与方式上各国有所区别。

上述争议并非仅仅是理论层面的探讨,其背后是严重的贸易逆差和冲突。美国凭借其国内巨大的文化产业市场所蕴含的消费能力,使得文化产品在国内市场即可获得相当的收益,因此可以以非常低的价格向海外倾销。例如,一家加拿大电视台从美国进口一部电视剧所花的费用,大约是自己内部制作同样类型电视剧成本的十分之一,或者是从加拿大独立制作商手中购买相同长度剧集的四分之一①。因此,尽管欧洲各国以配额形式构筑了所谓的"欧洲堡垒",但美国内容供应商仍然占据主导地位,2000年欧盟对美国在音像制品方面的年度贸易逆差达50亿美元②。如果说美国对文化产业的管理代表了文化产业政策的一个极端,即极端强调文化产业的商业属性和市场对于文化发展的自动调节作用,那么法国和加拿大的文化产业政策,则代表了另一个极端:对于文化产业中"文化"属性的极端强调。两种观念的冲突,恰恰展示了文化产业自身经济属性与文化属性之间的内在冲突,这大概也是这一产业最为典型的产业特征了。然而,历史总是如此让人迷惑,在国际贸易领域,美国曾是"文化例外"这一理念的最先倡导者:在1950年的《佛罗伦萨协议》中,美国坚持协议应有"保留条款",允许各国不进口那些可能对本国文化产业发展构成损害的文化商品③。然而,当国际市场对于美国文化产业的发展越来越重要时(1996年文化产品出口首次超过汽车等传统工业的出口,上升为美国出口的第一产业),美国也越来越坚持全球文化市场的自由开放,坚决反对法、加等国通过贸易壁垒、政府补贴、配额制等形式对国外文化产业活动的限制④。看来,绝对的或是或非标准未必适合国际贸易需要,毋宁说是如何实现各自国家利益的最大化。

欧洲国家在利用"文化例外"主张,抵御美国电影侵入方面,确实起到过积极作用,但总体看来却是收效甚微。尽管欧洲各国历来以强制的贸易配额,来限制好莱坞电影的进口,甚至通过各种手段联合起来进行抵御,但是美国电影仍然控制欧洲电影市场达四分之三世纪之久,而且在相当长的时

---

① 考林·霍斯金斯等著:《全球电视和电影产业经济学导论》,刘丰海、张慧宁译,新华出版社,2004年,第111页。
② 吉莉安·道尔:《理解传媒经济学》,李颖译,清华大学出版社,2004年,第66页。
③ 李怀亮:《当代国际文化贸易与文化竞争》,广东人民出版社,2005年,第121页。
④ 李宁:《"自由市场"还是"文化例外"——美国与法—加文化产业政策比较及其对中国的启示》,《世界经济与政治论坛》,2006年,第5期。

期内这种状况也许仍将继续下去①。与此同时,文化例外背后所形成的"保护主义"还带来了文化发展缺乏活力等问题。在欧洲,许多大电视台的成长过程中保留了公共服务的性质,因此被指责为这些垄断电视台不擅长制作人们想看的节目。同时,文化产品的配额制度容易导致的一个有害结果是,可能鼓励一些本地公司为了得到政府的补贴,完全迎合政府的意志而进行影视节目的设计,制作、生产出许多"配额快餐"。而且很有可能,有能力的生产商花在说服政府得到补贴上的时间和精力,更多于花在制作精品上的时间和精力。另外,对电影和电视节目贸易的限制,特别是数量上的限制,会使消费者的需求得不到满足,于是从正常渠道得不到满足的这部分需求,便常常由盗版来满足②。这些事实表明,尽管市场的力量会带来破坏性发展,但是,缺少了市场的充分介入,却也不见得就是十全十美的事情。如何在市场属性和文化属性之间获得必要的平衡,保证文化活力和多样性的同时存在,这将是当代文化发展面临的不可回避的终极问题。

第七节 文化事业的运行与管理

两相比较,文化产业创新主要解决效率问题,处理的是"企业—顾客"利益关系问题;文化事业创新主要解决公平问题,处理的是"社会—公民"权利关系问题。由于两个空间的使命不同,资源配置的方式与原则不同,需要不同的文化管理体制相匹配。因此,文化管理的首要使命,是区分市场失灵和市场争胜两个空间的边界,分类设计管理方式,以激励创新、规制寻租,避免两个空间创新主体在文化创新过程中越界,造成效率和公平的双重损失。

在西方发达国家,建立在成熟市场经济体系基础上的文化管理体制往往包括两个部分,一个是以市场为中心的管理体制,国家作为市场体系的服务者制定相关法律法规,保证市场公平竞争,以竞争来获取文化发展的效率;但市场不是万能的,而仅仅是和政府一样作为文化资源配置的方式之一发挥作用。因此,在市场失灵的空间,形成以非营利性组织为中心的另外一种文化管理体制,即公共文化服务管理体制,以保证公民公平享有文化服务。其中,政府作为最大的公共服务组织,被寄予了更多希望。目前公共文化服务通过三种管理模式来实现:一是社会管理主导模式,它以美国为代表,也称间接管理模式。主要是通过社会力量来提供公共文化服务,政府对

---

① 单万里:《法国"文化例外"主张的衰亡》,《读书》,2004 年,第 7 期。
② A. Marvasti, "Motion Picture Industry: Economics of Scale and Trade", *International Journal of the Economics of Business*, Feb. ,2000.

此在税收上予以鼓励。二是政府管理主导模式,以德法为代表,也称直接管理模式。主要是由政府以直接拨款、直接任命官员的方式来实现管理。三是政府—社会协同管理模式,以英国、瑞典、丹麦等国为代表,也称直接与间接结合模式。它一方面借助非政府公共文化机构分配拨款,避免过多行政干涉;另一方面,其资助幅度也明显高于美国模式。

美国政府机构中没有单独设立统管全国文化事业的行政部门,只是通过议会立法,成立了联邦艺人暨人文委员会、国家艺术基金会、国家人文基金会和国家博物馆基金会,作为联邦政府的文化代理机构。它们分别代表政府行使某一方面的管理职能,负责对全国重要的文化艺术活动计划协调和对非营利性文化团体和个人的财政资助。但它们没有行政管理权,在各地方政府也没有相应的对口分支机构。法国政府没有采取美国式的通过中介代理机构式的管理,而是成立主管文化事务的中央机构——文化部,从全局集中管理全国文化事业。文化部在各区都设有文化事务管理局,作为文化部的派出机构,统一对全国的文化事业实行直接管理。

英国吸收借鉴了上述两国的做法,建立起了三级管理体制:中央一级,文化、新闻、体育部,负责制定文化政策和统一划拨文化经费及审核使用情况;中间一级,各类文化艺术委员会,负责执行文化政策和具体分配文化经费;基层一级,是基层地方政府和地方艺术董事会,具体使用文化经费。三级单位,各自独立行使职能,无垂直行政领导关系。这样就避免了文化主管部门直接干预文化艺术。这个做法被称为"一臂之距"原则,是英国文化管理的法宝。相应地,各国对文化事业的直接资助力度也明显不同。在美国,是通过"非营利免税"的相关法规来作为文化调节机制的核心和基础,政府有选择地对非营利性文化机构给予有限的直接财政支持,平均占这类团体全部收入的10%左右;在英国,一般约占全部收入的30%左右;而在法国,可得到占全部收入60%以上的政府财政支持。通常文艺团体接收政府的资助越多,受到政府的干预也越多[①]。

欧美文化事业管理模式的差异造成这样的结果:在德国,公共艺术财政政策使该国人均拥有专职交响乐团数是美国的23倍,人均剧院数大约是美国的28倍。在欧洲,公共资助的文化机构用来教育年轻人,这有助于他们保持对艺术的高水准兴趣,政府文化开支常常相当于GNP的一半。美国的做法,则与新自由主义精神在美国的蔓延不无关系。新自由主义最为重要的主张是,削减用于社会服务的公共开支,与之相配套的政策是解除市场管

---

① 胡熠:《欧美国家文化管理的经验与借鉴》,《重庆社会科学》,2002年,第1期。

制,允许资本自由流动,减少诸如环境和就业保障等问题所带来的制约。新自由主义同样不提倡公共财政支持艺术。在过去 30 多年里,美国政府的预算有增无减,但是花在艺术方面的资金特别容易遭到削减。截至 1997 年,美国国家艺术赞助基金只是 30 年前的一半水平①。

第八节 我国文化事业的变革

我国文化发展从建国后一直定位为事业型发展模式,由政府全额投资提供文化服务,并从中央到地方设立相应的文化管理部门。目前,我国文化事业的管理主要由文化部负责,中宣部、新闻出版总署、国家广电总局、信息产业部、国家体育总局等部门,分头管理相关各类细分内容。自 1978 年以来,为解决文化事业经费困难的问题,经财政部批准,以《人民日报》等报刊为代表,我国文化事业开始实行"事业单位,企业化管理"政策,允许开展经营性活动。正是这一变化,改变了我国文化事业的发展轨迹。改革的逻辑起点是我国文化事业缺少的不是公平,而是效率,引入企业化管理机制正是为了提高文化事业的效率,所谓的"事业单位运作机制"也正是在这一过程中,与"计划经济、低效率、反市场"画上了等号。

但其实事业单位和计划经济并不是一回事,只是计划经济放大了在缺乏市场竞争条件下事业单位的弊端。但改革的发展出现了许多意想不到的结果。在追求产业化和经济效益的过程中,文化事业单位成为当前改革的既得利益者,而导致进一步改革的动力不足。其既得利益表现在:当事业性质能够带来经济补贴和税务减免的时候,文化单位就强调自身的事业属性;而当产业市场机会来到的时候,却又摇身一变,以自身经营特性驰骋市场,并凭借事业身份获取资源,转换为市场优势,造成了非公平性市场竞争秩序。所以有人评价说,"我们既苦于市场经济发育不充分,政府该放手的还没放手;又苦于市场经济恶性膨胀,许多本该政府承担的却推给了市场。我们选择的是市场经济,不是市场社会,更不是市场政府"②。这种事业改革路径,客观上造成行政与市场相互对峙又相互渗透、双重体制胶着并存的局面,文化业内部,也面临事业属性与产业属性的冲突与合谋。2005 年报刊业遭遇经营困境,被认为正是市场和政府角色错位而功能双重失灵的结果。同时,以农村为代表的地区文化事业供给经费严重不足,公共文化服务日渐

---

① 马湘临:《扶持还是放任:欧美公共文化政策比较》,《社会观察》,2004 年,第 7 期。
② 见诸巍:《构建公共文化服务平台,让每个公民尽享公共文化》,《解放日报》,2003 年 10 月 21 日。

衰微。在文化资金偏少的情况下,投入农村文化事业所占的比例更低。在2003年文化事业经费中,城市占71.9%,而占据中国人口大多数的农村只有28.1%,农村人均文化事业经费仅为2元①。据文化部2003年统计,全国县级剧团中有408个剧团没有房屋,占剧团总数的25.9%;232个县级剧场、影剧院无坐席,占县级剧场、影剧院总数的21.5%;254个县级图书馆的房屋面积为零,占县级图书馆总数的11.3%;1 130个文化馆无业务用房,21%的文化馆无办公用房。2004年,全国近4 000个乡镇没有文化站等公共文化设施,约有5 000多万农民由于缺少设备无法收听、收看广播电视节目。全国文化系统深入农村演出的艺术表演也呈大幅下降趋势,1964年为82万场,到2004年仅23.4万场,仅相当于20世纪60年代的四分之一②。表2为我国1995年到2003年间群众性文化事业机构及其从业人员增减统计,从中我们可以看到,文化事业无论是机构数,还是从业人数基本处于负增长状态,这和这一阶段我国经济总体快速增长以及文化产业的高速成长形成鲜明对比。

表2:我国1995—2003年间群众性文化事业机构及其从业人员增减情况表③

群众文化事业	1995年		2003年		增减百分比	
	机构数	从业人数	机构数	从业人数	机构数	从业人数
总　数	48 297	130 843	41 816	123 458	−13.42%	−5.64%
群众艺术馆	373	11 717	382	10 627	2.41%	−9.30%
文化馆	2 886	44 569	2 846	41 708	−1.39%	−6.42%
文化站	45 038	74 557	38 588	71 123	−14.32%	−4.61%
乡镇文化站	41 633	61 027	35 138	60 516	−15.60%	−0.84%

在此背景下,从2003年开始,我国开始了新一轮的文化体制改革,改革的重点是分类管理,重新确认了文化产业和文化事业各自所属的职责、任务和功能。文化事业被以"公共文化服务体系"这一新名称来指代,强化并突

---

① 转引杜宇:《文化沙漠何时变绿洲》,新华网(http://www.xinhuanet.com),2005年3月4日。
② 转引周和平:《中国农村文化建设亟待解决四大问题》,新华网(http://www.xinhuanet.com),2006年1月10日。
③ 转引万林艳:《公共文化及其在当代中国的发展》,《中国人民大学学报》,2006年,第1期。

出了它与文化产业的本质区别。在这一阶段,对文化业的研究也开始出现了转向,由原来集中于产业效率的研究、忽视事业属性,转向两者的兼顾。这一转变在"十六大"报告和2006年首次颁布的文化发展纲要中也集中表现出来,并带动了文化事业的新一轮发展。

公共文化服务体系是现代政府公共服务体系的重要组成部分,包括"公民基本文化权利",以及由此产生的"公共文化需求",和满足公共文化需求的"公共文化产品与服务"。公共文化服务体系包括公共文化设施体系、公共文化网络体系、公益性文化服务体系和公共文化管理体系[1]。公共文化服务的提供者主要是政府和一些非营利性组织。其中,非政府组织在西方国家公共文化产品和服务的提供中扮演着重要角色。但就我国目前的情况来看,主要是由政府来完成的,非营利性组织在公共文化服务中所占的比重还很小。据统计,当前我国正式登记的非政府组织约29万个,其中文化类的仅3 000多个[2]。

当前由国家和公共机构向社会公众提供公共文化产品和服务的主要方式,主要包括以下几种类型[3]:(1) 公共财政直接投资。由公共文化机构生产并提供公共文化产品和服务。(2) 产业政策扶持。包括税收减免政策、财政补贴政策等,在政府加强监管的前提下,积极支持社会资本投资生产并提供公共文化产品和服务。(3) 政府采购。政府委托专业化的公共机构,面向社会公开发布采购标书,采购在质量和数量方面符合政府要求的公共文化产品和服务。(4) 委托生产。政府和公共文化机构根据公众需求,通过制定行业和产品标准规范,委托有资质、有信誉的社会机构生产和提供政府规划指定的公共文化产品和服务。(5) 特许经营。政府文化主管部门在严格审查文化企、事业单位的资质、信誉的基础上,通过严格的审批制度和市场监管,对某些需要实行特殊监管的准公共文化行业、文化产品和服务实行特许经营,促使其向社会提供合格、健康的公共文化产品和服务。(6) 公共文化项目外包。少数缺乏管理和运营能力的准公共文化机构,可以采取政府或公共文化机构提出运营目标,并给予相应的财政或经费补贴,把公共文化项目整体对外承包,以及从市场招聘项目负责人等多种市场化的方式

---

① 深圳市文化局"公共文化服务体系研究"课题组:《北京调研情况综述》,http://www.szwen.gov.cn。

② 转引蒋晓丽、石磊:《公益与市场:公共文化建设的路径选择》,《广州大学学报》,2006年第5卷,第8期。

③ 参见齐勇峰:《构建公共文化服务体系探索》,国家发改委网站(http://www.sdpc.gov.cn)。

来搞活经营管理,提高运营效率。

2006年9月,我国首次颁布的《国家"十一五"时期文化发展规划纲要》,提出我国将以六项举措拓宽公共文化服务领域,创新服务方式,提高服务质量。这包括:(1)建立健全公共文化设施服务公示制度,公开服务时间、内容和程序,在窗口接待、场所引导、资料提供以及内容讲解等方面,创造良好的服务环境,增强吸引力。(2)完善国有博物馆、美术馆等公共文化设施对未成年人等免费或者优惠开放制度,有条件的爱国主义教育基地的公共文化设施可向社会免费开放。(3)实行定点服务与流动服务相结合,鼓励具备条件的城市图书馆采用通借通还等现代服务方式,推动公共文化服务向社区和农村延伸。(4)采用政府购买、补贴等方式,向基层、低收入和特殊群体提供免费文化服务。(5)促进数字和网络技术在公共文化服务领域的应用,建设数字广播电视信息平台、数字电影放映网络系统、网上图书馆、网上博物馆、网上剧场和群众文化活动远程指导网络。(6)支持民办公益性文化机构的发展,鼓励民间开办博物馆、图书馆等,积极引导社会力量提供公共文化服务。经过这一轮的建设,我国文化事业供给短缺的局面将会得到较大程度的改善,尤其是伴随着"社会主义新农村"运动,农村公共文化服务体系也将得到一定程度的完善。

第十三章 青年亚文化研究

青年亚文化研究是伯明翰学派鼎力推动的文化研究主潮,但是影响并不限于这个学派。自20世纪50年代起,青年亚文化开始在欧美形成并呈流行趋势,各种各样的亚文化形式和思潮开始进入大众社会,并且以其独特的风格,在世界范围内产生了广泛影响。在中国,随着改革开放和全球化进程,西方价值观、生活方式、意识形态以及青年亚文化,也对我国青年一代产生了影响,催生了中国的青年亚文化。西方国家通过大众传媒和文化交流来介绍和展示西方青年文化,事实上在不断地影响着中国青年的文化观。因此,中国青年亚文化既受到西方的影响,也有其自身的特点和特征,在其发展过程中呈现多元化趋势。本章将从政治、历史和社会的层面,分析青年亚文化,特别是西方的青年亚文化的产生和发展,以及青年亚文化的各种表现形式及其影响。

第一节 什么是"青年亚文化"

文化人类学中所说的"亚文化"概念,指的是在某些方面与社会主导性文化的价值体系有所不同的群体文化。当今的民族文化,一般都是由诸多亚文化和主导性文化一起组成的一种整体文化模式。不同的社会阶层经常形成不同的亚文化群体。社会上的青年亚文化拥有与主导性文化不同的价值体系。一般说来,社会各群体都拥有与社会主导性文化不同的价值观或价值取向,而正是这一点,使特定的群体亚文化格外引人注目。一方面,各种群体亚文化能够对社会主导性文化施以某种影响。另一方面,社会上不同的群体亚文化又并不总是否定主导性文化及其价值体系,而仅仅在某些方面和层次上,扬弃或者忽略主导性文化,并以自己特有的形态,补充主导性文化。因此,亚文化是主导性文化的替代性文化。文化人类学认为,亚文化通常会产生特殊的生活方式、语言和价值体系。亚文化是普遍存在的,因此有人认为一个复杂的社会,即是各种亚文化的集合体。

青年亚文化可以概括为年轻人为了有别于主流文化而创造的他们自己

的文化,以"叛逆"为主要色彩,以示青年文化偏离、排斥甚至对抗"成人文化"或"主流文化"的总体态势。亚文化的概念早先被社会学用来研究少数族群文化,后来被用于研究青年文化,确切说是"越轨"的青年亚文化。再来看什么是亚文化的问题,文化理论家M·布雷克在他的《比较青年文化》一书中指出,亚文化由"意义体制、表现模式和生活方式所组成,它反映了社会非主流群体渴望打破社会结构矛盾的尝试"①。

　　社会学家科恩早在20世纪50年代就提出了亚文化概念,他在他的《不端的男孩,团伙的亚文化》一书里说,亚文化是指不同于一般社会接受的文化价值系统,即在集团或帮伙中发展起来的文化系统②。一般认为,青年亚文化代表的是处于边缘地位的青少年群体的利益,它对成年人的社会秩序往往采取一种颠覆的态度,所以,青年亚文化最突出的特点就是它的边缘性、颠覆性和批判性。这种处于破坏、颠覆状态的亚文化容易使涉世未深的青少年产生错觉,从而将所有媒体上的青年亚文化内容当作主流文化来接受,把亚文化宣扬的价值观念当作主流的健康的价值观念来吸收。青少年就是这样借助媒体,来实现对成年人掌控世界的逃避和抵抗。青年亚文化是由青少年自己亲身参与创造的。虽然亚文化是一种反叛或背离主流文化的文化,但是它并不全盘否定主流文化,而只是在符号象征的层面上,去夸张它与主流文化的差异,并且让这种夸张通过有意忽略主流文化的某些方面,同时又有意突出某些方面去完成。

　　"亚文化"是和"主流文化"相对的概念,亚文化和主流文化的关系也是与时变化的。也就是说,随着历史的发展与社会的转型,在一定的社会条件下或特定时期,亚文化也会转化成主流文化。原来主流或占据统治地位的文化也会被边缘化。一般来说,主流文化是指特定时期占统治地位的文化,它所代表的是资本主义社会中占支配地位的那些群体的利益,因此也决定了它必然具有保守性,也就是说它倾向于维护既存的社会秩序与权力结构;而亚文化则相反,它是代表社会中处于边缘地位的群体的利益,它对于社会秩序往往采取一种批判甚至是颠覆的态度。值得注意的是,有些亚文化完全有可能发展成为某一种主导性文化的主要组成部分,而主导性文化中原有的一些公认的成分,将被另一些发展起来的亚文化所取代。亚文化的概念早先被社会学用来研究少数族群文化,后来被用于研究青年文化,即

---

① M. Brake, *Comparative Youth Culture*, London: Routledge, 1985, p. 9.
② A. K. Conhen, *Delinquent Boys, The Subculture of the Gang*, London: Collier MacMillan, 1955.

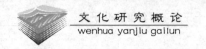

"越轨"的青年亚文化。

青年亚文化的形成和发展与青年的心理和价值观有密切关系。从心理发展阶段来说,青年期是迅速走向成熟而又尚未达到完全成熟的阶段。如果以人生观的确立作为心理成熟的标志,那么一般说来只有到了完成大学教育时,人生观才臻形成并趋稳定。青年人渴求完全独立自主,要求受别人尊重,渴求参加社会活动,关心政治,要求丰富多彩的文化生活,渴望与同辈人广泛交往,强烈希望获得异性的亲密情意,对未来充满美好的愿望和向往。但是,在客观现实与想象不符时遭受挫折打击,以致消极颓废甚至萎靡不振。青年人由于生理和心理上的特点,表现为意气风发、无所顾忌、具有勇往直前的精神。这种积极的冲动如超过一定限度就会走向反面,成为消极甚至有害因素。

那么,青年人在心理上具有怎样的特征呢？青年人存在自我意识的矛盾。孤独感与交往需求使青年人的思想情感不愿轻易向他人吐露,于是在一个阶段里造成青年心理上的闭锁性特征。青年人存在情绪与理智的矛盾,往往容易感情用事。虽然他们也懂得一些世故道理,但却不善于处理情感与理智之间的关系,以致不能坚持正确的认识和理智的控制,而成为情感的俘虏。幻想与现实的矛盾、抽象思维活跃、对未来充满希望和难以满足的需要等,往往让青年人更倾向以想象构思"美妙"的幻境,以"白日梦"来补偿现实。青年自我意识发展过程中的矛盾是复杂的,除此之外青年还有反抗与屈从、自负与自卑、自信与气馁等。青少年亚文化的表现方式反应了青年的心理状态与需求。年轻人喜爱美好事物,在他们的脑海中生活就应该像他们的梦想一样多姿多彩。在当代中国或西方,青少年大都衣食无忧,不必像前辈那样为理想而努力拼搏,所以他们更多的是渴望超越平凡,张扬自我。他们的理想却又常常脱离现实。当他们发现理想与现实的距离时,他们只有运用抵抗的亚文化来表达,或者一边向现实做出妥协,一边以一种隐蔽或公开的方式继续为实现自己的理想而努力。

青年文化还具有自发性、享乐主义、率直性和某种自我中心的特征。这些也是青年亚文化产生和流行的原因。在青年阶段,自我意识快速发展和形成,自我实现的需求和欲望不断增长,使他们努力要求摆脱家庭的影响,获得人格上的独立。在此阶段,青年具有强烈的反叛性,这是他们争取成年人的权利和获得成年人认可的特定方式,也是主体自我张扬的表现形式。研究表明,健康的心理平衡要靠工作、家庭、娱乐三者的和谐统一。虽然青年尚未涉足社会,但他们在现实生活中所感受到的东西却丰富多彩。要把它们合理地加以宣泄只有全身心地投入到文体活动和亚文化之中。有学者认为,青年阶段是一个十分危险的时期,青年人的大多数时间仍然相对局限于比较狭窄的范围内,青年人也会在这种环境中为扮演成年人的角色而做准备,如上学或者就业。"只有生活在某种与社会相隔离的环境中,青年才能确保避免承担职责、责任以及生活的确定性。摇滚乐、青春期的穿着时尚和化妆方式,都充分象征着对整体范畴不负责任与享乐性释放的契机"①。

第二节　青年亚文化的社会与文化背景

第二次世界大战以后,西方各国政治、社会、经济、科技和文化得到了长足发展,资本主义制度的逐步完善使得福利国家开始出现,从而缓和了战前日益激化的阶级矛盾。但是一系列严重的社会问题,如暴力频繁、军事独裁、政治专制、社会动荡等仍然存在。战后西方社会和文化变化和发展的结果,也影响到资本主义社会的各个方面。大众文化的发生和发展就是战后西方社会变化的体现。以通俗性、娱乐性为特征的大众文化凭借现代传媒技术在西方各国得到广泛流行。作为大众文化的一种,青年亚文化开始出现,并受到了文化学者和社会学研究者的关注。对青年亚文化问题的关注始于青年造反运动和反叛行为,以及由此造成的对主流文化的极大冲击。它并引起了整个西方社会的道德恐慌。美国社会学家T·帕森斯等人称"青年文化"为"反文化",如美国20世纪60年代艾伦·金斯堡、杰克·凯鲁阿克领导的青年反叛运动,包括校园民主运动、妇女解放运动、黑人权利斗争、反战和平运动,以及摇滚乐、性解放、吸毒、嬉皮士文化等方面的文化"革命"②。在20世纪中叶,青年亚文化的反叛精神虽然造就了西方青年放荡形骸、特立独行的生活方式,那种狂放式的青年亚文化在西方国家引发了各种各样的社会问题和困惑,但它也造就了文化与文学艺术领域许多新的表现形式和流派,如表现主义、左岸艺术、先锋派、垮掉的一代等。

英国是多种形式青年亚文化的发源地。战后英国政府采取了一系列社会改良举措,包括公益事业、教育和社会福利改革。人民的生活得到了改善,政府主张在改善和提高大众物质生活水平的同时,推动文化事业的发展。各种文化机构致力于提供更丰富多彩的文化产品。图书出版事业也迅速发展,通讯和传媒也实现了现代化。战争时期的惶恐感,30年代经济危机时期的悲观失望逐渐引退。虽然英国经历了一次次社会变革并催生经济

---

① 伯尼斯·马丁:《当代社会文化流变》,李中泽译,四川人民出版社,2000年,第169页。
② 陈龙、曾一果:《仪式抵抗:青年亚文化与"新人类文学"品格》,《文化研究》,第4期,第107—109页。

的迅速发展,但是政府并没有改变国内的阶级结构和社会结构,当然也不可能消除固有的阶级矛盾和周期性的经济危机。统治阶级、中产阶级同工人阶级在经济和社会地位上的悬殊依然存在。

战后的英国传统文化也受到美国大众文化的影响,保守的英国文化从60年代起开始受到叛逆的青年一代的冲击。各种流行文化,如侦探惊险小说和电影、甲壳虫乐队、摇滚音乐、流行音乐、爵士乐和有逆传统的嬉皮士等等,一时间风靡英国,继而影响整个西方世界。长期禁锢着英国人的保守思想和传统道德观受到各种新思想、新潮流的猛烈冲击,人们的婚姻、性、道德、文化观念由此而改变。战后英国所构建的"富裕"和"中产阶级化"社会,并没有给本国广大民众,特别是青年的生活带来根本的变化,他们承受着理想与现实之间的差距带来的痛苦,并在对这种痛苦的沉思中形成了独特的价值观,形成了特定的亚文化团体意识,使得他们在激烈变化的社会文化体系中努力寻找能表达他们自己的文化意识的方式,这在一定的程度上引发了各种思想内容不同、风格迥异的青年亚文化的流行。

由上可见,青年亚文化具有与生俱来的政治与社会关怀的倾向。虽然时代在前进,经济在发展,但贫富不均、自然灾害、环境污染、疾病蔓延、战争暴力、愚昧落后越来越成为人类共同面临的困境。半个多世纪以来在欧美掀起的形形色色的社会政治运动和思潮,如女权主义运动、种族平等运动、人权运动、反战运动、反核运动、保护生态运动中都有大量青年参加。同时,当今的世界已经变得越来越开放,也越来越小,一些文化思想运动和社会潮流都日渐具有跨国性和全球性,任何形式的限制、幽禁和隔绝都越来越成为不可能,因此世界范围内的青年文化正处于这样的思想背景和时代氛围,并与进步、和平、自由、平等、博爱等重大主题密切相关,青年通过不同形式和内容的亚文化展示,从积极方面来说,正可以唤起时代的良知和道义,进而改变现实世界,影响历史进程。

但是很显然,青年亚文化运动和反叛行为也对主流文化造成极大冲击,引起了整个社会的震荡。很多学者强调青年阶段是一个危险时期,青年人的大多仍然相对局限于比较狭窄的生活空间,所以,"只有生活在某种与社会相隔离的环境中,青年才能确保避免承担职责、责任以及生活的确定性。摇滚乐、青春期的穿着时尚和化妆方式,都充分象征着对整体范畴不负责任与享乐性释放的契机"[①]。各种青年亚文化中的社会反叛性、政治性色彩越来越成为关注的焦点。亚文化作为一种对抗主流文化的形式常常以"表

---

① 伯尼斯·马丁:《当代社会文化流变》,李中泽译,四川人民出版社,2000年,第180页。

演"、"消遣"和亚文化"仪式"来表达其政治意向,把政治变成了一种戏剧。亚文化的集体"仪式性"、反叛性和冲击性,主要是通过隐喻性极强的表现形式来进行的,他们以反传统审美标准来表现审美。如摇滚乐明显地对抗主流文化和父辈文化,并标榜"非暴力",由此可见摇滚亚文化的政治倾向。青年亚文化的社会政治倾向有其社会心理依据,这种意识来自青年人成长的特殊阶段,通过对政治社会的不断认识和了解,青年逐步形成自己基本的社会和政治观念。

青年亚文化可以说是青年形象的再现。由此西方社会学家把青年分为四类:(一)优良青年(Respectable Youth)。这类青年相对缺少反叛性,有良好的文化素养,在意识形态和价值观上认同父辈文化和传统文化的权威性,多数青年属于这一类,他们并不热衷于亚文化,更不屑于"出轨"的亚文化或反文化。在亚文化群眼里,他们是"另类"和"尊崇优良传统和正统文化的乖仔"。(二)不端青年(Delinquent Youth)。对这类青年的区分,主要依据是他们的家庭背景和社会阶层,因为这两者对青年的成长影响最大。美英两国的青年带有反社会和犯罪性质的亚文化,据统计多与下层阶级家庭背景的男青年有关,例如盗窃、暴力犯罪和破坏公共财物等。(三)反叛青年(Cultural Rebels)。这是一类带有玩世不恭思想和作风的文化青年,他们要在文学与艺术领域表现自我,但每每游移于文化艺术范围以外,缺乏真正为文化和艺术而奉献的精神,"玩艺术"多而非认真创造艺术。他们虽然接受了中产阶级的教育,但具有反对主流文化的姿态。(四)激进青年(Politically Militant Youth)。这类青年追随激进政治主张,参加各种政治运动和集会。在他们中间有一些人参加少数族裔的政治激进组织。虽然他们所代表的群体和党派意识不同,但是,反对和抵抗主流文化和官方意识形态的政治倾向,是相当鲜明的[①]。应当说,这一分类虽然可以商榷,但它总体上有助于我们在特定的文化背景和社会语境下,认识和研究青年亚文化,特别是战后在欧美兴起的青年亚文化。

第三节 战后西方青年亚文化

作为西方资本主义社会和文化的重要组成部分,自20世纪50年代起,青年亚文化就开始在欧美形成并呈现流行趋势,各种各样的亚文化形式和思潮开始进入大众社会。西方青年亚文化的特征,主要表现在:(一)关注政治与社会:这是青年亚文化与生俱来的倾向;(二)身份展示与标新立异:

---

① M. Brake, *Comparative Youth Culture*, London: Routledge, 1985, pp. 21-27.

此种展示往往具有符号性文化诉求;(三)滥用毒品和性泛滥:具有反文化和反社会道德的性质;(四)商业主义:主要表现为或隐或显的消费主义和市场操作。下面分而述之。

首先,关注政治与社会。青年亚文化被认为是政治与社会生活的发展变化,以及阶级和种族差异的产物。以美国为例,"嬉皮士"亚文化起源于美国青年在20世纪60年代反正统文化的运动。第二次世界大战后,美国国内政治空气窒息,思想文化僵化。不少青年人面对节奏不断加快的生活产生了种种"异化"的感觉:人与大自然的异化、个人与社会之间的异化以及人与人之间的异化等等,不一而足。他们不顾社会准则和传统观念,提倡政治上和生活方式上的极端自由,试图借助毒品、情欲以及疯狂的音乐来摆脱内心的焦虑与空虚。然而,在正统文化的压力下,这种亚文化运动很快式微,嬉皮士作为一大批青年也随之减少。在20世纪60年代的西方,有相当一部分年轻人蔑视传统,废弃道德,有意识地远离主流社会,以明显有别于主流社会的独特生活方式,来表达他们对现实社会的反抗。

激烈反叛传统和反抗主流文化和政治话语,最著名的亚文化运动要数摇滚乐文化。它是一种以强烈节奏为特点的流行音乐,从20世纪50年代开始流行,历久不衰。起先它是由白人歌手根据一种伤感的美国黑人民歌改编而成的音乐形式。当时的流行歌手如朱利·伦敦、杰克·仙奴、约翰尼、埃费利、卡罗兄弟、"梦幻组合"(The Dreamers)、小理查德和"黑色骑士"(Knights)等,都以演唱摇滚乐而闻名。20世纪六七十年代雅皮士文化,反映了动荡不安的美国社会生活和美国社会阶层的变迁。80年代在美国出现的高级雅皮士文化,则反映了一批受过良好高等教育的青年追求个人奋斗、谋求安逸生活的价值观。同时期英国"甲壳虫"摇滚乐的出现,更为摇滚乐注入了新的活力。各种青年亚文化中的社会反叛性、政治性色彩,越来越成为关注的焦点。青年亚文化作为一种对抗主流文化的形式,常常以"表演"、"消遣"和亚文化的"仪式",来表达其政治意向,把政治变成了一种戏剧,以反传统审美标准来表现审美。如摇滚乐明显地对抗主流文化和父辈文化,并标榜"非暴力",由此可见出摇滚亚文化的政治倾向。

其次,身份展示与标新立异。青年的身份认同与其形象有密切关系。青年形象是一个群体形象,内容丰富,形式多样,包括自身所反映的内容,外界对它的总括认识和评价。从通常的角度划分,有青年政治形象、青年伦理形象、青年社交形象、青年消费形象、青年审美形象等。青年文化与青年形象之间是辩证统一的关系:青年文化决定着青年形象;青年形象体现着青年文化,也包括青年亚文化。

青年亚文化的表现方式是符号性的,就是说,他们挪用了通行的、具有团体模式的形体符号形式。这可以从他们的装扮风格上来加以体认,如服装、发型、面部化妆、金属饰物等,不一而足。这些表意性的身份展示符号,代表了青年亚文化的价值取向。作为一种流行文化符号,它们传递出青年的渴望、对生活意义的探索和实践;作为流行文化,它们展现出青年的丰富个性和独立不羁的叛逆精神;作为一种生活方式,它们是肯定和享受生命的表现,是把对时代和文化意义的体验,融于服饰装扮之中,将价值准则,融于亚文化趣味之中。青年渴望得到不同的文化体验,让自己的生活充满色彩,这是他们的生命价值观所决定的。所以,青年亚文化的身份展示的是一种新的文化生存空间,是在不断打破旧有文化规范与生存格局的基础上形成的。作为青年亚文化,它将促使青年社会生活及生存状态不断发生新的变异、融合、转型与发展,同时呈现出开放的趋势,充分适应青年人的生存和发展需要。

再次,毒与性。伴随着青年亚文化的滥用毒品,是其反文化和最不光彩的方面。一些青年以为毒品可以为他们提供极其美妙的生存状态,然而,这只不过是吸毒者的迷幻状态而已。在此一非正常状态中,滥用毒品者一个突出的心理现象,就是严重的价值颠倒,将幻觉世界当作真实的世界,把现实世界视为虚妄。吸食毒品的青年亚文化群,正是基于这种价值颠倒,常常违背普遍道德规范,置基本生活法则于不顾,采取为健康文化所不容的处世原则和行为方式。这可见,毒品亚文化具有反文化的阴暗丑陋的一面,因而是犯罪的亚文化。值得注意的是,控制和制止青少年滥用毒品的宣传,经常使这一亚文化群产生思维迷惑,一方面说自己面目可憎,一方面却沉溺于刺激幻觉。因此有研究者认为,20 世纪以来,社会学家以恐吓的方式宣传毒品的危害,并没有取得预期的社会效果,反之,这种恐吓的做法,会引起青少年的好奇心,并有可能同青少年的自身体验或从朋友那里得到的"事实"不相吻合,从而极大降低了宣传内容的真实性,促成青少年的逆反情绪[1]。

性的亚文化类似其他青年亚文化形式,如前所述一般流行在那些处于社会边缘的群体之中。美国 20 世纪 60 年代的青年亚文化景观常常与夜总会、性自由、长发青年、披头士摇滚乐相伴。青年们就是通过各种特殊的性感打扮和行动如摇滚乐、吸毒、群居、流浪、嬉皮士来招徕人们的目光,从而确立了自己的亚文化样式。追求性自由的亚文化青年,在青年人口中所占的比例一般都比较小。在西方性社会学的理论中,性的亚文化除了指青年亚文化外,也包括少数种族的、同性恋者和双性恋者的、性产业从业者的、变

---

[1] J. Young, *The Drugtakers*, London: Paladin, 1971, pp. 157–158.

性者和采用性的其他替代方式者,例如易装者、迷恋情品者的性文化。而在青年群体中,至少是他们当中的一部分人,往往拥有自己的、与主流社会极为不同的性文化。这又可以分成性关系、性活动方式以及性的文化表现形式等不同方面。性关系方面包括私奔、非婚同居、群居、试婚、偶暂式性生活等;性活动方式包括公开亲昵、炫耀性感、公开谈性、性的隐私观念淡薄等;性的文化表现包括性感音乐、舞蹈、表演、书写或者使用性语汇、接受色情品等。这些青年性文化一般都被主流社会所贬低、否定和排斥。其中有的性文化被主流社会界定为不道德的甚至是违法的。

披头士

应该看到,青年的性亚文化与主流文化之间的关系,存在不同形式和程度的互动。一些性的亚文化会被主流文化加以改造之后统摄和吸收,甚至成为某种程度上的时尚。如主流社会吸纳某些原来只流行于黑人青年群体当中的极具性感染力的音乐和舞蹈,某些原来仅仅在底层青少年当中流行的性感和袒露的服装式样,也逐渐被主流社会甚至上流社会所接受和推广。以性感摇滚乐为例,摇滚乐亚文化具有关注政治与社会的热情、具有反叛传统和革故鼎新的积极意识,但它常常与本能的性冲动相互作用,从性中汲取原动力:"在摇滚乐所组成、传播和反映的所有社会秩序的诸因素中,性也许是最重要的单一因素。而摇滚乐在角色的社会化方面起了很大作用。"①但是也有一些性的亚文化与主流文化更多处于对立和冲突的状态之中,例如易装者群体和变性者群体。同理,摇滚乐在性上的过度渲染,也常常引起来自长辈和成人世界的谴责和责难。在摇滚乐盛行的美国,学生家长和教师为抵制摇滚乐,多有组织社会团体举行抗议大会,甚至向国会递交有关申诉状的举措,便也不足为奇了。

最后,商业主义。形形色色青年亚文化与市场运作和商品经济密切相关,在消费行为上更注重怪异审美趋向、新潮别致、个性变异等等的青年亚文化,在很大程度上培植了青年的消费主义思想观念,其市场操作尤使它的

---

① 伯尼斯·马丁:《当代社会文化流变》,李中泽译,四川人民出版社,2000年,第271页。

商业主义色彩更加明显。许多青年亚文化从一开始就具有商业主义色彩，促使青年亚文化的价值取向趋归青年人的商品意识。商品，特别是品牌商品，以其时尚的渲染，吸引青年通过对商品的占有，改变了物品原来的意义系统而追逐流行文化。商品的意义层面本身由此在亚文化中得到改造，物品的意义超越自身，被赋予新的符号学的内容。从另一个方面看，青年亚文化商业主义也与现代广告密不可分。广告作为消费主义的一种形式，已成为向青少年灌输文化价值观念的重要手段之一。广告灌输给青年的不仅是某一种产品，甚至消费方式和消费观念，同样还有文化态度、价值观念和生活方式。值得注意的是，青年亚文化热衷的商品，主要是一些能够曲折反映中产阶级意识形态的商品，边缘化的亚文化青年通过占有、使用这些商品，实现了自身对中产阶级和主流文化意识的抵抗。

第四节 伯明翰学派的青年亚文化研究

英国青年亚文化研究的历史可以追溯到20世纪的50到70年代，一批英国社会学的学者对本国青年亚文化，特别是工人阶级青年的亚文化，给予了充分关注和深入研究。了解这一阶段的英国的青年亚文化研究不仅是回顾和纪念文化研究的一段历史，而且也是关照和构建当代青年文化和亚文化研究理论的必须。英国的青年亚文化研究中的意识形态分析、批判精神和文化社会学方法，对于文化研究来说，均是具有普遍意义的。

伯明翰大学当代文化研究中心的一些学者采用文化社会学理论，对以往被贬低的青年亚文化有过积极的评价和阐释。青年亚文化研究是伯明翰早期工作的一个主要方面，也被称为伯明翰的青年亚文化研究，这些亚文化研究对象包括特迪男痞(Teddy Boys)、摇滚乐手(Rockers & Greaser)、飞车党(Joy Riders)、摩得族(Mods)、哥特人(Goths)、光头仔(Skinheads)、嬉皮士(Hippies)、披头士(Beatles)、新世纪游客(New Age Travelers)、朋克(Punks)、新罗曼人(New Romantics)、西印度群岛黑人亚文化风格的拉斯特斯(Rastas)、厌学的粗鲁男孩(Rude Boys)、锐舞(Raves)、足球流氓(Football Hooligans)，等等。亚文化研究奠定了早期伯明翰文化研究学派的地位，其影响仍显现在当代文化和社会研究领域。研究者认为，青年中流行的亚文化构成了对体现中产阶级价值观的英国主流文化的反抗，平民阶层的青少年因无法进入主流文化而自创了一种时尚文化，其形式和内容富有反抗的象征意味。亚文化的社会影响已经给英国文化带来了很多革命性的变革。时至今日，漫步在英国街头，人们仍能不时发现一个穿着黑色披风、染黑色头发、画浓重的眼妆，或是一个留着特异发型、文身、身上挂着无数链条或小钉饰的典型的亚文化青年。

伯明翰学派的亚文化研究,意义表现在它关于亚文化和广义文化的定义上。它认为文化不仅仅是人类"和谐的完美"状态,它也是人类日常的生活状态,这个基本认识为亚文化研究提供了理论基础。它意味着文化不仅仅是生活的整个方式,而且也是斗争的方式,是社会整合与阶级斗争理论的结合。青年亚文化兴起时仅仅涉及自我表现,其后则扩展成为一种社会的运动,以此与英国的保守主义和主流文化形成对抗。故而英国青年亚文化不仅仅表达青年对周围社会生活的关注,而且还提出了对权威的怀疑,甚至对抗。所以,英国青年亚文化特别是工人阶级青年的亚文化,不仅没有体现福利国家的神话,在更多的情况下,它表达了工人阶级生活中日益加深的贫困和危机,以及青年们对这种贫困和危机的反应,也就是说,青年把亚文化认定是一种特殊的抵抗方式。20 世纪 70 年代,英国文化研究者相继出版了《仪式抵抗》、《学会劳作》等一系列研究工人阶级文化和亚文化的著作,这些著作体现了马克思主义社会和阶级理论在文化研究中的实际运用,以及英国左派历史学家和批评家对工人阶级文化的关怀。诚如文化研究学者布雷克指出,"当代青年文化理论,特别是英国青年文化理论,深受马克思主义的影响。历史被打上阶级的烙印,阶级和阶层的矛盾,民族和种族的矛盾从未停止。父权思想占统治地位。由于社会生产力的发展,从而引发了各种

奇装青年

各样的社会关系和阶级关系的变化和冲突。"①

《仪式抵抗》②是伯明翰文化研究学者撰写的20世纪60年代后期到70年代初期青年亚文化的研究报告,最初分别发表在伯明翰中心内部刊物《文化研究》之上,1976年由霍尔等编成文集。研究对象包括资本主义体制下的主流文化对亚文化的压制,青少年的身份危机和对学校教育的抵抗,以及在城市青少年中流行的各类亚文化现象和生活方式。研究者提出了青年亚文化所表现的"抵抗"观念,指出工人阶级青年的亚文化是他们所处社会环境和阶级矛盾使然,并不是纯粹反传统反社会的堕落表现。他们用一种与众不同的方式,以集体"仪式"和穿戴装饰表示对等级社会和主流文化的不满和抵制,亚文化就此而言,具有积极的文化和社会意义。研究者因此提出了一种与主流文化截然不同的文化态度,认为抵抗概念的存在与性别压迫、种族压迫相关。而另一方面,亚文化风格所表现出来的不仅仅是对统治阶级的抵抗,也有对统治阶级的部分赞同,青年亚文化与统治阶级的关系是既有赞同也有抵抗,抵抗并不是风格的全部内容。某种共同生态文化和意识形态基础不仅表现在亚文化青年与他们的工人阶级母体文化之间,而且还表现在亚文化青年与主导文化之间。《仪式抵抗》在文化社会学和方法论方面的经验引人注目。研究者亲身参与亚文化社群的各种社会活动、日常生活和集体仪式,通过习得不同亚文化青年的语言和思考方式,来探究和理解这种文化形态和传播方式。研究者在探讨青年亚文化本身的风格时,也关注亚文化风格背后工人阶级母体文化的内容和危机,追寻工人阶级文化的危机如何通过亚文化的风格体现出来。

《学会劳作》(1977)③是有关英格兰中部地区城市中下层劳动阶级青年亚文化的研究著述,作者保罗·威里斯揭示了青少年何以在辍学前便参加了临时工作,体验成人的生活和文化环境。他们所经受的是某种与成人文化相反的经历,以此去抵制学校的文化教育。他们看不起循规蹈矩的同学和"有身份者"。这些青年人的文化,无疑又是一种围绕着领地、男子气为代表的一套文化符号体系。这些青少年把正统的学校教育看作是一种控制和操纵,他们抗拒教师作为学校当局的代言人向他们灌输的中产阶级文化,对循规蹈矩、注重仪表、彬彬有礼持不屑的态度,而创造了一种与学校教育截然不同的反抗文化。威里斯还分析了工人阶级青少年拒绝学校教育的几种

---

① Michael Brake, *Comparative Youth Culture*, London: Routledge, 1985, p. 3.
② S. Hall and T. Jefferson ed., *Resistance through Rituals*, London: Hutchinson, 1976.
③ P. Willis, *Learning to Labour*, London: Saxon House House, 1977.

原因。(一)学校承诺给他们的更好的工作,是指那些脱离体力劳动低收入的白领工作,接受这种工作,就意味着脱离他们从小就十分亲切熟悉的传统工人阶级生活方式。(二)这些工作并不必然带来更丰厚的收入,至少在中短期内是如此。(三)工人阶级青少年直觉意识到,资本主义的经济体制最终仍然需要使用大量普通劳动力,他们未来从事的体力工作并不是毫无价值的。因此他们抵制学校的教育,有意识地不去适应中产阶级性质的工作。作者指出,青少年的亚文化在这里是使用变相的手段和方式,来对抗以学校教育为象征的占支配地位的中产阶级文化。

费尔·科恩是英国青年亚文化研究的先驱之一。他对20世纪50年代以来的英国青年亚文化作了深入的研究,如先是特迪男孩穿着惹眼的奇装异服在大街上招摇过市,而后60和70年代的摩得族和光头党,也各以其鲜明的形象吸引了大众的目光,以及新闻媒体频繁报道这些青年表现出来的景观性的变化等,在他看来都揭示了亚文化风格背后所蕴涵深广的社会、政治、文化的意义。在早年发表于伯明翰中心《文化研究》刊物上的《亚文化冲突工人阶级社群》一文中,他指出青年亚文化依然存在于英国社会原有的阶级结构中,阶级作为一种社会结构并没有消失,青年亚文化的风格,与他们工人阶级的母体文化之间存在着紧密的联系。而在青年身上,这种危机的表达就是青年亚文化的出现。故而,青年亚文化并不像传媒所宣传的那样,由于战后英国经济的发展,青年变成了一个没有阶级区分的富裕的群体。单从经济发展来看,随着战后经济的复苏和社会的发展,英国逐步进入了阶级差别逐渐缩小的福利社会,似乎年龄如同阶级和其他标准一样,使"青年"成为一种新的社会类别。但实际上情况并非如此。从传统文化和社会道德方面来看,与经济和社会发展相伴随的是道德的败坏和社会风气的堕落,青年亚文化以其叛逆的姿态和怪异的风格反映了社会道德不断衰败的问题,这种观点对亚文化持否定态度。而从英国的文化传统来看,对青年亚文化的评价有赖于对资产阶级文化与工人阶级文化之间复杂关系的理解,也取决于对青年亚文化与经济发展之间关系的评价,并且与英国社会对工人阶级生活方式进行批判的等级划分有关①。

伯明翰中心第二代人物中的佼佼者之一迪克·海布迪基,对青年亚文化也多有研究。在其《亚文化:风格的意义》一书中,海布迪基对光头党和朋客文化做了研究,指出传统的工人阶级社区和文化形式,随着劳动阶级本身

---

① P. Cohen, "Subcultural Conflict and Working Class Community", in Working Papers in *Cultural Studies* 2, CCCS, University of Birmingham, UK, 1972.

的结构变化和向城市的转移,已发生了巨大变化。光头党青年表面上是在追求一种放荡不羁的形象或粗野风格,但是,在其行为背后却包含着一种政治文化的企图和态度。光头青年用一种放荡不羁的形象和想象的方式,试图重建工人阶级集体文化观念。为了突出抵抗的风格,亚文化青年常常采用文化人类学的差异的"拼贴"(bricolage)和结构主义的"对应关系"(homology)来创造新奇的文化意义。不合乎常规搭配的服饰和不同的物品都是拼贴的对象。青年亚文化故意违反日常符号系统的规则,比如特迪青年打破各阶级对服装、音乐的不同选择的传统,穿上了传统绅士式的服装,造成了服装和音乐文化内涵的失调,继而表达新的文化身份。在这里,"抵抗"和"阶级"的概念在青年亚文化研究中就有着重要的作用,正是工人阶级被压迫的经验,被认为给抵抗提供了研究基础。但海布迪基强调,抵抗概念的存在也有赖于其他形式的对立,比如性别压迫、种族压迫等。所以阶级在特定时候,就不再成为青年亚文化研究的唯一标准,青年亚文化在一定程度上,也是在其他方面展开的①。

　　海布迪基在他上述著作中,这样描述过亚文化青年的外貌:摇滚歌星在皮衣上加有对称的装饰,或者用光头和无产者的工装代表清教徒的苦行。他们要么将嬉皮士的杂乱装束加以中和,要么有意穿上颜色不协调的衣物和60年代后期卡纳比街商业模特的多层服饰。这些人的发型也反映了同样的对比。光头者有的是剃成的,有的是剪成的,有的弄成阴阳头,还有的用发油涂得头发紧贴头皮。中产阶级的狂放方式着眼于全面的无控制性,而不同种类的时髦证明了工人阶级的形体符号在本质意义上的部落文化特点,同时还证明了进步的中产阶级在青年文化问题上易于采纳具有无结构性和流动性的各种符号。这一描述应当是具有代表性的。就摇滚乐来看,它的震撼力来自其声音的新鲜感和现场造势,它成了青少年的特殊表达方式,即避开清晰、偏重随意甚至是疯狂模糊。这里摇滚乐就变成了青年的另一种语言,对于局外人来说感到难以理解的语言。

　　总的来看,青年亚文化景观在伯明翰学派的研究视野中,其阶级的结构和文化的传统仍然在起作用。研究者注意到穿着相同奇装异服在都市街头出现的青年,有的具有资产阶级或上等阶层的家庭背景,而有的来自平民和工人阶级家庭,从事体力劳动或非技术性职业。在他们相似的形象背后,其实有着不同的文化内容和意义。他们的批判锋芒之一是战后英国"福利社会"神话。如保罗·威利斯研究摩托青年,即重在揭示身份特征如何通过明

---

① D. Hebdige, *Subculture—The Meaning of Style*, London: Methuen, 1979, pp. 7-22.

亚文化青年

确的文化层次、服装和生活方式来加认识和确定,摩托车文化所表现出的阳刚气,在此便是一个有着明显特点的亚文化社团的例证。盖言之,英国青年亚文化是一个有代表性的亚文化领域,亚文化青年试图在工人阶级母体文化、传统文化或主流文化以及统治阶级的意识形态之间,通过协商的策略形成一个意义的过渡型空间,在这里以一种新的身份得以确认和表达,从这个意义上讲,英国青年亚文化表现了青年亚文化所共有的追求某种抵抗姿态和身份独立特征。

第五节 当代中国的青年亚文化

如果说青年亚文化在当代显示出的变迁,突出地表现为抗争意识弱化,取而代之的是以狂欢化的文化消费来抵制成年人文化,那么当代中国的青年亚文化与西方青年亚文化的不同之处,则在于没有明显的阶级特点,但却烙上了鲜明的"中国特色"。由于中央政府为控制人口而采取的计划生育政策,20世纪80年代以后出生的中国青年大多为独生子女,独生子女较之有兄弟姐妹的同龄人,一般来说更少得到情感支持,因此在心理上每每更早独立,更早成熟。这种独立性促使他们渴望摆脱父母的影响,在同龄人中获得身份认可,养成以自我为中心的性格。这些因素构成了当代中国青年亚文化的独特方面。

沉湎于网络文化来抵抗"父辈文化",是当代中国青年亚文化的突出表现。网络以它特有的方式和丰富的内容,展示一种全新的虚拟社会和世界,这无疑为青少年提供了实现自身需求的极好舞台。它扩大了青少年的社交范围和沟通对象,也满足了人与生俱来的渴望参与交际的原始动力。网络游戏在很大程度上成为今日中国青少年的一种"狂欢仪式",网上聊天给了他们倾诉的空间和对象。上网时所产生的亲密感和超时空感,可以使那些在现实生活中有着重重顾虑的青少年,在网络世界里尽情地宣泄情感,并能很快找到自己的知音。显然,青少年们今天更愿意通过网络、电视、时尚杂志、卡通读物、言情类的图书、MP3、手机等,来了解社会,与人沟通和交往。

网络媒体的出现也为青少年创造了自己的独立社区,一旦进入这一社区,便意味着"仪式"的开始。"赛博空间"使其能够找到独立感觉的精神家园。这是青少年对媒介虚拟世界十分迷恋的根本原因所在。但是从网络的负面效果来看,在虚拟世界中轻而易举得到的心理满足,反过来映照出现实世界的无味。而电脑游戏综合征,其直接导致身份乃至人格分裂的概数,也开始被研究者充分注意。从文化与人类的生存关系来看,文化可以看作是人类能动地适应当代生活和创造机会的手段,这种方式和手段又是通过一定社会价值观为核心的一系列行为规范,来完成和实现的。网络也不例外。

以追星文化来抵抗主流文化也值得关注。当下媒介对中国青年追星亚文化的发展起到了推波助澜的作用,媒体从2003年开始每年一届"超级女声"的比赛,日、韩电视剧所创造的"哈日"、"哈韩"现象,都是青年追星文化的突出表现。"超女"比赛期间巨大的短信发送量(短信投票)为电信运营商创造了收益神话。尽管追星文化等亚文化中包含一些消极的成分,但在青年们看来,这些文化内容中充满了轻松、自由和愉悦,自然就很容易得到他们的认同。这类例子不胜枚举:如各类网络枪战、打斗游戏,周星驰的《大话西游》,长篇电视剧《还珠格格》,周杰伦的 MTV,韩国影视剧等等。从某种意义上讲,这类文化的追逐和消费在青少年那里变成了一种对家庭、社会各种压力的"抵抗仪式"。这些狂欢化的青年亚文化是青少年文化认同的特有方式,也是他们情感沟通和身份认同的渠道。

今天"80年代后"的中国青年亚文化正在引起社会的关注。属于这一代人的一批年轻的作家或写手,也就是所谓的"80后作家"。他们热衷抒写成长的困惑与迷惘、浪漫的青春爱情故事,或想象中的奇妙而魔幻的世界,由此传达他们的美学观以及对梦想与现实的看法。许多"80年代后作家"喜欢运用瑰丽华美的词藻,以绚烂、细腻以及淡淡的忧伤为其文化标签。尽管有时会表现出幽默、讽刺或辛辣的风格,但大多作品都具有这些感伤文学的特征。在许多"80年代后作家"看来,这也正是他们青春的特征。"80年代后作家"并不是孤独的写作者,他们拥有数目庞大的年轻读者群,或称"粉丝"(fans)。各类庞大的"粉丝"群体,构成了中国当代青年亚文化的独特风景。

改革开放使中国处于一个全方位的转型与变革时期,在经济方面,过去高度集中的计划经济体制正在向社会主义市场经济体制和全球化转变;在社会结构方面,传统的社会结构正在向工业的、城市的、开放的现代化社会转变。社会经济结构改变必然带来文化结构的转变。中国现今的青年亚文化也处在这样一个转型期,不断受到现时政治、经济、社会以及主流文化影响。青年作为社会生活的主体力量，无疑对时代的脉搏是有着最敏锐的感觉和反映的。中国的青年亚文化作为文化多元化的产物，它的产生和流行受到西方亚文化所带来的直接影响，也很明显。可以说，当代中国青年亚文化贯穿了相当一部分青年的价值观、生活、行为方式、青春形象之中，具有青年人的主体性、流行化趋势和个性化特征。较之西方，中国的青年亚文化与社会变革和主流文化关系更为密切。从社会和文化功能来看，中国的青年亚文化作为社会整体文化的一个部分，它有助于青年的自我实现、获得群体认同；它可以满足青年求异需求，丰富其精神和物质文化生活。同时，青年在实现自我、满足个人文化需求的同时，通过亚文化的不同形式来宣泄对社会和现实生活状态的不满，这在一定程度上也能够缓解社会矛盾，保证整个社会的文化安全。

  雷蒙·威廉斯在《马克思主义与文学》一书中指出，用历史唯物主义来认识和分析阶级社会里的不同文化，可分为残存的（residual）、主流的（dominant）和新兴的（emergent）三种文化类型。三者的划分并非绝对的。任何一种文化都有历史传承和既往文化的某些成分，而且这些文化成分在发展进程中的表现是不尽相同的。"残存文化"并非一定是失去效用的过时文化，它可以借鉴或改造，获得新生。"主流文化"也处在不断的变化之中，它借鉴"残存文化"和"新兴文化"并受其影响。"新兴文化"则是那些不断出现，被人们逐渐认识的新颖的思想和价值。"主流文化"可以对"新兴文化"加以容纳和改造，并最后把它统摄为其一部分，新兴文化在这一过程中，则通过加盟或反抗"主流文化"，不失时机地确立其地位。在这一框架中，青年亚文化无疑是属于"新兴"的文化，它依托于主流文化而存在，并与主流文化互为补充。根据我国的国情，构建在主流文化带领下的多元文化，在这个目标下面，青年亚文化的研究，应是大有可为的。

人名译名表

A

阿多诺	Adorno, Theodor
阿尔都塞	Althusser, L.
阿明	Amin, Samir
阿诺德,马修	Arnold, Matthew
埃尔德里奇,约翰	Eldridge, John
埃费利	Ewell, Tom
艾柯	Eco, Umberto
艾略特,乔治	Eliot, George
艾略特,T. S.	Eliot, T. S.
艾希克罗夫特,比尔	Ashicroft, Bill
安德森,本内迪克	Anderson, Benedict
奥古斯丁	Augustine, Saint
奥康诺,阿伦	O'Connor, Alan
奥斯汀	Austen, J.

B

巴巴,霍米	Bhabha, Homi
巴铎,碧姬	Bardot, Brigitte
巴赫金	Bachtin, M.
巴雷特,博伊德-	Barrett, Boyd-
巴特,罗兰	Barthes, Roland
巴特勒,朱迪思	Butler, Judith
拜伦	Byron, G.
班尼特,兰斯	Bennett, W. Lance

鲍曼,齐格蒙	Bauman, Zygmunt
波德利亚	Baudrillard, Jean
贝尔,丹尼尔	Bell, Daniel
贝娄,索尔	Bellow, Saul
本内特,托尼	Bennett, Tony
本雅明	Benjamin, Walter
彼德拉克	Petrarch
波德莱尔	Baudelaire, Charles
波斯特,马克	Poster, Mark
波特,迈克尔	Porter, Michael E.
波伏娃,西蒙·德	Beauvoir, Simone de
波耶,克莉斯汀	Boyer, Christine
勃朗特,夏绿蒂	Brontë Charlotte
薄伽丘	Boccaccio
布尔迪厄	Bourdieu, Pierre
布莱克,雨果	Black Hugo
布莱希特	Brecht
布劳代尔,费尔南	Braudel, Fernand
布雷克	Brake, M.
布卢默,赫伯特	Blumer, Herbert
布鲁姆,哈罗德	Bloom, Harold

C

蔡特金,克拉拉	Zetkin, Clara
翠姬	Twiggy

D

但丁	Dante
德波	Debord
德勒兹	Deleuze, Gilles
德里达	Derrida, Jacques
德塞都	de Certeau, Michel
笛福	Defoe, Daniel
狄更斯	Dickens, Charles

笛卡儿,勒内	Descartes, René
蒂奇诺	Tichenor
杜威,约翰	Dewey, John

E

恩格斯	Engles

F

法吕迪	Faludi, Susan
范农	Fanon, Franz
菲尔丁	Fielding, Henry
费尔斯通,舒拉米斯	Firestone, Shulamith
费娄,格瑞格	Philo, Greg
费瑟斯通,迈克	Featherstone, Mike
费斯克,约翰	Fiske, John
伏尔泰	Voltaire
福柯	Foucault, Michel
弗莱,诺斯洛普	Frye, Northrop
弗兰克	Frank, Gunder
弗里丹	Friedan, Betty
弗洛伊德	Freud, S.
福斯特,E. M.	Forster, E. M.

G

冈斯特,沙恩	Gunster, Shane
高兹,安德烈	Gorz, André
格伯纳	Gerbner, G.
戈德曼	Goldmann, Lucien
戈尔丁	Golding, P.
格尔根,戴维	Gergen, David
格尔兹,克利福德	Geertz Clifford
格雷厄姆,菲利普	Graham, Philip
格林布拉特	Greenblatt, Stephen
格罗斯堡	Grossberg, Lawrence
格提斯	Curtis, Polly

葛兰西　　　　　　　　　　　　Gramsci, Antonio

H

哈贝马斯　　　　　　　　　　　Habermas, Jürgen
哈代　　　　　　　　　　　　　Hardy, Thomas
哈里森,劳伦斯　　　　　　　　Harrison, Lawrence E.
哈洛伦,詹姆斯　　　　　　　　Halloran, James
哈特,A.　　　　　　　　　　　Hart, A.
哈维,大卫　　　　　　　　　　Harvey, David
哈耶克　　　　　　　　　　　　Hayek, Friedrich August
海布迪基,迪克　　　　　　　　Hebdige, Dick
海德格尔　　　　　　　　　　　Heidegger, Martin
海明威　　　　　　　　　　　　Hemingway, Ernest
海森堡　　　　　　　　　　　　Heisenberg, Werner
汉密尔顿,亚历山大　　　　　　Hamilton, Alexander
赫尔德尔　　　　　　　　　　　Herder
赫尔曼,爱德华　　　　　　　　Herman Edward
黑格尔　　　　　　　　　　　　Hegle, Georg W. F.
亨特,里德　　　　　　　　　　Hundt, Reed
亨提,G. A.　　　　　　　　　Henty, G. A.
亨廷顿,塞缪尔　　　　　　　　Huntington, Samuel
洪美恩　　　　　　　　　　　　Ang, Ien
华勒斯坦　　　　　　　　　　　Walerstein, Imauel
霍布斯　　　　　　　　　　　　Hobbes, Thomas
霍尔,麦尔德里德　　　　　　　Hall, M.
霍尔,斯图亚特　　　　　　　　Hall, Stuart
霍加特　　　　　　　　　　　　Hoggart, Richard
霍克海默　　　　　　　　　　　Horkheimer, Max

J

吉本　　　　　　　　　　　　　Gibbon
吉登斯,安东尼　　　　　　　　Giddens, Anthony
吉尔罗,保罗　　　　　　　　　Gilroy, Paul
吉尔兹,克利福　　　　　　　　Geertz, Clifford

吉卜林,鲁德亚德	Kipling, Rudyard
吉特林,托德	Gitlin, Todd
杰斐逊,托马斯	Jefferson, Thomas
金斯堡,艾伦	Ginsberg, Allan

K

卡茨,埃利胡	Katz, Elihu
卡勒,乔纳森	Culler, Jonathan
卡罗兄弟	The Carroll Brothers
卡斯特尔,曼纽尔	Castells, Manuel
卡西尔	Cassirer, Ernst
凯尔纳,道格拉斯	Kellner, Douglas
凯鲁阿克,杰克	Kerouac, Jack
坎泰尔,提摩	Cantell, Timo
康德	Kant, Immanuel
康拉德	Conrad, J.
康奈尔	Connell, R. W.
科贝特	Cobbet, William
柯布西耶	Corbusier, Le
科恩,A. K.	Conhen, A. K.
科恩,费尔	Cohen, Phil
库恩,托马斯	Kuhn, Thomas

L

拉康	Lacan, Jacques
拉斯韦尔	Lasswell, Harold
拉扎斯菲尔德	Lazarsfeld, Paul
莱奇,文森特	Leitch, Vincent
赖特,查尔斯	Wright, Charles
赖特	Wright, Frank L.
劳伦斯,D. H.	Lawrence, D. H.
雷马克,亨利	Henry H. Remak,
雷斯曼,大卫	Riesman, David
理查兹,I. A.	Richards, I. A.

李嘉图	Ricardo, David
李普曼,沃尔特	Lippmann, Walter
利奥塔	Lyotard, Jean-Francois
利贝斯,泰马	Liebes, Tamar
利维斯,F. R.	Leavis, Frank Raymond
列宁	Lenin
洛克	Locke, John
卢卡斯	Lukas
卢卡契	Lukacs, Gyorgy
卢梭	Rousseau, Jean Jacques
伦敦,朱利	London, Julie
罗蒂,理查	Rorty, Richard
罗尔,詹姆斯	Lull, James

M

马尔库塞	Maucuse, Herbert
玛弗尔	Marvell, Andrew
马基雅弗利	Machiaville, Niccols
马克思	Marx, K.
麦克卢汉	McLuhan, M.
麦奎尔,丹尼斯	McQuail, Denis
蒙田	Montesquieu, Baron de
米德,M.	Mead, Margaret
米德,乔治	Mead, George Herbert
米勒,希利斯	Miller, Hillis
米利特,凯特	Millett, Kate
米切尔,朱丽叶	Mitchell, J.
米歇尔,W. J. T.	Mitchell, W. J. T.
默多克,G.	Murdock, G.
默多克,鲁伯特	Murdoch, Rupert
默里,查尔斯	Murray, Charles
默塞尔	Mercer, C.
莫利	Morley, David
莫斯可,文森特	Mosco, Vincent
穆尔维,劳拉	Mulvey, Laura

穆勒，约翰·斯图尔特　　　　Mill, John Stuart

N

奈保尔　　　　　　　　　　Naipaul, V. S.
内尔森　　　　　　　　　　Nelson, Cary
尼采　　　　　　　　　　　Nietzsche, Friedrich W.
尼葛洛庞帝　　　　　　　　Negroponte, Nicolas
诺尔纽曼，伊丽莎白　　　　Noelle-Nuemann, Elisabeth

P

帕森斯　　　　　　　　　　Parsons, Talcott
庞德，埃兹拉　　　　　　　Pound, Ezra
彭斯，罗伯特　　　　　　　Burns, Robert
皮尔士　　　　　　　　　　Peirce, C. S.
普拉特，安迪　　　　　　　Proctor, Andy C.

Q

恰尔兹，哈伍德　　　　　　Childs, Harwood
乔姆斯基，诺姆　　　　　　Chomsky, Noam
乔叟　　　　　　　　　　　Chaucer, J.
乔伊斯　　　　　　　　　　Joyce, James
切尼，大卫　　　　　　　　Chaney, David

S

莎拉波娃　　　　　　　　　Sharopova, Maria
莎士比亚　　　　　　　　　Shakespeare, W.
萨特　　　　　　　　　　　Satre, Jean-Paul
塞德曼，斯蒂芬　　　　　　Steven Seidman
赛格，瑞恩斯　　　　　　　Segers, Rien
塞万提斯　　　　　　　　　Cervantes, M.
赛义德，爱德华　　　　　　Said, Edward
赛珍珠　　　　　　　　　　Buck, Pearl S.
斯多雷，约翰　　　　　　　Storey, John
斯莱特　　　　　　　　　　Slater Phil

施拉姆	Schramm, Wilbar
舒德森, M.	Shudson, M.
斯迈思, 达拉斯	Smythe, Dallas
斯皮沃克, 盖娅特里	Spivak, Gayatri
斯图尔特, 波特	Stewart, Potter
斯维德, 理查德	Shweder, Richard
斯温基伍德	Swingewood, Alan
苏源熙	Saussy Haun
索绪尔	Saussure, F. de

T

陶里亚蒂	Togliatti, Palmiro
泰勒, 爱德华	Tylor, Edward Burnett
谭恩美	Tan, Amy
汤普森, E. P.	Thompson, E. P. Denys
汤婷婷	Kingston, Maxine Hong
汤因比	Toynbee, Arnold
透纳	Turner, Graeme
涂尔干	Durkheim, Émile
吐温, 马克	Twain, Mark
托克维尔	Tocqueville, Alexis de

W

威里斯, 保罗	Willis, Paul
威廉斯, 雷蒙	Williams, Raymond
维纳, 诺伯特	Wiener, Norbert
韦伯, 马克斯	Weber, Max
韦尔施	Welsch, Walfgang
威勒, 马克	Wheeler, Mark
伍尔夫, 弗吉妮亚	Woolf, Virginia
沃勒斯坦	Wallerstein, Imauel
沃思曼	Werthman, M.
沃斯通克拉夫特, 玛丽	Wollstonecraft, Mary

X

希尔斯,爱德华	Shils, Edward
席勒,丹	Schiller, Dan
席勒,赫伯特	Schiller, Herbert
西美尔,乔治	Simmel, George
仙奴,杰克	Shannon, Jackie de
香农,克劳德	Shannon, Claude E.
肖,唐纳德	Shaw, Donald
小理查德	Little Richard
休谟	Hume, David
雪莱	Shelley, P.
勋伯格	Schonberg, Arnold

Y

亚里士多德	Aristotle
燕卜生	Empson, William
伊格尔顿,特里	Eagleton, Terry
伊尼斯,哈罗德	Innis Harold
易卜生	Ibsen, H.
约翰尼	Johnny, Olenn

Z

詹姆斯,亨利	James, Henry
詹姆逊,弗雷德里克	Jameson, Fredric

后　记

值此《文化研究概论》付梓之际，首先我要感谢教育部，将本教材纳入了"十一五"国家级规划教材。对于立项评审论证过程中给予支持的各方面专家，我在此表示诚挚谢意。其次我要感谢本教材的责任编辑邵丹女士。我和王毅的教育部推荐研究生教学用书《文化研究导论》，也是她做的责任编辑。两本书她兢兢业业，同我校样反复往来不计其数，不敢稍有疏忽，并且提出了不少有益的意见。在此我也向她表示我的诚挚谢意。当然，我尤其要感谢本教材的各位作者，他们都是各个领域的一流专家，正是因为他们的慷慨参与和深入浅出的辛勤劳动，使本教材有了名副其实的前沿性和跨学科性。文化研究的课程已经在国内高校中普遍开设出来，但是因为文化研究的准学科和跨学科性质，这门课程究竟应当是什么模样，大家都还在摸索之中。有鉴于这样的考量，《文化研究概论》决定同她的姐妹篇《文化研究导论》拉开距离，不再由我自说自话。各位作者的撰稿宗旨，一方面是把面铺开，一方面又是尽可能深入下去，以应专业课和通识课的同时之需。本教材的分工已如前述，最后的统稿工作是由我做的，若有错讹，欢迎各方专家读者不吝赐教，以待日后订正。

陆　扬

2007 年 11 月

图书在版编目(CIP)数据

文化研究概论/陆扬主编. —上海:复旦大学出版社,2008.1(2020.12 重印)
(复旦博学・文学系列精华版)
ISBN 978-7-309-05835-2

Ⅰ. 文… Ⅱ. 陆… Ⅲ. 文化-研究-概论-西方国家-高等学校-教材
Ⅳ. G11

中国版本图书馆 CIP 数据核字(2007)第 182903 号

文化研究概论
陆　扬　主编
责任编辑/邵　丹

复旦大学出版社有限公司出版发行
上海市国权路 579 号　邮编:200433
网址: fupnet@FudanPress.com　http://www.FudanPress.com
门市零售: 86-21-65102580　团体订购: 86-21-65104505
外埠邮购: 86-21-65642846　出版部电话: 86-21-65642845
上海春秋印刷厂

开本 787×960　1/16　印张 21　字数 366 千
2020 年 12 月第 1 版第 5 次印刷
印数 9 401—10 500

ISBN 978-7-309-05835-2/G・727
定价: 48.00 元

如有印装质量问题,请向复旦大学出版社有限公司出版部调换。
版权所有　侵权必究